U0745349

中德文化丛书　叶隽 主编

扬子—莱茵
——搭一座文化桥

YANGTSE-RHEIN: EINE KULTURELLE BRÜCKE

叶廷芳 著

上海外语教育出版社
外教社 SHANGHAI FOREIGN LANGUAGE EDUCATION PRESS

图书在版编目(CIP)数据

扬子—莱茵——搭一座文化桥/叶廷芳著. —上海：上海外语教育出版社，2008
(中德文化丛书)

ISBN 978 - 7 - 5446 - 0820 - 6

Ⅰ.扬…　Ⅱ.叶…　Ⅲ.文化交流—中国、德国
Ⅳ.G125

中国版本图书馆 CIP 数据核字(2008)第 088547 号

出版发行：上海外语教育出版社
（上海外国语大学内）　邮编：200083
电　　话：021-65425300（总机）
电子邮箱：bookinfo@sflep.com.cn
网　　址：http://www.sflep.com.cn　　http://www.sflep.com
责任编辑：许进兴

印　　刷：同济大学印刷厂
经　　销：新华书店上海发行所
开　　本：889×1240　1/32　印张 12.375　字数 351 千字
版　　次：2008 年 9 月第 1 版　2008 年 9 月第 1 次印刷
印　　数：3 500 册

书　　号：ISBN 978-7-5446-0820-6 / H · 0350
定　　价：35.00 元

中德文化丛书学术委员会

总序

一、中、德两国在东、西方(亚欧)文化格局里的地位

华夏传统,源远流长,浩荡奔涌于历史海洋;德国文化,异军突起,慨然跃升于思想殿堂。作为西方文化、亦是欧陆南北对峙格局之重要代表的德国,其日耳曼统绪与位于亚洲南部的印度文化颇多血脉关联,而与华夏文明恰成一种“异体”态势,这可谓是“相反相成”之趣味。

作为欧陆南方拉丁文化代表之法国,恰与中国同类,故陈寅恪先生谓:“以法人与吾国人习性为最相近。其政治风俗之陈迹,亦多与我同者。”诚哉是言,在西方各民族文化中,法国人的传统、风俗与习惯确实与中国人有诸多不谋而合之处,当然也不排除文化间交流的相互契合:诸如对科举制的吸纳、启蒙时代诸子对中国文化资源的接受等皆是。如此立论,并非敢淡漠东西文化的基本差别,这毕竟仍是人类文明的基本分野;可无论是“异于中国”,还是“趋于中国”,均见钱钟书先生“东海西海,心理攸同;南学北学,道术未裂”之言不虚。

在亚洲文化(东方文化)的整体格局中,中国文化属于北方文化,印度文化才是南方文化。中印文化的交流史,实际上有些类似于德法之间的文化交流史,属于地缘关系的亚洲陆地上的密切交流,构成了东方文化的核心内容;遗憾的是,由于地域太过辽阔,亚洲意义的南北文化交流有时并不能相对频繁地形成两种文化之间的积极互动态势。因为,两种具有互补性的主导性文化,往往能够推动人类文明的进步,这可能是一个基本规律。

西方文化发展到现代,欧洲三强英、法、德各有所长,可若论地缘意义上对异文化的汲取,德国可拔得头筹。有统计资料表明,在将外语文献译成本民族语言方面,德国居首。其中对法国文化的吸收更成思想史上一大公案,乃至一口流利法文的歌德那一代人,因"过犹不及"而不得不激烈反抗法国文化的统治地位。但无论正反事例,都足证德意志民族"海纳百川"的学习情怀。就东方而言,中国因为在地理上处于相对中心的位置,故能得地利之便,尤其是对印度佛教文化的汲取,不仅是一种开阔大度的放眼拿来,更兼备一种善择化用的创造气魄,一方面是佛教在印度终告没落;另一方面却是禅宗文化在中国勃然而起。就东方文化之代表而言,或许没有比中国更加合适的。

中德文化关系史的意义,正是在这样一种全局眼光中才能特别凸显出来。即这是一种具有两种基点文明代表性意义的文化交流,而非仅一般意义上的"双边文化关系"。也就是说,这是东西文化内部的两种核心子文化的交流,即作为欧洲北方文化的条顿文明与亚洲北方文化的华夏文明之间的交流。这样一种主导性的文化间的交流,具有重要的范式意义。

二、作为文明进程推动器的文化交流与中国文化的"超人三变"

不同文明之间的文化交流,始终是文明进程的推动器。诚如季羡林先生所言:"从古代到现在,在世界上还找不出一种文化是不受外来影响的。"这一论断,也早已为第一流的知识精英所认知,譬如歌德、席勒那代人,非常深刻地意识到走向世界、汲取不同资源的重要性,而中国文化正是在那种背景下进入了他们的宏阔视阈。当然,我们要意识到的是,对作为现代世界文明史巅峰的德国古典时代而言,文化交流的意义极为重要,但作为主流的外来资源汲取,是应在一种宏阔的侨易学视域(此概念作者将专文论述,此处不赘述)中去考察的,这一点歌德总结得很清楚:"我们不应该认为中国人或塞尔维亚人、卡尔德隆或尼伯龙根就可以作为模范。

如果需要模范，我们就要经常回到古希腊人那里去找，他们的作品所描绘的总是美好的人。对其他一切文学我们都应只用历史眼光去看。碰到好的作品，只要它还有可取之处，就把它吸收过来。”此处涉及文化交流的规律性问题，即如何突出作为接受主体的主动选择性，若按陈寅恪所言："其真能于思想上自成系统，有所创获者，必须一方面吸收输入外来之学说，一方面不忘本来民族之地位。此两种相反而适相成之态度，乃道教之真精神，新儒家之旧途径，而两千年吾民族与他民族思想接触史之所昭示者也。”这不仅是中国精英对待外来文化与传统资源的态度，推而广之，对各国择取外来资源与创造本民族之精神文化，皆有普遍参照意义。总体而言，德国古典时代对外来文化（包括中国文化）的汲取与转化创造，是一次文化交流的质的提升。文化交流史的研究，其意义在此。

至于其他方面的双边交流史，也同样重要。德印文化交流史的内容，德国学者涉猎较多且深，尤其是其梵学研究，独步学林，赫然成为世界显学，正与其世界学术中心的地位相吻合。而中国现代学术建立期的第一流学者，如陈寅恪、季羡林等就先后负笈留德，所治正是梵学，亦可略相印证。中法文化交流史同样内容极为精彩，由启蒙时代法国知识精英对中国文化资源的汲取与借鉴到现代中国发起浩浩荡荡的留法勤工俭学运动，其转易为师的过程同样值得深入探究。总之，德、法、中、印这四个国家彼此之间的文化交流史，应当归入“文化史研究”的中心问题之列。

当然不可否认的是，作为中国学者，我们或多或少会将关注的目光更多地投向中国问题本身。必须加以区分的是所谓“古代中国”、“中世中国”与“现代中国”之间的概念分野。前者相当于传统中国的概念，即文化交流与渗透尚未到极端的地步，尤以“先秦诸子”思想为核心；“中世中国”则因与印度佛教文化接触，而使传统文化受到一种大刺激而有“易”，禅宗文化与宋儒理学值得特别关注；“现代中国”以基督教之涌入为代表、西学东渐为标志，仍在进程之中，乃是以汲取西学为主的广求知识于世界，可以“新儒家”之生成为关注点。经历三变的中国，“内在于中国”为第一变，“内在于东方”为第二变，“内在于世界”为第三变，三变后的中国，才是具有悠久传统而兼容世界文化之长的代表性文化体系。

先秦儒家、宋儒理学、新儒家思想（广义概念）的三段式过渡，乃是中国思想渐成系统与创新的标志，虽然后者尚未定论，但应是相当长时期内中国思想的努力方向。而正是这样一种具有代表性且兼具异质性的交流，在数量众多的双边文化交流中，具有极为不俗的意义。张君劢在谈到现代中国的那代知识精英面对西方学说时的盲目时有这样的描述："好像站在大海中，没有法子看看这个海的四周……同时，哲学与科学有它们的历史，其中分若干种派别，在我们当时加紧读人家教科书如不暇及，又何敢站在这门学问以内来判断甲派长短得失，乙派长短得失如何呢？"这其中固然有个体面对知识海洋的困惑，同时也意味着现代中国输入与择取外来思想的困境与机遇。王韬曾感慨说："天之聚数十西国于一中国，非欲弱中国，正欲强中国，非欲祸中国，正欲福中国。"不仅在政治、军事领域如此，在文化思想方面亦然。而当西方各强国纷纷涌入中国，使得"西学东渐"与"西力东渐"合并东向之际，作为自 19 世纪以来世界教育与学术中心场域的德国学术，则自有其非同一般的思想史意义。实际上，这从国际范围的文化交流史历程也可看出，19 世纪后期逐渐兴起的三大国——俄、日、美，都是以德为师的。

故此，第一流的中国精英多半都已意识到学习德国的重要性。无论是蔡元培强调"救中国必以学。世界学术德最尊。吾将求学于德，而先赴青岛习德文"，还是马君武认为"德国文化为世界冠"，都直接表明了此点。至于鲁迅、郭沫若乃至蒋介石等都有未曾实现的"留德梦"，也均可为证。中德文化研究的意义，端在于此，而并非仅仅是众多"中外文化交流史"里的一个而已。如果再考虑到这两种文化是具有代表性的东西方文化之个体（民族—国家文化），那么其意义就更显突出了。

三、在"东学西渐"与"西学东渐"的关联背景下理解中德文化关系的意义

即便如此，我们也不能"划地自牢"，因为只有将视域拓展到全球化的整体联动视域中，才能真正揭示规律性之所在。所以，我们不仅要谈中国文化的西传，更要考察波斯—阿拉伯、印度、日本文化如何进入欧洲（西方）。这样的东学，才是一个完整意义上的东学。当东学西渐的轨迹，经由这样的文化交流史梳理而逐渐显出清晰的脉络时，中国文化在这样一种比较格局中，才会更清晰地彰显其思想史的意义。这样的工作，需要学界各领域研究者的通力合作。

而当西学东渐在中国语境里具体落实到20世纪前期这辈人时，他们的学术意识和文化敏感让人感动。其中尤其可圈可点的，则为20世纪30年代中德学会的沉潜工作，其标志是“中德文化丛书”的推出，这其中不仅有《五十年来的德国学术》这样的系统翻译工程，也包括《中德学志》等刊物的学术功用……至今检点前贤的来时路，翻阅他们留下的薄薄册页，似乎就能感受到他们逝去而永不寂寞的心灵。昔贤筚路蓝缕的努力，必将为后人开启接续盛业的来路。光阴荏苒，竟然轮到了我们这代人。虽然学养有限、社会功利，但对前贤的效慕景仰之心，却无有或减。如何以一种更加平稳踏实的心态，继承前人未竟之业，开辟后世纯正学统，或许就是历史交给我们这代人的使命。

不过我仍要说我们很幸运，当冯至、陈铨那代人不得不因为民族战争的背景而辗转颠沛于流离战火中时，一代人的事业不得不无可奈何地“宣告中断”时，我们却还有可能静坐于书斋之中。虽然市场经济的大潮喧嚣得似也要推翻学院里“平静的书桌”，但毕竟书生还有可以选择的权利。在清苦中快乐、在寂寞中读书、在孤独中思考，这或许已是时代赠与我们的最大财富。

所幸，在这样的市场大潮下，能有出版人（外教社）的鼎力支持，使这套“中德文化丛书”得以推出。我们不追求一时轰轰烈烈吸引眼球的效应，而希望能持之以恒、默默行路，对中国学术与文化的长期积淀略有贡献。在内容上，丛书将不拘一格，既要推出中国学者自己的研究著述，亦要译介国外优秀的学术著作；就范围而言，文学、历史、哲学固是题中应有之义，学术、教育、思想亦是重要背景因素，至于社会学、政治学、经济学等社会科学内容，也都在“兼容并包”之列；就文体而言，论著固所必备，随笔亦所欢迎；至于编撰旧文献、译介外文书、搜集新资料，更是我们当学习德国学者努力推进的方向。总之，希望能“水滴石穿”、“积跬步以致千里”，经由长期不懈的努力，将此丛书建成一个略具规模、裨益各界的双边文化之库藏。

叶　隽

2007年4月27日至12月22日间陆续作于巴黎—布达佩斯—北京

目录

第一辑

欧洲文化的精髓 …… 3
阳刚德国人 …… 5
节俭——德国人的美德 …… 5
勤快——德国人的天性 …… 8
严谨——德国人的作风 …… 11
环保——德国人的天职 …… 17
啤酒——德国人的潇洒 …… 20
古堡——德国人的钟爱 …… 21
便民——为官者的本色 …… 24
嫌贫——为富者的耻辱 …… 25
信任——人际交往的前提 …… 26

第二辑

文艺复兴式的文化巨人 …… 31

歌德之所以为歌德 …… 35
追寻歌德的生活踪迹 …… 39
席勒——伟大的时代之子 …… 43
席勒美学思想的前瞻性 …… 46
席勒研究的新成果 …… 50
魏玛的远邻 …… 57
德国文学史上的双子星座 …… 63
“双子星”纪念的集锦 …… 67

第三辑

重评德国浪漫派 …… 71
20 世纪德国文学粗描 …… 74
批判现实主义的最后绝响 …… 79
当代德语文学的美学转型 …… 82
二战后德国三代作家的不同风采 …… 88
奇峰突起的奥地利现代文学 …… 91
两座古堡共孕一个灵感 …… 100
期盼中冲出一匹“黑马” …… 103

第四辑

卡夫卡的中国“签证” …… 111
卡夫卡与荒诞 …… 117
追问存在 …… 133
卡夫卡研究方法的新尝试 …… 137
生的痛感与写的快感 …… 144
文学与哲学“联姻”的范例 …… 148
畏父与审父情结的绝唱 …… 154
地狱和天堂 …… 158

第五辑

艺术革新派与守旧派的一场较量 …… 165
他的艺术不朽 …… 173
艺术、生活皆简朴 …… 176
他终于有了个“大房间” …… 180
望着他的背影…… …… 184
一场“正打歪着”的审美游戏 …… 200
在中国备受青睐的迪伦马特 …… 205

第六辑

内卡河：深沉而浪漫 …… 217
德累斯顿：涅槃后依然辉煌 …… 220
水灵的海德堡 …… 224
莱茵河的审美盛宴 …… 229
不幸者的庄严墓碑 …… 233
世界上被吻得最多的女孩 …… 236
谁因谁而名垂千古 …… 240
一天里经历了四季 …… 246
春鸟的“敖包相会” …… 250
火车：不到山顶非好汉 …… 253
德国的街头弹唱 …… 255
“后来”能否“居上”？ …… 257
德语文学随笔小谈 …… 263
德国书话琐谈 …… 266

第七辑

西方现代文艺中的巴罗克基因 …… 273

留德归来的油画家苏笑柏 …… 288
中德油画家泼墨武夷山 …… 292
雄狮的低吟与咆哮 …… 296
莱茵河永远为她伟大的儿子歌唱 …… 299
阿尔卑斯山之骄子 …… 301
瓦格纳与一位国王的奇缘 …… 304
金色大厅能酬维也纳歌剧院? …… 308
纳粹魔爪下的现代艺术 …… 310
观赏芭蕾《奥涅金》引起的怀念 …… 312
看着她迅速崛起 …… 314

第八辑

追寻包豪斯的足迹 …… 319
从贺府别墅看德国人的建筑智慧 …… 325
艺术与王位 …… 329
他给国会大厦加了"冕" …… 336
法兰克福建筑群的翘楚 …… 339
慕尼黑的英式公园 …… 342

第九辑

"路漫漫其修远兮……" …… 347
关于翻译 …… 351
聆听马耶尔教授畅谈现代文学 …… 357
斯人已去,精神长存 …… 361
学贯中西的一代宗师 …… 366
绿原终于拿下《浮士德》 …… 369
钱春绮:德国诗坛的终生翻译家 …… 372
拳拳报国心 …… 375
后记 …… 379

第一辑

欧洲文化的精髓

欧、亚、非三大洲在地域上彼此毗邻，古时候都有过灿烂的文明。但后来只有欧洲在14世纪就开始冲破中世纪的黑暗，将古老的爱琴文明在全欧洲播扬，从而带来延续几个世纪的工业文明，在政治、经济和文化上至今仍先进于上述其他地区。

那么推动这种变化的决定性因素是什么呢？从人文角度说，我认为是欧洲人的进取精神，这正是欧洲文化的精髓。

欧洲人的进取精神表现在它的世界眼光和开拓冒险精神。不妨拿我们的郑和"下洋"与欧洲人的"下洋"做个比较。直到15世纪，即明代中期，中国依然是世界上的强国，也是海上强国。1405年，郑和奉永乐皇帝之命出洋时，率水手27 000余人，每船乘坐数百人，最大者可乘上千人，62艘大船的船队浩浩荡荡，好不威风。近30年间，共往返7次（一说8次），到达30多个国家，最远到过东非、红海甚至伊斯兰教圣地麦加；每次都带出去大量丝绸、瓷器等中国特产和金银财宝，也换回来不少当地物品和各国的友谊。但当他最后一次回来时，得到的不是嘉奖，而是宣宗皇帝的一个令人心寒的决定:“以后再也不要出洋!”一个海上强国从此走向衰落与封闭。责任不完全在皇帝,而在于整个民族的文化心态:出去做什么?探索未知世界,以便开拓、进取?抑或仅仅为了“亲善”、宣传自己?而同一个时代,南欧的西班牙和葡萄牙情况迥然不同。当西班牙航海家哥伦布奉命出洋时,已是 1492 年,即晚于郑和第一次下洋时 87 年,只有 3 艘船共 87 人。他原打算到印度和中国,结果到达的却是中南美洲!于是在那里开疆辟土,为西班牙获得大量财富和殖民地,促进了西班牙几个世纪的繁荣。差不多与此同时,西班牙的近邻葡萄牙于 1497 年也派航海家达·迦马出洋,带回来的财宝比他带出去的多达 60 倍!国王曼努埃尔一世高兴得不得了,马上表示:“你死后跟我葬在一起!”两个海上强国从此在欧洲迅速崛起!接着,英吉利、法兰西、意大利、德意志……一个个你追我赶,带来了生产力的巨大发展,推动全欧洲的普遍繁荣。

在建筑、文学艺术方面,欧洲的审美形态从古希腊罗马到拜占廷、哥特、文艺复兴、巴洛克、古典主义、浪漫主义、印象主义、象征主义、表现主义、超现实主义、荒诞风格、“后现代”……风格已更新换代十余次,每一代新风格的出现,在技术和艺术上都进行了不懈的追求,使之达到极致,然后孕育新的突破。而我们“大屋顶”风格的木构建筑自秦代形成其基本形态以来,两千多年来始终未能更新,似乎我们的同胞更习惯于因袭前人的既定成就。

我认为,中华民族的最后崛起,有赖于全民族的文化反思,改变那种习惯于纵向承袭的惰性思维,代之以勇于超越的挑战精神和创造意识,永远保持开拓进取的生命状态。这是文化强国之路。

阳刚德国人

节俭——德国人的美德

德国无疑是个富国，而且在整个欧洲都是比较突出的。但这一优越条件并没有给它的国民造成经济优越感，以致花钱大手大脚，铺张浪费。恰恰相反，他们从小学起便受到教育：生活应该勤俭节约，钱不能随便花，每粒粮食都要珍惜。这些教育不仅老师做，家长都是紧密配合的。所以这些道德观念从小就渗入到每个公民的精神血液中。后来就表现在他们的行为上，成为他们的生活准则。在大学里，虽然每位学生的家庭背景都不一样，但不大容易看出，谁的家庭富，谁的家庭穷。因为即使家庭富裕，家长也不给孩子们很多零花钱。他们懂得，这样做，会害了子女。有位中国作家有这样的见闻：有一次他们访问德国，一位中德友协的有关负责人陪同他们参观、访问。在火车里聊天时，他经常喃喃自语地说："要想生活过得好，就得多劳动。"他是一位很有钱的资本家，但外表却看不出他有钱。

吃穿简朴

就笔者的见闻而言，觉得德国人的节俭意识最典型的表现在他们的吃饭行为中。一般家里都备有面包、果酱、火腿片、大肠、咖啡或茶。平常吃饭很少现煮饭菜，“干吃”一顿面包了事。遇到节假日，好像兴师动众，在厨房里忙乎半天，但最后拿出来的不过一个带汤的主菜，再加一道沙拉之类，开一瓶葡萄酒或啤酒。如果去餐馆吃饭，也是每人自选一道菜，再加主食或菜与主食混在一起吃。他们点的菜在我们看来内容和质量都不算高，但他们第一口下去便喊叫起来：哟，真好吃呀（如果我们请他们吃，他们赞美得还要起劲）。

除了少数有身份的人外，多数中、小资产者穿戴都很随便，通常只穿一件宽松的毛衣或线衣，便捷的皮鞋，很少看见西装革履的模样。20 世纪 90 年代以来，有的中产阶级特意摒弃豪华，追求朴素，这几乎成了一种时尚。我就看见慕尼黑一个熟人，原来他有一辆高档的跑车，几天后他把它卖了，买了一辆不起眼的最普通的小轿车。我问他为什么这样做，他明确地说：“现在中产阶级都厌弃摆阔，崇尚简朴。”在西欧或中欧，这种所谓的中产阶级是一个新兴的阶层，在人口中已占多数，中产阶级的这种意向，基本上代表了这个民族的基本精神风貌。

吃饭一粒不剩

第一次去德国时（1981 年），有关部门把我安排在弗赖堡大学医学院职工宿舍住宿。这里不仅房租便宜，食堂吃饭公家还有补贴。第一顿在食堂吃饭时，获得一个最大的惊异是，不管男男女女，饭盘、饭碗里的饭菜全都吃得干干净净，颗粒不剩，这在国内从来都没有见到过，尤其是学生食堂。后来先后多次在德国学生食堂临时吃饭，从来都没有见过糟蹋饭菜的现象。有一年还曾在图宾根大学城的一幢学生宿舍楼住过一个月，每天在同一层楼的公共厨房里和学生们一同做饭吃，我专门留意过，看看这些男女青年是否会有乱倒饭菜的现象，结果始终没有发现一例这样的事情。厨房也是学生们小型聚会的场所，有时他们一块儿吃、喝、聊天、说笑，但也没有见过有谁喝得烂醉或满地酒瓶、饭菜狼藉，这与我们有时想像中的“西方青年”完全不一样。

在这个国度，在每个人的意识里，浪费粮食显然是一件可耻的行为，是不能容忍的。对此我深有领教。有一年在慕尼黑，有一位中国朋友介绍我认识一位德国教授，说他对中国很有感情。第一次见面时，他请我在他家里吃了晚饭，这显然还不能尽他的心意，他说在我离开慕尼黑以前，还要请我吃一顿饭，在外面吃。后来他兑现了，领我到市中心一家中餐馆就餐。我以为，既然跑那么多路选择这个餐馆，可能他要“隆重”一下了。但出乎我意料，我们每人点一道菜，加一碗米饭，他就把菜谱还给服务小姐了。我吃的是肉片炒柿子椒，吃完它显然不在话下。但根据我们中国人的习俗观念，在客人面前把菜吃光似乎不太体面，同时还可能使主人误解，以为一道菜不够吃，又喊来服务员加菜什么的。于是我最后留了三片，仅仅是三片柿子椒在餐盘里。等他吃完了，他说：“您吃饱了吗？”我说吃饱了。他一句话也没说，把我的盘子拿过去，把我剩下的那三片柿子椒全吃了下去。我马上脸红了，心里很不是滋味：这岂不是在将我的军？岂不是在批评我不珍惜粮食？但又一想，不至于吧？人家的一片友好情意难道会让三片柿子椒毁掉？相信人家多半以为我真的吃不下了，因为人家欧洲人是不懂得虚礼客套的。如果他真的相信你吃不下，那么这属于生理原因，根本牵涉不到道德内容。倘若一味按我们的民族习惯和思维方式去猜度人家，那就很难交到德国朋友。

客气当心饿肚子

德国人是不怎么讲虚礼的。如果你送他礼物的话，最好当场打开给他看，不然他自己也会当场打开看，然后表示一番高兴和感谢。不过一般情况下，他要送你礼物的话，切不可指望它很值钱，经常是一个杯子什么的，但都要用礼品纸包装得很像样。如果他要请你客，你就让他请。要是你要讲客气，“我来请，我来请……”则他以为你有诚意要请，于是就让你请。假如他要请你吃饭，有一条可得当心：你能吃多少，就直说吃多少。如果你能吃两个馒头，吃了一个后，主人要给你添一个，这时如果你按中国人的习惯客气一番：“够了，够了，”他就真以为你吃饱了，决不再勉强你，这时，你可要饿肚子了。这我可有过教训。1981 年就是我第一次去德国，吃的第一次家宴是去温贝尔格教授家里。他夫人做好一锅肉炖什么(忘了)，带汤。然后给每人一勺肉。当第二轮分菜时我却客气一番，说“够了，够了”。于是她就不往我盘子里添了！其实第一勺菜我远没有吃饱。有了这一教训以后，再也不敢假客气了。人家当然不是要“教训”你，而是在尊重你说的话。只是民族习惯和心理不同而产生的误差。

勤快——德国人的天性

在西方的工业化进程中，德国是一个后起的国家。但值得我们注意的倒不是它的后起，而是后起以后它的速度。

德国之所以后起，是由于它长期四分五裂，这有其政治的和历史的原因。三百多个小公国各霸一方，自行其是，其发展受到局限，这是容易理解的。1871 年德国打败了法国，民族士气大振，新上台的首相俾斯麦利用这一民族主义情绪，用“铁血政策”强行统一了全国。从此德国如虎添翼，迅速成为欧洲的经济大国和军事强国。这里没有必要尽述它崛起的诸多因素，只想指出一条：德国个体国民的勤快本色是决定性的原因。

德国老师留下的印象

自从 1956 年进北大西语系学习德国语言文学起，那里就有五六位德国血统的老师，除了从当时的民主德国聘请来的以外，还有几位是加入了中国籍的德国和奥地利人，其中两位是嫁给了中国人的女老师，一位叫赵琳克蒂，另一位叫谭玛丽。

最初充当德语启蒙老师的是谭玛丽，她给我留下的不可磨灭的印象是：精力充沛，批改作业认真、仔细，而且从来都没有拖拉过，总是及时发还学生。那时我就把她与“德国人”的共性联系了起来，怀着敬佩之情。感觉、印象往往是从对比中产生的，中国老师对学生的作业就经常有拖拉或马虎现象。

到三年级时由另一位女老师即赵琳克蒂来教，她当时已是副教授，是比较有学问的，知识丰富，除了按时批改作业、认真改错以外，课堂上也总是精神抖擞，惟恐讲得太少。三年级还有一位从民主德国请来的老师汉斯·马奈特，他教文学课，除了课堂上外，他有时还利用星期天陪我们去外面参观游览，以增加口语的练习。那时教材不稳定，他还负责我们上课的教材编选，从来不辞辛苦，没有一句怨言，充分表现出一个教师应有的责任和敬业精神。

上述几位德国老师不管男的还是女的，他们在教学工作中所表现出来的工作热情和职业道德，构成了我对德国人的共性特征印象：不辞辛苦的工作精神。好像他们生来就是为工作的。

车厢里目睹一位年轻的母亲

这趟车我要坐三个来钟头，这在一个等于我们一个省那么大的国度算是长途了。我上车的时候，她就已经在车上了，比我前四五个座位，靠左窗，我靠右窗，因此把目光投向她是比较方便的。

先是听到孩子的叫唤声，而且不止一两个。于是开始看见一个年轻的女性不停地动作，走起路来总是雄赳赳的。她看上去才三十开外，个儿高挑；身材结实，仍显得苗条；皮肤白皙，容貌端正。那是12月，她却只穿一件短袖衬衣，只见伸着两条雪白的胳膊，一会儿从行李架上取下提包，找出孩子穿戴的东西，然后放回原处，一会儿又取下另一个包……一会儿拉着一个三四岁的小女儿去厕所，一会儿又领着另一个四五岁的男孩从厕所回来。再过一会儿又见她还怀抱着一个尚不会走路的婴孩……这不免使我暗暗同情：既没有小保姆帮忙，又没有配偶助阵。三个多小时，这同样动作——找衣物、换穿戴、去厕所——来回不知重复多少次，一个人怎么能招架得了这么多小生命不断地侵扰！开始我没有注意她的表情，以为她一定眉头紧皱，感到不胜负担；一定心怀内疚，给这么多倒霉的旅客带来那么频繁的干扰；一定面带羞涩，在众目睽睽之下，一再公开自己家庭生活的细节，甚至还会让人为她把自己美好的青春消耗在这样繁琐的家务之中而感到惋惜……这又不免激发起我的好奇，睁大眼睛想窥探一下这位显然在吸引众多目光的女性的内心秘密，或者说这秘密映现在她脸上的表情。

结果使我大出意外。她每次来回都迈着矫健的步履，一脸泰然的神色，看不出任何异常心理的反映。好像她全然没有注意有谁在观察自己的行动，只觉得自己在从事一件天经地义、不可推卸的职业，在这职业的要求下熟练地完成着每一件“规定动作”。在这人人都穿得严严实实的隆冬季节，她所穿的那件短袖衬衣，不就是她在从事神圣职业时的“运动服”、“工作服”或正在进行一场战斗的“全副武装”吗？哦，还不止。在这个没有任何袒胸露背刺激异性目光的环境下，这件布料平常却十分合身的短袖衬衣，鲜明地衬托出她丰满的胸脯，展现出她两条骄人的胳膊和健美的体态——她给车厢带来的这一视觉冲击难道还不足以补偿孩子的聒噪给大家造成的听觉损失吗？

教授挨训在厨房

德国人做事一般是有条不紊的。家里除每件家具摆得整整齐齐以外，每样用具分别放在一个固定的地方，用到时不会四处乱找。比如雨伞总是放在门边一个小木桶里(家家户户都这样)，日常穿的风衣、雨衣挂在入门过道的一边，大型工具放在地窖或工具室里，厨房里的锅碗瓢盆等餐具一应俱全，而且各就各位。餐具洗净后，都要立即用干布(或叫厨巾，它总是挂在一个固定的地方)擦干。换洗衣服洗净后，要一件一件熨得平平整整，哪怕一方手帕。甚至大学生的被单换洗后，洗衣工都要熨过以后才发还给你。这在他们已成了习惯，就像必修课那样。要养成这个习惯可不是几年的事。这要从幼小的孩子开始就进行教育和训练。德国人的孩子就是在这样的要求下长大的。对此我有过领教。

有一年我在德国图宾根进行学术访问。由于国家给的钱相当拮据，若要在社会上租一间房间，就得用去三分之二以上。于是我就委托熟人去一幢学生宿舍楼租了一间房间。这种房屋每一层都有公用厨房，因此我经常在这里做饭吃，几乎每天都接触德国大学生，发现他们的餐具放得很整齐。但我自己并不想学，所以每顿饭吃完后都自己洗碗，完了随便放在哪里。这引起德国学生的注意，有一天有一个德国学生就开导我了：东西用完应该放整齐，并且放在一个固定的地方：锅跟锅放在一起，碗跟碗、盘子跟盘子……明白吗？一般德国学生对教授都是很尊敬的。他居然这样不留情面，说明他对于我这种自由散漫的行为已经忍无可忍了！我在不得不答应他的要求的同时，不禁脸红起来：这是学生给教授上课啊！

严谨——德国人的作风

质量一丝不苟

德国人的严谨是全世界出了名的。讲究科学性、准确性与坚固性是这种严谨性的突出表现。虽然，工业化国家的人都经过长时间的科学性的训练与熏陶，做事依赖工具，经过精密计算，达到准确的要求，但德国人在这方面尤甚。哪怕有时在天花板上装个灯泡，也要五六个人，动用笨重的机械进行操作，大有杀鸡用牛刀之势。但人家完成的作业，那是经得起推敲与检查和时间考验的。所谓豆腐渣工程在这里是见不到的。就说寄本书吧，不仅用硬纸壳的封套，套内还要衬上一层防雨又防碰的孔状塑料膜，外面用粘胶贴封得严严实实，让你感到万无一失。因此德国的产品声誉是相当好的。曾在德国认识一位来自上海的访问学者，他谈到他的老丈人曾在1949年买了一台德国产的电冰箱，一直到现在还在使用，可见其耐用程度。笔者本人也可举出一些亲身经历的事例。如90年代初去德国，一位德国朋友见我使用的日本产的电动剃须刀经常“闹别扭”，他就买了一个德国制造的送给我。这架小机器不但性能好，效率高，而且十余年来一直没有“捣乱”过，不能不令人信服。商店里偶尔也可能买到件把不合乎质量要求的东西，只要及时去换，人家二话不说就换给你。有一回，一个中国熟人买了双皮鞋，穿了一个月就开始破了，他立即去那家出售的商店调换。我说：“你已穿那么久了，还能调换吗？”他有把握地回答：“没有问题！”果然，对方马上就换给他了。

建筑万无一失

一个民族的质量意识不是天生的。它与这个国家的法制建设有很大关系，这一点我也是有了亲身经历后才有认识的。五年前曾在德国北部一位朋友家做客，见他的客厅旁边又在盖一间房子与客厅相连，工程尚未完工，却又看不出工地般的杂乱。三年后即 1999 年又去他家做客，这新客厅算是能使用了，但主人说还不算最后完工。问他为什么这么缓慢？他回答说：你别看就这么一间房子，不是那么容易的事。因为国家有一套严格的法规，从设计到施工到建材质量等每一环节都必须经过严格审查和批准，不是你想早完工就能早完工的。难怪德国从来都没有听见过什么“豆腐渣工程”，原来从法律程序过程中就把它防止了。

德国人的建筑物都给人一种厚重感与坚固感。走进他们的餐馆，首先吸引住你的目光的不是墙上的装饰和空间的布置，而是那些粗壮结实的梁柱，加上那深黯的色调，你总觉得这房子已经历了几百年的沧桑了，而且至少还可以经历几百年的风雨。一扇门看起来总有两寸厚，推开它，需要一点力气，但你放手让它自行关上，却不必担心它会发出很响的碰撞声；弹簧机制控制得恰到好处，让你几乎听不到什么声响。窗户的开关也很讲究，可以上下开，也可以左右开；可大也可小。手把经过三两下转动，扣上了，不但风吹不开，雨打不进，就是人也不可能从外面推开它。给人以安全感。

时间分秒不爽

德国人走路，不论什么场合，总是急匆匆的，好像有什么急事似的。其实未必。这是长期形成的习惯，这种习惯形成于他们的时间观念。时间在他们看来是最宝贵的，哪能任意蹉跎，哪能在路上磨蹭。所以在公共汽车、火车上或飞机上，你总看到他们在翻阅书报杂志，尤其是飞机上，有的人干脆把它当做办公室。有一次从北京去成都，邻座是一位德国人，我以为这下有个话伴了！没想到，他和我寒暄了几句以后，便打开文件箱，取出材料，埋头工作起来，直到目的地，再也没有和我说过一句话。

的确，生命是在时间中延续的，造化在向地球投放一个生命的时候，同时也赋予了一定的时间，你浪费了一段时间，等于白白消耗了一段生命，在这个意义上说，黄金岂能与时间交换？因此德国人对于与别人约定了的时间，一般是不会变更的，除非实在有特殊原因。如果与人约会，订好哪天几点，他是不会迟到的。所以知道德国人这一习性的人在赴约的时候都特别当心，生怕自己迟到了会使对方不高兴。想改变会议时间、地点也是这样，我们方面的特殊情况总比别人多，当会期不得不改的时候，总是十分尴尬，为了取得对方的谅解，总要煞费苦心，想出一些较圆满的，易被对方接受的理由。

这种时间观念表现在专家、学者那里就更明显了，一般教授都由秘书处为其安排日常工作或活动，正教授（他们的副教授都不冠“副”字的定语，只有正教授前面要冠个“O”字）都配备有专职秘书（通常都是女性）。两人合用一个套间。教授的大部分日常工作都由秘书代劳，包括一般朋友的信件和工作文件，教授只签个名就行。教授每周只拿出半天时间给学生回答问题，每人五分钟，事先在门外排队。

有的大学者更不用说了，他们因忙得不可开交，经常单方面取消已经与人约定的接待或礼仪活动。在这种情况下，对方只好予以理解。例如著名文学史家和文学批评家汉斯·马耶尔（2001年夏去世），1991年我去他家拜访时，第一次没有谈完，他说：“下礼拜天再来吧，我请你吃饭。”一周后我遵约再去。谈完以后，他说：“很抱歉，今天马上还有事，不能请您吃饭了。我这里有瓶很好的葡萄酒，送给您作为赔礼吧。”他是个有名的演说家，到处被人请去做报告，这种情况当然在所难免。1999年末，我又去他家看望他。他说：“礼拜六您再来，我请您在皇冠饭店吃饭，并请米勒教授也来。”米勒教授一听，哟，老人家好大的面子啊，皇冠饭店是图宾根城最高档的饭店。但两天后，老人（此时已年届92高龄）来电话称，又有人请他做报告，他得认真做准备，原定约请吃饭事又得改期了——这样吧：不管您去哪个城市，请随时跟我保持联系，我会有机会去的……可以看得出，他确实因未能践约而深感歉意的，但是为了充分利用他的天年已经有限的最宝贵时间，他宁愿留下歉意。

规矩坚守不逾

德国的公交制度与我们这里有些不同，不论地铁、公汽还是有轨电车，除了司机，没有售票员或其他监管人员。乘客上车就买好了月票、周票或多用票，或在较大的车站通过自动售票器购票。因此公交部门可以节省许多人力。它只需安排几个人不定期上某辆车检查车票。这样，即使你经常乘车，但遇到查票的几率也是很小的。这不奇怪，我去过那么多次德国，遇到查票的情况才只有三次，所以逃票成功的可能性是很大的。但每次突查，只有一两个人被罚：他（她）不训斥你，只要你在众目睽睽之下交出 50 马克罚款就行。应该说，这个犯规的比率是不高的，而且被罚的大多数是外国人或流动旅客。这说明，德国本国旅客的自觉性还是相当高的。因为这种突击性的检查制度，还是会诱使某些人萌生侥幸心理而钻空子。比如曾有过五位中国学生，他们经过概算得出结论：要是全年不买票上车，一个人全年平均会遇到两次查票，被罚 100 马克，于是五个人组织起来，每人交 100 马克“公积金”，谁被罚了，就从这笔公积金里“报销”，这样每人每年可以省下 740 马克的月票钱（当时柏林月票每人 70 马克）——好精明的计算啊！

交通规则的规定也是十分科学和严格的。黄灯一闪，所有车子得马上停下，绿灯不亮，决不启动；遇到行人，以车让人为原则（人的尊严得到“物”的确认）；慢速车主动让快速车超越；决不从右侧超车，等等，这是最起码的规定，德国司机都能自觉遵守，连上车扣护带这样小的规定都没有忽视。相形之下，我们中国人，就说同样在德国生活的中国人，他们这方面的法制观念要欠缺得多。例如有一次我乘一辆中国人开的车，在一条很拥挤的快速路上，他竟然强行从右侧超车，当所有的车在红灯前停下时，左侧一个司机即探出头来训斥道：“你懂得交通规则吗?!”这时我这位开车的朋友不但不感到歉意，反而以同样的话反唇相讥：“你懂得交通规则吗?”这是在无理取闹了！

有了完善的法规，如果没有公民的自觉遵守，那也就成了一纸空文。德国人在这一点上也表现出相当高的自觉性和纪律性。在跨越人行横道时，绿灯不亮他决不抢行，即使在车辆稀少时也不例外。我刚去德国时，对于这种现象不太习惯。见这种情况就没有耐心等到绿灯亮，径自跨过去，以为我这样一“带头”，别人准会跟上来，就像国内常见的那样。但他们依然不为我这个“带头羊”的行为所动。后来在晚上 11 点过后车辆更稀少的时候，我又重复过一次，又没有人紧跟！经过这两次教训，我感到惭愧了。我想，当我独自闯红灯的时候，别人肯定投来鄙夷不屑的眼光。从此以后，我就入乡随俗了。实际上我克服了自己的恶习，适应了人家的雅习了。

德国人的这种纪律性甚至在他们的村镇模式中亦可看出来。德国的村镇房全都是聚集在一起的,对比一下邻国瑞士,就有明显的不同,那里的村落房屋稀稀拉拉,显得非常自由、散漫,很少像德国那样规整。

但是这种严格的纪律性和自律性如果被用到错误的方面,也可以造成极大的破坏性。当年德国纳粹正是利用了德国人的这种特点,强化纪律,人们愿意服从,才胆敢发动大规模的侵略战争。据说今天的"新纳粹",他们的个人自律性也是很高的。

难动恻隐之心

有一次和图宾根大学一位教授约好在那天上午的9点半在该系见面。我按时去了,却见不到他。一问,说是他正在上课,于是人家把我领到他正在上课的那个教室外面等候。我听见他大声讲课,以为教室里坐满了学生。于是我从后面一扇门悄悄推一条门缝,想看一下里面听课的盛况。结果大出我意料:只有一个学生!于是我干脆悄悄走了进去,想让他发现我,至少得先招呼我坐在一个什么地方吧?!结果又使我大失所望:他好像压根儿就没有看见什么!我只好悄悄又退了出来。等他上完课后,以为他会表示一下歉意,不!他只说:"我刚才在给学生上课。"好像他在完成一件神圣工作,所以用不着向别人表示歉意的。

德国人经常在图书馆、书店、俱乐部或专业协会等场所组织报告会,社会上有兴趣的人均可自由参加,由邀请来的有关专家、学者主讲,在这种场合演讲者都很投入的。对这点笔者也有过领教。如德国著名文学史家和文学评论家汉斯·马耶尔,是个经常应邀外出演讲的大学者。有一次,他来北京大学接受名誉教授称号,我们趁此机会,以中国社科院名义请他来我们这里演讲,并安排一位副院长中午在外面餐馆请他吃饭。由于他老人家可能没有把翻译时间估计在内,或者说德国人吃午饭时间比我们要晚,尤其是在举行什么活动的时候,吃饭时间经常是下午两点。到12点半时他还正兴致勃勃地演讲,而我们的副院长已在餐馆等候了。我们颇为焦急,便通过陪同他前来的他的昔日学生舒伯特教授提醒他一下。但他没有理会,到1点了,我们又请舒伯特教授请他尽快结束演讲。他只得停止了。但是大为光火，质问：为什么不让他讲完？并表示拒绝吃饭！一时使我们好不尴尬。我们以前不理解德国人对学术演讲的这种神圣感，不知道催人家讲快点或提前结束这种做法在人家看来都是不礼貌的，因而是不能接受的。从这里看出，我们是缺乏学术尊严感的。

还有一个事例也可看出德国人对学术要求的严格精神。我有个熟人，是个女孩子，在奥地利某大学留学时曾认识一位德国教授，她表示想跟他读博士学位。教授同意了，不久让她去了他所在的德国一所大学。他首先要她拟出论文提纲。半年后她交出提纲，但教授未予通过。再过半年，又未通过。再过半年，还是通不过，弄得这位女生精神负担很重。虽然在其他方面，他是很喜欢这位姑娘的！美貌、聪明，德文讲得流利，性格也爽朗。但这些都帮不了她的忙。最后迫使这位女生"反叛"了：放弃博士学位的追求，转身于别的事业，干实际工作去了！

一位可爱女生的苦恼始终没有动摇一位学者的严格要求，这就是德国学者的品格。

亦敬亦畏难相宜

一种民族性格是在几千年的历史进程中逐渐形成的，这对该民族的成员来说，一切都已成自然而然的习惯，做起来丝毫感觉不到任何勉强或别扭。但这对于别的民族来说，可能是一种吸引，也可能是一种冲击。无论如何，你要想完全接受它是不容易的，要想学会它更非易事，至少，几年甚至十几年恐怕是不行的。何况，它并不是处处都令人钦佩或赞赏。因为严谨在每个人身上的表现并不都是一样的，这似乎也有个水平问题。例如在德国邮局寄东西，我就遇到过或者说领教过德国人的过于严谨，这种严谨近乎刻板。一般说，在德国寄邮件还是比较方便的，它备有各种大小不等的纸盒或纸箱、绳子、胶带什么的，用不着自己去张罗这些东西。按规定，印刷品邮包五公斤为一件，超过五公斤就当十公斤算。有一次我寄两本大型画册至国内，加起来五公斤零二两。但邮局人员却一定要我拿出一本，否则就照十公斤算。但如取出一本，则这个邮包三公斤都不到，这对顾客来说，未免太亏了。跟他再商量也不成，最后只得一走了之！但这还不是最坏的，在波茨坦遇到的一次比这还糟糕。那是 1991 年，两德已经统一，但原东德机制的“传送带”尚未停下来。我寄一包书回国，收件人写的是中文名字。但邮政当局却说不行，必须写德文。我说收件人的信件要到收件国境内才投递，这对中国邮局来说更方便更快捷。但她坚持说不行。无奈我只得把书提回寓所，重新包装，写上汉语拼音名字再去，想不到她仍说不行，原因是外层没有用塑料布包上。我说我原来在西德寄书都没有这些规矩……她们说不行就是不行。我只得到商店去买塑料布，但要么成卷卖，否则就不卖！我又跑回房东家，房东却不在家，所有我能翻的地方都翻遍了，就是找不到一块透明的塑料布或塑料袋。于是我一气之下，决定不寄这些书了！让它们跟着我迁徙或旅行。这使我的行李最后达到一百多公斤，不得不去大使馆开了介绍信，中国民航才让我直接托运回家。你看，德国人的这种死板可怕不可怕？它让你尝够了冷酷和没有人性的苦头。

环保——德国人的天职

秀美的国土在人为

在德国旅行，无论从飞机上俯瞰大地，还是从车窗两旁放眼原野，都可发现这里的绿色植被郁郁葱葱。农田里的庄稼与牧草轮流种植。森林里的树木与草地相间，往往构成图案，有时一块草地好像精心镶嵌在绿色丛中似的。树林的树种也不是单一的，各种树木搭配栽种。到了秋天，红、黄、绿各色间杂，色彩十分绚丽，这一景观在德国西南边陲“黑森林”一带尤其突出。改革开放以后我国第一个派往德国的作家代表团，大家第一个共同印象就是这里的绿色植被格外突出。以为欧洲的地理条件普遍较好，其实德国并不是得天独厚，甚至还不如南欧。他们园林式的国土，主要靠百姓的良好的环境意识和辛勤的劳动。笔者从飞机上俯瞰过慕尼黑郊区，那里一团一团浓黑的森林配置得十分均匀，真是做到了国土园林化。在自己的庭园里，德国人也喜欢栽种花木，而且下工夫浇灌、培育，因此许多家庭的门口四季鲜花盛开。

由于植被好，加上大西洋的湿润的季风以及居民良好的爱清洁的习

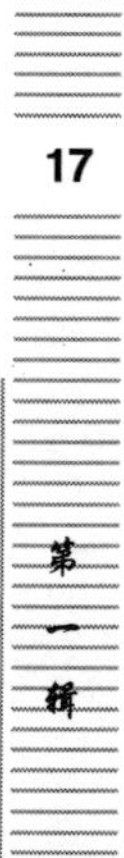

惯，德国天空、大地（包括每个城镇），可以说刮风不扬沙，下雨不流污。许多到过德国的人都有这样的共同看法：在德国住上三五个月，不必擦皮鞋！之所以能做到这样，全赖全体居民普遍的环保意识和个人的生活行为。他们绝不在公共场所或家门口乱抛脏东西，每家每户的垃圾都是按照政府的统一要求分门别类放到固定的地方。清洁工也都能很好履行自己的职责。不比不知道，有些事情需要在对比中才显露它的本质。在这方面不妨对比一下巴黎这个著名的国际大都会，那里的火车站办公地段，始终臭烘烘，一股刺鼻的尿骚味！这样的环境在德国连小城市都找不到。

治污得力有成效

德国的优美环境当然不是天生的，它有个人为过程。在五六十年代，经济恢复和开始“腾飞”阶段，环境污染得也很厉害。美丽的莱茵河甚至都看不见鱼虾了！但从70年代开始，人们对环境恶化的形势警觉起来，并开始了认真切实的治理工作，经过二十年的努力，莱茵河重又变清了。鱼虾重新繁殖了起来。笔者认真观察过流贯拥有百万人口慕尼黑市的伊莎河，该河过去也曾污浊得很，后来人们在河道上下建造了五座污水处理站，现在河水又清流激湍，“鱼翔浅底”了。

控制煤烟是处置污染源的重要措施，德国城镇居民的供热大部分是统一解决的，部分用户使用煤气炉，这就大大减少了烟囱的排污，而且供热厂多数烧的是石油。厨房基本上采用电炉烧饭，这又抑制了相当一部分污染源。

西部鲁尔区是德国主要的工业区，且以产煤为主。过去这里以脏、乱、穷著称。两年前笔者曾在这里住过一个月，除了相对的穷还有所感觉外，这三位一体的特征已基本上不见了，烟囱还有，但数目已大为减少，而且冒的是白烟。当然东部地区达到这个水平还需要一些时日。

国际环保“侦察兵”

70年代，当环保意识国际上普遍还没有觉醒的时候，人们在电视里经常看到在茫茫大海上一只小船在追逐大船，他们不顾危险，爬上大船阻止它向海里倾倒垃圾，这就是新诞生的国际环保"侦察兵"——绿色和平组织。

绿色和平组织就诞生在德国，现已成为德国一支重要的政治力量，叫做"绿党"，在国会里有一定的席位。这个组织或党派对促进各国人民环保意识的觉醒显然是起了积极作用的，而它诞生在德国显然不是偶然的。

益虫益鸟不上席

德国人吃东西在我们看来是很挑剔的。有些动物身上的东西在我们看来是好吃的，他们却视之为赘物，从来不吃。如牲畜内脏我们认为是好吃的，他们却不吃。其他如蹄子之类他们更是不吃。副食店有时也能买到，一般我都愿意买。鸡爪子、鸡翅膀他们也不吃。头一次去德国时，有一次房东家来了一位从美国回德国的女朋友，我煮了一顿中国饭招待她和她十几岁的儿子，当我把鸡翅膀拣到她饭碗里，她却有礼貌地把它们一一拣了出来，起先我还以为出于客气，再次把它们拣进去，她却又拣了出来……原来他们是不吃这东西的。这使我感到不解。

有些亚洲人爱吃的东西，他们却认为是不卫生的，如豆腐乳、面酱等，他们不买，商店里也不许陈列出来。有一次我去一家亚洲商店买豆腐乳，对方明确说"没有！"但等我转了两圈之后，那位女店员走过来悄悄对我说："你真要买吗？"我说"当然！"她便打开一扇小门，钻进一间储藏室，拿出两瓶豆腐乳来，并悄悄说："亚洲人爱吃的某些东西，在这里是被禁止的。"其实我已经知道德国人对这类通过发酵途径制作出来的菜不予认可，一旦被检查人员发现，二话不说：罚款！但大多数亚洲人对这类味道鲜美的中国特产总是"爱不释口"，商家也愿意冒点险来满足这部分顾客的需要。

还有一类德国人不吃的东西是跟环保有关的东西，即益虫、益鸟，特别是受法律保护的珍稀动物。德国人在这方面表现出来的理性自觉和法制观念要比我们强得多。有一次我陪四位德国朋友去张家界，下榻的宾馆的负责人是我的熟人，他很热心地为我这几位"老外"朋友张罗了几道"特色菜"：青蛙啦，蛇肉啦，狗肉啦，鸽子肉啦……出乎东道主的意料：他们毫不领情，始终没有一人拈一下筷子。我尴尬了一阵以后，不得不探问：为什么不吃？他们说：青蛙是益虫，怎么能吃？鸽子是和平的象征，狗是人类的好朋友……能忍心吃它们吗？哦，这不是"东西方文化的冲撞"，而是现代科学知识的差异和法制观念强弱的差异。

啤酒——德国人的潇洒

德国以产啤酒出名，德国人也以喝啤酒成风。

德国的啤酒甘洌鲜醇，色泽诱人。笔者原不爱喝啤酒，第一次去德国时，一喝即不想停杯。三天两天喝之，很快跟德国啤酒交上了朋友。

德国人喝啤酒时光喝酒，不就菜，这在中国人恐怕是忍受不了的，笔者曾有过一次教训。一天，有一位同住一楼的年轻人说要请我喝酒。我以为这意味着请我吃晚饭，于是空着肚子跟他进了一家酒吧。

他拿来了几瓶啤酒和杯子，我们俩一杯接一杯地喝起来，酒吧里挤满了男女青年们，他们都是大学生，一边喝，一边笑闹。尽管气氛活跃，我的肚子却饿得咕咕叫。快到 11 点，我只得提出告辞。东道主有些意外，问为什么这么早就要走？我不得不说"肚子饿"。这才使他想起，我们中国人的喝酒习惯跟他们是不一样的。于是马上去要来了几片火腿。这点东西怎么能充饥呢？但想到我们中国的一句成语，叫"入乡随俗"，也就将就着吃了。

德国的啤酒当推巴伐利亚州最有名。这里每年人均啤酒消耗量为 235.7 升，居全国之最。巴伐利亚人喝啤酒有其独特的风格：几十甚至几百人聚集在公园的空地上，举着带把的大酒杯，其乐融融地互相干喝。有一天去慕尼黑的"英国公园"（位于慕尼黑市中心的一座大公园），几百人围着园中的"中国木塔"在豪饮，木塔内的第二层上还有一支乐队为他们伴奏，带有浓厚的酒文化的味道。慕尼黑的每年十月"啤酒节"游客可达 500 万人之众！

德国人的啤酒杯随着地区的南移而增大。有一次去巴伐利西南部参观一座巴罗克风格的教堂，教堂前的广场上聚集着上百人坐在一张张长方桌旁喝啤酒，我从来没有见过那么大的啤酒杯，那简直是一只玻璃小酒桶！但他们宁愿那么举着它，好像抽烟不愿离口的烟斗，这又是一种情致，一种景观。只要你看上几眼，就不能不受它的感染，因而自己也想跃跃欲试，于是找了个座位，切切实实体验一下，或者说，亲身融入这种酒文化当中去潇洒……有的人一握住那啤酒杯就爱不释手，最后干脆“顺手牵羊”带回家，作为永久的纪念。

古堡——德国人的钟爱

德国的古堡不仅是一笔巨大的建筑遗产，也是一道壮丽的文化景观；不仅遍及几乎每个州县，而且爬上许多高山险坡，甚至跃入河湖。德国有许多城镇的名称均因有“堡”而得名，如西部的杜伊斯堡、西南部的维尔茨堡、中部的马尔堡、东部的马格德堡……还有两座名城词尾也是“堡”，即海德堡和纽伦堡，但它们的德文词根不是“堡”（Burg），而是“山”（Berg），只因这两地均有像样的“堡”，人们对这不准确的译名也就默认了。德国人在建造城堡方面所表现出的兴趣与能力，恐怕只有古代希腊罗马人在建造神庙时的表现堪与之媲美。

德国人的气质和对自然的感情

古堡现象曾引起19世纪德国浪漫派领袖施莱格尔的极度惊叹与赞赏。“那一系列德意志古堡废墟，它们将莱茵河两岸上上下下装点得如此富丽堂皇，除了我们直接的自然感情之外，它们还给了我们另一种观察的良机：“我们在原本是德国人对最险峻的山崖建筑的习惯和爱好中，发现了一种日后如此美妙绝伦地发展成哥特式建筑艺术的因素。”施莱格尔所描述的这一景观，主要是莱茵河中流从平根到考普伦茨这一河段。那是一段峡谷，两岸崇山峻岭，河流蜿蜒多姿，堪称莱茵河的“华彩河段”。笔者曾多次乘火车经过这里，也曾专门乘游船游览，两旁险峻的山崖上那一座座巍峨耸立的古堡，特别是它们的废墟，争奇斗艳，成为大自然的绝妙点缀。

若是在晚上，山影在黑暗中隐去了，剩下的是那些现代人为古堡设计的“晚礼服”——灯光造型，高悬于高低不一的天空，好像专为满足人类的欣赏欲望而布设的“天女散花”，好一番奇观！可惜美学大师施莱格尔未能见到这番景象。

德国人钟情于城堡，早在最远古的时代，还在他们居住在日耳曼森林里的时候就开始了。对于造成这种现象的原因，说法不一。施莱格尔从诗人的眼光出发，把它归因于德国人的气质，即“德国人对自然的感情”，这固然不无道理，但也不尽然。

不仅是为了审美，更主要的是军事设施

有的统治者把城堡当作享乐的行宫，因而将它建在极佳的风景点，如日耳曼民族出身的东罗马帝国的第二代皇帝台奥特利奇，他把宫堡建在海边的山顶上，借以眺望周围的风景和大海的壮观。但德国的古堡不仅如此，它们各有各的功能。就多数而言，都是作为统治者或权势者的防御工事或军事实力的象征而诞生的。就拿莱茵河上众多的古堡来说，它们的出现不仅是为了审美，更主要的是莱茵河在古代是德国与罗马的国界，它们负有窥视和阻挡敌人渡河进犯的使命。如考普伦茨附近那座叫做“埃伦勃拉特施坦”的庞大而醒目的古堡，当年驻有 1 500 名士兵和 80 门大炮，所屯粮草可维持半年之久。这还只是考普伦茨系列城堡中的一座。莱茵河上另一座宏伟古堡哈尔登堡系 15—16 世纪与邻国进行过 20 次战争的莱宁根家族所修建，其城墙之厚达到 7 米，是莱茵州最大、最坚固的堡垒之一。萨克森州那座关押过革命家巴枯宁、倍倍尔的“王石堡”，其城墙高 40 米、长 2.2 公里，水井深 150 米。在莱茵河之外，仅以笔者目睹过的城堡而言，耸立于美茵河畔马利恩山顶的那座宏伟的城堡（维尔茨堡）与纽伦堡山顶的同样壮观的城堡都是德国有名的军事设施。今天你若乘车穿行于图林根地区，你会发现几乎每个较大的山头都有一座古堡。堡一多，便可能有突出的存在。君不见，这个州就有一座遐迩闻名的珍“堡”，它就是离大作曲家巴赫的故乡不远、位于埃森纳哈附近的瓦尔特堡。它是德国现存最古老的城堡之一，相传 1067 年即已诞生。它在军事上曾经起过哪些作用暂且不说，仅就它在德国历史乃至世界历史上所写下的光辉篇章而言即可大书特书：16 世纪上半叶它曾接纳过流亡中的宗教改革家马丁·路德，使他得以安全地在这里以 10 个星期的最快时间，

完美地把《圣经》中的《新约全书》从原文译成德文；1817 年，德国大学生在这里举行示威，第一次发出要求建立一个自由、统一的德国的呼声。两年前它被联合国载入“人类遗产名录”。

德国历史的特殊性

德国的古堡之多，应该是不难理解的。这跟德国历史的特殊性有关。1871 年以前，德国长期四分五裂，大小公国达 300 多个。既然是个“国”，无论大小，防卫在所难免，相应的军事设施也就应运而生了；既然是一国之君，就有无上的权力和权利，除王宫外，行宫、猎宫、“逍遥宫”……也就随之而至；它们也可以以“堡”的面貌出现。事实上有的城堡就是两用的，既是堡垒，又是王宫。这类建筑无疑亦须选择险要的地势。最典型的当推与海德堡同名的那座宫堡了，它位于涅卡河畔，坐落在海德山的山坡上，连同前面的石拱古桥，远远看去，极为巍峨壮观。那里的一个碉堡 1808 年被拿破仑的炮弹劈去一半，残存的一半现仍斜立在那里。宫堡内一件最有名的文物当是那只硕大无朋的大酒桶，有两层楼那么高，可装容 22 万升的葡萄酒，创世界之最。再一座是萨克森州那座坐落在湖面上的水城默里茨堡。这是一座罕见的、极为漂亮的巴洛克建筑，出自于 18 世纪德国最负盛誉的巴洛克建筑师涪佩尔曼之手。宫中除了大量的巴洛克风格的家具、陈设以外，还有丰富的来自东西方国家的艺术品收藏。由于该堡是 16 世纪萨克森公爵最初为狩猎而建的，现成为欧洲最重要的鹿角收藏馆之一。

太远古的古堡几乎都荡然无存了。我们今天能看到的，主要是中世纪中晚期以来的建筑，其中有罗马式的，但大多是哥特式的；其次是文艺复兴式的；再次是巴罗克式的(很少)。虽屡建屡修，但许多已沦为废墟，它们带着历史的尘埃，诉说着悠悠岁月。欧洲中世纪盛行骑士制度，那里的古堡除了充当军队的营地外，也是骑士们习练剑术、互相比武的地方。但许多骑士耀武扬威，经常出门行抢，所以那些古堡常被人叫做“强盗骑士堡”。

文艺复兴以后，随着骑士制度的衰落，古堡的功能也发生变化，除一部分继续用作军事要塞外，其余当做博物馆，或供贵族们当府邸。例如有名的歌德女友施太因是一位贵族夫人，她和她的丈夫就住在魏玛远郊的一座文艺复兴式的古堡里。也有些后来的贵族，为了缅怀古堡的情趣，特意建造某种风格的古堡当做自己的住宅。比如，18世纪末，黑森州的统治者威廉九世侯爵就在州府卡塞尔的山坡公园里建造了一座典型的古堡。从外表看，它几乎集中世纪哥特式古堡各种样式之大成。但内部却完全是居室的设施。可谓古代的“人造景观”。

各种建筑风格的古堡中，哥特式最典型。其造型高耸、峭拔，窗户狭长，都有塔柱和塔尖。它们的样式不要求统一，如同时有几个塔柱，则其中必有一个突出于众塔之上，周围有坚固的城墙，堡内较为阴暗，故往往有一种阴森、恐怖、神秘的感觉。它们成了历代文艺作品常用的题材或背景。像我国读者比较熟悉的电影《古堡幽灵》在德国出产就不足为奇了。

便民——为官者的本色

初到德国时，一个强烈的印象是，所有社会设施都是从方便群众、方便用户出发的，一种人的尊严感油然而生，沉睡了多少年的“民本位”思想一下子从脑子里蹦了出来。

先说交通：在火车站，随时都可以看到张贴醒目的火车时刻表，一天24小时每趟车的发点、到点（包括沿途各站）都一目了然。火车来了你只管上车就是，无须排队等检票，坐好位子以后，自然会有列车员来查票。买票时事先给你一张表，你要去的地方的多种选择的可能性写得清清楚楚。如果你想保证有座位，可多交5马克，座位自然会给你留着。车站上还有一张表，分A、B、C、D、E五大段，如果你预订的座位在8车厢，在表上你事先就可查到该车厢在哪一段，于是等火车来时你就不必紧张地跑步找车厢。车厢里的空间分割也很讲究：车厢的一头，专设一空格让你存放大件行李；每个靠窗座留点空档让你挂衣服。车厢的另一头留有一块空地是为坐轮椅的残疾人准备的，每一排座位放一张本列车的时刻表，座椅当然是很讲究的。总之尽量让旅客舒服点就是了。

在每个地铁和稍大一点的电车、公汽站都设有自动售票机，如果你来不及事先购票，可先跳上车再向司机购票；至于为老弱病残者设的专座，除非车厢拥挤，一般是无人去占座的，万一占座了，只要见老弱病残者上车，人家就立即主动让座。每个车站都贴着车辆到站时刻表，不会让你到处询问。至于地铁站、过街隧道电梯之方便暂不去强调，因各国经济情况不一样。但火车站（至少较大的火车站）设置手推车，这是经济条件较差的国家也是可以做到的。

德国的高速公路是世界闻名的，线多质高。但是在德国全境见不到一处收费站，一时使你忘记了这是“资本主义国家”！

购物方面，凡较大的商店或商场都是开架自选的。这点现在我们也在仿效，就不拟多介绍了。

邮政、通讯方面也是很周到的。每个邮局都有大小不等、各种型号的硬纸箱、粘胶和绳子。你要寄包裹的话，用不着自己很费劲地包呀，扎呀，费老半天的劲，还不一定保险。这里买的信封，封口都着上粘胶，附以一纸条，用时只需将纸条撕去，封口马上就封死了。各邮局甚至电话亭都备有全国电话号码簿，你若忘了带亲朋熟人的电话号码，根据姓名的拼音字母，很快就能查到。当然不是每个人的私人电话都愿意上电话簿的。

嫌贫——为富者的耻辱

2001年夏天，我趁赴德国参加一个国际会议之机，顺便去M城看几个朋友。在一位朋友家聊天时，对方提到一位我们共同认识的朋友，夫妇俩经过十来年的奋斗，现在终于有起色了，已经在一个富人区买了一幢新楼。乍一听“富人区”，心里不禁一沉：这不是穷人的禁地吗？但又一想，在这中产阶级迅速崛起的今天，这“富人”的要领也许和以前不完全一样了。况且人家又不是靠贪污、受贿、捞回扣或走其他黑道弄来的钱，人家毕竟经过了十余年的奋斗。人家还穷的时候，好歹招待过我吃住，如今人家“鸟枪换炮”了，即使不表示“衷心祝贺”，也得真心地去看看人家。于是约了个周日，我去了。男主人还在公司里忙乎。于是女主人领我上上下下看了她的四层楼的各个房间，其兴奋之情溢于言表。在我试探性地问到价格时，她倒是坦然承认，连办手续少不了130万马克。她看见我差点儿没惊呼出来，又连忙补充说：一下子哪拿得出这么多，主要是靠贷款的。我想，人家贷不起，而你贷得起，这就是差别。

吃完午饭后，女主人陪我参观这个叫伊尔玛-文克大街的新建住宅区。当我提到“富人区”时，她马上纠正说，现在不兴这么叫了，这是个旧概念，没有几个人以富为荣了。一个住宅区如果真的有形成“富人区”的趋势，国家就要采取措施，设法打破“富人区”的格局。她就近指着一块正在整顿的地基给我看，说这是计划中的幼儿园，将来是不分贫富的，并要有意识使穷人的孩子达到一定的比例。我说没有穷人的住宅，哪来穷人的孩子？她说：“有啊，”并指着右手对过几幢红瓦顶的新房子说：“这几幢五层楼就是国家有意识盖在这里的，里面住的是经济收入较低的人，为的是打破所谓‘富人区’的财产结构，增加穷人的社会成分。这对孩子的成长是有利的。”她还说：“现在德国幼儿园的老师是很注意这方面的教育的，不让富人的孩子有优越感或穷人的孩子有自卑感。所以我们的孩子穿戴都很普通，平时就教育他：看不起穷人的孩子是一种落后的意识，这样自己就会被别人瞧不起。”她的这番话，既反映了资本主义国家平民意识普遍觉醒的总倾向，同时也反映了德国社会民主党执政以来的某些新的举措，打破某些陈腐的社会观念，推动社会的文明进步。这种“掺沙子”现象也是西方社会某些有识之士共同努力的结果，是值得肯定，也是值得注意的。

信任——人际交往的前提

德国的城市居民有住楼房公寓的，也有单门独院的。各自的防盗意识自然是有的。住公寓的每户都有楼门的公共钥匙，大门口设有每户户主的名字和按钮，你要找谁，就在谁的名下按一下，对方的门铃就会打响，随即主人按一下他家门内的按钮，门就自动打开，因为事先电话都联系过了，他（她）已知道来者是谁。也有的设有传播器，问清对方的身份后，再开大门。因此，这样的大门，实际上是一道公共防盗门。很少像我们这里那样，大门洞开，人人都可直奔你的家门口，逼得每家每户都来装防盗门。如果住的是单门独院，那么一般家门口有一个小院子，周围用木头或者灌木筑一道篱笆。篱笆门有的锁着，有的则不锁。院子里或外常有一条狗守着。这种情况，大多都在郊区。

总的说，德国人的防盗意识不像我们那么强。我先后租住过好几户人家，一般都是腾出一间房间让你住。有的给你一把房间钥匙，你出门时锁上也行，不锁也行，但他们自己所有房间都洞开，即使晚上也不关严。对原来素不相识的“老外”一开始就那么放心。我还遇到过一个女房东，也是中年，没有丈夫在家，带着两个很小的孩子，男孩才 4 岁，女孩 6 岁。她家有七间房间（每间都比我们的要大得多），两间供出租。我刚去时，她只给两把钥匙，一把是开楼门的，一把是开她的家门的。我向她要我住的房间的钥匙。她颇为惊讶，说：“钥匙？大门平时都锁着，还要房门钥匙干什么？”我愣住了，很想说：“我们中国人有这个习惯——你不防我，我还防你们呢！”所谓“你们”，还指她雇的一个照看孩子的小保姆，一个斯洛伐克的学德语的女大学生，她把当保姆当做德语实习课。

使我更惊奇的是，有一次房东携儿女去柏林探亲，小保姆也回老家度假，另一个德国房客已经回去了，这所大宅子里只剩我一个人，而她的所有房间的门依然全洞开着，仿佛一家人仓皇逃难丢下的房子一样，连电话机、传真机、电脑等等都不收起，甚至走的时候连交代一声须注意什么也没有，简直不可思议。当然，既然人家如此“防小人不防君子”，我自然更以君子自律，除了她厨房里的餐具、炊具，她家里的任何东西我都不去碰一碰。平时我打电话用她的电话机，她外出期间我反而买了一张电话卡，需要时出去打电话。因为信任和猜忌都是互相的。那几天，我俨然扮演起了她的管家角色。

一个居民的这种毫无防范意识的存在，至少说明了两个前提：一是进出她家里的房客没有发生过“小人”做的事情；二是德国的社会治安情况确实相当安定。无怪乎这里的老百姓都把警察看做自己的亲人。

不过，我去德国或任何欧洲国家从未一口气待过两年、三年，上面这种情况也许是个别的。

第二辑

文艺复兴式的文化巨人

——纪念歌德 250 华诞

今年 8 月 28 日是德国伟大诗人歌德诞生 250 周年，世界各地都在纪念这位世界文化名人，因为歌德的精神遗产不仅仅属于德国，也属于全人类。他虽然晚于文艺复兴两个世纪出生，但他与文艺复兴时期那些“在思维能力、热情和性格方面，在多才多艺和学识渊博方面的巨人”(恩格斯语)相提并论当之无愧。事实上，在欧洲文学史上，他与莎士比亚和但丁并称顶尖的三杰。因此欧盟把 1999 年确认为“歌德年”，并把歌德生活了 56 个春秋的小城魏玛确认为这一年的“欧洲文化首都”，同时联合国教科文组织也于去年把魏玛列入“世界遗产名录”。在德国，各种纪念活动早已展开。早在 5 月下旬魏玛就已经举行了国际歌德学会的纪念大会和学术讨论会；8 月 28 日歌德诞生地法兰克福举行了全城狂欢和十万人的“马拉松”游行。据报道，各种形式的纪念活动在全国各地至少有 200 项。在亚洲，韩国、日本、印度等国的纪念活动均在进行中。

歌德于1749年出生于法兰克福一个有良好文化教养的家庭，从小爱好文学和艺术，16岁即开始写作，24岁即写出富有反叛精神的名剧《葛兹·封·伯利欣根》，25岁更以书信体长篇小说《少年维特之烦恼》名噪欧洲，加上他一系列充满反抗精神的诗歌，如《普罗米修斯》、《暴风雨中的流浪人之歌》、《穆罕默德》等，使他成为当时德国向封建势力猛烈冲击的"狂飙突进"运动的主要代表。他的才华很快被魏玛公国即将即位的年轻而开明的公爵卡尔·奥古斯特看中，并主动与之结交；公爵即位后，于1775年冬把他请入宫中，委以要职。他先后以国务参议与枢密顾问的身份执掌矿业、交通、财政等方面的权力，并参与军事领导。不久他对矿物学发生兴趣，继而对其他自然科学如地质学、植物胚胎学、昆虫学、解剖学、蜕变学、光学、颜色学等分别进行了研究，写出了专著《颜色学》(可惜不成功)和《蜕变学》，因而在达尔文之前即接触到生物进化规律，并首次发现人的颚间骨。他亲自采集的矿石标本即达18 000枚之多！

歌德是一位哲人，在他的宇宙观中，生生死死、常动不息才是本来的自然。因此他不满足于仅仅对"道"(思想、理念、知识)的认知，而更看重"为"(行动)的力量和价值。无怪乎一旦有权可握，他就认为获得了直接改造客观世界的力量。但政务的繁杂、宫廷生活的浮嚣是与他诗人本性相冲突的。苦恼了10年之后，1786年9月，他终于来了个"快刀斩乱麻"：以突然"失踪"的方式逃离了魏玛，"遁"到他强烈向往的古代缪斯的驻地、文艺复兴的故乡意大利，一待就是21个月！在这里他隐姓埋名，尽情欣赏和考察古希腊、罗马和意大利的艺术。许多艺术品他实在爱不释手，只得把它们复制带回(不论雕塑还是绘画)，以至他的魏玛住宅成了一个琳琅满目的艺术博物馆。在意期间，除进行一些戏剧和诗歌的创作外，还以高涨的热情，画了一千多幅画(直到年逾"不惑"，他都把绘画作为他的主要目标，一生作画达2 500幅之多)。

1786年6月回到魏玛后，歌德辞去了大部分职务，只监管剧院和矿业，这时他对自然科学的兴趣有增无减，直到1794年开始与席勒合作，重要作品只完成了起始于意大利的诗剧《塔索》和起始于70年代初的《浮士德》第一部第二稿。与席勒的10年合作(1794—1805)给他带来了转机。席勒比他小10岁，他的旺盛的创作力、清晰的思路、精辟的见解、激发了歌德已经疲惫的创作欲，使其重新活跃起来。两人互相切磋，频繁通信，相约以古希腊的精美典雅的艺术为典范，用完美的形式、纯洁的语言表达人文主义精神。除了与席勒合作频频写出针砭时弊、笔锋犀利的《赠辞》外，这时期歌德自己还完成了长篇小说《威廉·迈斯特的学习时代》，续完了《浮士德》第一部，写出了长篇叙事诗《赫尔曼与窦绿台》等重要作品，成为他创作生涯的第二个丰收期，加上席勒的成就，两人把德国古典文学推向了高峰，并为振兴德国自己的民族文学作出了巨大贡献。

1805年席勒的过早逝世，使歌德感到失去"生命的一半"。从此至1814年拿破仑失败，他的创作又走入低谷。他开始写十四行诗，写了长篇小说《亲和力》和自传《诗与真》的前三部。但这时期他的兴趣转向东方，广泛涉猎了阿拉伯、波斯、印度和中国文学，为下阶段的创作作了题材上的准备。

从1814年至1832年逝世这18年中，歌德又重新振作起来，朝着他的宏伟目标冲刺，虽然这时期他既丧妻(1816)又失子(1828，唯一的儿子去世)，但他隐忍着巨大的悲痛与孤独，一部又一部完成他的生命力作：反映东方风情的《西东合集》(共240余首，1819)、长篇教育小说第二部《威廉·迈斯特的漫游时代》(1828)，特别是他的生命的"压轴之作"《浮士德》第二部(1831)。此外他还写出了一系列就其完美性而言都堪称杰作的作品，如诗歌《爱欲三部曲》、《中德四季晨昏杂咏》中的一部分以及散文《意大利游记》等。在晚年，他的思想益发凝练、清晰，写了大量格言诗或铭语，表达了许多真知灼见；他的视野越发开阔，在广泛涉猎了东方文学之后，提出了"世界文学"的崭新概念。就这样他以创作和思想收获的最后一个高峰结束了他生命的全程。

歌德的一生体现了资产阶级上升时期的宏伟气魄，他以浮士德式的进取精神，不懈地追求着"美"(文艺)和"真"(科学)。从中可以看到他身上"两个灵魂"的争斗：一个"执着于尘世"；另一个"向崇高的精神境界飞升"。在这过程中，其涉及范围之广、思想蕴寓之深、创作实绩之大、作品数量之多(他的最全的全集达143卷之多)都是世所罕见的，几乎可以构成他那时代的百科全书，堪称全能的文化巨人。这是人类的骄傲！永远值得我们纪念和学习。

歌德对中国文学和文化十分向往，尤其在晚年，曾读过不少中国文学作品(可惜由于当时条件所限，都不是一流作品)，并予以好评。同样，歌德作品也广泛受我国人民所喜爱和尊崇。“五四”时期他的《少年维特之烦恼》首先由郭沫若翻译过来，立即引起轰动。此后随着他的《浮士德》一、二部及其他作品经郭沫若等人的翻译，他在中国的影响日益扩大，迄今仅《浮士德》至少就有 5 个译本！同时一部 10 卷本和 14 卷本的《歌德文集》正分别由人民文学出版社和河北教育出版社出版。在研究方面做出成绩的首推冯至，这位著名抒情诗人和德语文学学者早在 40 年代就写出了一批较有分量的研究歌德的著作，此后不断深入，至 80 年代前期已出版了我国第一部研究歌德的专著《论歌德》。此后人数日益增多。今夏我国已有一位学者（叶廷芳）应邀参加了国际歌德学会在魏玛举行的纪念歌德 250 周年大会和学术讨论会；另一位学者（杨武能）参加了 7 月份在德国举行的国际歌德翻译会议。

原载《太原时报·文学周刊》1999 年 10 月 25 日

歌德之所以为歌德

在纪念德国伟大诗人歌德 250 周年诞辰的过程中，有一个话题经常被提起：我们应该向歌德学习什么？

这个提问颇有意义：纪念一位已故伟人，如果不知道向他学习什么，那无异于糟蹋死人。

歌德作为公认的欧洲文学三杰之一，素以博大精深著称。在他的思想和作品中，不时让人感到它们深蕴着人文主义精神，让人看到一种永远醒着的人类良知的存在。正是这一点，使他能透过某些纷繁复杂的社会历史现象把握住某种恒定的东西，一种可以称之为“大爱”的精神。历史上法德两国常有摩擦，甚至兵戎相见，许多德国人视法国人为世仇，尤其是 19 世纪初拿破仑举兵侵占德国西部以后。歌德晚年，当爱克曼转述别人对他的看法，问他为什么在拿破仑统治时期没有拿起武器斗争？歌德回答说：“我心里没有仇恨，怎么能拿起武器？……法国人在世界上是最有文化教养的，我自己的文化教养大半要归功于法国人，对这样一个民族我怎么恨得起来呢！”他还认为：“民族仇恨这东西很特别，文化发展水平越低，民族仇恨越强烈。但也有一种水平，在那里民族仇恨会消失。这种文化水平正适合我的天性。”歌德的这番话是值得深思的。我们不少作家就往往不能超越某些一时一事现象，站在与普通凡夫俗子同等文化水平上来对待它们，结果起着火上加油的作用。作家之所以是作家，就应该是人类良知的代言人，他应以博大的胸怀去拥抱全人类，他应是各种矛盾的客观观察者和评判者。

作为作家，歌德具有极为丰富的审美想像力和艺术虚构能力，但他创作时并不凭自己的才情优势一挥而就。而总是基于他的生命体验，反复琢磨，最后才凝练出艺术精品。他的《少年维特之烦恼》之所以动人，是基于他自己的恋爱挫折；名剧《埃格蒙特》前后写了 12 年；《威廉·迈斯特的戏剧使命》前后相隔 8 年；《伊菲格尼在陶里亚斯》历经 7 年；《威廉·迈斯特的漫游时代》前后花 9 年；被他称为他的“骨中骨，肉中肉”的《塔索》三起三落，历时也是 9 年！至于他那部成为欧洲“四大名著”之一的不朽杰作《浮士德》，众所周知：前后 60 年！无怪乎他说：“我写诗向来不弄虚作假。凡是我没有经历过的东西，我从来不用写诗来表达它。”这样的天才条件，又有这样严谨的创作态度，其艺术之精湛也就无须赘言了。难怪连以“反传统”闻名的现代派作家在歌德面前也不能不肃然起敬。卡夫卡对歌德尤其五体投地，有时甚至“一星期之久完全沉浸在歌德的氛围里”。他认为歌德的作品具有一种“持久的艺术”，甚至认为歌德的文学成就“延缓了德国语言的发展”。尼采也认为，歌德的文学“属于一个更高的品种”。相形之下，我们今天的许多作家应该感到惭愧：他们经不起市场的招徕、诱惑；唯钱是求，唯名是驱；不惜粗制滥造，不惮求人包装；今天写电视剧，明天写广告文学；一天冷板凳也坐不住，原来患了一身浮躁病！文学是寂寞的事业，它常常不讨当代人的喜欢。只有那些在人世间认真生活过、体验过并找到适当的手段，艺术地表达出自己切身感受的作品，才有可能震撼别人的灵魂，从而成为不朽之作。卡夫卡生前就没有名噪过；歌德生前也不曾大红大紫过（他的代表作《浮士德》第二部是他死后才发表的）；《没有个性的人》的作者穆西尔生前也没有引起注意；里尔克的高峰之作诞生以前曾经历了十余年的默默酝酿与求索……今日世界格局中的文学，如果你对时代或生活没有独到的灼见，美学上没有独特的创造，要想取得一席之地是找不到门的。

歌德成名颇早，而且名气不小，外界对他的诱惑无疑是不少的，尤其是异性和高官，他曾经确也被这些深深吸引过，特别是在去魏玛(1775 年冬)的头 10 年内：君不见他一去就当上了大臣，一去就爱上了斯太因夫人(虽相距很近，他写给她的书信却有 1 600 余封之多)。于是，他的精力被过多耗费了，他的创作力明显减弱了！这与他的作家天分是相违的。10 年后，他终于作出了决断：挣脱它！他既不向公爵告假，也不向女友道别，却以突然"失踪"的方式，逃遁到意大利，一待就是 21 个月。无疑，此举一要得罪君主，二要得罪女友。如果说，公爵毕竟同时也是他的朋友，他后来原谅了歌德，并给他解脱了大部分公职，但斯太因夫人却始终都没有原谅他。这一后果，歌德事先自然是预料得到的。但为了保证对"熊掌"的获得，不得不把"鱼"割爱！在此后的诗文中，他经常提到诸如"断念"、"节制"、"放弃"等字眼，实际上这都是对一次次来袭的诱惑的抗拒。正是这种自觉的抵制，才保证了他登上欧洲文学的顶峰。在这里道德服从了事业。这是歌德之所以能成为歌德的一个重要因素。没有远大志向和伟大抱负就难能做到这点。我们今天的许多作家就缺乏这种志向和抱负。面对扑面而来的众多诱惑，为了眼前一点区区小利就沉不住气，为了一顶什么"桂冠"就趋之若鹜，甚至还以"明星"自炫……这些都不是大作家的风范。歌德的成功晓谕了一条真理：缺乏抵御诱惑的勇气，没有"断念"的毅力，就成不了大器。

我们的作家队伍中有人曾经提倡"作家兼学者"的主张，这是个卓有见地的建设性口号。要成为"更高档次"的作家，光凭"灵气"和想像力而没有丰富的学养是不行的。歌德的成就很大程度上就得力于他的博学：他不仅是创作体裁全面的文学家，同时也是进行过多种学科探索的科学家，甚至还是从事过多种政务活动的政治家。而在艺术想像领域，他又不仅仅是语言艺术家，而且也是画过 2 500 幅绘画的造型艺术家。不难想像，只有像他这样的全才，才能概括和塑造出像浮士德这样的能代表全人类精神世界的艺术形象。当然，现实中像歌德这样的全才是少有的，但尽可能广博的知识，尽可能丰富的艺术涵养，对于一部作品的信息含量、思想深度和审美厚度肯定是起积极作用的。

歌德曾说莎士比亚是"说不尽的"，其实他自己又何尝让人说得尽？这篇拙文旨在为中国当今作家借鉴歌德的长处勾勒几点以供参考，自然也远远没有“说尽”，那么就由大家从歌德作品中仁者见仁，智者见智，为我所用吧。

原载《太原日报·文学周刊》1999 年 10 月 25 日

原题《断念　节制　放弃》

追寻歌德的生活踪迹

——歌德三处故居随记

歌德活了83岁，这在他那个时代算是"古稀"了。对于一个志向高远、进取不息，又享长寿的人来说，他的足迹之广，逗留过的地方之多是可以想见的。据统计，从1765年至1823年，即从他16岁至74岁期间，他走过的旅程共达37 765公里之多！他先后下榻过的住处数以百计，许多处被专门辟为歌德纪念馆，仅德国旅游公司对外推荐的就达50余处。限于篇幅，本文只能将这些数目高度"浓缩"，谈谈他的三处故居，这就是他出生的法兰克福故居和魏玛的两处故居。

歌德的法兰克福故居位于鹿沟街23—25号(包括歌德博物馆)。这是一幢四层坡顶楼房，共有20个房间(不包括现在辟为博物馆的14个房间)，这在当时是颇为体面的住宅。这首先应归功于歌德的祖父，他由一位裁缝师傅成为"殷实人家"。他死后由歌德祖母于1733年购置这幢房屋，祖母一死，父亲就进行了改建和扩建(1755)，父亲死后，母亲又嫌房子过大

(女儿出嫁并早已去世了,儿子则远在魏玛)而把它拍卖了,连同大部分家什!直至1863年,一家教会基金会又把它买了回来,改造成现在这个基本模样——说"基本",因为二战中它遭遇劫难,1951年又按原样重建。由于这两百多年的沧桑,现在你要想知道歌德这位伟大天才究竟降生在哪个房间,就成了个问题。人们只能告诉你:"大概"出生在三楼他母亲常住的那间卧室隔壁的那间小房间里(由于出生时一度不会呼吸和哭叫,曾被误为是个"死婴")。唯一可以为这座房子的确定性作证的是端立在二楼前厅的那座高大的天文钟,无论房子怎样易主,它始终稳立在那里。这座大钟同时也是一个时代审美风尚的见证:它与这幢房子里的大多数陈设和家具一样,从造型到雕饰都带有"巴罗克"风格的特征。这种审美时尚显然影响到歌德后来在魏玛的主要故居中的某些面貌。18世纪的欧洲还有一个时尚,即大型宅第、官邸,尤其是宫廷布局中的"中国风",歌德故居的第二层(主要用于交际,尚未登基的卡尔·奥古斯特公爵曾在这里住过)就有一间。

"北京厅"在这层临街的三个房间中面积最大,而且位于中间。不过从现在展出的少量物件中已看不出多少中国的痕迹了,只有墙上的壁纸花饰和炉壁上的绘画可以看出些中国的风味。这种家庭设施中的"中国风"也许与歌德晚年对中国文化发生浓厚兴趣有一定的内在原因?

许多欧洲人习惯于将子女的房间设在较差的楼层,歌德作为这个家庭唯一的儿子,其享有的待遇也不例外:他只在第四层即阁楼层拥有一间书房。一张五屉柜似的齐胸高的写字台处于醒目位置,台面被嵌在三分之二高处,可以伸缩。这位文豪就是在这张写字台上写出了轰动欧洲的成名作《少年维特之烦恼》以及反映他"狂飙突进"式的思想巨浪般的一系列戏剧、诗歌等作品。但书房里也许更令人感兴趣的是张贴在另一侧墙上一张美丽少女的剪影:夏洛蒂·布芙。她是歌德第二位热恋过的情人,也就是导致小说中的维特自杀的那位女主人公。可见爱欲在文学、艺术创作中的作用有时是不可估量的。

用金钱买了个"宫廷顾问"空头衔的父亲没有正式职业,却颇注重知识,对子女的管教也十分严格。他营造的"书香门第"的家庭环境,显然对歌德的成长起了积极作用。首先,他精心建立了一个拥有两千多册书籍的藏书室(在三楼),藏书内容的广泛性使歌德这个学法律的学子获得了更多的选择，以致使他的兴趣往文学那方面倾斜。其次，他在藏书室旁边建立了一个藏画室，不少贵重名画无疑激发了歌德青少年时期对艺术的兴趣，使其一生中画笔不停，共画了 2 500 幅之多。第三，他在四楼用了一个房间辟为傀儡戏室，青少年时期歌德经常在这里利用祖母作为礼物送给他的傀儡戏台箱，上演他自己创作的作品，这对歌德在诗歌、小说之外同时成为杰出的戏剧家起了明显的作用。第四，他设有一间音乐室，备有钢琴等乐器，歌德显然学会了弹奏，所以他在魏玛的两处故居都有钢琴室。不用说，这样的家庭环境，加上孩子的自觉努力，是一定能培养或熏陶出高素质的人才的。

歌德离开法兰克福家乡后，去的地方是一个比法兰克福小得多的城市——魏玛，人口只有六千，是全部人口只有十万的魏玛-图林根-埃森纳哈公国的首府。这个公国的君主卡尔·奥古斯特尚未登基时就慕名结识了歌德，彼此结为知交。登基后他马上就邀请歌德去宫中担任要职，并赐给他一幢别致的小楼——现叫"歌德绿屋"。它位于城边一座大型英式公园内，屋后是一大片宽阔、碧绿的草坪，草坪又被潺潺流动的伊尔姆小溪所环抱；屋前是一座不高的土丘，绿屋主人在坡上营造了一座漂亮的花园。歌德对自己拥有这样的住宅与环境欣喜不已，向人写道："屋旁有秀美的草地，门前有可爱的花园。处处鸟语花香，草木繁盛。"歌德称心如意地在这里生活了六年(1776—1782)，这正值歌德的早期创作旺盛期，虽政务缠身，他仍在这优美的环境里写出了一系列名作，他的不朽巨著《浮士德》第一部就是在这里孕育的。

这时的歌德虽然仍是单身，但毕竟是国家重臣，这样的住宅对他来说未免太小了！1782 年 6 月他迁进了位于市中心圣女广场旁的几倍于"绿屋"的大宅子。一直住到寿终，长达 50 年之久。这幢外墙为杏黄色的长长的房屋坐南朝北，由南北两翼构成。北翼(正面)为三层(包括阁楼层)，南翼为二层，临后花园。底层为水井、厨房、佣人宿舍及储藏室等。歌德的家居主要设在二层，共约 17 个房间，大小不一。其中北翼的七间房间较大，全部用于艺术品的陈列：雕塑、绘画、剪影、陶瓷工艺品、古钱币等，充满了浓郁的艺术气氛。这里也是歌德这位大文豪与政治家的主要社交场所，其中一间较大的房间兼作宴会厅，还有一间兼作会客室。除了王公贵族外，当时德国和欧洲许多第一流的文化精英都光顾过这里：黑格尔、谢林、海涅、施莱格尔兄弟、诺瓦里斯、斯太尔夫人、茹可夫斯基、密茨凯维奇、萨克雷……可谓群星荟萃。

南翼的房间比北翼要矮五六个台阶。这里可以看到歌德的藏书室(共 6 000 册)和他兼任矿业大臣期间采集的矿石标本(共 18 000 枚)。但这里最令人感兴趣的是主人的工作室和晚年卧室。歌德工作室空间不小,但里面的陈设却十分俭朴。除了周围靠墙有几个书柜、凭窗有一两张为孙子而设的小桌子,其他最醒目的当推中央摆放的可折叠的方桌子。左侧窗边有一齐胸高的斜面"柜子",一问才知,它就是歌德的写字台！原来歌德写字时是站着的！他认为这样做可以使身体保持正常姿势,同时也可以保持精神振作。而中间那张桌子主要是他的秘书爱克曼坐的。歌德的晚年卧室与工作室相邻,面积约莫 9.2 平方米左右,除一张单人床、床头一张软垫圈手椅以及两张小条桌,没有任何别的家具。因此,这边的单调俭朴与北翼各室的琳琅满目形成鲜明的对照。

家庭内部使用的房间也有一间会客室,叫"花园客厅"。因窗临花园而得名,那是歌德与交谊较深的老朋友们促膝谈心的场所。其他房间在妻子去世(1816 年)后,多半都被歌德改作艺术陈列室了,在这座故居的五万件遗物中,属于艺术品的就有 26 000 多件,其余多数属于自然科学。它们全部是原件,甚至连它们的位置都是按歌德生前的原样陈列的,因此这座故居是一座十分丰富的文化宝藏。歌德对他创作以外的这些精神追求极为珍视。早在 1806 年他就向这幢房子的施主——卡尔公爵说明:他不把他的家屋"装饰成舒适生活的场所,而要使之服务于传播艺术和科学的地方"。去世前他更向米勒首相作了明确交代:"我的遗物是如此浩瀚纷繁,如此丰富多彩,如此具有意义,它们不仅仅是为我的后代而存在的,而且也是属于整个富有人文精神的魏玛的,甚至从根本上说是属于整个德国的。"无怪乎每年都有 150—200 万人来此观瞻(据估计今年将达到 300 万)。魏玛这座历史文化古城至少有一半原因是由于这处文物遗存的价值而被联合国教科文组织列入"人类遗产名录"的,且被欧盟确定为"欧洲文化名都"之一。

原载《经济时报》1999 年 8 月 29 日

席勒——伟大的时代之子

席勒不仅是德国伟大的戏剧家，也是伟大的思想家、杰出的诗人、美学家和历史学家。他主要生活在18世纪下半叶。18世纪是欧洲启蒙运动发生的世纪，是上升的资产阶级最有生气的时期，因而是继文艺复兴以后又一个人才辈出的时期。在文艺复兴时期，如果说德国没有产生过像恩格斯说的那种“在思维能力、热情和性格方面，在多才多艺和学识渊博方面的巨人”，那么在18世纪，她终于有了这样的巨人。这时期，经历了30年战争的德国，政治上变得四分五裂，德意志人的智慧无法在这方面消耗，便向文化方面集中了。还是如恩格斯说的：“这个时代在政治和社会方面是可耻的，但是在德国文学方面却是伟大的。”这一盛况的标志，在文学方面主要就是由歌德和席勒两位“巨人”体现的。他们的成就构成德国文学史上最辉煌的“华彩乐段”，这一高峰至今无人超过。

席勒出身于德国西南部符腾堡公国一个普通劳动者家庭。由于父亲的工作关系，他从孩提时代起就进了欧根公爵开办的"军事植物学校"。但这所所谓的"学校"完全是按照封建统治者的专制思维和严酷纪律来扼杀青少年的自由天性，进而使他们成为统治者所需要的顺民和奴才，所以被弗兰茨·梅林称为"奴隶培训所"。然而，这时以法国为中心的欧洲启蒙运动已经进行了半个世纪，德国的"狂飙突进"运动正方兴未艾。天性爱好自由的小席勒对启蒙运动思想家如卢梭的天赋人权思想钦佩不已。他不但没有按严酷的军事纪律训练成为驯服工具，反而对这种凭恃军事暴力维持政权的制度深恶痛绝。这种情绪的日益积累，使他在 20 岁左右写出了公然挑战这个落后而残暴的政权的不朽杰作《强盗》，并在公爵管辖不到的曼海姆搬上舞台，轰动全国，乃至欧洲。舞台是当时最有力的讲台。席勒是怀着对封建贵族统治的强烈痛恨，怀着对民主共和制度的美好憧憬，才创作这个剧本的。在 1789 年的法国大革命到来之前，他第一个在德国提出"把德意志建成一个共和国"的要求，这不啻是在这个分裂和敝陋的国度竖起一面号召战斗而且指引方向的旗帜。难怪恩格斯在评价三年后他写的《阴谋与爱情》时指出，这是"德国第一部有政治倾向性的戏剧"。如果概括一下席勒早期也就是 80 年代前期写的四部戏剧，包括尚未提及的《菲爱斯科》与《唐·卡洛斯》，尽管题材各异，但总的主题只有一个，那就是反抗暴政，争取自由。他的这一政治态度与法国大革命的思潮完全合拍，所以 1792 年，席勒与美国的华盛顿一道，同时获得法国国民议会颁发的"法国荣誉公民证书"。

凡是民族英雄，都有鸿雁之志。席勒明白，要把德意志民族从落后而暴虐的可耻状态下解救出来，需要什么样的精神准备和人格力量。因此席勒借《强盗》中的主人公卡尔·穆尔之口说："他们要让我把我的身体压缩在女人的紧身衣里，把我的意志压缩在法律里。法律只会把雄鹰的飞翔变成蜗牛的爬行。法律从没有产生过伟大人物，然而自由才造就巨人和英雄。"正是怀着这样崇高的使命意识，席勒在踏上征途的第一步，就以雄鹰的视野、战士的姿态，不畏风险，毅然逃离了欧根公爵的控制，及时挣脱了那个像女人紧身衣般束缚着他的生存环境，宁愿在朋友间过着东躲西藏的"炼狱"生活。不难理解，这时期席勒的作品，从其政治倾向、思想高度和人格精神方面，都要超出狂飙突进时期的其他作家，甚至包括歌德。因此如果说，席勒由于年轻十几岁，没有能在狂飙突进的高潮中推波助澜，那么他这几个剧作的问世，却使狂飙突进的余波又掀起几个巨浪，因而使这一运动又往前推进好几年。

一个人的雄心壮志如果离开崇高的目的是不会有什么成就的。席勒的可贵之处就在于：他始终把他的伟大抱负与国家前途和民族团结乃至全人类的友爱、和平紧紧联系在一起。他并不因为这个国家被少数腐朽的王公贵族所统治而厌弃这个国家和民族，甚至一走了事。不！在他看来，目前状况只不过是暂时现象。祖国的命运与前途绝不会取决于这一堆历史垃圾。在《德意志的伟大》一诗中，他明确地写道："德意志帝国与德意志民族是两回事。"他的这一概念在下面这一节诗句中表达得还要完整："德意志的崇高和荣誉/并不寄托在王侯们的头顶/纵使德意志帝国在战火中灭亡/德意志的伟大依然长存。"

（本文系为纪念席勒逝世200周年大会撰写的发言《席勒——巨人式的时代之子》的第一部分）

原载《人民政协报》2005年5月16日

原题《纪念席勒》

席勒美学思想的前瞻性

席勒是一位在欧洲美学史上有崇高地位的美学家。作为美学家，我认为他至少有三点值得我们注意。一是他首先有了成功的创作实践以后才开始写美学著作的，这使他的美学论著富有生动性和鲜活性的特色，而与干巴巴的逻辑游戏区别了开来；二是他的美学著作都是从实际需要和人类未来出发的，故其实践效应有较长的持久性；三是他虽然受同时代的康德美学的影响，但他的几乎每篇论著都有重要的创见，不是简单的步人后尘，而且往往超越了康德。

席勒把美视为人性的完满实现，因而将美与政治学、社会性、人类学相贯通，使之成为人类从必然王国到达自由王国的中介。因此，席勒的美学论著中，以书信体写成的《美育书简》一书，包括 27 封书信，占有重要地位。这部著作的诞生，完全出于席勒对理想人类社会的企盼，这跟法国大革命对他的教训有直接关系。众所周知，席勒对法国大革命的爆发起初是欢迎的，否则怎么能获得"法国荣誉公民证书"呢？但随着暴力的不能控制和扩大，和许多德国知识精英（包括歌德）一样，他转而反对了。因为他看到，当时的人类处于两种堕落的极端，即颓废和野蛮：处于上层的所谓文明阶级，已经失去了任何的创造激情，表现出“一幅懒散和性格败坏的令人作呕的景象”。只知巧取豪夺，养肥自己。而下层阶级虽然已从长期的麻木不仁和自我欺骗中觉醒，开始要求自己的权利，却迫不及待地以无法控制的狂怒来寻求宣泄兽性的满足。因此，一个国家的公民，如果在内在的精神空间没有到达一定的自由程度，仅通过政治和经济的革命，是不能获得真正的自由，融入和谐社会的。于是他主张首先从人的审美教育入手，以人道主义思想来完善人的道德人格，实现人性的完美。没有这一过程，是无法谈论政治上的自由的。

那么如何进入这一人性完美的过程呢？席勒提出了一种将“感性冲动”与“形式冲动”结合起来，使之变为“游戏冲动”的主张。如何理解这个概念呢？席勒向我们提供了一个形象的图解，他说：“当我们怀着情欲去拥抱一个理应被鄙视的人时，我们就痛苦地感到自然的强制；当我们敌视一个我们不得不尊敬的人，我们也就痛苦地感到理性的强制。但是一个人既能吸引我们的欲念，又能博得我们的尊敬，情感的压力和理性的压力便同时消失，我们就开始爱他，这就是同时让欲念和尊敬一起游戏。”这就是说，当我们摆脱了任何外在与内在的压力去做一件自己高兴做的事情时，我们就获得了“游戏冲动”，这种“游戏冲动”就是美的内容。在这基础上席勒说：“说到底，只有当人是完全意义上的人时，他才游戏；只有当人游戏时，他才完全是人。”

对于席勒这套否定政治革命，而以审美教育取而代之的主张，本来我们很容易给他戴上一顶“历史唯心主义”的帽子。但有了几次革命暴力的记忆以后，这顶帽子提在手上就觉得很沉重了。不然，为什么我们国家近十几年来大抓素质教育？为什么我国与席勒提出过类似主张的蔡元培先生近年来让我们倍加怀念？我想就因为人们越来越感到席勒的美育思想并非无稽之谈。

席勒的美学思想是塑造完美人格一个有机体系。一个完美的人除了审美情操这一维度以外，还需要一个维度：崇高的情怀。在欧洲美学史上“崇高”并不是一个新鲜的话题，但从朗吉弩斯到康德，大多把二者作为对立的范畴，或把二者加以区分对待，如康德。而席勒则将二者视为一体，并认为崇高是从理性中发展起来的人类最出色的能力，因而属于道德的范畴，它甚至要高于美。在他看来，崇高引导人类超越感性世界的界限，而美倒乐于使人类永远停留在感性世界的界限内。因为优美是溶解性的（不妨理解为“阴柔之美”），而崇高则是振奋性的（不妨理解为“阳刚之美”）。一个人光有美的意识，有可能变得精神松弛、懈怠。但有了崇高观念，就可以平衡这种倾向。他举了荷马史诗《奥德修纪》的例子。奥底修斯在一个海岛上被女神卡莉普奈挽留了七年之久，主要沉溺于美色和情欲。而一旦崇高以门托尔的面貌出现在他面前，很快就使他回忆起自己的高尚使命，从而走上归途。可见崇高可以使人意志坚强。看来，一个人要是既有爱美的情怀，又有崇高的意识，也许英雄就好过美人关了！席勒举的这个例子我觉得是很有意思的。我想，把它用在 1786 年的歌德身上也是合适的。这时的歌德已在宫里当了十年高官，这十年写给斯泰因夫人的书信达 1 600 余封。这种生活要说美好也够美好的了。但谁能看出歌德的内心矛盾？他经常提醒自己要“节制”，要“断念”。因为这样的现状会毁了他的远大前程。终于有一天他作了断然的决定：谁也没有告诉，只身前往意大利，一待就是 21 个月！公爵倒没有怎么责怪他，但斯泰因夫人却从此疏远他了！而这个后果显然歌德事先是预料到的。富有爱美天性的歌德，如果内心没有崇高，就不可能有今天的歌德！

席勒关于美与崇高相得益彰的观点，既超越了前辈和同辈美学家，也具有永恒的实践价值。我们今天在学校既增设文学艺术门类的课程，同时又不放松思想道德教育，就是很好的证明。

作为杰出的作家，席勒关于创作也写了不少有分量的诗学论著，如：《论悲剧艺术》、《论激情》、《论素朴的诗与感伤的诗》等。尤其是最后一篇，堪称不朽的经典之作，被托马斯·曼誉为“德国文艺论文的高峰”。席勒写这篇论著的背景是，欧洲的工业化已经形成规模，工业化是破坏自然的，同时在文艺领域，欧洲的浪漫主义（包括德国的浪漫派）已初露端倪。席勒比歌德小十岁，对于思潮的信息比歌德要敏感。我认为，席勒的这篇著作跟这两件事直接有关。所以作者把探讨诗或文学创作与自然的关系作为他的论著的出发点：自然乃是一切创作之母。对于自然，诗人有两种不同的表现：“诗人或则就是自然，或则寻求自然。在前一种情况下，他是一个素朴的诗人，在后一种情况下，他是一个感伤的诗人。”很清楚，所谓素朴的诗人，指的是模仿自然的诗人，用现在的话说是现实主义的诗人；那种寻找自然的诗人，是那些感到失去了自然的诗人，他们因此而遁入自我，带着感伤的情绪，凭自我想像进行写作。这正是德国浪漫派的特征。他们对大工业的出现深恶痛绝，无限缅怀昔日的田园时代。

这里，席勒以理论家的眼光对一种新的创作倾向及时做出反应，从而廓清了新旧两种不同的创作方法，一种是跟自然保持较为原始的亲近的写实方法，一种是侧重于想像追求理想的方法，这就是后来归属更加清楚的现实主义和浪漫主义的创作方法。这是对于欧洲美学史的一个重要的贡献。值得注意的是，席勒对这两种创作方法并没有表示明显的褒贬。他一方面肯定甚至赞赏“素朴的诗”那种体现人性的和谐与完善的情致，同时提醒要注意区别“实际的自然”与“真正的自然”，善于对素材进行概括和提高，以免滑入自然主义的泥沼。对于感伤诗人，他认为自己虽然有些地方不如素朴诗人，但有时也有“大大胜过素朴诗人的地方”，各自有不同的价值所在。而从历史发展角度来看，感伤的诗对于素朴的诗何尝不是一种进步。作为理论家，这种客观公正性是难能可贵的。

席勒的不寻常之处是，他的一些重要的美学观点开始都是从康德出发的，但结果都超越了康德。而且他的美论既超越了古代的自然本体论，也超越了近代的认识论，达到人本主义本体论的新高度。而他的美学更多跟康德相联系，而没有更多跟黑格尔相联系，这又是他的长处。黑格尔的客观唯心主义主要是重客观的“模仿论”美学的哲学前提，它反映的是古典主义时代的艺术，这个时代已经过去了！而康德的主观唯心主义美学却与重主观的“表现论”美学相联系，与20世纪的艺术一脉相承。因此席勒的美学与文学遗产更具当代价值。哈贝马斯在《论席勒的“美育书简”》一文中指出：“这些书简成为现代性的审美批判的第一部纲领性文献。席勒用康德哲学的概念来分析自身内部已经发生分裂的现代性，并设计了一套审美乌托邦，赋予艺术一种全面的社会革命作用。”因此这不是偶然的，今年仅北京就有三项大型活动纪念席勒200周年忌日，其中教育部和北大等五个单位共同举办的研讨会的主题是《席勒美学思想的当代意义》。我想，这也是我们纪念席勒的主要理由。

原载《人民政协报》2005年8月8日

席勒研究的新成果

——《史诗气象与自由彷徨》序言

本书作者叶隽是我国德语文学界近年来涌现出的出类拔萃者之一，是学贯中西型的难得的后起之秀。他出身于正规的德语“科班”（南京大学外语学院德语系）。毕业后曾在教育部工作数年，常有机会去德语国家出差。他是个学术的有心人，在工作之余，积极收集和积累学术资料，首先是有关中德文化交流方面的资料，为他日后写专著作准备（这一著作已经在几年前出版）。回国取得硕士学位以后，他更沉着地把目光投向更广阔的方位，毅然投师中国文学的名教授，以打好母语文学的基础，也为严谨的治学方法打好基本功。在结束博士学业以后，这才开始了他的真正的本行——德语文学研究。

他首先把战略目标定位于德国文学史上最辉煌的阶段，即以歌德和席勒为代表的古典文学时期。两位巨人的携手合作和伟大成就，不仅使德国文学开始了真正的民族独立，而且使德国当之无愧地跻身于欧洲乃至世界文学大国之林。作为研究对象，这对于青年才俊们无疑是最值得为之攀登的诱人高峰。

可能因为正值年轻，更易与席勒的心气相投。叶隽把席勒作为探掘德国文学这座矿藏富源的第一个目标。这不难理解，天年只有46岁的席勒，不仅是天才的戏剧家、杰出的诗人、美学家和史学家，而且是伟大的思想家。而他的许多闪烁着熠熠光辉的重要思想和精辟见解，主要不是通过理论阐述，而是通过他的洋溢着激情的艺术作品，特别是戏剧作品涌流出来的。因此叶隽给他的这部著作加了一个副标题：席勒戏剧的思想史意义。把席勒放在思想家的高度来考察和透视他的作品，这就超越了一般诗学或美学的范畴，抓住了席勒创作的精义和席勒价值的核心。

席勒创作的年代，即从18世纪70年代末至19世纪头五年的近30年中，对于德意志民族是个关键时期。就在这短短的二三十年中，西方世界接连爆发了对于西方近代史具有划时代意义的重大事件：远在西半球的美国，经过严酷的国内战争，于1776年终于取得了独立，开始走向共和。与自己毗邻的法兰西，经过文艺复兴特别是启蒙运动的充分的舆论准备，最终导致了激烈的暴力革命，推翻了专制王朝。那么德国呢？德意志民族是个富有进取精神的民族，也不缺乏人类的第一流天才，刚刚经历过的"狂飙突进"运动表明，这里有成批的勇猛的救国之士。歌德甚至把"为"（即改造客观世界的行动）看得比"道"（思想和文化）更重要（这就是为什么正当他蜚声欧洲文坛之际要去魏玛从政的主因）。席勒的际遇更是意味深长：他刚满而立之年即与美国开国元勋华盛顿一道被胜利后的法国国民议会选为"法兰西荣誉公民"。然而，偏偏是这个德意志民族与众不同：长期以来，特别是经过17世纪"卅年战争"的战乱以后，弄得四分五裂，314个小公国各自为政，要想统一，谈何容易！德国资本主义的发展也因此而受到严重阻碍，弱小的德国资产阶级根本形成不了一支足以与封建统治势力相抗衡的政治力量。这一无法超越的现实，成了席勒以及其他一切德意志第一流精英人物的宿命：他们注定成不了政治上有所作为的革命家或政治家。于是，正如恩格斯所说，德意志人的智慧都因政治上不可能有前途而往思想文化方面集中了！这就造成了这时期的德国在政治方面是"敝陋"的，而在文化方面却是"伟大"的现象。这一伟大的阵容的构成，除了席勒，自然还包括歌德、赫尔德以及比他们长一辈的启蒙运动主将莱辛等。

席勒之伟大，不仅在于他在艺术上的成功，更在于他以天下为己任，始终把他的创作与民族的统一、国家的命运和前途紧密地联系在一起，而且与人类的命运与前途联系在一起（他那首通过贝多芬的不朽乐曲而传遍世界每个角落的《欢乐颂》堪称全人类的共同“进行曲”）。他通过不同剧作，从多种角度探索实现这一目标的可能性。当他从曾经为之欢呼的法国革命中看到暴力手段的弊端，进一步唤起他对古代（希腊罗马）文艺和谐精神的向往，决心从普遍提高国民的道德修养和精神素质入手，以渐进改良的方式取代流血的途径，并为此写了著名的论著《审美教育书简》。尽管这一主张不免带有历史唯心论的色彩，不能作为历史运动的主导航向，但他的这一崇高理想和努力以及著作中的许多精辟论述，至今仍对我们具有启示价值，使历史运动更加沉稳并富有弹性。

如果说，标志着资产阶级对封建贵族阶级决定性胜利的法国大革命是经过了一二百年舆论准备的结果，那么，德意志民族的统一，不经过长期的舆论准备也是难能成就的。而维系一个民族凝聚力的最有效的纽带是文化，是这个民族普遍认同的“精神基因”的信息和符号。而分裂的德国当时在文化上也是不独立的，一味模仿法国，在文学上则是模仿法国的已经僵化了的古典主义，以至成了“永远崇拜不够的法国人的恭顺的崇拜者”（莱辛语）。尽管有了德国启蒙运动主将莱辛对这一不良倾向发出的叫停令，但民族惯性运动依然在滑行。晚于莱辛一辈的歌德，虽然也非常崇尚古代文艺，但他看重的是她的巨大的创造精神，而不是刻板的形式和风格。在他看来，如果要学外国，则首先应该学英国，而不是法国；英国文学前有“说不尽”的莎士比亚，今有“美妙绝伦”的拜伦，因此英国文学更有活力，更有生气。而他自己则以古代文学的精神风范，进行不懈的创作，以便创造出既有古代人文精神又有德意志民族特征的文学实绩来，摆脱对外国的依赖。席勒在歌德身上看到建立民族文学的希望，他以一封封热情而诚挚的长信，恳请比他年长十岁、威望也比他高的歌德与他合作。歌德最后被席勒的远见卓识和诚挚的热情所打动，从而导致了德国文学史上的“华彩乐段”——两位巨人目标一致的、长达十年的亲密合作（直到席勒去世），为德国民族文学建立了丰碑。两人共同创建的、迄今仍耸立在魏玛的民族剧院成为德意志民族文学独立和统一的标志，对后来德国的统一所起的精神上的凝聚作用是不可低估的。作为一个具有高度民族使命意识和历史责任感的戏剧家，他的所有剧作无不直接或间接地涉及这一问题。正如本书作者指出的：莎士比亚的戏剧离不开基督教，而席勒的戏剧离不开民族——国家。须知，民族、国家（Land，而不是 Staat）这类概念在当时比现在要神圣得多。难怪本书作者用了那么多的篇幅来阐述民族戏剧的建立与德意志统一的关系。这些论述都是相当中肯的。

就个性而言，席勒不愧是伟大的自由战士。年轻时他就大声呐喊：法律（他当时正在学校读法律）只能编织"女人的紧身衣，让人像蜗牛那样爬行……而自由才能造就雄鹰和巨人"！他确如所赞颂的"雄鹰"那样，既有搏击长空的勇猛，又有高瞻远瞩的视野。正值血气方刚即博得法国革命政权的如此敬重与嘉奖，这本身就说明一切。可惜的是，席勒的飞域无法超越德意志的天空！德意志那龟裂的大地像无形的磁场吸住他的矫健的翅膀。于是悖谬的现象发生了：为民族，他需要国际性的视野，而民族的敝陋性却阻碍了他完全获得这种国际性视野的可能。正如前辈学者宗白华说的："没有一个文学作家，尽管他是个世界公民，在思想方面，在他的想像方式里能够逃脱他的祖国。"这就不难理解，在法国国民看来完全是正常的事情，而在他以及他的同胞中几乎所有的知识精英看来却都成为不可接受的"异常"之事了！于是，在选择走向自由的道路时，他犹豫了，彷徨了！对于这一点，叶隽在书中概括了它的三种表现（见第六章第二节），并通过《华伦斯坦》、《玛利亚·斯图亚特》、《奥尔良的姑娘》和《墨西那的新娘》等剧作进行了详尽的剖析，令人信服地展示了诗人被局限的思想境界和精神情状，也让人清楚地看到，当时的德国人文天才因无力挣破"女人的紧身衣"而最终未能突入政治疆场去驰骋的令人遗憾的情景。由于历史的这一步不能及时到位，使得德国的自由比西欧邻国晚了一百多年！

所幸的是，德意志国家的现实固然限制了他的远飞，但德意志民族创造性的强大基因却不影响他的天才的高翔！席勒的思想一开始起点就很高。有些命题出自康德，却又超越了康德。可以说，他的思想处于时代的高峰，而且具有前瞻性。大家知道，西方的"后现代"文化思潮，把启蒙运动视为它的发端。在德国，莱辛、歌德、席勒等都是它的肇始人。席勒的思想理论中包含许多现代性的内容。例如哈贝马斯的交往行动理论，就与席勒关于"市民社会"的构想及其在作品中的描述甚为契合。这一点叶隽通过对《阴谋与爱情》的分析,令人信服地感受到席勒思想的这种超前性。叶隽甚至认为,现代性的所有重要命题,都可在席勒戏剧中找到端倪。这就不奇怪,席勒的名字及其论著的"点击率"不是随着时间的推移而日益减低,相反却越来越高。故在2005年,在席勒逝世200周年之际,仅北京,先后就有三个不约而同的大型纪念会或学术研讨会。在我国纪念外国历史文化名人方面,是个罕见现象。

席勒的伟大还在于他的人格精神的崇高。这一点在国内外的文学巨匠和文学史家那里是有口皆碑的。20世纪德国最杰出作家托马斯·曼曾经这样赞不绝口:"席勒的伟大,一言难尽。他的襟怀旷达、思想高超、热情洋溢、眼光远大、乐善诲人,不愧是堂堂正正一个人。"他甚至还创造了一个新词,曰"席勒元素",即有时遇到不能令人满意之事,究其原因,就因为缺少"席勒元素"。俄国的别林斯基、屠格涅夫等人都对席勒的人格赞美有加,认为作为艺术家,席勒比歌德略逊一筹,而作为人,他高过歌德。但不妨设想一下:如果席勒也活到歌德那个年龄,这个比较的表述会不会就不是这样了呢?

席勒是属于恩格斯所赞颂的文艺复兴时代的那种"巨人"。他在多才多艺方面,在学识渊博方面,在远见卓识方面,在创造能力方面,在意志人格方面等等都是常人难以企及的。尽管仅从戏剧方面去表现这样一位巨人,不是一件轻而易举的事情。但当我读完叶隽这部书稿时,不禁喜出望外:自从他与我共事的五六年来,虽然我早已看出他的优秀,但尚未估计到他已经具备如此的实力,写出这样一部像样的学术著作来。

本书给我第一个满意的感觉是,作者的视野宏阔,思想新进,并能运用现代话语方式和最新理论思维与观点去审视古典文学,从而具备了从宏观上驾驭原著的能力。他多次引用的德国学者哈贝马斯,是国际公认的"后现代"权威理论家;他经常提及的国内学者如邓正来等,则是思想新锐的少壮派理论家。而他们都不是席勒专家。由此可见作者知识面和参照面之宽、之新,使得这部席勒专著不仅构架宏大,而且内容丰富、观点新颖,在学术上处于前沿地位。

第二个满意感觉是,资料丰富而翔实。如此广征博引,至少在本行学者中实属罕见。根据作者书后所提供的书目,我大略统计了一下:汉语文献约 129 部;外语(主要是德语)文献共 57 部。可以说,凡是我知道的,书中都有了,而有许多,我还是第一次见到。以作者之年龄,作为他研究席勒的起始之作,能把学问做到这个地步,殊是不易。

第三个良好印象是,治学严谨,功夫扎实。书中所引用资料,每条每句都有出处,而且注释非常明细。凡引用译文,均经过自己校核,不甚可靠的,就自己重译。有的引文较重要,便干脆将原文附上,以便读者能够对照和琢磨。有些相关的文字,不宜用在正文里,便用小号字放在注释栏里,以让读者参阅。真是"无微不至"。

第四个让我赞赏的地方是,坚持独立见解,不轻易人云亦云,即使权威观点,也不惮提出异议。例如,哈贝马斯在他的交往行动理论中,把歌德的长篇小说《威廉・迈斯特》作为范本,而叶隽则认为有资格作范本的应该首先是席勒的《阴谋与爱情》,因为其中所展现的市民社会,其现代性更充分,更典型。又如,关于席勒的戏剧,马克思有句名言,即他在批评拉萨尔的《济金根》时指出的,拉氏的这部作品"席勒式地把个人变成时代精神的单纯的传声筒"。叶隽认为,席勒的每部剧作都是创新,而且艺术上不同程度地都有很高的成就。因此,如果单用马克思的这一句话来概括席勒的戏剧是不全面的。故他认为,马克思的这句话"作为一家之言则可,作为盖棺论定则不可"。如果我们不承认世界上有任何绝对权威的话,那么,叶隽的态度是无可指责的:一个严肃的学者有向任何观点提出质疑的权利。

第五个令我击节之处是,书中有许多独到的见解和精彩的论述。比如他从席勒的以女性为主人公的四部剧作的分析中,认为席勒的妇女观堪称是现代女权主义的"早期发现者"。再如,他在论述席勒的意义时,认为其意义不在于是否找到了解决问题的方法或途径,而在于对问题的发现与提出。因为问题的解决,这对于漫长的人类历史来说,始终都只能是在探索与过程之中。又如他对于歌德的两个概念即"表现真实"与"真实的表现"的殊异的论述,指出前者不过是"匠人之工",而后者才见"艺术之创造"。可谓切中肯綮。其他对席勒、歌德与莎翁彼此艺术个性的特点与差异的论述,都见出他的精彩之笔。诸如此类之处,不胜枚举。

当然,作为一个青年学者的第一部纯文学研究之作,没有瑕疵是不可能的。有的地方笔墨有"脱缰"现象,问题铺得太开、太散,有游离中心之感。偶尔也有牵强之嫌。在对席勒剧作的评析中，审美分析略嫌弱了些。本来按照书名，这方面不予突出也是可以的，但既然要对“时代精神的单纯的传声筒”这个伟人的论断进行论辩，不在艺术方面花大力气是难能成功的。再一点是在论述《威廉·退尔》的时候，对这部剧作的美学革新意义未予指出。因为欧洲的正宗文学，从古希腊罗马起，都是以神话、圣经人物、帝王将相等高贵人物为主人公的，不许“下等人”当主角的，否则不仅受嘲笑，而且还要受惩罚。席勒在此剧中悍然以一个下等人（猎人）为主人公，而且以反叛为主题，这在美学上是反潮流行为，比雨果的《欧那尼》早了 26 年，可谓是浪漫主义反古典主义的先声。

本人不是席勒研究专家，只是与作者一起共事，又是长辈，应作者之邀，义不容辞。这篇序不过是一个读者的读后感而已，有不当处，还请读者指正。

2007 年 7 月 3 日

魏玛的远邻

——在国际歌德学会第79届年会上的发言

刚才考普曼教授以《魏玛的近邻们》为题作了精彩的发言。现在我想用一个“反题”——《魏玛的远邻们》开始我的发言。公元8世纪中国唐代的杰出诗人王维有两句名诗在中国家喻户晓，曰：“海内存知己，天涯若比邻。”意思是说，只要世界上有亲密的朋友，再远的地方也会觉得很近。在这个意义上，远邻和近邻实际上是一致的。大家知道，中国对于遥远的欧洲来说，很久以来都是一个充满神秘的大国。但从启蒙运动开始，也就是18世纪以降，她引起欧洲普遍的注意，尤其在知识界和上层社会，可以说形成一股不小的“中国风”。而歌德和席勒，根据现有的资料，可以说是德国文学史上最早发现中国文化魅力的人。关于歌德与中国的关系，我的中国同行中有人已经写过，并已作为文献收入《2000年歌德年鉴》，我的发言只限于一刻钟，就让我只谈席勒吧。

中国文学最早起源于诗歌，而且直到宋代（即欧洲的中世纪末），均以诗歌最发达。但在欧洲产生较大影响的首先却是几部通俗的小说，其中爱情小说《好逑传》就是比较热销的一部。它最初由旅居广州的英国商人詹姆斯·魏金森于1719年带回英国，1961年被译成英文出版。1766年德国人C. G. 封·穆尔将它由英文译成德文，在莱比锡出版。1791年译者与席勒相识，并于1794年将译本送给席勒。1796年1月12日席勒在与歌德的一次谈话中谈到过此书。鉴于该书译文不佳，席勒于1800年8月29日写信给柏林出版商安格尔，殷切地向他推荐此书，建议让它以更好的面貌重新出版，并表示他愿意亲自对它进行改写，以便更易阅读。翌年3月12日，安格尔表示同意席勒的建议，并征询他交稿的时间。同年4月7日席勒回答说，无论如何要完成修改任务，但具体交稿时间尚难确定。三个月以后，安格尔再次催稿，可惜没有见复。

然而席勒从未放弃改写《好逑传》的计划。在1803至1806年的收入预算中，他仍将这部小说列入计划，并指望借此获得300或至少200塔勒的收入。可惜席勒未能实现这一计划。显然是病魔毁了他的愿望。我们今天能在他的全集里读到的仅仅是他改写的头几页的片段。席勒收藏的这部约600页厚的《好逑传》，曾流落他乡，直到1983年才回到魏玛。

在席勒的东方视野中，尤其值得一提的是他对中国的建筑，首先是对中国园林建筑的兴趣。海德堡汉学家君特·德崩教授在这方面深有研究。从他的《中国作客于魏玛》一书中我们知道，在欧洲除流行的“法式公园”和“英式公园”之外，席勒尤其欣赏那种所谓的“英一中公园”。在席勒生活过多年的欧根公爵的领地——斯图加特附近的霍赫海姆就有一座这样的公园。须知，当年席勒的父亲就是欧根宫廷中的园艺主管。席勒对这座公园中的“蜿蜒路径”（gewundene Pfade）特别欣赏。在1793年2月23日的信中，他把这种所谓的“蛇之线”（Schlangenlinie）誉为“美之线”（Schoenheitlinie）。显然，他从这里看到了中国古代哲学家庄子思想之体现，即自然和自由。但德崩教授认为，席勒对构成中国诗歌重要组成部分的山水诗评价不高，认为那不过是些“爱搞小玩艺儿之辈的名堂”（bescheidenere Kreise）。这明显是贬义的。这是戏剧家和史诗诗人对抒情诗人的排斥，还是东西方文化的差异在艺术观念上的反映呢？

在席勒对中国文化的兴趣中，还有一个有待于研究的现象是，席勒曾于1782年根据意大利剧作家戈茨的童话剧《图兰多》（*Turandot*）进行加工。他的这一举动是不是因为剧中有“中国公主”呢?

如果席勒也像歌德那样长寿,相信他会写出更多的有关中国题材的作品来。

现在让我们看看中国人是怎样看待席勒的吧。

由于中国帝王统治时期十分封闭,席勒的名字相当晚才为中国人所知。1878 年 11 月 29 日,一位名叫李凤苞的外交官在他的日记里提到歌德时,才涉及席勒的名字,说歌德“编纂席勒诗以为传奇”。仅此一句而已。

席勒的作品中,在中国出现得最早也最频繁的是他的剧作《威廉·退尔》。那也是一位外交官,名叫张德彝,他在《随使德国记》中,讲到 1890 年 2 月 3 日在柏林看一出戏,戏中主人公“被迫箭射亲儿头上之桔”。正是这个剧,1915 年被当时的留德博士马君武首次译成中文,发表于同年《大中华杂志》创刊号上。这家杂志的主编是梁启超。他是清朝末年最早推动改革的杰出人物之一,也是最早在中国介绍席勒的最得力人物。早在 1905 年 3 月,在他主编的《新小说》杂志 14 号上就登出了席勒的画像。

1919 年 5 月 4 日发生于北京的学生反抗运动,以民主和科学为旗帜,揭开了中国现代历史的新篇章,在某种意义上堪称中国的“启蒙运动”。自此以后,西方文艺复兴以来各种进步的(包括革命的)思潮迅速传入中国,文学艺术自不例外。自 20 年代起,德国文学最受重视的首先是歌德和席勒。当时活跃在中国文坛上的两个分别是诗歌和戏剧方面的领军人物郭沫若与田汉,曾仿照歌德和席勒在魏玛的塑像合影,以示要像歌德和席勒那样,怀有伟大的抱负,为振兴中国的民族文学作出贡献。郭当时已经是中国现代诗歌的奠基者,也是歌德《浮士德》和《少年维特之烦恼》的最早译者,后来还译了席勒的《华伦斯坦》(当时译作《华伦斯太》)。他还是一个像歌德那样的全能式的天才。田汉则是中国现代戏剧的开拓者和今天中国国歌的词作者。他和其他中国戏剧家都从席勒那里吸取了战斗精神和艺术养料。

在这样的形势下,席勒的作品首先是以戏剧翻译和介绍在 20 年代成为一股热潮。那时候,连席勒那个最后写的未完成剧作《德迈特里斯》也有人翻译。1925年《威廉·退尔》再次成为中国文坛关注的热点。上海的权威出版社中华书局首先将此剧作为单行本出版。译者马君武在《译言》中写道:"予译此书,不知坠过几多次眼泪。"评论家仲民在读了这个译本后写道:"周身的血液曾经沸腾了不少的次数……一种自然的爱国心诱出我不少的眼泪。"1936年,此剧在上海出版了第二个译本,译作项子和也在《译者弁言》中写道,读此书原文时,"泪为之收,血为之沸,头为之昂,臂为之振",因而"爱不释手"。中国文化界的风云人物郑振铎也十分推崇《威廉·退尔》。1925年12月10日他在《小说月报》上发表的《文学大纲·18世纪的德国文学》中,称《威廉·退尔》为席勒最有名的剧本,说:"当威廉·退尔在射苹果时,或当他们在黎明的红光中报告胜利的消息时,不知怎样的总使读者感到一种不可言论的感动。"在马君武的译本出版的1925年,德国的同名电影《威廉·退尔》也被译成中文,在上海大戏院播映。但据郑振铎于1926年7月18日发表的《介绍"威廉·退尔"》的回顾却让人出乎意料:"只见寥寥的几个客!"然而,文学的接受往往因时而异,因地而异。1938年,中国正进行如火如荼的抗日战争,人们又想到了《威廉·退尔》的威力。两位著名剧作家——宋之的和陈白尘,根据当时中国形势的需要,将《威廉·退尔》改编成《祖国万岁》,在当时中国临时首都所在地的四川省上演,轰动一时,有力地鼓舞了中国人民的反侵略战争。在《威廉·退尔》出版的第二年即1926年,由杨丙辰翻译的席勒的成名作《强盗》的单行本也由上海的北新书局分别以《强盗》和《讨暴虐者》两个书名出版,并也很快引起反响。1927年初,中国20世纪最伟大的文豪鲁迅在其主编的《莽原》第二卷第三期上发表了《强盗》初版原序。又过一年,即1928年春,中国另一位有影响的作家钱杏邨在其《德国文学漫评》一文中,把席勒的《强盗》与中国文学史上的四大名著之一的《水浒传》相提并论。他歌颂《强盗》中的强盗们"勇敢、毅力、大无畏的精神"和"刚毅不屈,对社会的不妥协"态度。他甚至把卡尔比作中国秦代末年失败了的伟大起义领袖项羽。

从20世纪30年代直到1937年抗日战争爆发,席勒的其他几出重要剧作也相继在中国出版。1932年由胡仁源翻译的《瓦轮斯丹》在上海另一家权威出版社商务印书馆出版。后来郭沫若做了重译。郭氏在《译完了华伦斯太之后》的跋文中,赞扬了此剧的艺术成就,并认为此剧将启悟中国人民的抗敌意识。同时译者也认为此剧在创作上存在一些问题，主要是悲剧的定位在性格悲剧与命运悲剧之间游移，并因此而造成了人物性格的模糊。1932 年，席勒的《奥里昂的姑娘》也开始与中国读者见面，是叶善定稿的一个编译本。1933 年上海商务印书馆又出了关德懋的译本。1934 年席勒的名剧《阴谋与爱情》经张富岁译成中文后，仍由商务印书馆出版。该出版社对这部书的出版格外重视，特请当时最著名的学者胡适为此书题字，又请著名翻译家杨丙辰撰写"译序"。杨在序言中盛赞席勒是个"理智敏捷，念虑深长，想像力极强烈"的人。1940 年此剧又有了新的译本。

在 20 世纪上半叶，尽管席勒的戏剧几乎都译成中文出版了，但还没有一部被搬上中国舞台。这一现象直到 1959 年才开始突破。这一年，中国青年艺术剧院在北京上演了《阴谋与爱情》，引起了热烈反响。中国最大的官方喉舌《人民日报》发表评论文章，称赞这个戏剧的杰出成就与演出的成功尝试，并引用了恩格斯的一句评语："德国第一部有政治倾向性的戏剧。"可惜到席勒的第二出戏剧在中国舞台出现的时候，相隔的时间未免太长了：要到今年 9 月！而且未必是席勒的主要作品——《图兰多》，目前中国的中央戏剧学院正在排练。

席勒也是伟大的诗人，这一点也一直受到中国读者的重视。早在 1914 年，他的《人质》、《手套》、《大钟歌》、《新世纪的开始》等诗就被译介到中国。20 年代，中国最杰出的诗人，如郭沫若、徐志摩等，都亲自翻译并推荐席勒的诗。此后席勒的诗陆续散见在一些报刊杂志上。1959 年，中国的中央乐团首次演奏了贝多芬的第九交响乐，许多听众第一次知道《欢乐颂》的作者原来是席勒！席勒作为诗人的名声一下子提升了许多。80 年代以来，中国人听贝多芬《第九交响乐》的机会越来越多，《欢乐颂》的词作者的声望更是与日俱增。

席勒作为杰出的美学家在中国也有巨大影响。20 世纪初，中国第一位西方美学的引进者王国维，一开始就注意到席勒的美学成就，在著作中引用他的观点。后来，20 世纪下半叶，著名美学家、中国第一部《西方美学史》的作者朱光潜也十分推崇席勒的美学理论。所以席勒那篇被托马斯·曼誉为"德国最高水平的文论"，即《素朴的诗和感伤的诗》，在中国学术界一再被入编，被引用。尤其是中国的知识精英与德国的知识精英对于本国的"国民性的弱点"或"小市民习气"显然都有同感，所以对于席勒想通过审美教育提高国民精神素质的主张早就引起共鸣。中国现代教育的先驱者、原北京大学校长蔡元培先生自20年代起就为此大声疾呼。从那时起，席勒的《审美教育书简》就受到学界的关注。不过，90年代中期以前，这一现象主要还只限于学术界。90年代中期以来，为提高学生的精神素质，中国教育界开始重视对学生的审美教育，高等院校普遍增设艺术门类的课程。在这种形势下，席勒的这部名著在中国更加深入人心。席勒的当代价值也更加彰显。无怪乎，值此席勒逝世200周年之际，仅北京就有三项大型纪念活动：本月9日北京大学哲学系召开了席勒美学研讨会；本月12日，本人主持的中国德语文学研究会举办了有近300位各界社会名流参加的纪念大会；今年9月，中国人民大学德语系还将举办国际性的席勒研讨会。

女士们，先生们，你们看，魏玛固然离我们很远，是我们的远邻，但席勒却离我们很近啊，他和歌德一样，都是中国的近邻！

2005年5月20日于魏玛

德国文学史上的双子星座

——纪念席勒逝世200周年

一向把舞台看作“道德的学校”的席勒，最后几年也把主要精力重新放在戏剧上。提高德国戏剧的原创品格，建立像样的民族剧院，从而在这一领域摆脱对外国的依赖，树立国家的文化形象，这是席勒和歌德的共同追求。

席勒比歌德晚生10年，却比歌德早逝27年！这位生前总跟贫穷与疾病相纠缠的苦命天才，死后却像彗星一般耀眼！他不仅是德国伟大的戏剧家和诗人，而且是伟大的思想家、美学家和历史学家。在他的陵寝里与他静卧在一起的不是他的夫人，不是他的亲属，而是他生前的伟大盟友歌德。两人整整十年的亲密合作，谱写了德国文学史上最辉煌的“华彩乐章”，给世界文坛留下了一段动人的美谈。

这段故事的背景是，德国由于长期公侯割据，严重阻碍了它的发展和强大，社会上的市侩习气到处弥漫，以致恩格斯曾经说了这样愤激的语句：这个民族连清除自己院子里的一堆垃圾的力量都没有！德国的新兴资产阶级没有能够像法国资产阶级那样形成一种足以推翻贵族阶级统治的强大政治力量。德国的知识精英们既然在政治上无法实现自己的理想，便把聪明才智投入到文化或文学方面来了。无怪乎恩格斯说：这个时期“在政治和社会方面是可耻的，但在德国文学方面却是伟大的”。但在形成伟大以前的德国文学却是令人忧虑的，也就是说它是不独立的：在启蒙运动以前，它一味模仿法国已趋僵化的古典主义；启蒙运动以后，又转向英国。总之没有自己的民族圭臬。席勒是个具有很强的民族自信力的人，在《德意志的伟大》这首诗中，他呼吁德意志人“昂起头来，怀着自信跻入世界民族之林”！为了振兴德国的民族文学，他决心以古代希腊罗马文学为榜样，以纯洁的语言、优美的形式，注入人道主义的内容，创造出德意志文学自己的风貌来。但他觉得单枪匹马难成气候，必须有志向相同而又有实力雄厚的人与他合作。为此他首先看中了歌德。虽然歌德资格比他老，地位也比他高，在1788年开始认识的头六七年里，歌德一直对他比较冷淡，席勒对此曾经也颇为不快。但为了远大目标，席勒克服了自己的不良感受，而以一封封热情而诚恳的书信相邀，歌德最终被他1794年8月23日的那封长信所打动。席勒之所以如此需要歌德的合作，并不是由于他认为与歌德之间处处都会想法一致，配合默契。相反，他认为，有差别才有结合的必要。这样，“每个人都可以给另一个人以对方所缺少的东西，并且从对方接受自己所需要的东西”(1793年9月1日致科尔纳的信)。事实上，歌德是个天才的感性诗人，而席勒则是善于推理的思想家；一个侧重于现实主义，一个倾向于浪漫主义；一个重客观，一个重主观。然而正因为这样，两者的结合就能1加1大于2，就会产生意想不到的效果。歌德之所以最后被席勒的信所打动，正是因为席勒透辟地分析了歌德的特点以及他与歌德之间的异与同，指出天才的创作乃出于他的天性，而不是他的自觉。因此天才对他自己来说始终是个秘密。歌德感到席勒的分析鞭辟入里。从此，直到1805年席勒逝世的整整十年中，两位巨人为了进行“伟大的、有价值的创作”，在求同存异中，或者促膝交谈，或者书信往来；互相勉励，互相切磋，“两人如同一人”(歌德语)。席勒凭着他较年轻、热情、敏锐，不时迸发思想火花，常常激发出歌德的创作灵感，使他那被多年政务拖疲惫了的创作情绪重新勃发起来。他自己曾以感激的口吻对席勒说：“您给予我第二次青春，当我差不多已经完全停止创作的时候，您又使我成为诗人。”在这良好的气氛下，两人互写犀利的讽刺短诗，名曰“赠辞”，对社会上的市侩习气和文艺界的恶俗风气大加针砭，以净化国民的精神面貌。接着两人又竞写叙事谣曲，使1798年成为“叙事诗年”。歌德一方面经常接受席勒的建议，努力写作自己的重要作品，首先把中断了的《浮士德》第一部继续写完，同时完成长篇小说《威廉·麦斯特的学习年代和漫游年代》、《赫尔曼与窦绿台》等，使他的创作生涯出现第二个高峰。一方面他也积极参与和帮助席勒的创作，尤其是席勒花费心血最多的戏剧巨著《华伦斯坦》三部曲以及他的晚年不朽名剧《威廉·退尔》。后者的素材都是歌德提供给席勒的。为此他放弃了自己写一部叙事长诗的计划。这类事例在诗歌创作中还要普遍，正如歌德自己所说：“关于某些个别思想，很难说哪些是他的，哪些是我的。许多诗句是咱俩在一起合作的，有时意思是我想出的，而诗是他写的，有时情况正相反，有时他作第一句，我作第二句，这里怎么能有你我之分呢？”难怪席勒死后，歌德感到深沉的悲痛，说等于他自己“失去生命的一半”。

席勒和歌德合作的另一个共同目标是振兴民族戏剧，建立民族剧院。歌德从意大利回来以后，什么官职都不要，只保留一个戏剧主管的职务，说明他对德国戏剧事业的重视程度。一向把舞台看作“道德的学校”的席勒，最后几年也把主要精力重新放在戏剧上。提高德国戏剧的原创品格，建立像样的民族剧院，从而在这一领域摆脱对外国的依赖，树立国家的文化形象，这是席勒和歌德的共同追求。迄今依然耸立在魏玛市中心的那座庄重而雅致的民族剧院，就是两人心血的结晶。耸立在剧院前面的那尊宏伟的歌德、席勒铜铸塑像，是德国戏剧走向独立的丰碑，也是歌德与席勒亲密合作，从而把德国文学推向高峰，进而使德国跻入世界文学大国之林的标志。而他们在魏玛的合葬墓，则是两位伟人永恒友谊的象征。两人生前往还的1 005封书信，可看作世界上最长的墓志铭。

这十年合作的成功，完全证实了席勒的远见卓识。它不仅有文学上的意义，而且有文化和伦理上的意义。这意义就在于，它至少解构了两句中国成语。一句叫做“一山不能二虎”。魏玛这座“小山”居然容下了两只“巨虎”，他们不仅没有彼此相斗，而且亲密合作。另一句成语也是人所共知的，叫“文人相轻”。歌德和席勒的十年实践，使“轻”成为“亲”，从而创造了一段世界文学史上值得千古传诵的佳话。这是席勒那“四海之内皆兄弟”的博爱思想的生动体现。这在我们努力创造“和谐社会”的今天,是非常有现实意义的事情。

原载《文汇报》2005 年 5 月 29 日

“双子星”纪念的集锦

——《歌德、席勒研究》编后记

这本集子是两位伟人纪念日的产物。这两位伟人恰好是德国文学史上最辉煌时期的一对双璧、古典文学时期的代表和“狂飙突进”运动的中坚——歌德和席勒。

1999 年是歌德诞生 250 周年，他的祖国——德国把这一年定为“歌德年”，各地不同形式、不同内容的纪念活动此起彼落达一年之久。鉴于这位世界文化名人在我国的巨大影响，我们中国德语文学研究会兼歌德学会也分别于 5 月和 9 月举行了国际性的隆重纪念会和为期三天的学术研讨会。前者除中国社科院、文化部、对外友协、中国作协和北京大学出面主办外，还有中央音乐学院、中央戏剧学院、中央美术学院以及德国驻华使馆、北京歌德学院积极参与协办，有首都各界知名人士和有关外交使节近 300 人参加；后者则有中、德两国的日耳曼语言文学学者和部分高等院校的外国文学学者近 60 人与会。这是我国继 1982 年(会议实际是 1983 年举行的)纪念歌德逝世 150 周

年以来的又一次(而且是更大的一次)盛会,其中有近 30 位中外学者提交了论文并发了言。这是两次纪念会之间的 16 年中对我国歌德研究成果的一次重要检阅。

2005 年我们又迎来了一个德国的名人年即"席勒年",是歌德的伟大盟友席勒逝世 200 周年。这个名人年的盛况在德国虽然不可能超过"歌德年",但在我国却比"歌德年"更广泛,除我们学会外,北京大学哲学系和中国人民大学外语系也先后组织了关于席勒的学术研讨会,说明席勒的思想与著作对当前的中国更有现实意义。由我们学会负责组织的席勒纪念大会和席勒学术研讨会是由中国社科院、中国作协和对外友协出面主办,中央音乐学院和中央戏剧学院参与协办的。席勒纪念大会与当年歌德纪念大会一样隆重、高档和高雅,并且一样内容丰富,受到一致好评,特别是德国驻华大使施坦策博士的发言,结合纪念世界反法西斯 60 周年的精神,十分精彩,博得广泛赞扬。只是由于学会面临着同年举办年会的任务,不得不将席勒研讨会压缩成半天。但发言者十分踊跃和认真,这使我们格外欣慰。

我们非常感谢我们的国际同行、国际歌德学会金质奖章获得者卡塔琳娜·芒森教授,她同意将其在魏玛国际歌德学会纪念歌德 250 周年大会上极为精彩的主题报告交给我们翻译发表。我们也十分感谢年迈的严宝瑜教授,她在百忙中将另一位国际同行 W. 舒伯特教授关于歌德与自然科学的重要发言赶译出来,使她与芒森教授的论著一起为本书增辉。

不无遗憾的是,由于资金的拮据,我们不可能将每篇发言或论文收入本书中,在遴选时不得不将某些本来有资格入选的篇什忍痛割爱,恳请有关作者予以谅解。希望本书的出版能进一步激励同行们对德国文学史上这一对耀眼的"双子星座"进行更深入的研究并取得更丰硕的成果,并期望在不久有本书的姐妹集问世。

最后我们要特别感谢的是中央编译出版社,她在我们遇到困难的时候伸出了友谊之手。这种精神在这个只认钱不认事甚至不认友的年代是值得称颂的,更是值得学习的。

2006 年 3 月

第三辑

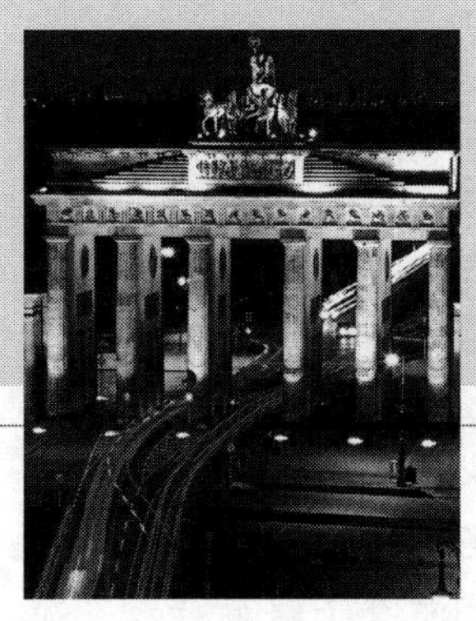

重评德国浪漫派

同行们，朋友们！

经过两年的长别，我们又相聚在一起了！两年来大家在各自的岗位上勤奋、刻苦，作出了显著的成绩，在某种意义上说，这次盛会就是这一成绩的检阅、展示和交流。同时，这次研讨会适逢我们学会的第十次年会。逢五一小庆，逢十一大庆，这是世间的习俗。我们今天能在美丽的蓉城庆祝我们的第十届年会，说明由已故前辈冯至先生手创的这个德语文学研究会近20年来一直在稳步、健康地发展着。我们每两年举行一次年会，从来没有中断过。其次，近20年来我们的队伍不断壮大起来，尤其是一大批中青年骨干，表现出蓬勃的朝气。几天以后将要颁发的冯至奖就是这一可喜现象的一个浓缩的展示。第三，我们的队伍不仅日益壮大，而且始终保持着团结，这更是难能可贵的，因而更值得我们庆祝。希望我们继续珍视和保持这种团结局面。

参加这次研讨会和庆祝会的，除了日耳曼语言文学的学者外，还有活跃在各高等院校教学岗位上的朋友们，甚至还有兄弟语种（如法语文学）的朋友们，我代表主办单位和承办单位，对他们的光临表示热烈的欢迎。任何国别文学都是世界文学的一部分，都是文学爱好者和专业研究者关注的对象，因而都有发言权。因此我们对非日耳曼语言文学学者的欢迎是真诚的。

这次会议围绕的主题，即德国浪漫派问题，是上次理事会就确定了的。之所以要把这一问题作为我们研讨的重点，是不难理解的。19 世纪头 30 年的欧洲文学普遍被浪漫主义思潮所主宰。但大多数国家的浪漫主义文学政治上都与当时的进步倾向（即民主主义潮流）保持一致，美学上呈现基本相同的特征。唯有德国是个例外。它在政治上对雅各宾专政以后的法国大革命大摇其头，与打倒拿破仑以后的欧洲王政复辟现实沆瀣一气，而且缅怀中世纪，反对宗教改革运动，等等。美学上它也发出奇特的声音，呈现出怪异的模样，以至像歌德、海涅这样一些本身就跟浪漫主义沾边的作家都认为它是“病态”的，甚至是“死亡”的。尤其是海涅的《论浪漫派》和勃兰兑斯的《十九世纪欧洲文学主潮》流行以后，德国浪漫派被稳稳戴上了“消极的”或“病态的”帽子。20 世纪以来，在社会主义一度胜利了的国家，德国浪漫派更是声名狼藉，被戴上“反动的”帽子！我们国家 50 年代以来也采取这一评价来对待德国浪漫派，以致有的很有威望的学者年轻时写过德国浪漫派作家的博士论文，直到 80 年代前一直不敢声张。德国浪漫派的这种名声和地位自然阻碍了我们对它的接近和研究，因而长期以来无法对它作出公正的评价。这不能不说是个损失。

德国浪漫派是人类正常精神活动的产物，而不是疯人梦呓的结果。它的存在无疑使欧洲文学的星空更加灿烂，而绝不是相反。至少有一打以上的德国浪漫派作家被载入了世界文学史册！很难想像，德国文学，乃至世界文学，如果没有他们的名字，也就没有那标志着美学理论重大突破的划时代著作《断片》的作者 F. 施莱格尔及其兄长、德国浪漫派的组织者和权威的沙翁著作翻译者 A. 施莱格尔；没有那两位亲缘作家，即长期在民间广泛学习和采集民歌，最后成为《儿童奇异号角》这一不朽童话集的阿宁姆和布伦塔诺；没有另一对双子星座，即为我们留下了不朽儿童文学作品和丰富的语言学著作的格林兄弟；没有那位以写神怪著称的《熊猫摩尔的生活观》和《谢拉皮翁的兄弟们》的作者 E. T. A. 霍夫曼；没有以写“人类理想颂歌”著称的荷尔德林，以及没有那些为很多读者所喜爱的克莱斯特、让·保尔、夏米索，甚至诺瓦里斯、梯克……如果没有这些人的名字，将会怎么样？肯定会失去许多光彩！君不见，德国浪漫派文学蕴蓄着巨大而持久的光源，到了20世纪尤见其光芒。正是在20世纪，德国浪漫派文学理论家F.施莱格尔备受重视，小说家霍夫曼更受青睐，诗人荷尔德林广受赞颂。这说明，20世纪西方文学出现的许多美学特征，早在德国浪漫派那里就被捕捉到了。因此可以说，德国浪漫派文学不仅为德国文学，而且为欧洲文学争得了荣誉。诚然，生活在四分五裂的德国社会，敝陋的政治现实和社会环境不能不给他们的视野造成局限，使他们一时看不到时代潮流朝哪个方向发展，以致有了前面所提到的那些表现。但我们须知，他们是作家，而不是政治家，衡量一个作家的价值，只能凭他留给人类的智慧的价值。至于他们的政治言行或政治态度并未形成政治行动而留下不良历史后果，没有必要去计较。有关这些，相信在这次研讨会上会听到更详尽、更科学的分析。

此文系2001年10月全国德语文学研究会第十届年会开幕词

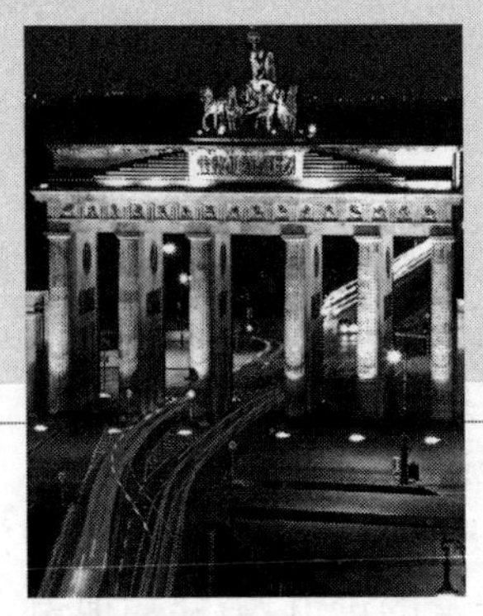

20世纪德国文学粗描

20 世纪，对于已经获得了统一的德意志民族来说，是一个重新崛起的世纪，也是横生巨怪、给她的历史留下了污点的世纪。但这个世纪的德意志文学的民族良心却基本是清明的。

传统和现代——谁来破门?

19 世纪末，已经经历了批判现实主义高潮的西欧和东欧(主要是俄罗斯)各文学大国，都在重新集聚能量，纷纷以崭新的姿态准备或提前敲开 20 世纪的大门，但是德国却晚到了一步，这时期德意志民族的文学智慧还集中在孕育批判现实主义的高潮。诚然，这时期德国也有一部分年轻人准备以新的装束跨入新世纪，如托马斯·曼在 90 年代正在尝试写“新浪漫主义”的小说;魏德金德则正热衷于写表现主义戏剧。但不料前者没过多久就无心恋战于“新”的创作，而后者则由于大多采用两性关系的题材，当时被看做有伤风化，未引起普遍注意。看来，在德国，批判现实主义这一历史阶段是越不过去了! 君不见上天还降大任于20世纪的栋梁、血气方刚的25岁青年托马斯·曼；不迟不早，1901年，他以一部“德国的红楼梦”——《布登布洛克一家》，一部资产阶级家族的挽歌跨入德国文学20世纪的大门。小说通过一个家族的衰落与另一个家族的崛起，揭示了资本主义从自由竞争到垄断的发展轨迹。13年后，托马斯·曼的兄长，因长篇小说《垃圾教授》成名的亨利希·曼的代表作《臣仆》完成，它以犀利的讽刺手法生动地刻画并批判了“在强者面前是奴才，在弱者面前是暴君”的德意志帝国的臣仆形象。至此，由19世纪末冯达诺开始的德国批判现实主义达到高峰。此后这一对兄弟在云谲波诡的德国政治问题上既争论又和解，但在创作上一直沿着批判资本主义的道路不断写出重要作品，特别是托马斯的《魔山》(1924)和《浮士德博士》(1947)与亨利希的《亨利四世》(1935—1938)等均属于世纪经典。前者于1929年当之无愧地获得诺贝尔文学奖。

表现主义——异军突起

但德国批判现实主义毕竟来得太晚了！欧洲的20世纪已经属于另一个美学时代——现代主义风行的时代，德意志文学的民族智慧很快就分流了，在批判现实主义之外，又形成了表现主义运动的高潮，并且成为欧洲的中心，它席卷了美术、文学、音乐、电影、舞蹈等几乎一切文艺领域。这既是一股美学反叛思潮，又是一场思想反抗运动。从1910年到1920年，它的文学范围约持续了十来年，1924年就消歇了。

表现主义文学强调创作的主观性，主张从内心感受出发，把作品当做“内在需要的外在表现”。人们不再遵循“典型塑造”的美学原则，而看重抽象的类型概括；往往带有强烈的激情、酷烈的画面、怪诞的形象；追求神奇乃至神秘的效果；喜欢采用梦境手法和蒙太奇拼接技术；场景幻象丛生，生活画面破碎；好用急促的短句、呐喊式的排比、有力的节奏等等。

德国表现主义的主要成就是戏剧。恺撒认为，社会的进步取决于人的素质的改善，所以他提倡写“大写的人”。他的代表作《加莱义民》和托勒的代表作《转变》都表现了这一精神。他们的作品表现了资本主义势力对人的压抑与威胁。

德国表现主义在小说方面也有成就，但它最出色的作品直到这个运动高潮消歇之后才诞生，这就是德伯林的《柏林——亚历山大广场》(1929)，它通过一个工人一生的遭遇写出了资本主义制度与人的生存的对立。德伯林的这部小说以及其他作品对现代小说的叙事方法与技巧进行了广泛探索。德国表现主义文学在艺术和美学方面的成就对20世纪的德国乃至欧洲现代文学产生了深远的影响。1999年诺贝尔文学奖获得者君特·格拉斯最崇敬的作家就是德伯林，其地位可见一斑。

先变革现实，还是先变革美学？

第一次世界大战的失败与20年代末世界性经济危机的爆发，加深了人们对资本主义的绝望，激起了无产阶级运动的进一步高涨。1928年，德国成立了无产阶级作家同盟，这个队伍的主要台柱子多出身于资产阶级家庭，如诗人贝歇尔、女小说家阿娜·西格斯、戏剧家布莱希特、沃尔夫等，他们都经历过表现主义的洗礼，尤其是贝歇尔。但在变革现实还是变革美学的抉择中，他们选择了前者，而且除布莱希特外，都参加了共产党。他们后来成为民主德国的文学元老。其中最为人称道、影响也最大的是布莱希特。布氏始终信奉马克思主义，他既用他的戏剧和诗歌服膺于无产阶级的政治启蒙，又不放松对艺术的追求和美学的变革，以至成为20世纪欧洲戏剧革新的一面旗帜，在不同制度的两个世界里普遍受到尊重和欢迎。他的主要作品，如《三个铜子儿的歌剧》、《伽利略传》、《大胆妈妈和她的孩子们》、《高加索灰阑记》、《四川好人》等，先后被搬上我国的舞台，对我国当代戏剧的革新和发展起了不可低估的推动作用。

德国无产阶级文学队伍中，还有一位扛鼎人物是不容忽视的，这就是卢卡契。他是匈牙利人，但曾是德国无产阶段作家同盟的领导，而且主要用德文写作，著作等身，是20世纪国际无产阶段文学运动中最大的马克思主义文艺理论家。他对19世纪欧洲批判现实主义尤为推崇，有详尽的分析和精辟的见解。但卢卡契对20世纪发展着的文学尤其是现代主义文艺缺乏理解。

两次大战之间除了执德国文坛牛耳的无产阶级作家以外，还有几位较重要的作家，如小说家孚虚特万格、雷马克、阿·茨威格，诗人高特弗利德·本和戏剧家楚克马耶尔等。其中，现在在西方几乎被人遗忘的雷马克因 1929 年出版《西线无战事》一书轰动一时：他以一次大战期间某西线“无战事”的表面的“静”，通过战争残酷性的描写激起人们心灵震撼的巨大的“动”。

大义凛然，反抗巨怪

德意志民族在 20 世纪犯过两次错误，两次战争狂热。但德国作家在这两次严峻考验中态度不同，如果说第一次战争叫嚣中多数作家（大作家中只有亨利希·曼除外）都卷入了，那么，第二次则大多数都保持着清醒的头脑，毅然决然地作了流亡的选择。一流作家中只有诗人高特弗利德·本一度倒向希特勒政权，无奈他的作品不见容于纳粹，不到两年他就被开除出医生协会，再过一年又被开除出作家协会。世界各地几乎都可以听到流亡作家的反法西斯声音，有的作家诸如本雅明等则以自杀表示抗议。

直面废墟，东山再起

二战结束，德国成了一片废墟。上述作家带着辉煌的“流亡文学”业绩陆续从国外回来，其中威望高的几乎都回到民主德国：贝歇尔当了文化部长，阿娜·西格斯当了作协主席，亨利希·曼当了艺术科学院院长，布莱希特有了供自己实践的剧团，托马斯·曼虽然加入了美国籍，但晚年在瑞士居住。他们无疑都勤奋创作，但毕竟黄金时代已经过去。德国文学要重新崛起，有赖于新的一代。这一代人大多出生于两次大战之间。居住在东德的满怀革命乐观主义，讴歌经济建设和农业集体化事业；居住在西德的作家一时甚感严峻，面对一片废墟，不得不“从零开始”，头几年写了不少哀叹祖国命运和个人不幸的作品，被称为“废墟文学”。1947 年成立的“四七社”，成为重新凝聚西德作家的中坚力量。从 50 年代后期起，随着西德“经济奇迹”的出现，文学也开始勃兴，几年内就产生了多部重头作品，形成战后德国文学的高峰：如约翰孙的《对雅阔布的种种揣测》(1956)、伯尔的《9 点半钟的台球》(1959)、格拉斯的《铁皮鼓》(1959)和瓦尔瑟的《间歇》(1960)等。这些长篇小说或清算本民族最近那段悲剧的历史，或揭示资本主义商业经销机制对人的压抑，或描写民族分裂的不幸，具有强烈的现实感。在叙事方式和手段上，也有相当大的拓展，普遍采用了梦幻、怪诞、象征、意识流、蒙太奇、内心独白、时空倒错等手段。特别是《铁皮鼓》，它继承和发展了17世纪德国“流浪汉小说”的传统，以讽刺笔法写出了一个鲜明生动的“反英雄”形象，使该小说成为20世纪后半期德国文学的经典。无怪乎这四人当中出了德国战后仅有的两位诺贝尔文学奖获得者——伯尔(1972)和格拉斯(1999)。此后包括这四位作家在内的更多的德国小说家写出了大量小说，但水平都难以与这几部匹敌。60年代的主要成就是戏剧，尤其是一种以历史文献为题材的“文献剧”获得国际声誉，如基普哈特的《奥本海默案件》，胡赫霍特的《基督代理人》以及流亡瑞典未归的犹太大作家魏斯的《马拉/萨特》、《调查》等。这一代西德作家几乎都与官方保持距离，对现实采取批判立场，因此在战后第一代德国作家笔下批判现实主义仍是主要倾向，这可以说是19世纪以来欧洲批判现实主义思潮最后一个高潮的尾声。

70年代以后文学发生转型，社会批判倾向减弱，作家主体意识加强，题材侧重于个人化、私匿化，像剧作家博图·斯特劳斯这样的作家应运而生，斯氏的《重逢三部曲》、《大与小》等几乎走遍德语国家的舞台。

战后民主德国文学一直坚持社会主义现实主义道路，因有一批权威性的老作家奠基，阵容和实力都相当可观。战后新起的作家中有两位颇受国际文坛关注，一位是女小说家克里斯塔·沃尔夫，她不顺从主流思想，强调独立观察和判断事物的权利，对现实持批判态度，从60年代的《被分割的天空》、70年代的《童年楷模》到80年代的《卡桑德拉》，频频受到好评；另一位是剧作家海纳·米勒，他师承布莱希特又超越布莱希特，题材和艺术都有新的开掘。

原载《环球时报》2000年5月12日

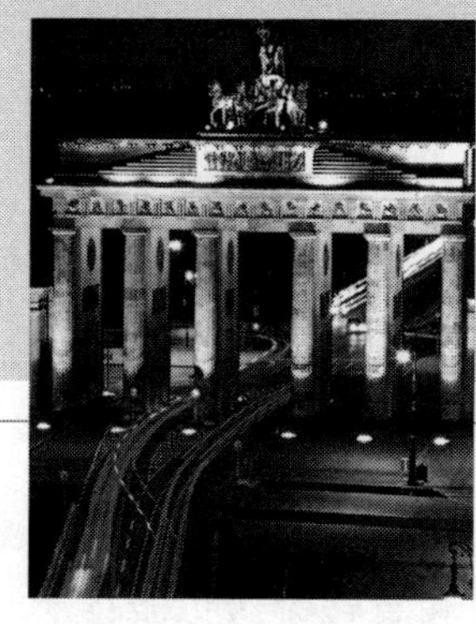

批判现实主义的最后绝响

——纪念 H. 伯尔逝世 20 周年

尊敬的莱涅·伯尔先生，

尊敬的来自国内外的同行们、朋友们：

首先让我代表全国德语文学研究会，向同济大学校领导，向这次纪念活动的组织者，向来自国内外的同行们、朋友们，特别是莱涅·伯尔先生表示诚挚的敬意和感谢，没有你们的努力和支持，就没有今天的纪念会。作为职业的德国文学研究者，有机会和大家在一起，参加纪念国际著名作家、德国人民的杰出儿子亨利希·伯尔逝世 20 周年纪念会，我十分高兴。因为我们纪念的是一个值得我们纪念的人。从中外文学史上看，有的名人随着时间的推移逐渐被人遗忘，而有的名人的影响却与日俱增。当伯尔在 1972 年获得战后德国文学第一个诺贝尔文学奖的时候，我们正倒霉地遇上“文化大革命”，对此竟一无所知。当伯尔去世 10 周年的时候，虽然我们已经拥有了关于他的许多知识，但尚无条件举办这样的纪念活动。而这样的活动我们今天终于有条件举办了。可以想像，当伯尔的忌日 30、50 周年的时候，这样的纪念活动一定会更加隆重，参加的人数会更多、更广泛。

世界上拥有“作家”这个头衔的人为数不少，但真正称得上作家的其实是并不多的。作家不仅仅意味着他是语言艺术家，更重要的必须是个思想家。而作为思想家，他又不能像哲学家那样抽象，他必须是心怀人类良知、对弱小者的命运充满同情的人文主义者。因为迄今的人类社会始终存在着有钱或有权的强势集团和更多的没有这种特权的弱势群体。而强势集团的生存总是以牺牲弱势群体的利益为代价的。伯尔对这一社会现实显然有着清醒的、深刻的认识。他对官方权力和有钱阶级以及代表他们说话的主流媒体，如同《小丑之见》中的主人公那样始终保持着讥讽的和批判的立场，而把全部同情和支持都放在被这个强势集团所损害的小人物身上。在今天这个物质至上的时代，在强势集团的劣行恶德被种种假象掩盖的情况下，伯尔的这种自由知识分子的独立人格精神是非常宝贵的。

在创作上，伯尔与欧洲的批判现实主义在精神上是相通的。欧洲的批判现实主义运动的高潮首先于 19 世纪上半叶出现在西欧，即英国和法国，后越过中欧，于 19 世纪下半叶到了东欧，即俄国和波兰，直到 20 世纪初才到达位于中欧的德国，以曼氏兄弟为代表。但不久即因表现主义运动而中断。可它的能量并未充分发放，二战后它通过“四七社”中的许多作家进一步宣泄出来，而伯尔就是其中最为突出的一位。但二战后的批判现实主义经过现代主义运动的洗礼，自身也进行了革新，面貌与以前不一样了：它在表现手法上也吸取了现代主义运动中广泛试验过的有效手法，如荒诞、怪诞、内心独白、梦幻、闪回、蒙太奇等，这在伯尔那里统统都不缺。而且他不断超越自己，每部作品都有所创新。他甚至说，每完成一部作品，日子就更不好过了，因为下一步不知该怎么写了。这是现代作家才有的自觉意识：以重复为耻，即既不重复前人的，也不重复他人的，而且也不重复自己。因为重复乃是匠人的习性，创造才是艺术家的本色。因此伯尔的创作态度对中国作家是有启发价值的。

随着 1968 年和 1969 年的学生运动，德国或德语文学发生美学转型，以“新主体性”为口号的“后现代”文学随之而起，政治意识和“宏大叙事”

被排斥于文学之外。人们热衷于写主观感受和身边琐事。即使在“新生代”那里，人们也“宁可学父辈的，也不会再学祖辈的”。因此我认为，伯尔堪称欧洲批判现实主义的最后的绝响。

2005 年 11 月 15 日于上海

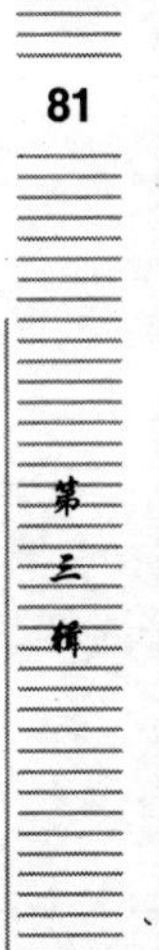

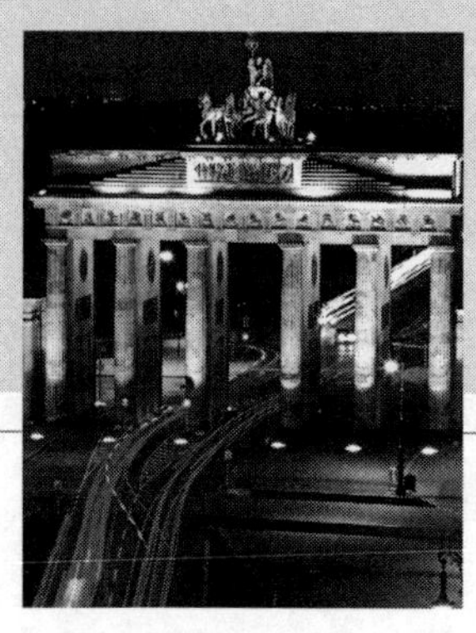

当代德语文学的美学转型

20世纪70年代以来的德语文学虽然离我们最近，但对大多数人来说，却是比较地不了解。难怪有人说："当代的历史最难写。"此话不假。没有足够时间的过滤和沉淀，事物的真实而清晰的轮廓就显现不出来。尤其是20世纪下半叶以来，西方进入了所谓"后工业时代"，与此相适应，文化也开始了所谓"后现代"的旅程。它在文学上的反映，就是美学发生了转型：戏剧、小说、诗歌都跟着"变脸"，相继出现了新的、一时让我们感到陌生的面孔——戏剧变得不像戏剧，小说变得不像小说，诗歌变得不像诗歌。作为一种思潮的表现，法国的"荒诞派戏剧"堪称是始作俑者，稍后是"新小说派"的小说，再就是德国的"具体派诗歌"。它们都以"反戏剧"、"反小说"、"反诗歌"的面貌出现。不过从整体上说，德语文学的"后现代"思潮比起西欧晚了半拍，差不多是从1970年前后开始的，准确地说是从1966年彼得·汉特克(Peter Handke，1944—)在美国普林斯顿德国"四七社"的年会上辱骂他们"写作无能"("无能"的原文Impotenz，直译"阳痿")开始的。同年他的剧作《辱骂观众》问世，那不啻是一篇“反戏剧”的宣言。两年后他又抛出《卡斯帕尔》，那是他的“反戏剧”的标本。汉特克此后写的一系列小说也都带有挑战性。意味深长的是，在五六十年代执了文坛牛耳的“四七社”自 1966 年的普林斯顿会议以后就开始消亡了，说明它的艺术使命确实已经完结并被取代了。因此可以说，1966 年，以彼得·汉特克为开端，标志着德语文学开始了美学上的转型，汇入了西方“后现代”思潮。从此，德语文学进入了所谓“新主体性”（可以理解为“极端主观性”）时期。其特点是“遁入内心”，关注自我。这意味着审美视角比现代主义更加“向内转”，从宏观转向更深层次的微观。这种思潮或趋向，我们可以从一些有实力的作家所发表的观点得到佐证。例如：汉特克的同胞、于 1973 年过早去世的女作家巴赫曼就认为：“所有的戏剧都发生在心灵深处。”汉特克的另一位同胞、在戏剧和小说方面甚至比他更胜一筹的托马斯·贝恩哈特（Thomas Bernhard，1931—1989）更认为，震撼世界的事件总是出自“内心”，人“适合于内心戏剧”。因此“不应为外在戏剧（即生活表面戏剧）作出牺牲”。汉特克、贝恩哈特及其同时代的德国当红作家博托·施特劳斯摒弃了一切固有的人文观念和美学律条，获得了自由度极大的心理空间，各人以极端的、彻骨的个人感受，围绕日常的、身边的以至自我的琐事，呈现一个可虑的甚至可怕的世界图像，在创作上取得了鲜明的个人印记。三个人先后分别领了 20 年的风骚，即汉特克 60 年代后半至 80 年代前期；贝恩哈特 70—80 年代；施特劳斯 70 年代后半至 90 年代前期。当然，既然讲当代的德语文学，我们就不应忘了从 20 世纪后半期一直存在到 1989 年的前民主德国文学，那里也有两位大作家趋同于这一文学走向，一个是戏剧家海纳·米勒（Heiner Mueller）；另一个是女小说家克里斯塔·沃尔夫（Christa Wolf，1929—　）。不过从“新主体性”这点上讲，米勒与上述几位更接近些；若以成就论，甚至在他们三位之上，因此在西方文坛也甚享声誉。

如果从细处观察，则上述几位亦是各不相同的。汉特克有一定学养，对欧洲哲学颇感兴趣，尤对维特根斯坦的语言哲学着迷，这点与贝恩哈特相似。在对艺术的功能的看法上，他与贝恩哈特以及施特劳斯都是一致的，都认为艺术是不可能认识并改变现实的。但在怀疑现实的可变性的同时，汉特克对世界的态度却不像贝恩哈特那样悲观和厌恶，认为在现实事物中隐藏着诗性的东西，只要通过个人把握那些“语言的瞬间”，就能将它呈现出来。因此有人认为，他对世界的态度具有浪漫派的那种热情。汉特克一心致力于“反文学”、“反戏剧”的先锋实验，对艺术形式捣鼓得最厉害，被认为是除马丁·瓦尔泽以外最重要的形式艺术家。

贝恩哈特的艺术带有浓重的荒诞色彩，这在很大程度上与他的极端悲观的世界观有关。他的小说和戏剧作品都让人感觉到，社会的腐败是无可挽救的，因此世界的沉沦或毁灭是不可避免的。这一基本观点决定了他笔下的人物形象，尤其是小说中的形象。他们好像都是些“高大全”的精神英雄：天资聪颖、性格刚强、工作负责、纪律严格，等等。但是他们一概蔑视社会上人们认为正常的事物，一概蔑视周围群众，好像是这些群众才构成这个不可挽救的世界的本质（这点与尼采思想一脉相通，甚至与今天的新纳粹不无相像之处）。他们独往独来，自我封闭，唯恐不能与社会划清界限；他们性格始终如一，处于僵化状态。贝恩哈特戏剧中的人物更为滑稽荒诞，他们要么面对腐败堕落的社会现象给予诅咒讥讽，如《米奈蒂》，独白主人公声称要“给麻木迟钝戴上精神病人的帽子”；要么面对无可挽救的现实，气急败坏，徒呼奈何，如在北京上演过的《习惯势力》。贝恩哈特是一个强烈的形式追求者，一贯寻求能不断刺激读者和观众的新颖奇特的形式和技巧。但九九归一，他的基本风格就是长篇独白，并善于用语言的技巧和逻辑的奇趣来抵消冗长带来的弊端。独白作为戏剧的基本结构也是施特劳斯和米勒的共同特点。

博图·施特劳斯的作品在戏剧方面的影响明显超过他的小说。作为戏剧家，他自70年代后半至90年代前期也许是德语舞台上上演率最高的作家。他同上述两位一样，拒绝文学的政治使命。而且与五六十年代普遍存在的重大题材、重大事件恰好相反，他写的都是日常生活、身边琐事；涉及的都是人性本身的问题，或有关人的根本生存境况问题，如他的《重逢三部曲》、《大与小》以及《熟悉的面孔，混杂的感情》等剧作中所显现的人的那种自私本性和冷漠态度，那种互相间难以沟通的现象等等。亲热是表面的，而且是暂时的。由于这些特点和弱点几乎人人都有的，所以，即使你具有与人沟通的善意，最后还是不能如愿以偿。而如果有人坚持不懈地进行这种努力，那只能让人感到“犯傻”了。对此作者干脆戏拟性地给予原本属于基督教的“圣者”的光环，以便使他的“傻相”得到一定的尊重和保护。施特劳斯的构剧法通常是一个地点、一个场合、一个事件贯穿到底，似乎是对古典主义"三一律"原则的一种呼应。他善于运用反差效果，用一些不足挂齿的鸡毛蒜皮调动人物的情绪，把场面弄得热热闹闹，从而取得喜剧性审美效应，提高观赏价值。施特劳斯的戏剧适应了中欧国家经济生活获得恢复和提高的小康居民对于文艺负载过重的政治和意识形态使命的逆反心理。

米勒和沃尔夫是前民主德国具有叛逆性的作家中两个成就最大的作家。在叛逆层面上，如果说沃尔夫在政治上思考得更深一些，那么米勒则在艺术上走得更远一些；两者都在西方世界受到普遍的尊重和认同，甚至被认为是70年代以来德语文学最伟大的作家。米勒不但背离了民主德国的社会主义现实主义戏剧模式，甚至也不再遵循他的老师布莱希特的主张，他独创了一种运用神话题材，通过象征性图像浓缩复杂历史的戏剧模式，并赋予隐喻当今现实的沉重使命。他在总结普鲁士历史的基础上，对历史持悲观主义态度，认为历史不过是一系列一再扼杀人道声音的暴力政权的更迭；人的未来与过去一样黑暗。所以在他看来，历史乃是无数毫无意义的痛苦的唯一结果。它停滞不前，毫无前途。这也是贯穿在他的两部重要剧作《日耳曼女神在柏林之死》和《巩特林生平普鲁士的腓特烈莱辛的睡眠梦境呼喊》(1977)中的中心思想。米勒的悲观主义也是彻底的，而且比贝恩哈特更富形而下的体验。他认为，无政府主义的暴力与镇压的暴力互相消长，势均力敌，没完没了——这是包含在《汉姆莱特机器》(1978)一剧中的观点。

上述几位剧作家迄今还只有贝恩哈特受到我国学界的礼遇，2001年北京曾举行过关于他的国际性学术研讨会，有德奥学者参加。第二年他的一个剧作(即《习惯势力》)被搬上我国舞台，剧本也随着发表了。

沃尔夫在当代德语文学中的地位不亚于上述四位男性作家中的任何一位。但她与上述四位最大的不同是：她的突破主要不在美学方面，而是在意识形态方面。换句话说，在美学革新上她归入不了"后现代"，但她在对所处环境的主流意识形态的反叛精神上与"后现代"找到了某种"同构点"。她在共产党队伍中是地位较高的一个(曾任前民主德国执政党——统一社会党的候补中央委员)，也是较早对现行社会主义政治制度的某些弊端提出质疑和批评的一个。从60年代的《被分割的天空》，到70年代的《童年的楷模》，再到80年代的《卡桑德拉》，我们可以清楚地看出她的思想演变的轨迹和日益深化的过程。其中《卡桑德拉》借用希腊神话隐喻现实，非常中肯而深刻，不难看出作者的思想家特色。两德统一后，人们在前民主德国的"克格勃"成员的档案中却发现了她的名字，这一爆炸性消息使西方舆论一片哗然，致使沃尔夫处于非常尴尬和气恼的境地。这要归咎于西方舆论的浅薄，他们只看现象的表面，而不看其实质。沃尔夫年轻时确因工作积极被发展为该组织的成员。但事后并未见诸行动，没有留下任何劣迹，这已属难能可贵。尤为难能可贵的是，她后来的一系列著作充分反映了她对自己原来想效忠的这个政权的深深失望。如果没有切肤之痛，没有经过认真而深入的思考，作品中那大量深刻而独到的见解怎么能伪装得出来？人们曾经想以贵重的政治桂冠笼络住她，她却不以此为荣，而义无反顾地坚持她的思想立场。实际上正是她最早洞察到正统社会主义的危机，并及时敲起了警钟。经过 1989 年的挫折，她的党终于认识到这一真理：社会主义不跟民主相联系是不能胜利的。因而将其党名改为"民主社会主义党"。这可以说是对沃尔夫最好的政治鉴定。难怪有人称之为"作家队伍中的戈尔巴乔夫"。

诗歌在文学的各种体裁中是最敏感的。在这一"新主体性"美学浪潮中，它无疑也投入了角逐，而且可以说是走得最远的一个。如果说，小说和戏剧走的是内心化、私密化的道路，那么诗歌则是自由化。它不仅取消了主题，也解构了形式。那些无节奏、无韵律的诗行，无异于散文的拆分。而且内容和语句又是不连贯的，它们好像是无数兴奋点的任意播撒。在形式的颠覆上它不亚于荒诞派戏剧，不过，荒诞派戏剧蕴有让人深思的哲理，而这类"自由诗"却未必。是的，艺术需要自由，那是指它需要想像的自由，探索新的形式的自由。但如果你所探索的形式本身不需要任何约束，那就真的成了"没有人是艺术家，也没有人不是艺术家"的局面了。故德语文学中的这股新诗潮，固然有许多人为之雀跃，但也有不少严肃的学者提出上述质疑。不难想像，这股诗潮的代表人物布林克曼，其声誉与地位就不像上述几位那样卓著。

70 年代以来的文学转型是对"文学应介入社会、干预现实"的固有观念的一种反拨。从政治背景上看，这是对 1968 年席卷欧洲的学生反抗运动的一个回应。这次运动多少受了中国红卫兵运动的影响，缺乏明确的政治目标，口号空洞而抽象，缺乏可操作性，很快宣告失败。这使许多年轻人对政治感到厌倦，从而对与政治有关的题材和主题加以唾弃。

纵观文学史上的经念，发现有两类人往往引起人们的注意，一类致力于在前人的基础上的提高；另一类则着重于在常规以外的独创。第二类人一般都是少数，但他们代表了一种发展趋向，创造了一个时代，因而较多地受到人们的议论和关注，因为他们在美学上发现了新奇迹，拓宽了创作的经纬度，增添了文学史的新内容，毫无疑问，他们的名字将载入史册。上面提及的几位（尤其是那四位首先以剧作家闻名的作家）即属于这一类。第一类当然也不能忽视，不是因为他们在人数上一般居多数，而是他们中的突出者在人文观念上有了新的开掘，在艺术技巧上有了新的招数，因而也增加了文学史的厚度。近 30 多年来较老一代的作家，70 岁以上的如格拉斯、伯尔、瓦尔瑟、伦茨、魏斯、克萨艾茨、恩岑斯贝格等；60 岁以上的如穆施克等；50 岁以上的首先当推奥地利那位女作家耶里奈克（Elfriede Jelinek，1946—　），她特立独行，锋芒正盛，小说和戏剧均备受关注。像这样一些作家，文学史（至少当代文学史）是不会忘记他们的，因而也是值得研究的对象。

20 世纪 70 年代以来的德语文学的实际情况当然比这里用粗线条描述的要生动得多、丰富得多，也复杂得多。

本文系根据笔者在全国德语文学研究会第 11 届年会上做的开幕词修改而成，原载《世界文学》2005 年第 2 期

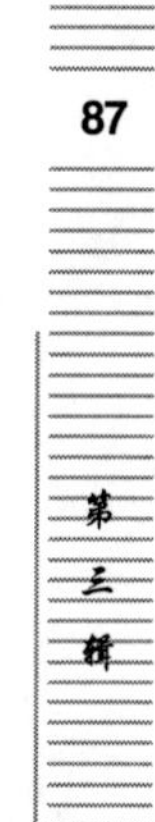

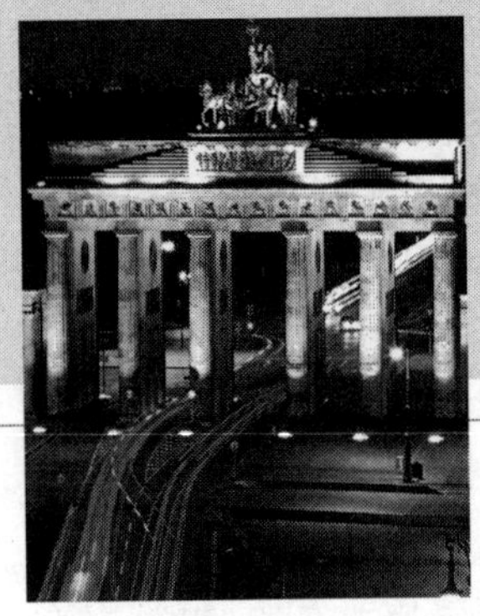

二战后德国三代作家的不同风采

讲德国文学有时难免要涉及德国以外的、用德语写作的文学，或干脆叫日耳曼文学。

二战后的60年来，德国文学先后涌现了三代作家，每一代差不多各领风骚20年左右，当然第三代还没有画句号。他们不仅年龄上大致相差二三十岁，主要的在文学理念和艺术风格上判然有别。第一代作家以1947年成立的“四七社”这个战后德国最大的文学社团为主要阵容，他们大多在20年代前后出生，在五六十年代创作上达到黄金时期。不管他们在成长年代有没有接受过法西斯极右思潮的熏染，但战后他们很快就得到这样的共识：必须正视德意志民族的这一历史过错，清算希特勒法西斯主义的罪行，并且要用文学作为这一目的的手段，同时在这一基础上复兴被战争“砍光斩绝”的德意志文学。在他们中的一些重要作家的代表作中，我们可以明显地看出他们对这一宗旨的贯彻，如格拉斯的《铁皮鼓》、伯尔的《与一位女士的合影》(一译《莱尼和他们》)、棱茨的《德语课》、霍赫胡特的剧作《基督代理人》以及策兰的诗作《死亡赋格曲》等等，都是典型的例子。这一代作家多怀着社会责任感进行独立写作，一般都与政府保持距离。除了历史内容以外，他们也关注现实问题，对"经济奇迹"带来的种种问题持批判态度；对冷战时期的军备竞赛和人类面临的环境危机乃至人类自身的人性变化深表忧虑。

由于内容的要求，这一代作家多数人对于形式的变革采取谨慎的态度。他们尽量采用现代主义运动过程中出现过而又行之有效的艺术表现手段，如荒诞、怪诞、梦幻、意识流、蒙太奇等等，但整体上很少有人进行激进的先锋性实验。有一部分诗人进行了所谓"具体诗"的实验，但持续时间也不长。

约从60年代后半起，准确地说从1966年奥地利作家彼得·汉特克发表他的剧作《辱骂观众》起，以德国和奥地利为主体的德语文学发生了明显的美学转型，进入了"后现代"语境，引导了七八十年代的德语文学发展主潮。其代表性作家主要有五位：德国的海纳·米勒和波图·施特劳斯、奥地利的托马斯·贝恩哈特、艾尔弗利德·耶利奈克以及彼得·汉特克。除米勒外，他们的共同特点是既写小说，又写戏剧。在"新主体性"思潮的推动下，五位作家无论在美学观念还是人文观念上都表现了激烈的叛逆精神，从极端主观出发，刻意追求一种"反小说"、"反戏剧"的新的文学范型。这在贝恩哈特那里表现得尤为决绝。他对历史和世界给予彻底的否定，其作品的悲观情绪十分浓重。他的小说主人公都是意志坚强、纪律严明却蔑视群众的独往独来的精神英雄；他的戏剧多半是荒诞性的内心独白或语言游戏，反映出世界完全处于呆滞、麻木和僵化的不可救药的境地。但他的独特的视角和丰富而出色的语言亦能给人以启迪和审美愉悦。因此他的剧作《习惯势力》曾被搬上我国舞台，并在我国举行过关于他的学术研讨会。其余几位作家对世界的不可改变性与贝恩哈特的看法是一致的，但程度有所不同。五位作家，以汉特克为最，对形式和风格都进行了紧张的实验，也都取得了不同的成果。他们的业绩相信会在德语文学史上留下鲜亮的一笔。至于耶利奈克，自她获得诺贝尔奖以来，大家已谈论得很多，今天在这个简短的发言里就不拟赘述了。

包括在座的五位德国作家在内的所谓"新生代"作家，都出身于六七十年代，他们以崭新的风貌崛起于20世纪两德统一后的90年代。诗人格律拜因堪称他们的领头羊。这一代作家既拒绝第一代祖辈那“宏大的叙述”和沉重的主题，也拒绝第二代前辈那艰涩的哲学命题和对风格的殚精竭虑。他们看重当下，“随遇而安”；既融入欧洲潮流，也衔接美洲时尚。他们乐于寻找被历史和主流意识遗忘了的角落，也善于发现日常生活中在现代读者眼中发亮的碎片。他们不关心那些狭义的“后现代”、“后后现代”之类的概念，也不理会什么“先锋”的话语。风格在完全自由的写作状态下自然形成，却不去刻意追求。洒脱、鲜活、平易、机智、幽默、生活化、日常化，有时也凝重、深沉，但不骄矜，这是他们作品中常见的美学特征；人性化和平民化是这一代作家的基本人文情怀。如果一定要使用一下“后现代”这个术语，那么这是“后现代”文学的另一种状态。这样看来，新生代的写作既是对祖辈的一种超越，又是对父辈的某种匡正。它标志着当代德国文学或德语文学在内涵和美学上的崭新风貌。

2006年冬在德国新生代作家访华团座谈会上的发言

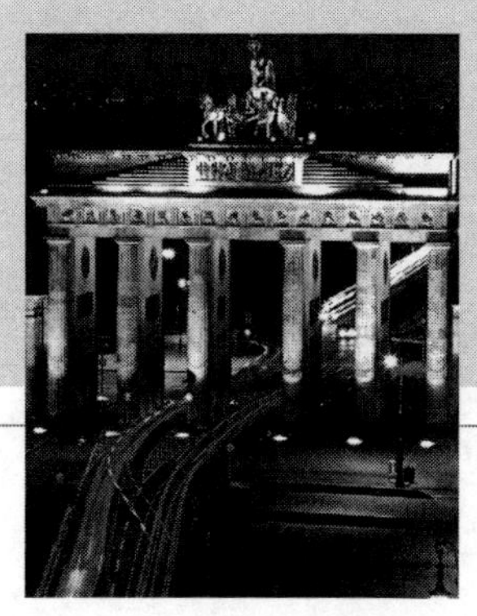

奇峰突起的奥地利现代文学

奥地利只有 8 万多平方公里的土地，不及我国大陆最小的浙江省；人口只有 700 万，相当于北京市的一半。这在世界版图上无疑是个小国。她在 20 世纪以前的文学史上值得一提的作家屈指可数，故人家干脆把它包容在《德国文学史》内，几乎未有争议。但自 20 世纪以来，奥地利的文学，首先是现代主义的文学，忽如奇峰突起，以至在世界文学的版图上，突然成了个“大国”！在短短的这一百年时间里，蓝色多瑙河这一小段沿岸所涌现的作家，产生世界性影响的至少有一打！你看：弗兰茨·卡夫卡、罗伯特·穆齐尔、莱纳·马利亚·里尔克、雨果·霍大曼斯塔尔、赫尔曼·勃洛赫、弗兰茨·韦尔弗、约瑟夫·罗特、阿图尔·施尼茨勒、古斯塔夫·迈林克、保尔·策兰、埃利亚斯·卡奈蒂、英格波尔格·巴赫曼、彼得·汉特克、托马斯·贝恩哈特、埃尔弗利德·耶利奈克……这个名单还没有把施泰凡·茨威格这样在美学上属于传统的大家列入进去。这个名单的阵容显然大大超过

了人口比奥地利多12倍的德国。西方有人认为，20世纪德语文学有五部堪称伟大的作品，其中有四部都在奥地利，那就是卡夫卡的《城堡》和《诉讼》、穆齐尔的《没有个性的人》以及勃洛赫的《维吉尔之死》。此外奥地利还在理论上向世界提供了一位对现代主义的兴起和发展举足轻重的人物，这就是现代心理学的创始者、现代美学的重量级人物——西格蒙特·弗洛伊德。弗洛伊德打开了人的“潜意识”的大门，揭示了人的无限广阔的“内宇宙”空间，引导人类重新“认识你自己”，从而使文学具有了真正“人学”的本质。这个理论虽然还不够完善，但他的开创性意义是不可估量的。

如果我们把视野扩大一些，暂时把目光移出文学之外，我们还会惊讶地发现，这个小国在其他许多领域(包括科学技术领域)也有骄人的成就，仅诺贝尔奖获得者就有23名之多(包括侨居在外的五名)。难怪联合国两个分部中主管工业和科技的那个分部就建在维也纳。艺术领域有一个门类奥地利也特别强大，在世界上也堪称首屈一指，即现代音乐。大家知道，《大地之歌》的作者古斯塔夫·马勒和《七重封印之书》的作者弗兰茨·施密特是举世公认的现代交响乐的始作俑者，而阿诺德·勋伯格则被视为20世纪西方音乐革命的领军人物，他创建的十二音系大大扩大了音乐的表现功能，对20世纪的音乐发展产生深远影响；在勋伯格众多的有成就的追随者中，他的门生阿尔班·贝尔格运用十二音系创作歌剧《沃伊采克》取得极大成功，被尊为现代主义音乐创作的最高成就；以最简约的形式赋予深刻寓意的作曲家安尔·威伯为音乐创作打开了新的前景；为《阴谋与爱情》、《丹东之死》、《诉讼》、《老妇还乡》等同名歌剧脚本谱过曲的高特弗利特·封·艾内姆是二战后涌现的最杰出的歌剧作曲家；至于奥地利音乐总指挥卡尔·波姆，特别是有“指挥台上的魔术师”之称的赫伯特·封·卡拉扬，其奇迹和名声更是家喻户晓。这一系列灿烂群星及其惊人成就，不禁令人想起奥地利不愧是莫扎特、海顿、舒伯特以及大半个贝多芬的故乡、举世闻名的维也纳国家歌剧院的摇篮。奥地利人在音乐方面所表现的天赋与创新精神，在别的艺术领域(例如造型艺术包括建筑艺术、舞台艺术乃至舞蹈艺术等方面)也有突出的显露，由于篇幅关系，就不再赘述了。

现在让我们回到文学。上面这段插补意在说明，奥地利现代文学的奇峰突起不是偶然的孤立现象，而是奥地利人的巨大创造智慧在现代思潮刺激下的全面喷发，是他们突破传统桎梏，追求现代精神的强烈表现。

西方的现代主义文学思潮可以说滥觞于德国的浪漫派。但作为流派出现得最早的是法国的象征主义。然而步得最紧的是奥地利。奥地利文学向现代的突进有两个中心，一个是维也纳，一个是布拉格。前者略先于后者。继1886年法国早期象征主义发表宣言后的第四年即1890年，维也纳就开始形成一个由一批作家、批评家构成的文学小组，叫"青年维也纳"，她以赫尔曼·巴尔(Hermann Bahr，1863—1934)为中心，成员包括霍夫曼斯塔尔、施尼茨勒、F. 萨尔腾、R. 比尔-霍夫曼、P. 阿尔腾贝格、F. 德尔曼、O. 施特塞以及后来批评这个流派的早期卡尔·克劳斯等。他们的宗旨是抛弃自然主义，而转向象征主义、印象主义、新浪漫主义以及"青年风格"等流派，也有部分人追随颓废派。1891年巴尔发表的《克服自然主义》一文，可视为他们的纲领性文献。他们先后出版了《现代评论》(1890—1991)、《维也纳评论》(1896)和《时代》(1894—1904)等刊物。至1897年，"青年维也纳"的活动基本终止。1990年，这个文学群体的一些核心人物又重新组织起来，改名为"维也纳现代派"，直到1910年表现主义兴起为止。这个流派对奥地利现代文学的兴起和发展是有贡献的：他们在德语文坛及时告别了其审美能量已趋耗尽的"模仿论"美学，较早地接受了"表现论"美学，运用并宣传了一些新的表现方法和技巧，从而对促进德语文学划时代的美学转型起了先锋作用。其中有两位作家后来还成了享誉世界的大师，即霍夫曼斯塔尔和施尼茨勒。后者早在西方几位意识流大师成气候以前，即1990年就用"内心独白"的新手法写了小说《古斯特尔少尉》，可以说是意识流创作的先声。

1910年至1920年是德语文学圈表现主义的高潮时期。"维也纳现代派"历史地消亡，其一部分成员汇入了表现主义运动。这期间，奥地利现代主义文学运动的中心明显地从维也纳转移到了布拉格。布拉格自19世纪末至20世纪头30年产生了一批有世界影响的德语大作家，如里尔克、卡夫卡、韦尔弗、迈林克、基希、勃罗德等，以至形成"布拉格德语文学现象"这样一个新概念(二战后德国乌珀尔大学为此专门成立了一个"布拉格文学研究室")。这里我们又遇到一个有趣的"大与小"的反差现象，即约占全国人口1%的德语人口一时间居然成了全国现代文学运动的主要风景。其中的关键人物是韦尔弗，他是著作等身的小说家、戏剧家、诗人、散文家，在表现主义运动中是个领袖人物。卡夫卡、勃罗德、维利·哈斯、乌尔茨迪尔等都积极参与他的活动，并彼此成了朋友。

不是现代文学的所有扛鼎人物都直接参与了文学运动。像穆齐尔、勃洛赫、卡奈蒂等人，他们的成名作或代表作都是在这些运动之后，也就是20年代后期与40年代前期写成的。这时期文学运动的弄潮儿们，首先是西班牙的、法国的以及德国的，基本上都放弃了美学变革的努力，而投身于反法西斯的斗争，因而传统的模仿论思潮有所抬头。然而上述几位大师却义无反顾地运用现代主义的思维和方法表达着自己，尽管他们当时并不被人们所理解和认同，而他们自己也不在乎这些，说明现代主义思潮已经深入他们的骨髓。这不禁让我们想起了卡夫卡年轻时的那句名言："上帝不让我写，但我偏要写！"

二战以后，奥地利的现代文学依然保持着不懈探索、锐意求新的势头，以至出现了像彼特·汉特克、贝恩哈特、耶利奈克等这样一批已被世界普遍公认的"后现代"名家。他们以崭新的、不与世俗同流合污的姿态，以新颖独特的表达方式导致了奥地利乃至整个德语国家当代文学的美学转型，从而为20世纪以来的奥地利文学进一步赢得世界声誉。耶利奈克新近获得的那项最具国际威望的奖励，某种程度上也反映了世界文坛对奥地利这一代新锐作家的肯定。

以上描述的仅仅是一种现象。作为文学研究者，重要的是回答：为什么偏偏是奥地利会产生这样一批"偏要写"的作家？是哪些因素刺激了他们这种"偏要写"的犟劲？这无疑是一个复杂而艰难的问题。显然，离开社会学的方法来诠释这样一种现象是有困难的。不错，从表面上看，奥地利是个美丽的、文明的国家，但一深入内里，也许就不是这样的了。而且还需要把它与欧洲的其他国家相比，更需要追溯它的历史。自13世纪以来，奥地利始终是由一个王朝(即哈布斯堡王朝)家长制式地统治到底的，直到1918年因参与发动世界大战而垮台。在这漫长的过程中，这个家族一方面"用大棒"(恩格斯语)，即用暴力维护自己的统治，另一方面保护着中世纪以来的种种过时的、腐朽的、庸俗的东西。所以我同意恩格斯的这一严厉的批评："在家长的威权保护下的封建主义、宗法制度和奴颜婢膝的庸俗气味在任何国家里都不像在奥地利那样完整无损"(《马恩全集》中文版第四卷，第 516 页）。尤其是 19 世纪，在欧洲民主运动高涨之际，奥地利则联合欧洲最顽固的封建势力沙俄和普鲁士，结成反动的"神圣同盟"，竭力抗拒时代潮流。而且大肆对外扩张，以强凌弱，吞并邻国，搞了个所谓的"奥匈帝国"。这个政权，还是如恩格斯所说："始终是德意志一个最反动、最厌恶现代潮流的邦"(《暴力在历史上的作用》,《马恩全集》中文版第 21 卷，第 448 页）。然而它的生产方式却又是跟欧洲基本上一体的。你看：经济是资本主义式的，政治则是封建专制性的。这样怪诞性的矛盾组合，这样一个实际上已经失去任何存在的历史根据，只靠"大棒"维持自己摇摇欲坠的统治的政权，能不在一部分觉醒的国民当中产生强烈反应吗？作家某种程度上都是思想家，真正的作家是民族乃至人类良知的代表。像卡夫卡、穆齐尔、耶利奈克这样一些高智商的作家，凭着他们那种天生的敏感和圣灵般的洞察能力，可以说是处于社会最"内里"的正义"警察"。警察的职业习惯，一心只注意那些不合法度的消极事物。难怪卡夫卡说："我的与生俱来的天性是对世界消极面的兴趣，我把它集于一身。这么多有害的东西堆积在心头，形成巨大的块垒，不把它排解掉，怎么受得了呢?"因此卡夫卡发出撕肝裂胆的喊叫："我内心有个庞大的世界，不通过文学途径把它引发出来，它就要撕裂了!"于是写作成了他"从内心向外部的巨大推进"。可见，在卡夫卡这批智者的身上，始终背负着沉重的精神十字架，承受着生命不能承受之轻。在这种情况下，表达就是生命的一切，是生命存在的唯一价值。为此，个人的婚姻、健康以及"一个男子生之欢乐"所必备的一切，统统可以弃之不顾！隔了两代，卡夫卡等人的这种精神到了耶利奈克这一代身上并未随着社会的某些进步而减退，相反，有过之而无不及！耶利奈克的那种严峻性、那种决绝态度，俨然像个全副武装的斗士，面对着社会的、文化的乃至政治的强大对手，不但作家的桂冠对她无足轻重，就是斯德哥尔摩的百万重奖也不能令她心动！

诚然，如果仅从社会学的角度，从形而下出发去理解现代主义文学肯定是不够的。在任何国家的作家群体中，能称得上现代主义作家的仅仅是极少数。这少数人之所以成为现代主义作家，首先因为他们是思想家。作为思想家，他们思考的就不仅仅是某个具体的国家或社会，而是人类整体的存在。这样一种思考固然也是从作家的生存环境出发的，但他的目标不是寻求那种可体念的形而下的回答，而是追求超验的形而上的哲学解释。然而，他们这样做的结果，却遇到一个无法克服的哲学难题，即他们发现，人类文明越发展，不是世界越美好，人性越完善；相反，人的自然本性日益丧失，人类生存危机不断加剧。这使他们困惑不已。无怪乎卡夫卡晚年曾这样慨叹："我总想把世界重新审察一遍，可惜来不及了……"因此他的《城堡》的另一个稿本是这样开头的：主人公 K 一进旅店就迫不及待地请求侍女"帮助他"，因为他"现在有个十万火急的任务"，其他一切无助于这个任务解决的事情，他都将"无情镇压"。可是卡夫卡没有想到，这个令他感到陌生因而无法接受的"异化"世界，这个一方面进步有多大另一方面倒退也就有多大的悖谬世界，并没有随着他逝世 80 多年的岁月而变得更好，不然，卡夫卡的后辈贝恩哈特就不会带着比卡夫卡更加绝望的情绪离开人世，另一位女杰耶利奈克也不至于那样气急败坏地不停跺脚。但这些作家的态度是完全严肃的，是有高度责任心的，他们的思考的价值就在于向人类敲起警钟，力图减缓人类的慢性自杀。从形而下的观点看，人类社会固然需要像约翰·斯特劳斯那样的"闭着眼睛"的媚俗歌唱者，但更需要像卡夫卡、穆齐尔、耶利奈克那样的"睁着眼睛"的精神守望者，尤其在物欲横流的今天。

由于现代主义作家某种意义上都是思想家，这导致了现代主义文学，尤其是奥地利的现代主义文学一个非常突出的特点，即：文学与哲学的交融（或联姻）。虽然这是古已有之的现象，但是任何时候都没有像现代文学那样，其哲学味道渗透得那么浓烈。这完全是现代哲学家与现代文学家非常自觉的双向追求的结果。从哲学那方面说，从克尔恺郭尔到尼采、海德格尔、胡萨尔、萨特等无不竭力要把文学当作图解哲学的附庸，而文学家也一心要让哲学来担当文学的灵魂。卡夫卡就曾强调说："我总是企图传播某种不能言传的东西，解释某种难以解释的事情。"穆齐尔的观点则更加鲜明，他说："人们需要哲学等等，就像以前需要宗教一样。"赫尔曼·勃洛赫也说，要在文学中寻找"科学与艺术的结合"。这里的"科学"显然不是指自然科学，而是理论。崇尚哲学，这是一股广泛的思潮。越出奥地利，我们可以看到更多这样的言论。例如布莱希特就这样说："现在戏剧成了哲学家的事了，也就是说，戏剧被哲理化了。"意大利的皮兰德罗是这样表达的："这是一些富有哲学意味的作家，不幸的是我就是这样的作家。”法国加缪的口号更为响亮：“伟大的文学家是一些伟大的哲学家。”这种现象在其他艺术门类也有强烈表现，例如德国画家 Otto Mueller 就宣称：“有朝一日要为哲学家建造天堂。”等等。这样一来，文学的内涵变得更加深奥，同时往往也更有分量。不过，这增加了阅读和研究的难度，尤其是那些具有多重解释性的作品。这里我想请大家注意一个关键词：Das Paradoxon，哲学中叫悖论，物理学中叫佯谬。这原是一个哲学概念，不少现代作家把它变成美学手段，并且取得了极大的成功。如美国的约瑟夫·海勒、拉美的许多魔幻现实主义作家、瑞士的迪伦马特、前苏联的阿赫马特夫、捷克的昆德拉，再就是卡夫卡和穆齐尔。有的中国作家从迪伦马特那里得到启悟，一举成功，如剧作家过士行。“悖谬”的概念就是一个逻辑的自相矛盾：“正”即“反”，“反”即“正”；似是而非，似非而是；若即若离，似有却无；目的达到了，老本却输光了；灵完美了，肉却消亡了……卡夫卡除创作外甚至把这种悖谬思维也贯彻到他的生活行为之中。穆齐尔的巨著《没有个性的人》，其成功的秘诀很大程度上也是得益于这一表现手段的运用。这部杰作根据我的粗浅看法可概括为：一个由摇摇欲坠的不义政权统治的、怪事百出的腐朽国度，任何企图挽救它的努力都是罪过。在这种情况下，与其做一个有棱有角、大有作为的人去延长它的寿命，毋宁做一个毫无个性、平平庸庸、无所作为的人促其快快垮台！这里，有为恰恰有罪，无为正是有为！这让我们想起了迪伦马特的名剧《罗慕路斯大帝》，这位“大帝”在敌军兵临城下的时候，他依然无动于衷。文武大臣忍无可忍，逼问他为何不抵抗？他最后才说：“罗马帝国在几百年的统治过程中，积下了累累罪恶，如今我要用我的帝皇地位，充当世界正义法官，宣判它的灭亡！现在我的无为，恰恰是我的作为”（这个剧现在读起来非常耐人寻味：它为 20 世纪八九十年代之交的国际政治作了及其准确的预言！）。

现代主义运动既是人文观念的革命，又是审美观念的革命。前者已如上述，体现在文学对哲学的追求之中。哲学也是跟现代哲学，主要是存在哲学有关。审美观念的变革的主要特征，表现在审美视角的内向转移。所有现代主义者在抛弃模仿论美学的真实观的时候，几乎都认为“准确描绘不等于真实”；艺术作品乃是“内在需要的外在表现”。这种主张早在德国浪漫派那里就跃跃欲试了。诺瓦利斯就说过：“内心决定世界。”稍后美国的霍桑也提出："只忠实于人的内心的真实。"这种"内心的真实"到了象征派那里被崇尚为"最高的真实"。卡夫卡也说得很明确："一切皆备于我刻画个人内心生活的愿望。"较有理论色彩的表达当推现代美术理论的奠基者康丁斯基："当宗教、科学和道德发生动摇（最后一击是从尼采发出的），人类便把自己的注意力由外表转向了内心。"这种种主张都要求从人物的知觉、情感和意识去感受外界事物（这在中国美学叫"内观"）。于是就导致传统真实观的根本倒转：从客观转向了主观；从外部转向了内心。

审美视角的这一变换，开掘了人的内在空间，或曰"内宇宙"，从而强化了"文学是人学"的特性，有助于唤起对危机中的个人命运的关注，丰富了表现手段。

80 年代，前苏联文学界关于这个问题进行了五年的讨论，他们的结论是："主观因素急剧加强"；"对人的世界更加关注"；"塑造个人意识折射出来的世界是 20 世纪最有特色的艺术发现之一"。因而"它大大活化了文学艺术的分析功能"。

现代主义文学思潮的第三个特征是：想像向神话回归。

文学和艺术最初都是从想像出发的，上天入地，想像非常自由，产生了大量丰富而美丽的神话作品。但是正如雨果所说，再美的东西重复一千遍也会使人疲倦。于是人们从天上回到了地上，觉得还是生活本身更美，于是诞生了模仿论美学。但久而久之，模仿又使人疲倦了，因为"现实已经存在那里了，再去复制它有什么意思"！于是人们又觉得还是想像好，从而建立在想像基础上的表现论美学应运而生。H. 伯尔自然不是现代主义者，但他也认为，"真正的现实是想像出来的"。日本文论家内多伊说："从 16 世纪起，文学 = 人生。"但 20 世纪文学与人生之间已不再拥有独占关系。"人们越来越意识到文学与神话的关系"。

郭沫若凭他艺术嗅觉的灵敏也发现：20 世纪是神话的世界再生的时代，是童话世界再生的时代。

历史的发展常常有它的相似之处，是呈 S 形的。这种现象，用萨特的话说："我们更愿意说它回归一种传统。"这种回归不是对古代神话的历史复写，是对古代神话的历史出发点的再肯定，是按否定之否定规律向更高层次的上旋，是想像性形式的回归。如果说，古代神话反映人对自然力的崇拜与亲近，现代神话则反映人对异己力量的恐惧与梦魇。如果说，古代神话是人的想像习惯于在外宇宙天马行空，现代神话则是人的想像常常在“内宇宙”自由驰骋。像《城堡》、《诉讼》、《维吉尔之死》、《梦游人》、《没有个性的人》、《铁皮鼓》、《尤利西斯》、《追忆似水年华》、《喧哗与骚动》、《百年孤独》等作品，只有将它们与现代神话相联系的时候，才是可以理解的。

现代主义文学思潮呈现的第四个特征是：形式和风格的多元并存。

从文学史上看，一个时代有一个时代的审美风尚，某一个时代只有一种审美形态或艺术风格享有独尊地位。现代主义兴起以来，这种现象已经一去不复返了！多流派、多形式、多风格、多手段的相互并存成了常态。同一部作品往往各种手法无所不包。这是专制主义统治的解体在文学艺术领域的反映，是历史发展的必然结果，是符合人的内在要求的。席勒曾说：“理性要求统一，自然要求多样。”统治者为了维护自己的统治，要求庶民保持理性，统一于他的意志，像路易十四把古典主义强行钦定为永恒的美学法则那样。但人的自然天性是要求多样的，这也决定了艺术的本性不是趋同的。所以在 20 世纪 40 年代川端康成就说：“宗教的时代已经过去，文艺的时代正在到来。”宗教要求绝对服从，这显然是艺术繁荣的桎梏。因此，日本文论家中岛梓认为这个时代是“绝对性的丧失，多样性的扩展”。

艺术创作没有了统一的美学规范，也不再有统一的评判标准。那么，这种局面能否持久呢？这是许多文学家和艺术家都在考虑的问题。从我目及的范围看，还没有人认为它有重新统一的可能。例如，《20 世纪的音乐》一书的作者在其著作的最后一章就探讨过这个问题。他说：“人们曾经宣告一种统一的、20 世纪的音乐风格，即综合了各种新流派的新风格出现了，但在这点上，音乐方面并没有比绘画方面取得更多的成功。多样而不是统一才是整个艺术世界的特征。”另一位音乐理论家 L. 迈耶尔也认为：“我们的文化——全世界的文化——现在是，而且将继续是多样化的。风格及技术的多样化和从谨慎的保守到肆意的实验的各种流派将一起存在下去。”

2005 年 10 月在全国德语文学研究会第 12 届年会上的开幕词，杭州

原载《文景》2006 年第 2 期

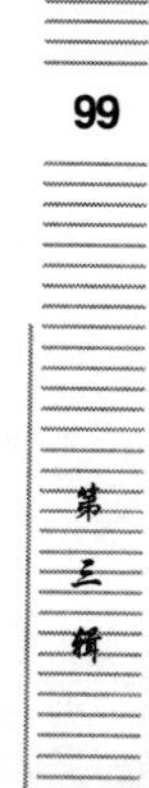

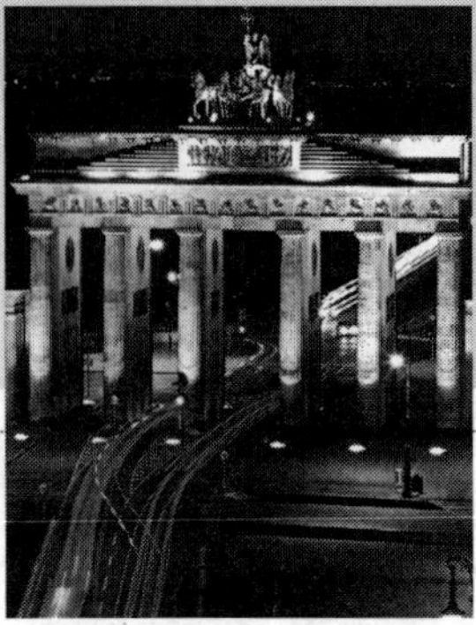

两座古堡共孕一个灵感

也许是缪斯一心要成全奥地利这个音乐之乡，使它也成为文学之乡。你看，在20世纪的世界文学星空中，奥地利群星灿烂：除了卡夫卡、穆齐尔、勃洛赫这些小说家巨星外，还可以看到像里尔克、霍夫曼斯塔尔、策兰这样的诗歌中的巨星，其中尤以里尔克的光彩最为耀眼。他以非同寻常的经历和独具品位的诗歌让人咀嚼不尽。这位卡夫卡的同乡，从20岁起就离开了家门，除一次短期探访外，就再也没有回去过。他是一位看重“此在”的诗人，试图从广泛的游历中，读懂人生和宇宙这部难懂的“奥义书”。他在不停的漫游中，一边让生命聚能，一边又让生命燃烧，并让诗歌记下这燃烧的光华。然而，正当他的创作如日中天，声名亦已远播欧洲之外，他的燃烧状态却突然失常，陷入文学史上所谓的“创作危机”之中。而这一过程差不多持续了十年之久。

危机开始的时候，他去了一趟北非。回来后想为他的压轴之作在奥意边境的米兰附近寻找新的“孵化地”。这时他看中一座古堡，坐落在险峻的海崖上，墙脚离海面几近百米之距；其对面是一座突出于海岸、几乎三面垂直的兀立巨岩，岩顶曾经耸立着一座建于两千多年前的军事碉堡，现已颓败为废墟。此岩仿佛是杜伊诺城堡的海中盆景！这座古堡出现于文艺复兴后期，即 16 世纪，为一位名叫马蒂亚斯·杜伊诺的贵族所建，故名“杜伊诺宫”。现在的主人是玛丽·封·图尔克和塔格西斯女伯爵，曾经是一位王族公主。看她年轻时的照片，不仅容貌美丽，而且气质高贵。她大里尔克 20 岁。一年多以前，即 1909 年 12 月，两人都在巴黎，里尔克经人介绍，主动给她写信，要求结识。对方当时觉得这位青年其貌不扬。但她很快发现，他举止高雅，谈吐得体，于是几个月后，就请他去杜伊诺宫小住几天。也许就是这几天（一共四天）的试住，使他感觉极好。于是于 1911 年 10 月入住该堡，开始“孵化”他的最卓越的精神产儿——古体长篇组诗“哀歌”，即后来的《杜伊诺哀歌》。“我在朋友们的这座紧濒大海、好比人类此在前额的巍峨宫堡里，通过它的好几扇窗户，俯瞰无垠的海空”。

里尔克这句话的关键词是“海空”和“濒海的窗户”；它们是浩茫宇宙向诗人传递某种奥秘信息、相互进行对话的通道，是诗人灵感的来源。所谓“创作危机”，对里尔克来说并不意味着江郎才尽，而是酝酿着向更高阶段的跨越，而这又不是偶然和孤立的现象。当时的整个欧洲正经历着一场剧烈的美学革命和人文观念的裂变。以德、奥为中心的表现主义和以意大利为中心的未来主义此时正在崛起，可视为这一文化现象的重要信号。现代艺术家都以重复为耻：不仅不愿重复前人和他人的，甚至也不愿重复自己有过的。经过近 20 年的创作实践，里尔克的诗歌经历了“流动的”（音乐的）到“凝固的”（雕塑的）两种美学形态，已经获得丰硕的果实，显示了他是个不断有新的美学追求和观念更新的人，在这种时代激变面前他能原地踏步吗？但里尔克又是一个把创作作为生命存在形式的人，而不是一个热衷于追求时髦、一心想戴桂冠的诗人，不达到新的高度和境界他是不肯打休止符的。所以在这座古堡里待了近八个月之久，并没有将他的十首哀歌一气呵成，而只写出了第一、二首和第三、六、九、十首的开头。但从这些开头的序差来看，整个组诗的基本轮廓他已构思好了。因此我们可以说，他的这个伟大的精神产儿肯定在杜伊斯堡“受孕”了！所以当这个产儿后来在另一座古堡里“临盆”后，它依然被命名为《杜伊诺哀歌》，而不叫“穆苏哀歌”。

里尔克从杜伊诺堡到穆苏堡中间整整间隔了十年之久！在这不短的岁月里，既没有继续他的哀歌创作，除书信外，也没有写出别的什么。而这十年内发生的人类第一次世界大战显然使他震动不小，不但他自己被征为替战争服务的战事档案馆成员，而且给他带来如此非凡灵感的杜伊斯古堡也未幸免于战火。所以战后他无论如何要寻找一方未被战祸污染过的净土，让他的伟大的精神产儿安然降生。就这样，他来到“和平的绿洲”——瑞士，又经过一番寻寻觅觅，终于在瓦莱州锡勒市穆苏镇附近找到了他的理想所在，他不由地连连惊呼：“太美了，太美了！”笔者曾亲自去穆苏验证过，亦为之惊叹不已，疑是造化特为诗人所设：只见在一片只有一两个平方公里的盆地的中央，耸立着一座孤堡；它不是像杜伊诺宫那样的建筑群，而是孤零零的一座建筑。其造型是个矩形的竖立再加个坡顶。窗户很少，也很窄，想必里面是很阴暗的，这是哥特建筑的特征。附近牌上的介绍，印证了笔者的判断；那是 13 世纪的晚期哥特式建筑。多亏周围群山十分友好，座座秀丽冈峦缓缓向后仰去，以便腾出更多的空间让给穆苏孤堡，使其不让人感到严受包围，而是备受尊崇。这样才让我们的诗人在一尘不染、万籁俱寂的绝对自由的环境中，充分地与宇宙交流，尽情地任缪斯狂舞，直至这个“十年怀胎”的产儿以完满的生命形态呱呱坠地。果然，当里尔克于 1921 夏末接受魏尔纳·莱茵哈特先生的奉献，住进这座孤堡的时候，马上感到“顺产”在即！不久，在 1922 年 2 月，在春天还没有来得及唤醒大地的时候，里尔克就奔出孤堡，以狂涛般的气势宣告“大功告成”！此时穆苏周围的群山统统起而肃立，以雷鸣般的回响呼应着杜伊诺窗外澎湃的海涛，一起欢呼这个伟大精神生命的完成：她在彼地“受孕”，而在此地降生；播下的是龙种，产下的是龙儿。两座原来相当苍老的古堡，因此而成为《杜伊诺哀歌》共同的“双亲”，而且变得不朽和年轻。

2005 年 5 月于柏林

原载《中华读书报》7 月 27 日

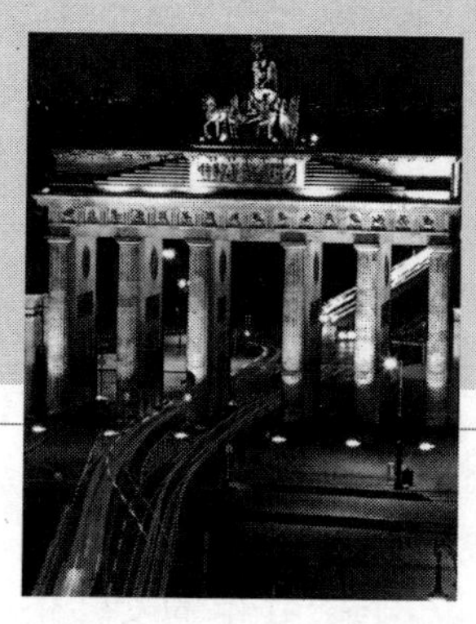

期盼中冲出一匹“黑马”

我曾经说过，诺贝尔文学奖创办一百余年来，被它漏掉的作家与被它选中的作家几乎一样多！而作为国家，最不该漏的当推奥地利。奥地利在地理上固然是个小国，可在文学上，特别是在现代文学乃至现代音乐上都是“大国”，这个“大”甚至超过了人口比她大 12 倍的德国；至少有半打以上在世界文坛上响当当的现代文学大师都出在这个国度（现代音乐家也是如此）：卡夫卡、穆齐尔、里尔克、勃洛赫、霍夫曼斯塔尔、梅林格、施尼茨勒、卡奈蒂……在“后现代”时期（约自 20 世纪 60 年代后半起），又有汉德克、贝恩哈特（已故）和这位耶利内克引起普遍关注。这时候奥地利文学才碰触到斯德哥尔摩评委们的目光（卡奈蒂也曾于 1981 年获此殊荣，但那时他已属于英国籍了），从而使耶利内克成为奥地利文学有史以来真正第一位、世界文学女性名单上的第十位诺贝尔文学奖得主——这个奖来得实在太迟了！

从德语文学范围看，这是五年来的第二位诺贝尔文学奖得主。如果把耶利内克与 1999 年前获此殊荣的格拉斯相比，两者至少有三个相似点：一、他们都介入政治，干预现实；二、他们的主要作品都以“怪诞”为特征；三、他们都具有多种艺术才能。而与她的上述两位同时代同胞即汉特克与贝恩哈特相比，则又有三个共同点：即对现实都持悲观态度；小说与戏剧交替推出；都以颠覆既定形式为能事。显然因为这个原因，当汉德克在巴黎获悉耶利内克获奖的消息时，他为之欢呼雀跃，而耶利内克也当即表示，这个奖给汉德克才最合适。

在交代了这个背景后，我们可以请本文的女主角——埃尔弗里德·耶利内克（1946— ）单独出场了。你看这个犹太人（父系）与斯拉夫族（母系）混血的产儿、社会主义者（父亲）与天主教徒（母亲）共生的女性根本是个多面体构成的尤物，故有那么多的称号集于一身：神童、激进的女权主义者、丑闻作家、暴怒诗人、小说家、剧作家、海德尔（奥地利右翼政党党魁）的死对头、叛国者……也许还应加上马克思主义的同路人，因为她经常运用马克思主义观点分析问题，甚至还有过17年的共产党员的党龄（至1991年）。她身上不仅融有不同民族的血液，更有多种文化的融会。犹太人的智慧加上多种文化因子的共同作用，铸成了这个卓尔不群的超常女性。无怪乎她的同胞和同行彼得·汉德克称赞她是“无与伦比的当今作家，她一切都打在了点子上”。德国当代最负盛名的文学批评家拉尼茨基则有节制地肯定她：“她是一个极其神经质、非常敏感和敏锐的女人。我对她的态度是有限度的。我同情她的勇气，她的激进性，她的决断能力和她的愤怒……”她以战斗的姿态介入当今的现实，锋芒所向几乎是全方位的：政治、社会、文化、美学。她对现行政府采取不合作态度，对本国的现实持否定立场。作为其父辈惨遭纳粹迫害的犹太人的后代，她对日盛一日的纳粹残余势力不共戴天，故成了右翼“自由党”的眼中钉；这个党的主席海德尔公开宣称：“她在我这里绝对拿不到任何奖项。”

在艺术上，为了表现这个千奇百怪的世界，可以说她无所不用其极，而且经常呈现出二元对立的两极。所以有人说，她的作品既是诗意的，又是伤风败俗的；既是极其滑稽的，又是穷极无聊的；既是智性极高的，又是可怕乏味的。她不断冲击固有的习俗观念，不断破坏“正常”的审美趣味。不难想像，她的作品不时招来咒骂，又不时激起赞扬。但是评价一个作家，应主要看他是否提供了别人没有提供过的东西。耶利内克青少年时期就受过严格的音乐教育和训练，能演奏多种乐器，大学阶段又深造过艺术史与戏剧学。这多种艺术成分集于一身，必然会在她的创作中发生“交响”作用。诺贝尔文学奖评委会无疑看到了她的这一特点和优点，所以才有这样一段中肯的评语：“她的小说和剧本中表现了音乐的律动，并且利用超凡的语言显示了社会的荒谬以及它们使人屈服的奇异力量。”

如果说耶利内克的演讲、政论、随笔、散文等非虚构性文字多半是涉及政治和社会方面的攻击性内容。那么她的想像性的创作文本则更多的是涉及文化批判和美学变革方面的话题了。其创作可以说戏剧、小说并重，且均引起重视，但因它们都对习俗观念进行挑战和颠覆，尤其是有着较大成分的性内容，故常引起激烈争议。她迄今已出版了50来部多种体裁的作品，其中小说有：《利莎的影子》(1967)、《我们都是诱饵，宝贝儿》(1970)、《米歇尔》(1972)、《女情人们》(1975)、《排除在外的人》(1980)、《死者的孩子们》(1995)等。小说的代表作当推1983年出版的《女钢琴师》与1989年问世的《性欲》。二者均为篇幅不长的长篇小说。《女钢琴师》的主题是在文化批判(首先是对父辈文化批判)的层面上展开的。已过而立之年的单身女人艾利卡，在父亲死后始终被母亲困在身边，按照母亲的价值观和未来蓝图进行修炼。在母亲的严格家规的管束下，她只许学音乐，练钢琴；不许与外界接触，不许与异性交往。由于自身才能有限，终未成大器，而当了一个学校的钢琴教师。由于青春早过，迄未尝到禁果，强烈性压抑，导致她窥淫的恶习，甚至以用刀片割开阴部的自虐方式来宣泄她的“里比多”。后来她终于遇到一个男学生，但她得到的却是性暴力的折磨，于是仍然用刀子进行自虐。小说写得深刻而生动，又因其自传性而增加了它的可信度。可以说，它是当年表现主义的一个突出的主题(批判父辈文化)与当今“后现代”时期的一个尖锐主题(对男权统治的颠覆)的有力交响。在这里，古今两个主题是互相联系又互为因果，因而在更大的纬度上取得了张力。

《性欲》的中心内容就是性了。但这不是男女交欢，而是施暴与受暴的不断变奏。一个富裕的三口之家，丈夫赫尔曼是工厂经理，妻子格尔提自称是“自我生活的中心”，可实际上不过是丈夫性发泄的工具。在一次野外漫游中，格尔提认识了一个叫米歇尔的大学生，她把他视为“感情的生物”。但想不到米歇尔有一次竟当着他的哥们儿的面强暴了她。而在自己舒适的别墅里，她更是忍受不了她丈夫的性强暴。她又跑到米歇尔那里,她丈夫却跟随到那里,并又强暴了她。于是她又回到别墅,一把掐死了正在睡着的幼小儿子,并将尸体扔进了一条山谷的河中。原因是她发现她的儿子长得跟他的父亲一模一样。这篇"反色情文学"的小说是女权主义对男权统治的最猛烈进攻。她用马克思主义唯物论分析并抨击资产阶级社会病态的性关系和婚姻提供给男性进行性侵犯的合法权利。但它的怪诞的性描写却引起激烈争议,招来"有伤风化"的批评。对此作者不以为然,她说:"我永远是夸张地展现现实的人。我不提供解决,不提供出路,我不创设乌托邦,但我创造一种把存在的事物推进到极端的分析。"

国外有的论家把这部小说看得比《女钢琴师》更为重要。因为它除了在政治、文化上提出了激进而鲜明的观点外,更在艺术风格和表现方法上有了突破性的创造。她用了极不相同的风格化因素、修辞学原理与语音上的细节来展现亵渎性的文本内容。例如,在表现与抨击性侵犯场面的时候,使用的是"语言淫乱"的手法,这里你可以见到:歪七斜八的语言形象、联想性的文字游戏、押头韵的蹩脚诗句、谐趣性的下流笑话、对文学经典弄巧成拙的引用以及生造字句、废话连篇、标语口号、广告用语、商业套话、方言俚语、礼拜仪式、圣经文句、假装语势……一切服务于对男性语言的解构和对性激动的拆卸。作者有时从贬义出发来表现说话时的表情,或复制一段色情文学,以便通过男性淫荡的场面揭示男权的满足感。

耶利内克的戏剧约有 15 出之多,从 1979 年的《诺拉走后怎样》开始,陆续写了《克拉拉 S.》(1982)、《云彩,家园》(1988)、《路边旅店》(1994)、《一出运动剧》(1998)等。其中以《突腾瑙贝格》(1992)和《棍棒、手杖和施棠格尔——一种手工作业》为代表。突腾瑙贝格是突特瑙贝格的谐音,后者是德国黑森林地区的一个小城,是著名哲学家海德格尔晚年的居住地。该剧正因此而起影射作用——在一个宾馆的大厅里,一位年迈的老人和一位年轻的女子相遇,他们昔日有过一段旧情。当老人在内心独白中赞颂"故乡之土地"与"自然之宁静"的时候,年轻人则咒骂"虚假风景的伪装"。感觉的南辕北辙恰好反映了两代人的观点、心态与处境的大相径庭。这种"绿色的"自然与"故乡之恋"正是作者用来影射海德格尔的种族-民族社会主义,即纳粹思想的。当年纳粹上台时,他因与纳粹合作而留在了故乡,而他的学生与情人阿伦特·汉娜则因是犹太人不得不流亡他乡,因而戏剧开头的时候,女士强烈谴责老人延误了他的生命。此剧没有贯串性的情节，主要是通过内心独白与蒙太奇手法展开“故乡”与排外的冲突的。

《棍棒、手杖和施棠格尔——一种手工作业》也没有故事情节，而是有许多文本碎块“组合”而成的。由三男四女组成的七位人物，一边进行编织作业，一边互相闲扯。一会儿轻声细语，温情脉脉，一会儿大喊大叫，凶暴无比；你说一番网球明星的发迹和恐怖主义受害者的悲惨，他说一顿奥斯维辛的谎言和患癌症儿童的处境，中心是笼罩在奥地利大部分居民中的民族主义情绪。当生于奥地利的法西斯集中营司令约瑟夫·施汤格尔发表演说时，这种民族主义情绪达到了顶点。作者创作此剧的起因是1995年2月初有右翼极端主义组织所犯的炸弹袭击。她用了23首赞美诗和保尔·策兰的诗句来鞭笞一个社会和某家报纸。耶利内克的戏剧作品不再是故事情节的演绎，而是某种气氛与情绪的展现。这也是当前欧洲先锋戏剧的一种新潮。

耶利内克在获诺贝尔文学奖之前曾多次获奖，其中较重要的是1998年德语文学最高奖——毕希纳奖和2002年的柏林戏剧奖。后者可以说是对她1966年在国内遭禁演的一个回应。请听该奖评委会的评语：“一切争论、谩骂和毁谤都未曾使她气馁，或被赶进象牙之塔。她的语言艺术使她的剧作成为有效的、政治上爆炸性的作品。恰恰是她的入木三分的幽默点燃当代政治的卑鄙。”德国最权威的先锋戏剧家塔博里也称赞说：“您是固执的、独特的，并且是好样的。”

原载《环球时报》2004年10月15日

第四辑

卡夫卡的中国“签证”

——在维也纳卡夫卡国际学术研讨会上的发言

按照德国文学史家汉斯·马耶尔的说法，卡夫卡是“从文学外走到文学内”的。的确，卡夫卡的艺术世界是一个特异的世界，故在开始阶段它对于很多人（不管是东方人还是西方人）都是陌生的。因此卡夫卡从“外”到“内”的过程，就是一个“等待戈多”的过程。“戈多”是什么？就是现代的人文观念和现代的审美观念的普遍觉醒。只是这个觉醒对于生活在社会主义国家的人来说，其过程要比生活在西方文化圈的人长得多，尤其在中国。好在卡夫卡用了足够的耐心，终于在中国也等到了“戈多”，从而拿到了进入中国的“签证”。

50年代，当卡夫卡在欧美国家正在“热”起来的时候，我们中国读者对卡夫卡这个名字还一无所知。即使知道了，也不会接受。因为那时的以“阶级性”为指导原则的社会主义文化政策只承认前苏联、东欧的社会主义文学，而对于西方资产阶级文学，如果是古典的，准许批判地接受；对于现代的，则基本拒绝。而如果是“现代派”的，则一概拒绝，并冠以“颓废派”的帽子，让人避而远之。

60 年代，苏联、东欧国家在“解冻”的文化氛围下，对现代派作家开始松动，出版了他们的某些作品，包括卡夫卡在内。但中国的文化决策者却把这一现象视为“修正主义思潮”的表现，来了个“反其道而行之”，干脆将这些作品作为“反面教材”翻译出版，予以“示众”，可又怕读者“中毒”，所以只许以少量印数供“内部发行”，让少数知识水平较高且具有批判能力的人读了后起来批判。这些书一律覆以单调的黄皮封面。此事发生在“文化大革命”的前夕的 1964—1965 年。这批书里头，就有一本是卡夫卡的作品，题为《审判及其他》，收入了卡夫卡的长篇小说《诉讼》（即《审判》）和五篇卡夫卡的代表性短篇小说）。

本人那时大学毕业不久，从事一本“内部发行”的刊物《现代文艺理论译丛》的编辑工作，有条件订阅一些西方报刊，知道卡夫卡及其在西方的巨大影响。但没有接触到卡夫卡的作品。直到“文革”期间，在中国外文书店清仓时，淘得一本前东德出版的《卡夫卡选集》，我如饥似渴地读了其中的《美国》（现译为《失踪者》——笔者）、《城堡》和一些短篇小说，觉得他的写法确实很奇特，但并不觉得有什么“毒素”，而且像《变形记》、《饥饿艺术家》等写得不同凡响，惊叹不已！心想，有朝一日要将它们翻译出来！

20 世纪 70 年代末，中国终于宣布“改革开放”。当时我所在的中国唯一发表外国文学作品的刊物《世界文学》决定发表卡夫卡的《变形记》，作为突破外国文学“禁区”的第一步，并要我起草一篇文章，说清楚卡夫卡的真实情况。我以《卡夫卡和他的作品》为题，肯定了卡夫卡的作品突入了以往文学未曾涉及的领域，尤其他所揭示的西方世界的“异化”现象具有特殊价值（当时还不敢联系社会主义国家的现实），同时也肯定了他在艺术上的独到之处。当时自己不能肯定，发表基本肯定“颓废派”作家的文章是否会遭到责难，所以未敢署真名。那时《世界文学》的发行量是每期 30 万，卡夫卡的作品很快在读者中引起积极的反响，于是陆续有刊物约我继续写关于卡夫卡的文章或翻译他的其他作品。第二年即 1980 年，我为北京的大型期刊《十月》译了卡夫卡的另一篇重要小说《饥饿艺术家》并附一篇文章。但那时官方强调：对现代派作品，艺术上可以吸收，对其内容要慎重。于是我先着重探索卡夫卡的艺术特点，并于1982年在北京的重要学术刊物《文艺研究》上发表了长文《西方现代艺术的探险者——论卡夫卡的艺术特征》，这在学术界引起很大反响，人们普遍认为卡夫卡是个严肃的、有成就的作家。这时，别人由英文转译的卡夫卡的两部长篇小说《城堡》和《审判》亦已出版。

但好景不长。由于改革开放一直是有阻力的，1983年意识形态领域突然开展了一场“清除精神污染运动”，思想界关于“异化”的谈论成为这一运动的主要目标之一。“异化”是卡夫卡作品中的突出主题，在这场政治运动中自然处于险境。但未见社会上有谁对我发难，领导上也没有太让我为难，只是要求我“自己清理自己的问题”，限一周内交出2 000字的自我检查。我对这场运动感到莫名其妙，内心十分抵触。由于多年的教训，尤其是“文革”中的经历，觉得学者应该忠于自己的科学良心，再也不能说违心话！于是我采取“拖”的策略。到了一周的限期时，我向领导报告说，卡夫卡的“异化”问题非常复杂，没有两个月的时间写不出文章。领导无可奈何，只好说：“尽量抓紧，尽量抓紧！”幸亏上帝保佑，由于上层内部对“清污运动”态度不一致，不到一个月它就以“不了了之”告终！我侥幸地逃过了这一关。

此后政治气氛似乎又宽松一些了！外国现代主义文学的翻译介绍重新活跃起来。中国文坛权威的出版社——人民文学出版社出版了由孙坤荣编的《卡夫卡短篇小说选》，有更多的报刊发表了卡夫卡的作品。我除了继续对卡夫卡的艺术特征发表见解外，开始对他作品中的思想内容进行初步探讨，并于1986年出版了我的关于卡夫卡的第一部专著《现代艺术的探险者》。接着由我编纂的收集国外卡夫卡研究成果的集子《论卡夫卡》亦由学术界权威出版社即中国社会科学出版社出版。这些年来，我除了写了第二部关于卡夫卡的专著《卡夫卡——现代文学之父》外，又分门别类编辑了几本有关卡夫卡的著作，如《卡夫卡文学书简》、《卡夫卡书信日记选》、《卡夫卡随笔集》等。同时还为台北一家出版社编了《卡夫卡短篇杰作选》和《卡夫卡内心独白》二书。此外《卡夫卡致密伦娜情书》和马克斯·勃罗德的《卡夫卡传》也由我和黎奇先生合译出版。现在由我主编的《卡夫卡全集》十卷本也已交由河北教育出版社付梓，明年可以见书。现在每年都有好几家出版社争相出版卡夫卡的作品。而值得注意的是，喜欢卡夫卡的人不限于文学界，几乎各行各业都有卡夫卡的热心读者。因此可以说，卡夫卡已经稳稳地拿到了进入中国的通行证。

卡夫卡之所以能如此迅速地走近中国读者，首先应归功于“文化大革命”！“文革”中大量的荒谬现象和经历，把中国读者与卡夫卡之间的距离一下子拉近了！那时候许多人，首先是知识分子和官员阶层，一夜功夫变成“牛鬼蛇神”，跌入了“地狱”，使许多不相干的旁观者都感到莫名其妙，这与卡夫卡笔下的主人公萨姆沙一夜之间变成甲壳虫有什么两样？这种切身的经历和目击的经历使中国读者一下子进入卡夫卡的作品。在许多人看来，卡夫卡简直是先知。

中国读者长期以来主要是从社会学的观点来解读文学作品的。随着时间的推移，他们对蕴涵在现代文学中的存在主义哲学的理解和了解日益加深，于是越来越发现卡夫卡作品中的存在哲学的底蕴，领悟到卡夫卡作品中涉及的不只是具体的社会现实或政治制度，而是人的根本生存境况。作者通过他的作品的平静描述，向我们尖锐地揭示了人类面临的危机，这就是人类文明的悖谬式发展和日盛一日的“异化”趋势，从而唤起我们的忧患意识与拯救愿望。难怪有人说，卡夫卡的作品对于今天的人类不啻是一部新的“启示录”。对于今天仍然生活在集权制度下的人，这一感受尤为强烈。

与以往的文学相反，卡夫卡的作品给我们带来的显然不是精神上的轻松，而是生命的沉重。阅读时，我们时而仿佛感觉到克尔恺郭尔式的“战栗”，时而仿佛听到尼采的孤傲，时而感受到萨特似的“粘糍”。那种威权笼罩的不可战胜，那种障碍重重的不可克服，那种人际真情的不可沟通，那种孤独处境的不可逃避，那种明确目标的不可到达……给人心灵以巨大的震撼。作者没有想教导我们什么，他让我们去感受生命，并思考“为什么？”

卡夫卡的精神人格也吸引我们的兴趣。他的人格在我们看来是一个多重的复杂结构。在我的论文《一个掉入世界的陌生者》中，我是从下列几个精神层面来分析他的性格综合体的：他的归乡意识；他的负疚意识；他的恐惧意识；他的孤独意识；他的自审意识；他的审父意识；他的悲剧意识。后一点对于卡夫卡的个性具有本质的意义。置于这个意识核心位置的是他那个“不可摧毁的东西”。正是这个“不可摧毁的东西”，赋予他的悲剧意识以一种西绪弗斯式的悲壮性。但如果我们用一种简略的、抽象的方式来看卡夫卡的性格，也许没有那么复杂。因为卡夫卡的思维方式是悖谬：结构又解构。因此，矛盾的二重性才是他的性格的最基本的特征。

中国读者十分赞赏卡夫卡在文学创作上的艺术成就及其对于小说美学的原创性贡献。他所使用的表现方法在许多方面都是独特的，例如，那种荒诞框架下的细节的真实使荒谬的更荒谬，真实的更真实；他把逻辑范畴的悖谬概念作为表现手段用于创作，取得黑色幽默式的强烈的悲喜剧效果；象征和譬喻之类固有的表现方法经他之手使作品获得多重内涵和多种解释性；他的平静的描写中却蕴含着一种激情、一种"引起愤怒的明了性"（卢卡契）；他的梦幻手段使人"内宇宙"中的潜意识获得宣泄的渠道；他善用的怪诞的、酷烈的画面使读者获得"被击一猛掌"的惊醒效果；他的主人公的似传非传特点赋予作品以更加真实的品格；他的质朴笔法将传统文学中常见的繁枝杂叶和感情泛滥一扫而光，给人以耳目一新的感觉……中国读者和学者非常钦佩在探索小说艺术新的表现方法所表现出的严肃态度和献身精神，我在书中称之为"现代艺术的探险者和殉难者"。

中国学者在卡夫卡研究方面尝试了多种方法。最初还是沿用过去袭用的方法，即上面提及的"社会学"方法，历史唯物主义与辩证唯物主义那条思路。随着研究的深入，逐步采用西方学术界某些流行的方法，如存在哲学、悲剧美学、接受美学、诠释学、现象学、比较美学、现代心理学等，也有个别人运用过结构主义和俄国形式主义。还有人尝试运用自然科学的方法，如所谓"蝴蝶效应"。但这点我也没有弄明白。总的说来，由于我们起步较晚，在运用新的方法论方面还不太成熟。

如前所述，在对卡夫卡感兴趣的读者中，各行各业的人都有，其中自然少不了作家。于是就产生了一个不可避免的现象：有一部分作家，主要是思想比较开放的中青年作家，在创作上直接受卡夫卡的影响。最早在创作中有所表现的资深作家王蒙，80年代初他的中篇小说《蝴蝶》和短篇小说《夜的眼》一发表，人们就看出了它们带有的某些卡夫卡的特征。著名女作家宗璞也被卡夫卡的艺术慑服了，她不但根据自己在"文革"中的荒诞经历，也用卡夫卡的荒诞笔法写了一篇短篇小说《我是谁?》。小说女主人公在"文革"的"群众运动"中突然被打成"牛鬼蛇神",以致她自己也不知道自己是谁了！小说让人想起卡夫卡的《变形记》。宗璞还撰文说:"卡夫卡的作品完全打开了我的眼界,我完全震惊了！……我真的很吃惊,原来小说也可以这样写!"(因根据讲稿原文译出,与她的原话不一定完全吻合——叶注)

当时年轻一代作家受卡夫卡的影响还要强烈。其中对格非、余华、残雪和陈村等人的震动最大。余华在《川端康成和卡夫卡的地震》一文中这样说:"在80年代前期,我非常尊敬日本作家川端康成。但后来当我快要成为殉葬品的时候,卡夫卡把我从川端康成的屠刀下及时救了出来。我把这看作是命运的一个恩赐。"(译文——叶注)

由于我们对现代主义文学的研究还只有十五六年的时间,还处于初期阶段。我很高兴能有机会在这里与国际同行们交换意见,受到启发。这无疑有助于我在中国将卡夫卡的研究继续深入下去。谢谢诸位!

1995年5月4日

原载《卡夫卡现象学》德文版,维塔利斯出版社,布拉格,1997

卡夫卡与荒诞

荒诞文学与存在主义

“荒诞”是一个哲学概念，也是一个美学概念。它是20世纪20至50年代的存在主义思潮达到高潮时的产物。所以不谈存在主义就无法谈荒诞文学。

存在主义，若从它的先驱者——基督教存在主义哲学家克尔恺郭尔(1813—1855)算起，经尼采(1844—1900)、海德格尔(1889—1976)到无神论存在主义者萨特(1905—1980)，其缔造时期经历了一个多世纪，不仅席卷哲学领域，而且广泛波及宗教、文学、艺术、美学等领域，形成一股很大的现代文化思潮。值得指出的是，上述几位存在主义的缔造者们，除了他们的哲学家、思想家的特色以外，都不乏文学和美学的素质。在文学中，从19世纪的陀思妥耶夫斯基到20世纪的里尔克、卡夫卡、加缪、贝克特、尤涅斯库以及“黑色幽默”的作家们，无不程度不同地为存在主义思潮所浸润，尤其是加缪，你很难区分他到底是哲学家，还是文学家；仅就荒诞这一概念而言，既为他的哲学著作阐述得十分透彻，也为他的文学作品表达得极为鲜明。而卡夫卡(1883—1924)则是这一文学现象的始作俑者。

但"荒诞"这个概念并不是始终都是统一的,它因时而移,因人而异。"荒诞"一词最初来自拉丁语 Surdus,后引申为人与人之间的不能沟通或人与环境之间的根本失调。莎士比亚有的作品曾涉及荒诞,如《马克白》第五幕第五场有这样的台词:"世界是白痴所说的一则故事,充满喧嚣和愤怒,而毫无意义。"最早给荒诞这个术语注入现代涵义的被认为是克尔恺郭尔,他认为,只要找不到合理的根据来证明基督教存在的正确性,那么它的存在就是荒诞的。海德格尔则利用荒诞来描述基督教的信仰。雅斯佩尔斯笔下的荒诞表现为人在现实中的反复受挫。萨特通过荒诞表现人的生存的无意义。在加缪那里,荒诞表现为西绪福斯式的悲剧精神。G. 马塞尔①观念中的荒诞则是生命神秘的一种象征,等等。

卡夫卡的荒诞感

荒诞感是一种人生体验。当荒诞变成体验的时候,它就由哲学转变为美学了。卡夫卡笔下的荒诞是作者的一种特有的体验,所以它不属于哲学,而属于美学范畴。由于这个原因,除了卡夫卡的小说以外,要在他的其他文字里找到有关荒诞的哲学阐述是很难的。但是,正如这位以写"异化"著称的大师在作品里几乎发现不到他提及"异化"这一术语一样,在他的小说里也很少能找到他对于荒诞这一术语的直接描述,他对荒诞感受的表达都是艺术化了的。只有很少场合,比如晚年(1922)写的自况性的寓言体短篇小说《一条狗的研究》中,有一段关于荒诞的议论,小说是以第一人称写的:

> 我最喜欢举的例子莫过于那条"空中狗"了。最初听说有这么一条狗时,我不禁为之捧腹,怎么也不相信。……我觉得在这种荒诞的生活中,最荒诞的事情也比正正经经的事情要可信,并且对我的研究

---

① 加卜利勒·马塞尔(1889—1978),法国存在主义哲学家。

特别有利。……“空中狗”便是如此。我坚信它们的存在。它们在我的世界观中占有重要的地位。……我觉得尤为不可思议的还在于那空中狗存在的荒谬性，那种不言自明的荒谬性。总而言之，它们的存在缺乏充分的理由。①

卡夫卡有好几篇重要的短篇小说都是以动物为主人公的（他认为通过动物更能表现人的真实生态）。《一条狗的研究》不过是借狗的口吻说出作者对人的生存境况的见解罢了。所谓“空中狗的存在的荒谬性”，也就是人的存在的荒谬性。这段话中，表达了卡夫卡的一个重要的美学观点：荒谬的事情比正经的事情更可信。不禁令人想起一位古代哲学家的话：“正因为荒谬，所以我才相信。”②同样值得重视的是，他还认为这个观点“在他的世界观中占有重要地位”。这对于卡夫卡的创作来说可以说是决定性的，而对于认识卡夫卡的作品来说也是关键性的。这就是说，“荒诞”构成了卡夫卡美学思想中的核心。

那么，卡夫卡在他的作品中是怎样表达他对荒诞的生活感受和审美体验的呢？

按照存在主义的观点，荒诞是上帝“死”后，现代人的基本处境。没有了上帝的监督，人获得了自由（哲学上的自由），但他因此失去了任何依托，一切都变得陌生了，荒凉了，就像 T. S. 艾略特的《荒原》所描述的那样。因此，自由与荒诞是一对始终相依为伴的孪生体。卡夫卡对荒诞的体验与他对“异化”的体验是一致的，首先是世界的陌生感或孤独感。这是否定了现行价值观念的现代人的一种普遍的感受。1913 年卡夫卡在给他第一个女友菲莉斯的信中写道：“为什么要忍受从某块天空上被扔到这尺黑暗的、荆棘丛生的土地上的命运呢？”③晚年，他在给另一个女友密伦娜的信中也写过一段类似的话：“……这种欲望有点永恒的犹太人的性质，他们被莫名其妙地抢着、拽着，莫名其妙地流浪在一个莫名其妙的、肮

① F. 卡夫卡：《短篇小说集》，第 336—337 页，费歇尔袖珍出版社，法兰克福/美茵，1977 年。
② 德尔图良语，参见《西方著名哲学家评传》第八卷，第 44 页，山东人民出版社。
③ 卡夫卡：1913 年 2 月 25—26 日夜致菲莉斯·鲍威尔的信。

脏的世界上。"[①]而这世界是由"谎言"构成的。[②] 从这些言论中可以明显看出，卡夫卡对这个既"黑暗"、又充满"谎言"的"肮脏"世界感到"莫名其妙"，觉得"这世界是我们的迷误"[③]。卡夫卡对世界这种陌生感的惊讶神情，也给了他周围那些亲近过他的人以很深刻的印象。密伦娜曾经对马克斯·勃罗德回忆过这么一段话："他对生活的看法，跟别人完全不同；首先他认为金钱、交易所、票据局、打字机——这些东西都是绝对神秘的（它们也的确如此，不过我们看不到这一点罢了），在他眼里，它们是最可惊异的谜……他没有藏身之所，他的头顶上没有屋檐。因此在我们有保障的事情，在他是完全没有保障的。他仿佛是一个完全赤身裸体的人，处在衣冠楚楚的人们当中。"[④]

密伦娜的这番描述，形象地反映了卡夫卡这个"误入世界"的陌生者的精神状况，说明他不能适应千百年来世代沿袭的社会习俗，不能和通常的人过一种世俗生活，一句话：他拒绝接受这个世界。他的这一态度，在他晚年写的自况性小说《饥饿艺术家》中作了曲折的表达：主人公的表演总是得不到满足，因而他的艺术总是不能达到他梦寐以求的"最高境界"，于是最后终于决心拒绝进食，也就是把他的谋生手段——饥饿，变成了抗议手段——绝食。临终时人们问他为什么不吃东西？他答道："因为我找不到适合我胃口的食物。"这句话可以有两种解释，一种解释是：在这世界上没有一件他可以接受的、有意义的、能够赖以生存的东西，那么，他同那条搞研究的狗一样，他的存在是没有理由的，是荒谬的：

> 在这个世界上，我无法向谁了解真理，包括向我这个谎言国度里的土著公民。[⑤]

他不接受世界，换句话说，也就是世界不接受他，那么，他的孤独是注定的了。虽然，从他的外部生活或表面上看，他是个性情温和、笑声朗朗

---

① 卡夫卡：《致密伦娜书简》，第 140 页，费歇尔袖珍出版社，1966 年。

② 卡夫卡：1918 年 2 月 4 日札记，见《乡村婚事及其他遗作》，第 80 页，费歇尔袖珍出版社，1980 年。

③ 卡夫卡：1918 年 2 月 5 日札记，同上，第 80 页。

④ M. 勃罗德：《卡夫卡传》，第 68 页，费歇尔袖珍出版社，法兰克福/美茵，1954 年。

⑤ 卡夫卡：《一条狗的研究》。

的入世者。然而，他与那些真正入世的芸芸众生，内心却是格格不入的，以致在1913年8月21日的日记里，他写出了那句惊世骇俗的话：

> 现在，我在自己的家庭里，在那些最亲近、最充满爱抚的人们中间，比一个陌生人还要陌生。①

卡夫卡在家庭里的这种孤独感，他通过《变形记》、《判决》等幻想性小说作了生动而强烈的表达。

人与人之间的不能沟通，亲属之间尚且如此，更遑论社会上了。在社会上的孤独，对于卡夫卡来说又多了一个因素，那便是他的犹太血统。从小学起他就备尝作为犹太孩子被歧视的痛苦。从上面引用的那段"被拖着，拽着"的描述里，已经流露出他的悲愤，他的"莫名其妙"的荒诞感。直到晚年，他在致女友密伦娜的一封信里还这样痛楚地慨叹：

> 你想一想，密伦娜，我是怎样走到你身边来的，我已经走过了怎样的38年的人生旅程啊（因为我是犹太人，这旅程实际上还要长得多）。②

卡夫卡深感痛苦的，当然不只是他自己作为犹太人的命运，而是整个犹太民族的处境。这是使他牵肠挂肚的事情，所以他的朋友勃罗德写道："卡夫卡除了写共同的人类悲剧以外，尤其注重写他那不幸的民族，写那无家可归、幽灵般游荡的犹太民族，写这没有形象、没有四肢的躯体。在这方面没有人像他那样不吝笔墨。但是在他的书中（指小说——引者）却从未出现过'犹太人'一词。"③这段话是完全中肯的。卡夫卡写的最长一部小说是《城堡》。尽管它包含着多重解释性，但有一种解释几乎是公认的，即一个无家可归的异乡人寻找自己家乡的写照。可是这个"家乡"他始终没能找到，说明这个民族始终没有自己的落脚点。而卡夫卡自己也认为是没有落脚点的："没有一个中心，没有职业、爱情、家庭、养老金，这就意味

① 见卡夫卡：《1910—1923年日记》，第200页，费歇尔袖珍出版社，法兰克福/美茵，1984年。

② 卡夫卡：《致密伦娜书简》，第29页。

③ 马克斯·勃罗德：《论卡夫卡》，第119页，费歇尔袖珍出版社，法兰克福/美茵，1977年。

着没有在世界上站住脚。”①个人、民族的位置都是不确定的，就像《一条狗的研究》中提及的那“空中狗”一样，是漂悬着的，他成了一个身份不明的精神漂泊者。

在以往任何时代的文化氛围里都有过孤独。但那是个人被规律所抛弃的孤独，而遭遇孤独的人却笃信规律的存在、价值标准的存在，只是自己倒霉没有遇上罢了。但在存在主义的孤独概念里，这是没有了宇宙法则、没有了价值参照的孤独。一个人好像被突然抛到一个空寂的世界里，他不知道从哪里来，也不知道到哪里去。他是完全自由的，什么都可以干，但什么也干不成。所以《城堡》主人公 K 出现后，我们一直不知道他的身世和来历，只见他一心想办一件事：居住证。结果始终未办成。因此存在主义的自由，就意味着孤独，而这种孤独的荒诞性是显而易见的。然而对于有荒诞感的人来说，孤独不单是一种痛苦，也是一种追求，所以尼采曾经被人称为“一只孤独的狼”。克尔恺郭尔认为“超世俗的人与庸众的区别就在于能够忍受孤独”。② 卡夫卡在讲到对孤独的“恐惧”的时候，又说孤独对他的诱惑：

> 极度的孤独使我恐惧，……实际上孤独是我的唯一目标，是对我的巨大诱惑。③

无怪乎，我们经常发现，卡夫卡面临某些事情时总是若即若离，欲干又休。这大概是形而下的欲望与形而上的向往的矛盾吧，这矛盾“像磨盘一样研磨着”他。④

其次是“徒劳”。在卡夫卡所经验和揭示的荒诞世界里，有一幅图景是令人难忘的，即人的努力与结局的无效之间的消解情景。越到晚年，他把这幅图景描绘得越鲜明。1917 年他写了一篇不短的寓言小说，题为《中国长城建造时》，大意是：中国东南方的民众被一道圣旨驱使着，赶到遥远的北方去建造万里长城，而当时连哪个皇帝在当朝他们都不知道。由于长城是分段建造的，实际上根本不能起到抵御游牧民族的作用。小说中穿插着一个故事，即一个“传说”，叫《皇帝的圣旨》，可以看作是小说

---

① 卡夫卡：《1910—1923 年日记》，第 15 页。

② 见《西方著名哲学家评传》第 8 卷，第 62 页。

③④ 卡夫卡 1922 年 12 月 11 日致勃罗德信。

主题的浓缩。说皇帝在弥留之际，当着全朝文武大臣的面，向信使下达了最后一道圣旨。信使接了圣旨后，火速向外奔跑，不要说他穿不出人群密集的民众，就是宫廷内那重重叠叠的庭院和宫阙，“几千年也走不出去”，即使有朝一日走出去了，但那早已是“死人的圣旨”了！后来在上述《一条狗的研究》中我们又读到了类似的话：

> 任何领域都有同类，他们都按自己的方式尽职尽责，却一事无成。……这些成年人也想往外挤，而理智告诉他们……，谁也挤不出去，一切往外挤的努力都是愚蠢不过的。

在卡夫卡的意识里，仿佛人类始终受着一种看不见的宇宙法则的捉弄，这个法则哲学上叫“悖论”。如果说刚才提及的是人类的境况，那么他在去世前一两年以密集的频度写的有关书信、日记、笔记或寓言小说便是他个人的体验了。1921年与1922年之交的冬天，他写了第一批“最后的”日记，其中一则他结合自己的经历把人生道路比喻为围着一个圆心，按照一条半径朝着“美丽的圆周向前运动”。结果是：不断回到原来的地方，又不断从原来的地方重新起跑……①差不多同一时期，他在给密伦娜的信中，又作了一番类似的阐述，而且更加生动、更加热烈：

> 人们在这条路上会越走越高兴，直到在光线明亮的一瞬间才发现，根本没有向前走，而只是在他自己的迷宫里来回乱跑，只是比平时更加激动、更加迷乱而已。②

既然是这样，则一切行动都是多余的了，只好站着，甚至听凭“污泥胶着”：

> 上帝在我们生活的彼岸，因此我生活在良心普遍被冻僵的状态中……我们一动不动，我们只是站在这里。甚至连站都不是。大多数人是被恐惧这种污泥胶着在廉价原则的东摇西晃的椅子上。这就是全部生活实际。③

在另一处他又说道：

---

① 见克芬斯·瓦根巴哈：《卡夫卡》，第130页，罗沃尔特袖珍出版，莱茵贝克(汉堡附近)1964年。

② 卡夫卡：《致密伦娜书简》，第20页。

③ 古斯塔夫·雅诺施：《卡夫卡谈话录》，第66页，费歇尔袖珍出版社，1981年。

我们不是生活在被毁坏的世界,而是生活在错乱的世界。一切都像破帆船的索具那样嘎吱作响。①

第三是“恶心”。按照存在主义的观点,人既要生存,就必须劳动、工作,为此就必须选择一个职业或身份。选择固然是自由的。但你一旦选定了某个职业或身份,你就不可能是自由的了,你被固定在社会网络的某一点上,你必须为其履行一定的义务,你的行动还要受到其他网“点”的牵扯和制约。写了存在主义文学代表作《恶心》的作者萨特说:“存在是粘滞的,他把人粘在那里,就像蜂蜜粘在手上、衣服上那样,让人恶心不过。”②尼采就曾经为此苦恼过,他说:“我的境况同我的生存方式之间的矛盾是:作为哲学家,我得摆脱职业、女人、孩子、祖国、信仰等而取得自由,但是,只要我还是一个有幸活着的生物,而不是一架纯粹的机器,我又感到对这一切的缺乏了。”③始终作为业余作家的卡夫卡,无疑也选择了一个职业,那就是工伤事故保险公司的雇员(具体说公文秘书),从大学毕业到1922年(即病逝前两年)完全病休为止,可谓终身职业了。然而就卡夫卡的兴趣,或他的真正自由的欲望来说,他选择的是文学,并视之为“巨大的幸福”,他为此献出了一切。这就与他所担负的保险公司的职业发生了尖锐的冲突。作为一个成年男子和家庭长子,他不能不以工资收入来表明他这个“法学博士”的独立生活能力,而在他未被社会公认为作家以前,靠写作又维持不了他的生活。1813年8月21日他在日记中写道:

我的岗位于我是不可忍受的,因为它与我的唯一要求和唯一职业也就是文学是格格不入的,……你也许会问,那么我为什么不放弃这个岗位,而后靠文学劳动(我没有财产)过日子呢?对此我只能作如下可怜的回答:我没有这么做的力量。④

在另一则日记里的一段话可以作为他这一自我估计的注脚:

撇开我的家庭情况不谈,由于我的作品产生很慢和作品的特殊

---

① 古斯塔夫·雅诺施:《卡夫卡谈话录》,第119页,费歇尔袖珍出版社,1981年。
② 转引自刘小枫《诗人哲学家》,第373页,上海人民出版社,1987年。
③ 尼采:1886年11月14日致奥维贝克的信。
④ 卡夫卡:《1910—1923年日记》,第200页。

性，我不能靠文学为生。①

再说，把写作当职业，亦非他所愿，因为写作对他来说是一种自我表达的手段，是他研究生活、重新"审察世界"的途径，因而是一种"最紧迫、最神圣的使命"，是"祈祷"。为此他曾经要求父亲资助他两年，以便摆脱一下公司的工作，集中时间和精力进行写作。但未获同意。可以想见，他为这份想摆脱而又摆脱不了的职业多么苦恼。我们经常在他的书信、日记里听到他为此而进行的痛心疾首的抱怨：

有时候我相信自己几乎听见了我被写作为一方、办公室为另一方碾得粉碎的声音。②

他甚至诅咒这种矛盾在他"具有幸福天分的躯体上挖走了一块肉"。③

卡夫卡对世俗生活的这种"粘滞"性感受还表现在他的家庭关系，特别是反映在他的婚姻爱情问题上。他也想建立自己的家庭，并为此进行了七年之久的努力，先后和两位姑娘订过三次婚，都因主客观原因未能成功。最后和那位少妇密伦娜的热烈爱情也以失败告终。卡夫卡在婚姻爱情问题上留下的共八十多万字的书信以及一时无法统计的有关日记，充分说明他在这方面所消耗的惊人的精力，而他在这漫长的过程中所经历的反复的犹豫更是对介入生活的"粘滞"的写照。

当然，卡夫卡对生存的"粘滞"性、荒诞性的体验不是局部的，而是整体性的。他曾对青年朋友雅诺施说过这样一席话：

资本主义是一个从内到外、从外到内、从上到下、从下到上的层层从属关系，一切都分成了等级，一切都戴着锁链。

跟这戴锁链体系的比拟有关的是前面一段引语中他把自己"误入"的这个世界比喻为"荆棘丛"。这不是偶然的，他曾经写过一个小品，就叫《荆棘丛》，叙述梦中散步时误入一个公园的"荆棘丛"中而不能自拔，便向看守呼救。看守赶来后，先把他骂了一顿，说他不该走这条路，说要救他得叫工人来开一条新路。但又说在这之前他必须请示他的上司……谁知

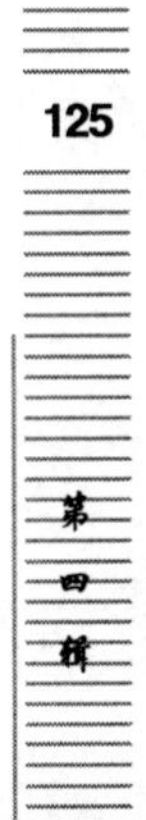

① 卡夫卡：《1910—1923年日记》，第39页。
② 卡夫卡：1912年12月3日致菲莉斯·鲍威尔的信。
③ 卡夫卡：1911年10月4日日记。

道他的上司会不会又以什么理由使救助工作拖延下去呢？这里卡夫卡又为我们描述了一种障碍重重的人的“粘滞”处境。然而对此表现得更强烈的还是他的几部长篇小说，尤其是后两部，即《诉讼》和《城堡》。如果说前者主人公为了自己莫名其妙地被宣布逮捕而求爷爷、告奶奶，尝尽世态炎凉，那是为了性命攸关的大事，那么后者主人公东奔西突、挣扎至死，却不过是为了一张乡村居住证！人生来是自由的，却身不由己地被卷入这样一场旷日持久的“诉讼”！人生来就有居住的权利，但谁想到需要付出毕生精力为代价！可见，介入生活多么令人“恶心”。

第四是“负罪”。这也是存在主义的一种存在在世的体验。加缪说：“我们每个人都在自己身上带着监狱、罪恶和毁灭”(《鼠疫》)。因为人自由了，一切都由自己决定，一切后果也都由自己负责，由于既定的价值标准不存在了，在选择和决定的时候，就难免焦虑不安。更何况有时候自己在选择自己的意义时，同时也决定着别人的生存。由于存在先于本质，人是根据未来的希望赋予现在和过去以意义的，而未来尚不存在。因此选择是荒诞的，而且常在两难情况下进行，这就更加令人焦虑和内疚。例如卡夫卡，当他选择文学为自己献身的事业而拒绝父亲要他当商业继承人的时候，作为长子，他是内疚的；当他再三考虑，是否要与菲莉斯·鲍威尔小姐结婚时，他是焦虑的，而当他最后决定与她解除婚约时，他又是十分内疚的。对于前者，他有如下一段自白：

> 那么多次我听到你明明白白地表明我应该挨打，但总是在最后关头由于您的仁慈才逃脱了这种命运，一种强烈的负罪意识越积越深。无论我从哪个方向走来，都走入欠您的罪过之中。①

对于后者他也多处进行自责，其中有下面一段：

> 这三次订婚史有个共同之处：一切都是我的罪过，毫无疑问的罪过，我给两个姑娘带来了不幸。②

但卡夫卡同父亲关系中还有另一种情况，即由于父亲的家长制作风

---

① 卡夫卡：《致父亲》，见《卡夫卡手册》，第 26 页，H. 波里策编，费歇尔袖珍出版社，1981 年。

② 卡夫卡：《致密伦娜书简》，第 37 页。

和对别人的粗暴态度而造成了他的负罪感：

> 这里只需回忆一下以前的事就可以了：我在您面前失去了自信心，换来的是一种无穷尽的负罪意识。……当我同其他人相遇在一起时，我在他们面前会陷入更深的负罪意识之中，因为我必须弥补在商店里你把我牵连进去而对他们犯下的罪过。此外，您对任何我所交往的人当面或背后总要说些令人不快的言论，致使我必须向当事人求得原谅。[①]

在卡夫卡的世界观中，负罪者并不是个别现象，而是一种普遍的人的境况，他认为自己"生活在一个罪恶的时代"，"人的根子早已整个儿拔起"，而"我们都应该受到责备，因为我们都参与了这个行动"。[②] 与这一思路相一致，他在日记里还写过这样耸人听闻的话："从杀人者的行列中跳出来。"[③]这里的"杀人者"当然不是刑事概念，它与鲁迅笔下那位"狂人"口中的"吃人者"有相通之处。一种社会陋习久而久之，人们习以为常，虽眼看它天天都在散发毒气、霉气，慢性"杀人"，也熟视无睹；自己每天都在参与，也麻木不仁。所以卡夫卡说："大部分人活着并不意识到个人的责任，而这一点正是我不幸的核心……罪恶即是在自己的使命面前后退。"[④]卡夫卡自己无疑是意识到他的责任的。他曾对崇拜他的 17 岁的青年朋友雅诺施说："我的认真态度对你起的作用可能是毒药，你还年轻。"[⑤]因此，卡夫卡的负罪感是一个要求绝对的"法"的"陌生者"跌入"俗世的污浊"之中的感受。这一点似乎与他的精神祖先克尔恺郭尔的态度有点不同，克氏认为，"只有当我选择自己是有罪的时候，我才绝对地选择了自己"，有罪是"存在的最具体的表现"，是"存在最强烈地自我肯定的表现"。[⑥]

负罪感是卡夫卡作品的一个显著特征。长篇小说《诉讼》，从某一角

① 卡夫卡：《致父亲》，第 34 页。
② 雅诺施：《卡夫卡谈话录》。
③ 卡夫卡：1922 年 1 月 27 日日记。
④ 雅诺施：《卡夫卡谈话录》。
⑤ 译文见《外国文艺》1980 年第 2 期，第 301 页。
⑥ 克尔恺郭尔：《最后的非科学性附言》，第 470 页，转引自《西方著名哲学家评传》第 8 卷，第 43 页，山东人民出版社。

度讲，就是围绕这一主题的譬喻性作品。其主人公约瑟夫.K 作为一个正派的公民，从世俗的法律观点去看，确实是无罪的。但作为一个在“肮脏的世界”里污染过的一员，他也是“脏”的，只是因为人人都脏，就不觉得自己脏，现在作者来了一个假定性的陌生化手法，突然将他从“人上人”的地位推入“人下人”的地位，让他的境遇来一个 180 度的突变，让他在这样的不可思议的震动中激发自审意识的觉醒，即从“人下人”的地位再来看“人上人”的世界，则他觉悟到自己作为银行襄理，即作为“人上人”的时候，确实也曾高高在上地对待过向银行求助的“人下人”，从而意识到自己在国家法庭前固然是无罪的，但在真理或正义法庭前，他却是有罪的。这就是为什么 J. K. 在被“逮捕”之初那样慷慨激昂地为自己辩护，最后把他处决时，反而无动于衷了！因为有罪与无罪两相抵消，等于无。无即是荒诞。

第五是：恐惧。由于自由带来的以上所有的体验都是荒诞的，所以它们无不充满不安与恐惧。因为要在一个没有规律可循的世界上确立自己的存在，负起自己在世的责任，并赋予人和世界以意义，则这种真实的存在就不能不伴随着恐惧。这是一种毫无来由的、不可名状的恐惧。从存在主义的始祖克尔恺郭尔起就开始了这种体验，他的一部代表性著作就叫《畏惧与战栗》。20 世纪第一次世界大战前后的许多重要的文学艺术作品都以这种恐惧为魂魄，艺术中如凡·高的《星空》、蒙克的《呐喊》、柯柯施卡的《暴风雨》、达理的《内战的预感》、毕加索的《格尔尼卡》等等。文学中最典型的例子当推卡夫卡了。他的书信、日记中充满了这类没有来由的恐惧情绪和关于恐惧的谈论，仅在《致密伦娜书简》里提及的就不少于 30 处之多。其中有这样的描述：

> 我总是力图传达一些不可传达的东西，解释一些不可解释的事情，叙述一些藏在我骨子里的和仅仅在这些骨子里所经历的一切。是的，也许其实并不是别的什么，就是那如此频繁地谈及的，但已蔓延到一切方面的恐惧，对最大事物也对最小事物的恐惧，由于说出一句话而令人痉挛的恐惧。①

又是在致密伦娜的另一封信中我们才知道，他的《判决》与恐惧有那么密

① 卡夫卡：《致密伦娜书简》，第 191 页，费歇尔出版社，法兰克福/美茵，1966 年。

切的关系：

> 《判决》那个故事中的每个句子、每个词、每一段音乐(假如可以这么说的话)都同恐惧联系在一起。①

他甚至干脆说："我的本质是恐惧。"②那么这恐惧究竟是什么呢？在一封信里他作了点暗示：

> 在这个世界上到处都有暗探在窃听。③

他认为："我对什么都不像对他们这些不可捉摸的势力这么害怕。"④

有人对卡夫卡的恐惧感与克尔恺郭尔的恐惧感作了比较，认为两人有关恐惧概念的含义是一致的。克氏的《恐惧概念》一书用来阐述卡夫卡的恐惧概念也是十分恰切的。例如，两人都认为，恐惧就是罪恶的标志，它预示着不可避免的判决即将来临；两人都害怕外界侵入自己的内心世界。卡夫卡说："恐惧，我就是由恐惧构成的。"克氏说："一种难以名状的恐惧感压迫着我的灵魂。"⑤总的说来，关于恐惧的概念在存在论的各代表人物那里是不尽相同的，比如海德格尔认为，恐惧是启示世界之"无"的。

荒诞作为艺术手段

荒诞在卡夫卡那里不仅是一种思维特征，也是他的主要艺术特征。其中最突出的一点是：整体荒诞而细节真实。所谓整体荒诞，是指作品的中心事件的荒诞。例如，《城堡》中的城堡看得见而走不到；《诉讼》中始终看不见法官；《变形记》中人变成虫；《上了年纪的单身汉勃罗姆费尔德》中两个乒乓球自动蹦跳等等。在这些作品中作者使用了一个简便的诀窍：将情节的逻辑链条砍掉一环，从而使整个中心事件虚悬起来，而其他

---

① 见瓦根巴哈：《弗兰茨·卡夫卡》，第76页
② 卡夫卡：《致密伦娜简书》，第53页。
③ 同上，第95页。
④ 同上，第55页。
⑤ 瓦根巴哈：《卡夫卡传》，第274页，北京出版社，1988年。

生活细节和人物的声音笑貌仍与生活原型基本相符。他的最为人称道的短篇代表作《变形记》除了人变虫这一神奇事件之外，其他与一般的现实主义作品并无多大不同。在这里荒诞事件只不过是作者用来作为一种假定性手段，以期取得一种间离(陌生化)效果，进而达到作品的象征或譬喻作用。所以当卡夫卡把《变形记》手稿交给出版社之后，特地写信给出版商：千万别在封面上画上那只昆虫啊！①

由于整体荒诞而细节真实，常常造成"虚实相照"的喜剧效果，如《诉讼》里那个法院，在涉及人命关天的重大案件上无人过问，昭示出它没有法律，而两个狱卒勒索被告的财物这样一件较小的违纪事件却责以重罚，说明这里法律严明。《城堡》中城堡对普通百姓的正当要求高高在上，麻木不仁，但一个青年女村民拒绝它的一个官僚的求婚，立即遭到残酷的报复，可见其快速反应能力何其敏捷！

其次，梦幻。自从尼采从美学上提出"酒神说"、弗洛伊德从心理学上提出"潜意识"理论、柏格森从生命哲学提出"直觉说"以后，很快被文学、艺术创作所接受，表现主义特别是超现实主义更把它们作为美学上的追求目标，故而梦幻与直觉成为这时期非理性的荒诞文学的重要特征。卡夫卡的作品也深深受到这股思潮的熏染。他的许多书信、日记中都津津有味地记载着和谈论着梦的奇境。他谈到创作"是一只从黑暗中伸出的手"，必须在"身心裸露"的情况下"一气呵成"。② 他的成名作之一——短篇小说《判决》就是这一直觉状态的产物，作者说它"是一个夜晚的幽灵"，③以致五个月后看校样时才弄清其中的人物关系。根据梦幻的特征去看卡夫卡的许多作品会更便于理解。如那个看得见而走不到的城堡，在梦境中是完全可能的。这方面，《乡村医生》尤为典型。同名主人公在一个风雪之夜听到急诊的门铃响，他让侍女立即备马，但自己的马病死了；去借，未成。这时从猪圈里奔出两头骏马，还冒出一个马夫正对他的侍女垂涎。紧急中他上了马车。来到病人家后，病人——一个 16 岁的少年，声称他并没有病，只求死。医生正欲返回。突然发现那少年腰间有一

---

① 卡夫卡：1915 年 10 月 25 日致沃尔夫出版社。

② 卡夫卡：1910—1923 年日记》，第 183—184 页。

③ 雅诺施：《卡夫卡谈话录》，第 46 页。

个拳头大的伤口，蛆虫蠕动。医生准备治疗，这时病人的家人和亲友一拥而上，把他衣服剥光，并把他按倒在床上，让他与病人躺在一起。此时两头马探进窗口。他一跃而起，跳出窗口，纵身上车。马却磨蹭起来，不肯快走。他光着身子，又羞又冷，而路旁那些请他治过病的人却无动于衷。于是他大喊："受骗了，受骗了，误听一次门铃声，一失足成千古恨！"显然，情节是不合乎逻辑的，表面的意思似乎并不难理解：人与人之间的不能沟通。但若用现代心理学剖析一下，就会发现不少深层的隐喻，甚至还有性的含义。例如少年腰间那个很像玫瑰的伤口，象征医生家里的侍女罗莎（德文即玫瑰）的青春；蛆虫的蠕动意味着她正被那个下流的马夫糟踏。而这时这位单身的医生才醒悟并追悔他平时未能理会侍女对他的暗示。小说末尾"一失足成千古恨"即有懊悔莫及之意。马车的磨蹭与医生的归心似箭有象征含义。卡夫卡曾在日记里写道，他身内与身外有"两个时钟"走得不一致：身外那个老牛拉破车似的慢吞吞地走着，而身内那个则像着了魔似的飞驰[①]，这是变化缓慢的外部现实与他思考深远的内心世界的矛盾的一种写照。小说中马车的慢速与他内心的急速的反差图像，正是上述矛盾的象征。至于马车上主人公光着身子在众目睽睽之下的尴尬处境，也正是他的自由在世的荒诞感受的梦化。

第三，动物题材。这是卡夫卡作品中一个相当引人注目的现象。他的许多篇作品都是以动物为主人公的，除已提及者外，还有《致某科学院的报告》、《地洞》、《歌女约瑟芬，或鼠族》，《豺和阿拉伯人》、《绿龙的造访》等。这些动物的特点都是拟人化的，因此这些小说都有寓言的性质。卡夫卡之所以对动物，尤其是哺乳动物感兴趣，一个基本动机是，他认为动物的存在比人类的存在更本真，因为它们是没有经过人类文明感染过的，与它们更容易相处和了解，它们倒更像存在主义概念中的"自由人"，通过它们来看人类世界，会更容易取得"陌生化"效果。例如《地洞》那个不明身份的主人公，在强敌面前它固然是个惶惶不可终日的弱者，然而对于比它更弱的动物来说，它又是一个"杀生"者。这就把卡夫卡对于弱肉强食的人类社会的生存境况和他的罪恶观表现出来了。因此可以这样认为，动物题材是卡夫卡用以表现他的非理性美学观并创作荒诞作品的手段。

① 卡夫卡：《1910—1923年日记》，第345页。

第四，悖谬。这是一种自相矛盾的逻辑公式，是卡夫卡揭示世界的荒诞性、存在的悲剧性的重要手段。先看他的《饥饿艺术家》中那位以饥饿为表演手段的艺术家。他一心要把他的艺术推向“最高峰”，因此必须无限期饿下去。这就发生了矛盾，即他的精神追求的无限性与人的生理极限的有限性，换句话说，他要在艺术上达到“最高境界”，则他在肉体上就必须死亡。这是灵与肉的对撞和抵消，具有黑色幽默式的荒诞性和悲剧性。这篇小说可以说是作者的自况。卡夫卡为了充分地、艺术地表达他的“庞大的内心世界”，在艺术上进行了不遗余力的追求，并为此舍弃了婚姻，舍弃了健康，舍弃了“生之欢乐所要求的一切”，真的把自己给“饿”瘪了，“榨干”了(参看《歌女约瑟芬，或鼠族》)，然而到死都不满意，认为自己艺术上未能成功，因此要把他的所有作品“付之一炬”。在去世前一个半月，当卡夫卡在病榻上校阅他的《饥饿艺术家》时，不禁泪流满面，显然他经历灵与肉不能两全的深深的痛苦，一种荒诞的感受。

长篇小说《城堡》也运用了这一表现手段，而且取得了强烈的悲喜剧效果：主人公为了取得在城堡辖下的村子里居住的权利，奋斗了一辈子而不得，最后在他奄奄一息就要离开人世，再也不需要这样的证件的时候，当局准许的通知下达了！在卡夫卡看来，这样的悖谬和荒诞正是现代人的一种生存处境、一种无可奈何的悲剧性处境。

加缪对卡夫卡的这一艺术秘诀是深为赞赏的，他认为：“基本的双重意义就是卡夫卡的秘密之所在。自然性与非常性之间、个别性与普遍性之间、悲剧性与日常性之间、荒诞性与逻辑性之间的这种持续不断的摆荡抵消作用，贯穿着他的全部作品，并赋予它们以反响和意义。要理解荒诞作品，必须清点一下这些悖谬手法，必须使这些矛盾粗略化。”①

---

① 加缪：《卡夫卡作品中的希望与荒诞》，译文见叶廷芳编《论卡夫卡》，第105页，中国社会科学出版社，1988年。

追问存在

——《卡夫卡随笔选》序

20世纪以前的奥地利文学一直都包含在“德国文学”的概念之内。这个国土仅有8万平方公里、人口至今也只有700万的小国，虽然历史上也出过一些较有名的作家，但整个儿说，它似乎并不想在这方面另立门户，与人分庭抗礼。但自20世纪起，在欧洲风起云涌的现代主义思潮中，为数可观的一批世界级的文学大师（艺术也如此）却在这个国家如奇峰突起。其数量不仅超过毗邻并且同母语的大国——德国，而且超过世界上的任何其他国家。你看卡夫卡、穆齐尔、里尔克、霍夫曼斯塔尔……哪一个不令世界瞩目？而其中的卡夫卡（1883—1924）甚至被称为这整个时代的“文学之父”。

除了美学上的时代因素外，产生这一现象的根本原因，在于他们所赖以生长的社会历史环境，具体说是奥匈帝国这一特定的社会状况。关于这一点，笔者在别的场合已不止一次涉及过，此不赘述。对于卡夫卡这一个案来说，其有别于上述其他人的独特之处，是他的犹太人身份。于是，政治的、社会的、民族的，显然还有地域的（他生长在非正宗奥地利的布拉格）等等这多种因素，挤压出（也可以说造就成）卡夫卡的睿智思维和奇谲性格，反传统的美学变革时代则促使了他“从文学外走进了文学内”，从而让时代拥有了他不同凡响的艺术特征和美学风貌。

由于上述原因，卡夫卡似乎生来就严肃对待世界，时刻“审察世界”，焦急地思考着现代人类社会出现的种种异常现象，主要是哲学家们所谓的“异化”现象，并急欲向世界敲起警钟。无怪乎，卡夫卡中学时代就说：“上帝不让我写，但我偏要写。”因为“时代鞭打”着他，使他“内心充斥着一个庞大的世界”，不通过文学手段将它引发出来，它就要“撕裂”！这样，文学首先是他表达自己存在的切身体验、宣泄内心情绪的手段，是生命燃烧的方式和过程，而不是当作家的阶梯或博取名誉与金钱的敲门砖。因此他始终都是作为一名“恪尽职守”的公司雇员又是一位竭尽全力的业余作者而存在的。这一特点使他的写作，不管什么体裁和题材，具有了真正意义上的“真实性”，一种刻骨铭心的生存体验。不然，他何至于只拥有 41 岁的天年！

卡夫卡几乎没有写过诗歌和戏剧，但他的表达方式还是多种多样的，除了想像性的散文即小说外，他还写了为数不少的随笔、箴言、杂感、速记、游记以及大量的书信、日记等。而由于他的写作态度十分严肃，这些东西都写得极为认真。和小说一样，它们不仅具有文学价值，而且也具有美学价值，特别是哲学内涵。

卡夫卡的生长年代正值欧洲的存在主义哲学思潮广为传播，而且猛烈地浸润文学的时期。作为这一思潮的创始人克尔恺郭尔及其扛鼎人物尼采都对卡夫卡产生了直接影响。存在主义注重个体生命的价值和人的具体生存处境。这引起卡夫卡的强烈共鸣，以致初次接触克尔恺郭尔的著作后即激动不已，宣称“犹如兄弟谈心”似的亲切。尼采的以强力意志抗衡生存环境的思想对卡夫卡精神人格的形成也起了有力的促进作用。卡夫卡那“不可摧毁”的精神内核就带有尼采的回响。此外尼采的悲剧美学也融入了卡夫卡的创作。所以有人把尼采视为卡夫卡的“精神祖先”。难怪在卡夫卡死后的走红过程中，早在 40 年代初，首先像发现新大陆似的发现了卡夫卡的，不是别人，是“无神论”存在主义的代表人物萨特和加缪。卡夫卡诚然不是哲学家或理论家,但他对于世界的陌生感,对于生存的恐惧感,对于自我的负罪感,对于人类文明发展的悖谬感等等这些切身感受,与存在哲学家们从理论上阐述的现象是一致的。这就是为什么20世纪西方先后出现的众多文学流派中,凡是那些与存在主义沾边或根本就是以存在主义为背景的流派,诸如表现主义、超现实主义、荒诞派、新小说派、黑色幽默等等,无不与卡夫卡攀亲结缘。这也是卡夫卡的作品至今在世界各地依然方兴未艾的重要原因。

这一哲学背景决定了卡夫卡的思维特点:悖谬。这是一个哲学概念,也是一个美学术语。而无论前者还是后者,对于阅读和理解卡夫卡的著作尤其是随笔是极为重要的。在他的随笔作品中,凡是箴言、杂感、断想、内心笔记等,其悖谬思维一般都属于哲学范畴;幽默速记、小品等则属于美学层面。当然,如果是后者,那就是一种染上了痛苦的美了!悖谬,即逻辑发展的自相矛盾或互相抵消。卡夫卡经常通过这种思维方式来表达他所面对的现实的尴尬处境。在他看来这也是人类存在的普遍境况。为此,他先后用了“八本八开本笔记簿”来随时记录他的此类断想或风趣小故事。此外,他的朋友勃罗德后来在整理他的遗稿的时候,还发现了许多他用来记录这类文字的零散的篇页,说明他的思想总是在不停地转悠着这些问题。除了这类文字以外,卡夫卡的书信、日记文学性和可读性也是很强的,某些也可以当作随笔来读,所以也选了小部分编入这个集子。如果说,卡夫卡那大量的断编残简能够让我们窥见他的形而上的紧张思考和独特见解,那么他的书信日记则可以让我们品味他的丰富的情感世界和沛然文采。

自从19世纪下半叶西方现代主义思潮兴起以来,哲学强有力地打入了文学,也可以说是双方自觉的“联姻”。通过这本集子,读者对西方现代文学的这一重要现象,特别是存在主义对文学的浸润会获得较深的印象。

随笔,顾名思义,随意之文笔也。但作为文学体裁的随笔,它也是一种“有意味的形式”,因而是与一定的审美价值相联系的,而不是随意可为的。收入这个本子的卡夫卡随笔,有的看起来确实也很随意,甚至只有一个句子。但它们不是具有艺术情趣,就是含有哲理意味,所以都把它们视之为文学作品。

关于卡夫卡的随笔作品,国外尚未见有人专门编选过集子。90年代初笔者曾尝试编过一本。这次重新编选，内容上有了一定的扩充，并作了更合理的归类和调整，使其更为有序。如读者发现还有什么不足之处，望能一一指出，以便将来进一步改进。

2006 年冬

卡夫卡研究方法的新尝试

——《卡夫卡现象学》序言

20世纪末，胡志明先生刚认识我的时候曾问我："不懂德语，只懂英语，能不能研究卡夫卡？"我毫不犹豫地回答："能！"因为卡夫卡研究绝不等于语言修辞学研究，而主要靠思维运作能力。作为一门世界上最流行的语言，英语拥有一般大语种所具有的各种功能，能够传达人类思维所能及的一切领域。而且，以英语为母语的主要大国——美国，虽不一定都是新思潮的策源地，但却可以说是传播新思潮最快的国家。因此，不难想像，50年代卡夫卡现象首先成为热门的是美国，而不是卡夫卡的母语国家奥地利或德国。那时候，好多位对卡夫卡研究卓有成就的德、奥专家都在美国，如艾里希·海勒、瓦尔特·索克尔、海因茨·波里策等，他们二战期间流亡美国后就没有再回去。半个多世纪以来，虽然德语国家的卡夫卡专家迅速崛起，但美国和其他英语国家的卡夫卡研究者也如雨后春笋，他们有关卡夫卡的著作大量出版，其中有价值的都先后被译成德语。比如前几年我在德国买到的

一本关于卡夫卡与犹太文化关系的厚书(作者为 Ritchie Robertson),就是从英文译成德文的,它很受德国卡夫卡专家的重视。同时,德语国家有影响的卡夫卡著作也陆续被译成英文。因此,要获取有关卡夫卡研究的信息和资料,掌握英语的人是毫不困难的。

事实上国内不少懂英文的中青年学者,他们大胆打消了“不懂德语”的顾忌,径自研究起卡夫卡来。虽然他们一般都是非英语“科班”出身,但他们自有自己的优势:首先,他们大多具有大学中文系的学历,这一点是至关重要的,因为文学,不论是中国的还是外国的,其最本质的一点是文学。因此对我来说,看一个人有没有资格研究外国文学,首先看他身上有没有“文学细胞”,即对人的性灵的感悟天赋,没有这一前提,外语再好也徒然。这就是为什么许多中学语文教师语文功底也堪扎实,但他们未必称得上文学家。相反,鲁迅、郭沫若、茅盾等都不是外语科班出身,但谁能抹杀他们在外国文学方面的贡献?其次,那些带着中文系学历而闯进外国文学领域的人毕竟受过较多的理论思维的训练,逻辑能力较强,能较快抓住问题,并予以有条理的分析。这方面也是常常为外文科班出身的人所不及的。第三,他们一般都有较好的汉语表达能力,因此他们的著作的文本笔调比较流畅,可读性比较强。至于那些本身就是作家的人,如残雪、昆德拉等,他们对人生具有更强的体悟能力,更懂“文学即人学”的真谛,更容易进入对象的灵魂,写出更具个性特色的见解。对于这些人来说,懂不懂外文是无关宏旨的。当然,对于这样一些首先是作家的人来说,如果能掌握一门或两门外语的话,那就“如虎添翼”了!如冯至、卞之琳等。

现在,胡志明通过英语资料的研究写出的《卡夫卡现象学》摆在我们面前,是不是可以证明上述观点呢?回答是肯定的。他通过英语所掌握的材料相当广泛,其中不少对笔者都是陌生的,而它们包含了好多有价值的观点和信息,说明仅仅通过德文研究卡夫卡也是有局限的。当然,对于一般人来说,同时掌握多种语言是有困难的。但如果有不少人经由各种不同的语言途径同时研究卡夫卡,互相参照和补充,则卡夫卡这一学科的研究不就完整了吗?

胡志明这部《卡夫卡现象学》的一个最突出的成果,是他从阅读现象学入手,对卡夫卡的精神层面极其作品的哲学内涵剖析得比较到位和透彻。而这一点正是我们这一代人(包括笔者在内)的研究所欠缺的。我们这一代人当年基本上是从社会学方法论的指导下开始文学研究的。殊不知那时在国外一些基本的人文观念和审美观念已经发生了重大的变革,而我们既没有条件接触那些变革了的文艺理论和文学作品,另一方面即使接触了(笔者当时就有一定条件的接触机会)也不敢承认这种变革的必然性和及其参照价值。直到70年代末,在"改革开放"的新形势下,我们虽也壮着胆子,撕去"颓废派文学"的封条,试着为"现代派文学"正一下名,但那也是战战兢兢的,以致连真名都不敢署。因为当时我们的头顶上仍然悬着一柄"德摩克拉斯之剑",即"对现代派文学,艺术上可以适当借鉴",言下之意很明显,即"其思想内容不能吸收"。当时思想文化界有几个有影响的人物,不想理会这一禁条,而谈论"异化",谈论萨特,结果很快受到回击。有鉴于此,为避免遭到封杀的厄运,笔者就先从探讨卡夫卡的艺术成就入手,以便给国内的创作界提供某些艺术借鉴,让他们了解和领略一下所谓"现代派"作家的艺术特点是什么样的。而审美分析本来也是我国以往的外国文学研究所缺乏的。当时虽也写过卡夫卡的思想特征之类的篇章,但尽量避开存在主义这一敏感的范畴。90年代初,对"鼓吹现代派文学"的棒喝又来过一轮,不过势头小多了。直到90年代后期,我国的卡夫卡研究才步入比较宽松的时期。胡志明的这部著作就是这一阶段的产物。他幸运地赶上了客观环境趋于较为正常的时期,而且这一时期我国对于西方现代哲学(包括存在主义的研究)也已取得了初步成果。

现代哲学思潮广泛渗入文学,乃至于互相"联姻",这是西方现代文学的一大特征,而存在主义可以说在这方面扮演了最活跃的角色。纵观一个半世纪以来的存在主义发展史,如果说从它的创始人克尔恺郭尔经尼采、海德格尔到萨特这四代哲学家无不是主动闯进文学"闺房"的热切"求婚者",因而将哲学、文学与美学三者集于一身,那么卡夫卡则是向哲学,准确地说向存在主义真情"示爱"的作家。尽管从类型上说他不是逻辑哲学家,而是语言艺术家;他不是从理论上去阐述存在主义的要义,而是通过语言的手段和形象的方法真实地描述人类存在的真谛。而这种描述是以个体人的生存境况即"此在"(Dasein,胡志明译为"亲在",亦可)经历为依据的。卡夫卡与以往传统文学的根本区别,就在于他不是客观地叙述人间戏剧或社会事件,而是感同身受地状描对"此在"经历的切身体验和体悟。因此，写作对于卡夫卡不是走向作家的通道，而是生命压抑的自我释放途径。所以卡夫卡年轻时就发出呼叫："上帝不让我写，但我偏要写！"可见写作对于卡夫卡乃是生命燃烧的过程，也可以说是生命存在的根本方式。这里，卡夫卡把文学、美学和哲学也融为一体了！于是，卡夫卡和上述哲学理论家，一个从具体出发，一个从抽象出发，最后殊途同归，两者都是体验性的"诗意哲学家"。

《卡夫卡现象学》的最值得肯定的一点，是作者相当详尽地阐述了卡夫卡作品涵义中的存在主义哲学意蕴及其与上述存在主义哲学家们之间的关系。上述四位哲学家中，克尔恺郭尔和尼采从时间上说是卡夫卡的祖辈和前辈，在卡夫卡的思想形成过程中，他们的一些重要观点先后都对卡夫卡发生过不可磨灭的影响。但卡夫卡之所以为卡夫卡，就在于他对前人或旁人的精神遗产的接受从来是在保持主体精神的前提下有条件、有选择地吸收的，就像他在表现主义运动中那样，既积极参与，但又不随波逐流，包括当时和尼采一样走红的弗洛伊德，卡夫卡就谨慎地与之保持着明显的距离。卡夫卡对克氏和尼采一度确实"热恋"过，但随着时间的推移，他与他们之间的差异性也逐步显现出来了。这一点在胡志明的《卡夫卡现象学》中是梳理得相当清楚的。

海德格尔与卡夫卡基本上是同时代人，而萨特比卡夫卡则要晚一辈。这两位大哲学家卡夫卡都未曾谋面，对他们的思想观点也浑然不知。在这点上，卡夫卡不如比他年长 8 岁的同胞和同乡里尔克幸运：里尔克还在世的时候，他的作品就引起了海德格尔的关注了！关于卡夫卡的哲学观点与海德格尔的哲学思想之间的共通性，《卡夫卡现象学》的作者是从现象上进行分析和比较的，证明这两人的存在哲学思想更具"走出了形而上"的体验性，因而比起他与尼采和克尔恺郭尔来具有更多的不谋而合的"诗意"的亲和性，说明这种思潮实在是时代的产物，对读者颇有启示价值。同时作者也指出了两者之间的差异性。这一节的论述显示了作者的一定的哲学功底。这在外国文学研究者中是难能可贵的。

如果说，20 世纪 20 年代，海德格尔在他血气方刚、广摄思想养料之时，未能及时发现他的思想同宗的闪光，而与卡夫卡擦肩而过，那么，随着 30 年代后期第一部《卡夫卡文集》6 卷集的出版，卡夫卡的存在主义思想闪光很快就被存在主义第四代大师萨特和加缪捕捉住了！萨特从他的

"存在先于本质"和"介入"的命题出发，进一步将卡夫卡的作品拽出形而上学和基督教存在主义的范畴，用他的"恶心"和"粘糍"概念观照卡夫卡作品(可惜《卡夫卡现象学》一书中未提及萨特的这两个重要概念)，从而与他的"无神论存在主义"挂上了钩。至此，《卡夫卡现象学》一书领着我们陪着卡夫卡把存在主义的四个阶段巡礼了一遍。除了第四阶段稍嫌不足，这一趟"导游"还是很出色的。这一成就弥补了迄今我国卡夫卡研究中的欠缺。

卡夫卡思维方式和艺术表现的一个重要特征是"悖谬"(das Paradoxon)。这原是一个哲学和物理学中的概念，但不少现代主义作家把它也当作美学手段。而无论作为哲学概念还是美学概念，它在卡夫卡那里都是十分突出的。这不仅形成他的思考规律，而且贯彻于他的行为方式和生存状态，艺术上则构成他的黑色幽默式的悲喜剧特色。《卡夫卡现象学》对卡夫卡现象的这一独特景观给予了详尽的阐述，而且把握得相当准确。

卡夫卡与宗教(特别是与犹太教和犹太文化)的关系众说纷纭，也是一个很值得研究的课题。从主观上说，卡夫卡是不信教的，他认为宗教是思想的拐棍，一个有独立思考能力的人是不需要依赖这样的拐棍的。然而卡夫卡毕竟从小就以德语为母语，从小学起接受的就始终是浸润着基督教精神的德意志文化。同时，作为犹太家庭的成员，幼时也经常跟着父母出入犹太教堂。无疑，犹太教义和犹太文化的集体无意识积淀不可能不渗入卡夫卡的精神血液。窃以为，卡夫卡在其箴言中强调的那个"不可摧毁"的精神内核，就是犹太文化精神中的"韧"的战斗精神的体现。此外，作为卡夫卡的终身挚友，马克斯·勃罗德一直坚持的犹太复国主义(这个词在我们这里的政治术语中曾经是贬义的，现在该为其正名了)也对他有过影响。总起来说，卡夫卡与基督教、与犹太教的文化渊源和精神联系是错综复杂和千丝万缕的。对此，《卡夫卡现象学》一书也给予了详尽的阐述和廓清。而且，围绕着上述两种文化，作者对卡夫卡的"原罪"意识也阐述得相当透辟。这也是卡夫卡研究中的一个新的进展。

《卡夫卡现象学》几乎对卡夫卡的方方面面都作了探索，涉及他的大部分著作，掌握的中英文资料也堪称丰富，许多分析都相当中肯，也有一定深度。另外，书中也列述了一些现代和"后现代"语境中的有影响的思想理论家的观点,诸如本雅明、阿多诺、德勒兹以及德里达等,颇有参考价值。

当然,由于《卡夫卡现象学》这部篇幅不短的著作是在作者的博士论文基础上扩充而成的,作为作者的第一部论著,一定的不足之处也在所难免。主要感觉是,仿佛作者的卡夫卡研究一直在“单车道”上行驶,而不是在“多车道”上奔驰。就是说,卡夫卡现象的产生和存在不是孤立的,它是20世纪汹涌澎湃的现代主义思潮的产物,准确地说,是以德、奥为中心的表现主义运动的产物。事实上卡夫卡的人文观念和审美观念都与这个运动直接有关。例如,卡夫卡的“审父情结”就与表现主义者普遍批判和清算“父辈文化”的思潮分不开。再如,卡夫卡的第一部长篇小说从“直接模仿狄更斯”开始,但短短两年后相继写成的其他两部长篇就形成了独特的、完全“卡夫卡式”的风格。这说明,处于表现主义高潮时期(1910—1920)的卡夫卡,其反传统的意识也是随着运动而急剧增强的。再一点是,研究可以运用一种方法论,但有时难免要涉及或引用个别其他方法论的观点。如,卡夫卡是个怀有政治意识的作家,他的一个朋友(鲁道夫·福克斯)甚至大声疾呼:“且不要忘了,卡夫卡是个社会主义者啊。”因此在谈论卡夫卡的“威权恐惧”的时候,只提“家父”威权,而不提“国父”威权或官府威权恐怕是不够的。还有一点也需要说一下:作为一部专著,应尽量围绕主题,围绕中心,而避免面面俱到。现在看来,内容固然丰富,但也令人感到庞杂,好像作者想把自己知道的那些尽量往里塞。有些内容可以通过别的著作或论文加以使用。如《卡夫卡与米兰·昆德拉小说美学的比较》就是勉强往里塞的,不太合适:昆德拉是卡夫卡的后辈,如果写篇论文题为《昆德拉与卡夫卡的小说美学比较》那是可以的,说明昆德拉学的是卡夫卡。

尽管如此,胡志明的《卡夫卡现象学》一书不愧是我国卡夫卡研究以来的一个新的重要成果。作为年长一辈的同行衷心为之喜悦,并欣然为之作序。

正如歌德说莎士比亚是“说不尽的”,作为堪与莎士比亚、歌德、但丁等人比肩的卡夫卡也是“说不尽的”。自1936年第一部《卡夫卡文集》出版的70年以来,国际上研究卡夫卡的热潮至今方兴未艾,著作汗牛充栋,方法多种多样,观点五花八门。研究的方法不同,角度不同,看法乃至结论也就会有不同。胡志明的《卡夫卡现象学》只提供了一种方法的思路，而且不可能做到完美无缺。我们切不可用别的研究方法得出的观点和结论来衡量它，那样做会错位的，而且也不科学。

原载《文汇报》2007年12月1日
题为《说不尽的卡夫卡》

生的痛感与写的快感

——《卡夫卡短篇小说经典》选编序

犹太民族人数固然不多，却是世界上最优秀的民族之一。正宗犹太血统的马克思、爱因斯坦、弗洛伊德、海涅以及20世纪以来的一大批犹太家庭出身的诺贝尔奖获得者都是人类精英星空中的灿烂群星，这里所收集的短篇小说的作者卡夫卡也是这个星群中耀眼的一颗。

就像古今许多杰出人物都要经历种种磨难一样，这个创造了辉煌的希伯来文化的民族，千百年来所经历的苦难也是罄竹难书的，不仅遭受过希特勒这样的恶怪的令人发指的屠杀，而且至今仍然遭受着邪恶势力的围剿。她在卡夫卡的笔下始终是“被人拖着、拽着”的形象。

一个失去尊严的民族倘若“寄篱”于一个有尊严的国度，那也许还可以获得某种平衡。可卡夫卡的家庭所在的波希米亚王国自19世纪60年代以来就被具有侵略、扩张野心的奥地利帝国所吞并，成为“奥匈帝国”的一部分。而这个帝国用恩格斯的话说，是用“大棒”

维持其统治的，“始终是德意志的一个最反动、最厌恶现代潮流的邦”。它的生产方式的现代性与政治统治的家长式构成这个国家畸形特征。

然而屈辱和义愤是跟智能与诗情相联系的。这个长期“没有祖国”的民族基因和备受压抑的生存环境赋予卡夫卡以“第三只眼睛”和“洞察圣灵的能力”，使他看到现代人类社会面临的种种危机，特别是那日盛一日的“异化”现象。在这现象里面他切实感受到的是连在自己家里都不例外的陌生感、无处不在的孤独感、毫无来由的恐惧感。于是，对于他，写作首先不是为了审美的需要，而是生存体验的表达，是生命燃烧的过程，是一种生存方式。这使他不知不觉地与存在哲学接上了缘，以致与存在哲学的鼻祖克尔恺郭尔不谋而合地“有如兄弟”。

卡夫卡虽然酷爱文学，酷爱写作，但他始终没有放弃职业，因为他从来没有想过要当作家，并通过作家的荣誉获得什么升迁。他之所以执着于写作，完全是出于“内在的需要”，用他自己的话说，就是他“内心有个庞大的世界”，不通过写作的渠道把它引发出来，它就要“撕裂”了！因此他不是先学好了什么“写作理论”或“写作技巧”才开始写作，而是忠实记录他对存在的真切体验。显然，按照传统的文学观念，它是不合乎文学规范的，是属于“非文学”范畴的。难怪，在他进入文学经典以后，人们在回顾他的道路时，说他是“从文学外走来的”。因此卡夫卡很清楚，他的这种“旁门左道”是不可能得到文学界的承认的，作家的桂冠跟他是无缘的。然而，这个德意志文化培育出的犹太人，其内心有一种“不可摧毁的东西”。他坚信自己的文学天赋、表达能力和写作方式，利用一切可以利用的业余时间，尽可能排除亲朋好友的干扰，不顾健康的威胁，甚至最后放弃了成婚的愿望，坚持在孤寂的环境中进行写作，即使在当时的不治之症——肺结核——的步步进逼之下，也不后退半步。虽然死神至少夺走了他 30 年的寿命(他死于 1924 年，年仅 41 岁)！但“从文学外”稳步地走到了文学内，带着崭新的“真实观”，让人们豁然开朗：原来小说也可以这样写！他留下的文学遗产，不仅“改变了德意志语言”，也改变了世界文学的固有观念，一路领着 20 世纪的风骚，至今方兴未艾。

卡夫卡从年轻时期起，对文学就提出了自己的主张，要求文学具有一种振聋发聩的震撼作用，让人读了仿佛额头上“被击了一猛掌”。这就对传统真实观提出了挑战。但他并不因此抛弃日常事物，他只是通过独特的视角，掀去被习俗眼光遮掩的覆盖层，发现日常事物内部的真实本质。人与人之间的亲亲热热本来是常见的现象，卡夫卡则用一个“假定性”的手法，将其置于一个特定的境遇里，来拷问他们之间关系的真实性。结果这种关系不是“亲热”，而是陌生。著名的《变形记》就是这样产生的。出于同样目的，卡夫卡也经常利用“梦”的题材。梦境事件不合逻辑，互不关联；场景或画面变幻莫测，这些容易破坏理性秩序和逻辑链条，从而阻止人们按习惯方法观察事物，迫使你变换角度去思考问题。卡夫卡也往往用动物做题材。因为在他看来，随着人类文明的演进，人类自身本真的东西丢失得越来越多，而这些东西在动物（主要是哺乳动物）身上却依然存在着。因此用动物作为人的代言者，更能表达事物的本质。因此他的《地洞》、《一条狗的研究》（一译《懂音乐的狗》）等篇幅不短的小说让我们一读再读，思考不尽。卡夫卡的新视角多半源自他的“悖谬”思维，逻辑的自相矛盾或互相抵消是这种思维的特点。“存在即虚无、努力即徒劳”是他经常思考的核心。这方面的内容多见之于他的随笔和日记，但小说也不鲜见，如《中国长城建造时》、《在法的门前》等。

任何时代都有这样两类人，一类是跟着时代走的，这是绝大多数；一类是以自己的实践改变时代的，卡夫卡就属于后者。前面说过，卡夫卡不是掌握了现成的理论才开始写作的，而是写出他的“不规范”的作品后而导致其改变时代的。这就是说，他的作品不仅改变了现代人的话语方式，而且改变了现代人的书写艺术。在艺术上，卡夫卡的最大特点是它的荒诞性。荒诞只是表象，是伪装，它包藏的是事物的真实内核。而因为荒诞，就引起你的好奇，因好奇又迫使你去思考，总想揭去这层伪装。这时“功夫不负有心人”，果然被你发现了“荒里藏真”，一种你未曾想到的真实。卡夫卡的这一特点甚至引起不少马克思主义文论家的注意。如法国的罗歇·加洛蒂就从卡夫卡的这一现象中得到启悟，发现现实主义未必跟写实主义美学相联系，因而提出，在形式和风格上，现实主义是“无边”的。卢卡契甚至认为，卡夫卡属于“更高的现实主义家族哩”。这位权威的马克思主义理论家经常批判现代主义文学，但在卡夫卡那里他不得不手下留情，而且认为：“卡夫卡独一无二的艺术基础……是他描写客观世界和描写人物对这一客观世界的反应时所表现出来的既是暗示的，又有一种能引起愤怒的明了性。”不难理解，为什么前奥共文论家费歇尔认为，他从卡夫卡的作品中感受到一种“刻骨铭心的真实”。

这种深层的愤怒情绪卡夫卡有时是通过譬喻或象征的手段使其“明了”的，同时又用幽默的色彩将它装饰起来，让它获得一种“患上了痛苦的欢乐”，一种“黑色幽默”的悲喜剧情趣。这是一门“含泪的笑”的艺术，它在卡夫卡那里的独特性是“悖谬”的逻辑游戏。悖谬，前面已提及，是卡夫卡的思维方式。这原来是一个哲学概念，不少现代主义作家，尤其是有存在主义哲学背景的作家，如克尔恺郭尔、穆齐尔、加缪、海勒、昆德拉等人，也把它当作美学手段。卡夫卡更是如此。你看，在“法的门前”等了一辈子的那个“乡下人”，快到老死的时候，门警却对他说：“这门是专门为你而开的”——这能不叫人愤怒吗？因此加缪认为，要读懂卡夫卡，就得“清理”一下他的悖谬艺术。

卡夫卡艺术表现上的再一个突出的手段是怪诞。怪诞不同于荒诞。荒诞是绝对没有的事情，而怪诞则是一件事物的模样变形。它可以表现于主题的构思、情节的设置、形象的刻画、画面的夸张、字句的构造等。卡夫卡在创作上追求一种石破天惊的艺术效应，把怪诞当作“冰封心海中的一把破冰斧”，故他的叙事作品往往采用这一手法，而且几乎上述各种情形都涉及。如《变形记》、《在流刑营》、《乡村医生》、《绿龙的造访》、《一个上了年岁的单身汉》、《歌女约瑟芬，或鼠族》等等。其中有的取得了极其成功的效果。难怪有的美学家如桑塔耶那认为，怪诞乃是一种“重新创造”。

卡夫卡生前还写有大量速记式的超短篇故事，或曰“小小说”，见之于他的所谓“八本八开本笔记簿”里。它们以生动、幽默的笔调记录一个简短的故事，读来饶有兴味，被称为“逸事风格”。它在德国文学史上有过闪亮的一页，其主要代表者为 19 世纪上半叶的克莱斯特和赫贝尔。

卡夫卡创作的旺盛期(1912—1922)正值德、奥表现主义运动的高潮时期(1910—1920)。他的创作特征无疑与表现主义的美学思潮分不开。如对梦的热衷，对怪诞的偏好等。但他的创作的美学容量比表现主义要宽宏得多，有不少超越这一具体时代的东西，所以后来的超现实主义、荒诞派戏剧、新小说派和黑色幽默小说等都向他攀亲结缘。因此可以说，卡夫卡不是属于哪个流派的，他是属于世纪的，属于时代的。

2006 年孟秋于北京

文学与哲学"联姻"的范例

——《诉讼》新译本序

卡夫卡在短促的写作生涯中一共写了三部长篇小说:《失踪者》(一译《美国》、《不明身份的人》,1912)、《诉讼》(一译《审判》,1912—1918)、《城堡》(1922)。正好在十年内写成。这十年也恰好是卡夫卡文学创作的旺盛期。但卡夫卡创作的主要兴趣和精力显然表现在短篇小说方面。晚年他在嘱咐朋友勃罗德在自己死后将所有作品"统统付之一炬"时,至少还提到六篇短篇小说,对它们不无留恋。但长篇小说他却只字未提。当然不是因为这些作品不值一提,而是卡夫卡对待创作那种宗教般的严格,总认为自己的作品艺术上没有达到"最高境界"。

三部长篇中,唯独《诉讼》(Der Prozess)的写作过程最长,前后达四年!这是耐人寻味的。因为卡夫卡的写作速度一般不算慢,《城堡》的篇幅比《诉讼》大三分之二,才花了半年。我们暂时不去追索它产生过程长的原因。首先值得我们注意的是,卡夫卡的短篇小说创作从 1912 年的成名作《判决》起即开始了,"现代”的历程，而长篇小说严格说来是从《诉讼》才开始的。要弄清卡夫卡创作上这个美学嬗变过程，需要扩大一些视野，概览一下那个时期文化艺术上的新思潮，即现代主义思潮。

弗兰茨·卡夫卡（Franz Kafka）诞生于1883年。20世纪欧洲的杰出文化精英们大多诞生于这个年代。文化艺术和人文领域的现代主义思潮，经过约半个世纪的孕育，这时正横空出世，它迅速地刷新着人们的人文观念和审美观念，从而催生出名目繁多的流派，20世纪的前30年为其高潮。其中声势最猛、席卷领域最广、卷入人数最多、影响最深远的当推以德、奥为中心的表现主义思潮。它始见于美术，继而是文学、戏剧、音乐、电影、舞蹈等争相涌现。文学中的表现主义运动发生于1910—1924年，高潮至1920年。其领袖人物弗兰茨·韦尔弗（Franz Werfel）亦为布拉格人，与卡夫卡是同乡，那些年卡夫卡与其频繁往来，共同参加文学活动并讨论相关问题。

表现主义运动既是一次思想反抗运动，也是一场美学变革运动，对20世纪的德语文学乃至欧洲文学产生深远影响。就美学变革而言，这场运动深刻地经历了“反传统”的过程。它剧烈地颠覆了在欧洲长期居主导地位的“模仿论”美学，而代之以“表现论”美学，即把艺术创作习惯于对客观世界的描摹，转向对主观世界的表现；从强调外部的真实，转向内在的真实。卡夫卡创作的旺盛时期（1912—1922），正值表现主义运动方兴未艾之时。这股“向内转”思潮对卡夫卡的创作起了决定性作用。从他对这场运动的态度说，他是积极参加了的。表现主义最为推崇的两位思想家——尼采和弗洛伊德，也引起卡夫卡的关注，尤其是尼采的哲学和美学思想对卡夫卡起过重要影响。再从卡夫卡的创作看，也留有表现主义的许多特征。诸如表现主义所强调的内在真实，所追求的梦幻世界，所爱好的怪诞风格，所崇尚的强烈感情，所习用的酷烈画面等等，都在卡夫卡作品中烙下鲜明的印记。而这些特征在卡夫卡于1908年发表的处女作《观察》这本小册子里是基本上见不到的，甚至他于1912年开始创作的第一部长篇小说《失踪者》还没有完全摆脱“狄更斯”即批判现实主义的模式。可见这股思潮来势之猛，影响之速。我们在另一位现代文学大师——瑞典的斯特林堡那里可以看到相同情形。

但正如某些杰出的现代文艺大师如德国戏剧家布莱希特、西班牙艺术家毕加索等很难用某个“主义”或流派来概括他一样，阅读卡夫卡的作品也不能仅用表现主义的标准去衡量它们。事实上，后来的超现实主义诗歌、荒诞派戏剧和黑色幽默小说等都向卡夫卡攀亲结缘，说明卡夫卡之所以被公认为现代的经典作家，就在于他不像多数流派那样昙花一现，而具有跨世纪的长效价值。奥秘就在于，创作对于他不是单纯的审美游戏，而是出自“内在的需要”，即通过文学手段将他内心中那个几欲“撕裂”的“庞大世界”引发出来。这是因为卡夫卡凭着他那圣灵般的智力，分明洞察到人类存在的危机，即那日甚一日的“异化”趋势，他急欲向世界敲起警钟，对人类生存状态及其合理性提出质疑。因此通过文学途径“将世界重新审察一遍”，成为他毕生的最大愿望，而且越到晚年，他越感到这一任务的“十万火急”，以至一切无助于这一任务的想法和行为他都要加以“无情镇压”，哪怕“一个男子生之欢乐所需要的一切”他都“无情”地加以“放弃”，包括婚姻、家庭，甚至健康。这使得创作对于卡夫卡成了一种生存方式，一种生命燃烧的过程。无怪乎阅读卡夫卡那些代表性的作品，都让人感觉到作者的一种刻骨铭心的生存体验，一种从心灵深处发出的生命呼唤！这就不难理解，他的作品何以有着如此入木三分的真实，一种任何写作高手凭经验和技巧都“创作”不出来的真实！这就是卡夫卡的独特性，这就是出身于表现主义而又胜于表现主义的卡夫卡。

卡夫卡诚然不是哲学家，也没有用任何理论语言阐述过他的哲学观点。但卡夫卡无疑是一个富有哲学头脑并紧张地进行哲学思考的文学家。他用艺术语言所暗示的人类存在的焦虑及有关的一些根本问题，与哲学家们（尤其是存在哲学家们）通过理论语言所阐明的观点可以说是殊途同归的。这也就是说，他把哲学引进了文学，并使两者成功地融合为一。这就是为什么在他之前，存在哲学的创始人克尔恺郭尔和稍后的尼采引起他那么大的震动，在他之后，他在另一拨哲学家如萨特、加缪等人那里那么受青睐。所不同的是：所提及的这些哲学大师几乎都可以说是哲学家兼文学家，但我们不能说卡夫卡是文学家兼哲学家。因为前者是有意识地让哲学去“勾引”文学，使文学成为哲学的嫁娘和附庸，而后者则是将哲学提炼为文学的精髓，使之成为文学血族里的精神支撑，因而使文学更强壮、更尊严；同时，他把哲学变成了美学，使文学、哲学融于一体，难分彼此，不仅受到文学家的推崇，也受到哲学家的敬重。因此可以说，现代文学的分量，相当程度上是由哲学铸成的。这是卡夫卡取得成功的重要标志。

在指出了卡夫卡作品的哲学前提，首先是存在哲学前提之后，现在再来看《诉讼》。如前所说，此作断断续续写了四年之久！如果写一部传统式的故事性小说，根本无须如此费时！显然，作者是为了在这部作品中融进某种哲思。什么哲思呢？这就一言难尽了！卡夫卡自己也强调，他通过创作“总是想传达一些不可言传的东西”，即他感觉或感受到而不能用理论说清楚的问题。故卡夫卡的一些主要作品，特别是长篇小说（尤其是后两部）都有多重解释性和逻辑的悖谬性。想要明晰地解释它们，几乎是不可能的。但若能抓住其存在哲学这一圭臬，负担就会减轻些。首先就拿本书的译名来说吧：最初有人从英文译作《审判》，从德文原文看，没有错。但德文还有“诉讼”的意思。审判是一个案件的结果，而诉讼则是案件审理的过程。这就要从卡夫卡作品的总体精神对两种词义进行权衡。由于卡夫卡的哲学基础是存在主义。从卡夫卡的各种体裁和形式的文字的内容来看，人的存在就是一个没完没了的诉讼过程。所以他的三部小说均处于未完成状态。《诉讼》的主人公虽然后来被处决了，但是它是没有经过审判程序的，而且小说也未因此而结束。

卡夫卡为了婚姻，曾经历了先后与同一位姑娘两次订婚、两次解约，前后长达五年的过程。这场反反复复、备尝酸甜苦辣的马拉松式的“婚礼筹备”让他尝够了人的生存体验，不啻是一个漫长的诉讼过程，难怪他把1917 年的首次咳血归因于与菲莉斯关系的不可忍受的结果。肺病在当年是一种不治之症，咳血就意味着即将死亡。这正是生命被处决的一种内心体验。须知，卡夫卡写这部作品时，就在 1914 年与菲莉斯第一次解除婚约后不久。在此后的四年里就有三年继续着这场恼人的生存“诉讼”。

小说既然以“诉讼”或“审判”为主题，内容就不可能不涉及“罪”与“法”。法学博士出身的卡夫卡，加上爱思考的天性，他不可能不对这两个问题进行过深入的思考。当然他不会在形而上的层面上与读者来谈论这些问题。我们暂且撇开基督教中的“原罪”说，但在西方一般的现代作家甚至包括马克思主义者布莱希特的观念里都有这样的意识：在一个有罪的社会里，人人都沾上一份罪责（在我们这里也有“人生一世，谁能无过”

或"法不责众"之说),只是你平时意识不到,或未经指出,你"忘"到脑后了!现在,作家通过一种"假定性"的手法,让你经历一场突如其来的震动,在剧烈的灵魂翻腾中沉淀出你的罪过来。当然这里的"罪过"也包括道德范畴的事情。20世纪40年代布莱希特的《四川好人》和50年代迪伦马特的《老妇还乡》、《抛锚》等都是意在揭示这个问题。其实,早在表现主义时期就有人涉及这一问题了,所谓"有罪的无罪者"和"无罪的有罪者"之类的说法在那时就出现了。因此我认为,卡夫卡的这部作品也是这一思潮的反映。只不过它更加形而上了。年轻有为、毫无过失的银行襄理约瑟夫.K在30岁生日那天早晨,接受到的不是鲜花和蛋糕,而是一道逮捕令!这样的晴天霹雳他怎么肯接受?!但在调查真相的过程中,他先是慷慨激昂地抗议、辩护,甚至谴责法庭的藏污纳垢、贪赃枉法。但越到后来,他越服气了,以至最后被人提出去处决时,他不但毫无抗议之意,而且还十分顺从地协助两个刽子手行刑。为什么?因为在申诉过程中,他也进行了自我反省,渐渐发现自己在日常工作甚至在申诉过程中也常有对不起别人的地方,就是说他确实也是有罪的。于是,这里的所谓"罪",就有两重意思:在形而下的法庭上,即在根据现实法律行事的法庭上,约瑟夫.K是没有罪的,但在形而上的法庭上,即绝对正义的法庭上,他又是有罪的。这一思维反映了卡夫卡的自审意识。所以有人认为,卡夫卡之所以伟大,因为他既控诉世界,也控诉自己。

在《诉讼》的第九章,有一处写到主人公K在意大利一座教堂里神父对他讲的一个寓意深奥的故事:说是一位乡下人想进法的大门找法,苦等一辈子也未允许进去的故事。这可以说是《诉讼》的画龙点睛之笔,所以卡夫卡把它作为独立的短篇小说对待。从理论上讲,"法"代表公平和公正。在现实中,法的形式或法的大厦随处可见。然而在卡夫卡看来,真正的法是可等而不可得,可望而不可即的,事实上是根本不存在的!所以这个乡下人成了"等待戈多"式的"傻汉"!这是所揭示的人的生存的悲剧性处境。卡夫卡对"法"、对真理这些概念有着宗教般的认真,他和尼采一样,认为寻求这类东西都是徒劳的。因此《城堡》中的K的寻求也好,《诉讼》中的约瑟夫.K的申诉也好,无不无果而终。

在阅读卡夫卡作品的时候,有一个关键词必须注意,即"悖谬"(paradox)。这是卡夫卡的思维特点,也是他的重要艺术秘诀之一。悖谬，一个事物逻辑上的自相矛盾或互相抵消。这本来是一个哲学概念（哲学中一般叫悖论），它贯串在卡夫卡的思想、生活与行为之中。同时，他也把它变成美学，体现在他的创作之中。甚至他的生活态度也体现着这一法则。当悖谬变成美学的时候，在他的创作中构成一种“黑色幽默”式的悲喜剧情趣，读后让人感到一种“引起愤怒的明了性”（卢卡契）。《城堡》的主人公一心想进城堡，不过想开一张临时居住证，奋斗一生而不得，当他奄奄一息，不需要它的时候，却又给他了！《法的门前》那位乡下人，到快死的时候，又说这大门就是为他而开的！

卡夫卡之所以被称为“现代主义”作家，因为他与传统文学有着完全不同的写法，对同一事物的看法也带着与以往完全不同的角度。因此，若用传统的人文理念和审美标准来阅读他的作品就会一无所获。他写的不是实际发生的事情，而是激起他想像的事情。他的作品不是要诉诸你的情感，而是要激发你的理智。他写的许多事情，看起来似乎荒诞，却保存着你平时不易发现的真实。这就是我们所面对的卡夫卡。

2007年夏于北京

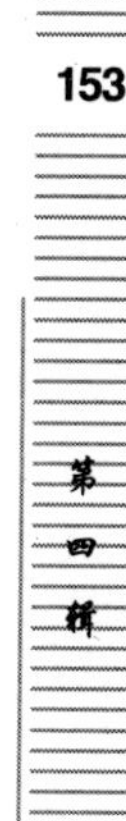

畏父与审父情结的绝唱

——读卡夫卡的《致父亲》

卡夫卡的作品，不管是想像性的，还是记叙性的，都是他的生命燃烧的产物，是他对生存刻骨铭心的心理体验的产物。故阅读他的作品，尤其是那些代表性的长、短篇小说，往往让人感到主人公与父亲的关系难解难分，而且总是不令人愉快。这是因为卡夫卡在实际生活中与父亲的关系始终不正常，用卡夫卡自己的话说，他一生都在“强大的父亲的阴影下”生活，以至他感到“在自己的家里比一个陌生人还要陌生”。何以如此？除了小说中的大量隐喻外，从他的许多书信、日记中更可得到明确的答案，尤其是1919年写的那封35 000字的超长信《致父亲》。这是卡夫卡与他父亲关系的一次总清算，并试图以此与他父亲彻底摊牌。已是晚年还这么做，不禁令我们想起他在另一封信中写过的一段话：“我从小就被父亲战胜了，现在只是出于好胜心而离不开战场。年复一年，始终如此，尽管我不断地被战胜。”这可以说是卡夫卡畏父与审父情结的西绪弗斯式的绝唱。

卡夫卡与父亲的矛盾由来已久，究其原因，当归咎于父亲的家长式统治。这位文化不高却精明强悍的妇女时尚用品商店老板，靠白手起家，他需要家庭的凝聚力，却不懂得怎样教育子女，只会用命令、呵斥、怒骂甚至体罚等粗暴的手段要求孩子服从，却不考虑孩子的心理和性格特征。生性敏感的卡夫卡，从小就感到在父亲面前"畏首畏尾"，因而伤害了他的自尊心，使他的"独特性"受到"最后的判决"。难怪到了晚年卡夫卡仍对此耿耿于怀，在信中这样指控他的父亲："你那卓有成效、至少对我来说从不失灵的教育手段不外乎是：谩骂、威吓、讽刺、狞笑以及——说来也怪——诉苦。"卡夫卡始终都不能忘记，有时在寒冷的深夜他也被拽到阳台罚站。这类"家教"行为对孩子造成的心灵创伤是显而易见的，正如作者在信中指出，"您雕刻家的手与我这块料之间是那样的格格不入"，从而导致"我在您面前丧失了自信心，换来的只是无穷尽的负疚感"，"以致我对其他一切都感到淡漠了"。这是赫尔曼·卡夫卡先生为父的失败。

但童年时期的父子关系并不是决定性的。因为尽管方式方法不当，父亲总不会出于恶意，儿子长大后一般都会予以谅解。但卡夫卡的父子关系是永久性的，这需要从价值观的不同这一角度去审视两者的关系：父亲盼望的是一个能继承他的家业的接班人，而作为家庭长子的卡夫卡偏偏对此毫无兴趣，而只爱他的文学事业。可保险公司那个饭碗却严重妨碍他的写作，就好比在他"具有幸福天分的身体上挖掉一块肉"。因此卡夫卡很想得到父亲的经济支持，以便暂时离开一下岗位，专事此事创作，却被父亲断然拒绝了！但父亲要求他协助一个妹夫管理工厂的要求，也被卡夫卡断然拒绝了！基于同样的原因，在婚姻、恋爱问题上父亲也不能理解与支持儿子的愿望和要求，一再从门当户对的观念出发阻挠他的选择，甚至以一番"轻蔑"的话加以羞辱。对此卡夫卡不胜恼火："我对一个姑娘作出的决定，对你来说就等于零。你总是(无意识地)以压倒的威势来对待我的决定能力。"

按照卡夫卡的一位共产党员朋友、诗人 R. 福克斯的看法，卡夫卡是个具有强烈社会主义倾向的作家。这个论断是否中肯另当别论。但卡夫卡同情下层人民却是事实。在这点上亦与父亲的表现发生冲突。父亲动不动"在商号里咆哮、咒骂和发怒"，骂患肺病的工人"活该不得好死"，甚至把职工称为"拿薪的敌人"。对此儿子很是气愤，予以反唇相讥："不过在他们还没有成为那样的人之前，我就觉得您便已经是他们的‘付薪的敌人’了。”卡夫卡作为家里的长子，对父亲对待工人的这种行为“深感内疚”，不得不“低声下气”地来缓和工人与家庭的矛盾。在这方面，卡夫卡清楚地看到了父亲作为资产阶级一员的本质，正如信中指出：“您遵循的是这个阶级的价值观念。”

卡夫卡所生活的奥匈帝国（1860—1918）“始终是德意志的一个最反动、最厌恶现代潮流的邦”（恩格斯）。是它与普鲁士和沙俄结成“神圣同盟”，不惜用“大棒”手段竭力抵制欧洲的现代潮流。但经济上的现代潮流它是抵制不住的，故拼死在政治上维护其封建性的专制统治。接受新思潮洗礼的卡夫卡对此最为痛心疾首。他的这封致家父的长文，某种程度上也是一篇讨伐他的国家“家长”统治的檄文。因为在他看来，无数像他父亲这类专制式的小家长，是按照他的国家“大家长”的模式复制出来的。你听：“您坐在靠背椅里主宰着世界”，“专制有如暴君”。“在我看来，您具有一切暴君所具有的那种神秘莫测的特征。他们的权力基础是他们这个人，而不是他们的思想”。“有时我想像一张世界地图，您伸直四肢，横卧在上面。我觉得，仿佛只有您覆盖不到的地方……我才有考虑自己生存的余地”。而他的父亲是如何对待那些“大家长”们的呢？“一个皇室咨议之类的人便经常挂在您的嘴边”。“看到我的父亲居然认为需要别人微不足道的认可来肯定自己的价值，我也是很伤心的”。这些言辞形象而生动地描绘出一个君主专制国家的统治者的特征与小民的心理。

卡夫卡写这封信的时候，正值欧洲以德奥为中心的表现主义高涨时期。艺术革新、思想反抗与文化批判交织在一起。文化批判领域的一个重要主题就是对所谓“父辈文化”的批判。这就是为什么那时的许多文艺作品都把“代沟”作为题材或主题的原因。这有思想理论上的背景。当时的表现主义喉舌《行动》发表题为《论克服文化危机》（奥托·格罗斯作）的重要论文，文中把尼采和弗洛伊德看作未来反对父权权威而有利于母权革命的先驱者。按照弗洛伊德的观点，他认为父子斗争乃是人类历史上的一种恒常现象。当时的卡夫卡正关注弗洛伊德的理论。1917年，他还曾与表现主义领袖和活动家们（包括奥托·格罗斯）一起商谈过创办宣传精神分析学的杂志问题（后未办）。因此卡夫卡的这封长信可以看作是对这股文化批判思潮的一个呼应。

信写成后，卡夫卡曾把它交给母亲转交。母亲为防止父子关系进一步恶化，未予转交。但卡夫卡的这封信显然不是为了写给父亲看的，而是写给全社会看的，首先是给每个家庭的长辈、教师、青年工作者看的，因为它涉及的不仅是文学，更主要的是社会学、教育学、儿童心理学、人类文化学等。卡夫卡强调："一切文学都是文献和见证。"这篇思想深刻、条理明晰、辞采讲究的书简无疑是他的这一美学观点的实践。它与鲁迅差不多于同一年代写的《我们应该怎样做父亲》可谓不谋而合，殊途同归。

原载《文汇报》2004 年 7 月 10 日

地狱和天堂

——尼采一句话的启示

地狱和天堂，谁都知道，那是宗教的用语。但他们也常常出现在无神论者的口头中或笔头下，那是作为某种境遇的描述，或某种欲望的譬喻，再不就是作为某种咒语和颂词。

在基督教的典籍中，地狱是极端恶劣的场所，充满着恐怖和摧残。这种情形在中世纪末期意大利诗人但丁的伟大三部曲《神曲》的《地狱篇》里有着极为生动形象的描写。天堂则正好相反，它在《圣经》里是超凡的“极乐世界”，是精神的最高统治者——上帝所在的地方；在我国的道教教义中则是神仙居住的场所，谓之曰：“仙境”。

笔者是无神论者，谈论这两个概念自然只有在无神论的语境下展开。按照无神论或者唯物论的观点，宗教意义上的这两极的概念是不存在的。但它们确实反映了俗世人生的两种截然相反的生存状态，或短暂经历的两种完全不同的境遇。有的人一生中生活富足、备受关爱、万事顺利、无忧无虑，我们说他“过着天堂般的生活”。有的人则一生中穷愁潦倒、祸不单行、拼命挣扎，我们就说“他的处境有如地狱”。但这两种境况有时仅仅是现象，实际并非如此；有的人看上去他幸福无比，事实上他忧愁满腹。你看《红楼梦》里那个“老佛爷”，她该是“快活似神仙”了吧？殊不知她有时也慨叹“大有大的难处”。可见，幸福是一种感觉，而不是表象或外观。处于现实人际关系中的人，尽管看起来大富大贵，真正有“天堂”感觉的人几乎是没有的，有也是很短暂的。同样道理，有的人你看他好像生活在地狱里，但他自己的感觉并非如此：几十年的跌打滚爬，他已经习惯了，不然，生活条件很低下的两千年前或今天的边远地区就没有幸福的人了！因此毫不奇怪，恰恰是某些看起来大富大贵的人，或者因家庭不和，或者怕坏事败露，其内心正经受着地狱的煎熬。

但人的地狱或天堂的处境并不是固定不变的，所谓“天有不测风云”这一成语就绝妙地道出了人生的变化无常。在1949、1966这些时间界限上，有多少人突然从地狱升到了天堂，又有多少人从天堂掉入了地狱！就是今天仍有不少市郊豪华别墅里的主人心有余悸地不时闪回当年铁窗里的情景。不过这些事例都是因为大局时运的变化，是不以主观意志为转移的。

天堂与地狱的另一种位置互易出于辩证法则，生活在“天堂”里的人，或者娇生惯养，染尽恶习；或者好逸恶劳，精神萎靡。久而久之，天堂的优越条件被他消耗殆尽，成了“破落户的飘零子弟”。这正应验了我国那句有名的古语：福兮祸所伏。而有一种生活在“地狱”里的人，经历了种种肉体和精神的磨难，尝尽人生的甜酸苦辣，体悟出人生的真谛，懂得了如何缔造真正的人生，成了拥有真实力量的“大写的人”，可谓“祸兮福所倚”了。这里令我想起两位外国智者的话，一句是哲学大国里的尼采说的，大意是：只有经历过地狱磨难的人才有建造天堂的力量；另一句是奥地利作家卡夫卡说的：“那从地狱深处发出的声音乃是最美的声音。”不愧是大家，分别以短短一句话就把天堂与地狱的辩证关系表述得如此透彻！真乃至理名言。一个人处于逆境的时候，更能激发出他的潜在的能量，这就叫“置之死地而后生”（也是我国古人说的）。这是被无数实践的事例证明了的真理。且不说司马迁、孙膑等这些两千多年前的古人，在经受了酷刑和牢狱之灾以后，怎样忍受着巨大的屈辱，分别写出了千古绝唱《史记》和

《孙子兵法》;也不说文艺复兴时期的伽利略、布鲁诺等这些外国人,如何在遭受宗教裁判所的多年迫害以后,更加坚定他们的科学信念:还是地球围着太阳转!就在我们的同时代人中扫描一下吧,先看看那些受到命运袭击以后,手脚被捆住的人怎样书写他们灿烂的人生。几年前到过我国的美国科学家霍金,他不但腿不能走路,手不能自由动作,甚至头也抬不起来,话也说不清楚,然而,恰恰是他,发现了一个惊人的天文奇观:宇宙的黑洞。尽管有争议,还是得到天文界普遍的赞同。再一个是墨西哥女画家弗里达,天生美丽,却命途多舛,本来就自幼小儿麻痹,18 岁又遭车祸打击,脊椎破碎,在此后几十年中接受了几十次手术,临终前还不得不截去一条腿,真是地狱般的灾难了!然而这并没有阻碍她成为一个出色的画家和有理想的共产主义者,一个传奇式的人物。有关她的文艺作品——小说、戏剧、舞蹈、电影、传记等不胜枚举。这两位奇人,其生活磨难的程度和战胜障碍的毅力是成正比的,常人却是无法想像的。好像他们身上有两个自我:一个是命运——被恶魔死命地往地狱最深处拽拉,另一个是智慧——奋力地向天堂奔突。这种极端的事例当然是个别的,但苦难经历与创造意志在一个人身上的反差现象却是普遍的。这就是为什么几经战乱的民族,其性格都比较刚强。政治上受过委屈、社会上受过压抑、生活上受过煎熬的人,其思想往往比一般人要深邃。我国语言中的许多成语、格言、歇后语等也反映了这一规律。所谓"卑贱者最聪明",所谓"穷人的孩子早当家",所谓"吃一堑,长一智"等等,都是人们在实践生活中领悟和概括出来的真理。

生命科学告诉我们,一个在通常情况下生活的人,一生中其智力才开发出百分之十。其余的就有赖于你的超常刻苦了。而人大多都有天生的惰性,只有在外力逼迫的情况下,才会超常地吃苦。在职业练球场上,你几乎要趴下了,但在教练的严厉口令下,你含泪也得起来再拼。这样,你的汗水比常人无疑要流得多得多,但别人没有开发出来的潜力被你开发出来了!这就是"严师出高徒"的道理。马俊仁手下之所以涌现出一批世界冠军,很大程度上归因于他比别的教练有更多的"狠心"。君不见在一次新年晚会上,当着亿万电视观众的面,有记者要马的一位进了世界冠军"天堂"的弟子谈感想,她嗫嚅着嘴巴,话音未出却先哭了——那是不堪回首的"地狱"啊!这证明:下"地狱"是上"天堂"的代价。这可是造化为人类设置的公平原则。

人生道路往往不是一帆风顺的。但只要把“地狱”与“天堂”作为一个辩证的统一体带在身上，就有了防身的武器。这样，失败会成为成功之母，苦难会孕育成大器，绝处有可能逢生。80 年代末，我的女儿赴欧洲学习，须业余打工度日。开始人生地不熟，找工作颇困难，电话里她哭了。但我却笑了，我说：“这好啊！你在家里什么时候这么哭过？可不哭你怎么懂得人生？”于是我把上面提到的尼采的那句话送给她。回国后，每当她谈起出国初期那段艰难岁月时，她非常感谢我，说：“爸爸，你送给我的那句话真是‘及时雨’啊！我精神一下就振作起来了。”

原载《文汇报》2006 年 3 月 22 日

原题《关于“地狱”的思考》

第五辑

艺术革新派与守旧派的一场较量——布莱希特卅周年祭

20 世纪 30 年代，德国左翼作家内部围绕“先锋派”文艺问题展开一场论争。这场论争虽然已经过去整整半个世纪，但今天当我们接触那场断续进行了将近十年的“同室操戈”的材料时，四起的硝烟仿佛仍在眼前弥漫，或者说，那场论战的幽灵仍在纠缠着我们的头脑。

那场论战在 30 年代有过两次高潮：1931—1934 年和 1937—1938 年。这两次战役的实际指挥者都是当时以国际革命作家联盟驻莫斯科特派员身份出现并直接担任过德国无产阶级革命作家联盟领导的著名文艺理论家、批评家卢卡契。被攻击的一方是先前不同程度地参与过先锋派（主要是表现主义）运动的左翼作家、艺术家和理论家，或者这个流派的同情者。双方先后卷入论争的有三十余人。但作为被攻击一方的代表人物布莱希特始终未被公开点名。他与卢卡契的分歧始自 20 年代。他深知这两次攻势主要矛头是指向他的。第二次论战高潮期间他正流亡丹麦。

当时他致函《发言》(德国流亡者在莫斯科创办的杂志)杂志主编布莱德尔说，卢卡契正以“资产阶级颓废主义”的恶谥把他打入瓮中。但为顾全大局，他未公开迎战，而把他思考的意见一一记在笔记本里，前后断断续续约记了十来年，但最集中的是1938—1941这几年。这些笔记直到作者逝世十年后才公之于世，在世界范围引起巨大反响：它们是论战的真实记录，同时也倾诉着一个既有伟大艺术抱负，又富有创作活力的无产阶级作家在“相煎何急”下的心声。

但卢卡契发动这两大攻势未必出于他的初衷。30年代以前，他的政治思想和文艺思想都是比较复杂的、矛盾的。据匈牙利掌握卢卡契第一手资料的塞尔达海伊披露，那时在艺术的社会功能问题上，卢卡契是为了反对“左翼”文学阵线的“鼓动艺术”而起来保卫“自治艺术”的，这对于当时“左翼文学阵线”把“鼓动艺术”强调到代替艺术的全部的做法固然有一定的积极意义，但他因此而把“自治艺术”强调到替代一切艺术的全部，显然犯了同样的片面性毛病。照理说，这是属于右的偏颇。但同时他对一度统治了苏联文艺界的“拉普”路线却推波助澜。1931年他带着“加强”拉普路线的旨意，被派往柏林担任德国无产阶级作家联盟的领导。这时候“现实主义”在卢卡契那里还只是一种艺术风格，而不是创作方法。1932年4月，“拉普”组织被联共中央宣布解散，包括卢卡契在内的某些原来推行拉普路线的领导人便改弦更张，重新把“现实主义”——一种与19世纪的写实风格相联系的创作方法抬出来奉为正宗，只是前面加上“社会主义”的定语。于是格隆斯基提出的这个“社会主义现实主义”口号正中他的下怀，很快获得通过并赢得最高领导的认可。接着为期两年之久的关于这个口号的讨论，合乎逻辑地取得了胜利，在这一讨论中作为“活靶子”的乔埃斯理所当然地被批得体无完肤。然而那些原来的“拉普”的反对派和国内的先锋派却蒙受很大的压力，尤其是后者，许多人失去了写作的权利，有的甚至被放逐。

国内的现实主义“异端”当然是容易解决的。但国外的呢？为了纯洁左翼作家队伍，当然不能例外。随着1931年先锋派的最后一个大流派超现实主义的解体，现代主义运动开始走向低潮，现实主义乘势东山再起，重新夺回它的“独尊”地位。于是这两大美学思潮的不同代表者们的遭遇就成为不可避免的了。而卢卡契作为一个具有官方身份的共产党人，要在这一历史纠纷中扮演一个特定的角色也是注定的了。而这又使他头脑里那个还没有来得及驱除出去的“拉普”的阴魂继续找到了附体。这就是30年代那场论战的国际背景。正是这个国际背景才使布莱希特感到压力的巨大，然而也正是从这压抑下迸发的声音，闪烁着更多真理的火花。

这两次论战的一个显著特点是“火药味”很浓。这本来是个文艺性质的问题，但发难一方却以简单地扣帽子的方法，企图对表现主义在政治上进行彻底清算，艺术上全盘否定。他们使用以点概面的办法，指责表现主义是与法西斯主义一脉相承的。这引起布莱希特一方巨大的激动。因为这些“过来人”十分清楚，这顶帽子太不相称，而分量又是如此之重！大家知道，表现主义是一个没有统一的组织而只有大体一致的艺术主张和创作倾向的文艺流派，其成员从政治态度看，左、中、右都有，而中间是大量的，左翼则绝不比右翼少。如果说它有极个别右翼成员（如戈·贝恩）一度倒向希特勒政权，毋宁说它有更多的成员转向了无产阶级革命。在这一点上，它跟同时期的意大利的未来派有明显不同。

布莱希特虽然同情表现主义运动，但从一开始他就批评这个流派的某些缺点，尤其是它的抽象人道主义口号和一些混乱主张。但他对于卢卡契等人“用最简单的公式来处理”一个文艺流派和一些不同艺术主张的做法是持反对态度的。他以挖苦的口吻批评他们那种貌似“十分周密的马克思主义分析”，说这种分析“以一种可怕的制度之爱”把一些艺术流派与某些政治党派混为一谈；它轻易地宣布在流派运动中产生的“有些有生命的东西是错误的”，并加以“废弃”。因此他不点名地指责卢卡契充当“艺术法官”，对艺术的是非问题进行简单的判决，这样做当然不能说服任何人，势必引起更大的分歧。于是，又听到人们“磨刀霍霍”，那“久已淡忘的敌友情绪又互不相让，大家都朝对方的胸口打去”，而最倒霉的是两种人：作者和读者（《表现主义论争要注意实效》）。布莱希特这里所描述的，我们似乎领教过不止一次了。这样的意气相斗，当然不会有什么结果，只能损害作家队伍的团结，消耗统一战线的能量，弄不好甚至会导致“派性”的产生和长期对立。而布莱希特之所以“不高兴看到表现主义被彻底砍倒”，因为“害怕随着表现主义被砍倒，有人会力图坚持适合于地主阶级的描写方法”。因为否定一个有缺点的新事物存在的权利，就等于全盘肯定那已经失却了生命力的旧事物继续存在的合法性。他打了一个比方，好比一支不成熟的革命队伍，难免有盲动性，而你要“克服盲动性，必须教会革命”，而不是简单地把那支队伍抛弃。

社会主义现实主义在苏联的胜利，正如赛尔达海伊指出，与其说“社会主义”的胜利，不如说“现实主义”的胜利。因为从此以后现实主义被确定为唯一正确的方法，处于“独尊一格”的地位，并被赋予了政治性的涵义，这在卢卡契那里被加上“伟大的”定语。这样表现主义就不可避免地要被戴上又一顶政治性帽子——反现实主义。卢卡契说表现主义“具有特别的反现实主义倾向”，因为它“充满着这一时期的所有反动偏见，这些偏见使它更易接受形形色色的反革命口号”。据卢氏在同一篇文章(《现实主义辩》)中的阐述，这些“反革命口号”指的是“抽象和平主义、非暴力思想、资产阶级的抽象批评、无政府主义幻想”等等。诚然，这些东西在表现主义的不同作家、不同作品中确实不同程度地存在着的。因此，卢卡契的某些意见布莱希特也是赞成的，他也指出:“这个流派在某种程度上是充满矛盾的，不统一的，混乱的”(《表现主义论争》)。问题是，这些东西概括不了表现主义运动的全部，甚至也构不成它的主要倾向。表现主义的主要倾向是“反抗”，反抗资本主义的现存社会秩序。不管尼采本人的主观意图是什么，他提出的“一切价值重估”、“上帝死了”等口号对表现主义运动的影响是很大的。当然正如布莱希特所说:“抗议的呼声很高而不明确。”对于这样一个复杂的文艺流派，正确的态度无疑是：具体分析。布莱希特说:“在我看来，表现主义并非仅仅是一桩‘恼人事件’，并非仅仅是一次‘出轨’。理由是：因为我根本不把它仅仅作为‘现象’来观察，贴一张标签了事。对于那些好学而务实的现实主义者来说，这里有许多可学的东西”(《表现主义理论之形式主义性质》)。对于一种复杂的文学现象或文学作品采取贴标签的办法是最省事的。所以半个世纪以来，无数的庸俗社会学批评家和形而上学论者可谓尝够了“甜头”。具体分析就要费事得多。布莱希特举例说，比如“先锋派”:“先锋，可以是在后撤中一马当先，或蹈入深渊；先锋，可以是跑得很远，远得大军都看不见，因而跟不上……至于它在什么地方脱离了主力部队，为什么脱离，怎样脱离，又怎样才能重新与主力联系上，这是可以说明的”(《现实主义理论之形式主义性质》)。表现主义既然不同于资产阶级右翼政党，它本身总体上又构不成右翼性质，那么无产阶级对待它的态度就理当如此，以便团结、争取、引导。而像卢卡契那样，标签一贴，抛而弃之。这样做，只会把本来可以争取的力量推给敌人。这种“纯革命”的文艺政策，还不是当年“拉普”行之有害的“左”的方针的翻版吗？

卢卡契的“反现实主义”是个政治概念，也是个美学概念。作为美学概念，它在卢卡契那里有个同义词——形式主义。这是他给论敌扣上的第三顶帽子。这可以说是双方争论的中心问题。焦点是：现实主义应包含多种风格，还是只有或只准许一种风格——写实主义？卢卡契的基本立场是后者。在他那里，现实主义与写实主义是划等号的。他认为，“现实主义不是诸种不同风格中的一种风格，而是一切文学的基础”（《批判现实主义的现实意义》），而且是“美学的基本问题”（《〈现实主义问题〉序言》）。但卢卡契的现实主义是以已有的现成作品为规范、以 19 世纪的批判现实主义为模式的，他用这种模式来衡量其他的，尤其是 20 世纪以来的大量新形式、新风格的作品，合之者“伟大”——如托马斯·曼；违之者“颓废”——如乔埃斯（先锋派的其他作品当然不言而喻）。布莱希特则从发展眼光来看待艺术形式及其定义。他认为，现实主义不仅仅是个形式问题，而首先是个“政治的、哲学的和实践的问题”，真正大众化的现实主义文学“必须与急速发展的现实步调一致”。他主张，现实主义文学应具有“风格的广阔性和多样性”。因此现实主义的概念不应停留在以往的界定上，而应随着时代和现实的发展而发展；如果只根据已有的少数几位现实主义者的作品下定义，“这是非现实主义的”。“假如我们今天的小说家屡屡听到：‘我们的老奶奶可不是这样叙述的’……那么，我们就非同我们的老奶奶一样讲法不可？”比如内心独白，“说托尔斯泰是不这么做的，这不能构成排斥乔埃斯这么做的理由”。道理很简单，“如果我们只接受死者的形式，那就意味着没有一个活者是现实主义者了”。如果只用某一种形式或风格来限定现实主义，那只能导致现实主义的“绝育”。这里，布莱希特把形式主义的帽子奉还给了卢卡契：“面对不断改变着的社会环境所不断提出的新的要求，坚持旧的传统形式也是形式主义”（《表现主义论争》）。于是他大声疾呼：“不要只准许艺术手段的发展到 1900 年为止，从此就不准再发展了！”（《表现主义论争要注意实效》）这些见解，鞭辟入里，掷地有声。它们揭开了卢卡契现实主义概念的实质：“旧瓶装新酒”，或者说，要新的现实内容服从旧的艺术形式，“削足适履”。所以布莱希特批评卢卡契："他所关切的仅仅是欣赏，而不是斗争、出路，不是前进"（《盖奥尔格·卢卡契的文章》）。

关于现实主义，布莱希特有完整的理解和扼要的表述，他说："现实主义也者，即揭示社会的错综复杂的因果联系；揭露社会占统治的观点不过是统治者的观点；站在以解决人类社会最紧迫问题为己任的那个阶级的立场上写作；强调发展的因素；表现事物可以具体描写，也可以抽象概括。"这五点原则，有关政治和艺术、内容和形式、目的和手段都涉及到了。其中第四、五点是关于形式的。可以看出，布莱希特对于现实主义在形式上的要求，一是变化发展的；二是风格多样的。他的宗旨是：一切阻碍我们穷究社会因果关系的形式必须抛弃；一切有助于我们穷究社会因果关系的形式必须拿来。由于事物的变化是绝对的，所以在布莱希特那里静止不动、万古不变的金科玉律是不存在的："面对着那战斗的、改变着现实的人民，我们不可拘守那'行之有素'的叙事规则、备受推崇的文学典范、永恒不变的美学法则。我们不应从某些特定的现成作品中推导出现实主义，而要使用一切手段，不管旧的还是新的，行之有素的还是未经尝试的，来源于艺术的还是来源于其他的，只要艺术化地把现实交到人民手里就行"（《人民性与现实主义》）。这里的原则是：怎样与作家的创作个性相适合；怎样最大限度地取得艺术效果。

如此说来，对于现实主义者来说，先锋派的艺术形式，也是可以吸收的了？布莱希特的回答是肯定的。他说："为了让人民能看懂，根本用不着回避不习惯的表现手法。"拿表现主义来说，"在恺撒、施台恩海姆、托勒、戈林那里都有可供现实主义者收获的东西"。关键是你是否"好学"而"务实"。布莱希特以自己为例，说他从这些人那里"学习起来容易得多"，而学习被卢卡契推为现实主义最高典范的托尔斯泰和巴尔扎克则"要困难些（得益少些）"，因为"他们处理的是另一些任务"。

现代派的艺术由于突破了正统的审美规范，以"新、奇、怪"的面孔突现在人们面前，固然引起像布莱希特这样一些富有进取精神的现实主义者的兴趣，也惹起那些正统美学陶醉者的恼怒。前者认为"本世纪初西方现代艺术……的一切尝试都是有益的（法共现实主义画家富热隆）"；后者（如卢卡契）认为，先锋派最成功的作家所创造的不过是"艺术上有趣的颓废"而已。因此他叫人们选择：是要"弗兰茨·卡夫卡抑或托马斯·曼？"

(《批判现实主义的现实意义》)其实卡夫卡和托马斯·曼属于两个不同的审美范畴,各自都有存在的理由。互相吸收不是更有益吗?为什么非要人们"一边倒"呢?为了阻止人们向先锋派艺术吸收,有人还发明了一种理论,说形式和内容是"不可剥离"的。殊不知,为数众多的现实主义者们,一直都在"剥离"着先锋派的艺术形式,为己所用,才使今天西方文学、艺术中出现"你中有我,我中有你"的普遍现象,才使现实主义本身在新形势下继续保持新陈代谢的功能。因此人们在对待先锋派艺术的态度上,是"惶恐,推拒",还是首先"拿来",然后进行"挑选"、"鉴别"?历来存在着分歧。这里似乎倒有必要设问一下:是选择前者抑或后者?

卢卡契的"形式主义"帽子必然引起又一个问题的争论:艺术允许不允许实验?

这个问题一直在许多人的意识中沉睡着,尽管历史上已经有很多人为此作了惊人的努力甚至牺牲,也未能把它敲醒。然而,20世纪的文艺一个很大的特点就是它的实验性,而且参与者的实验意识之强烈,也是前所罕见。然而艺术实验同科学实验一样,也是要以大量失败为代价的,因为"一千种创新里九百九十九种都是无才的制作,只有一件是天才的产物。因为在美的追求中;正如在真的追求中一样,有无数的途径通向失败,只有一条道路通向成功"(桑塔耶那:《美感》)。卢卡契显然不理解这个道理。这场论战的序幕就是由他向两个青年人尝试用报道体写的实验性小说进行发难揭开的。他在正确地指出他们的作品的某些缺点的同时,对作者在创新方面所进行的尝试一笔否定,主要的罪状是没有按照"塑造形象"这一固有的"创作规律"行事,而作者所采用的报道体裁和蒙太奇等手法都是"非艺术"的(《报告文学还是塑造形象》)。

布莱希特一生的艺术道路就是不断实践、试验、探索的道路,他迫切地感觉到,"科学时代的戏剧"艺术上必须进行相应的革新,而艺术的革新意味着艰苦的实践和试验,要取得成果是不容易的,"有些试验要报废,有些则要以后才结果或果实瘦小"。他不无感慨地提醒那些"形而上学论者":"在艺术实验中,有失败,也有部分的成功。这一点,我们的形而上学论者们务必理解。作品的失败是如此容易,因为要它成功是多么的难。"因此"世人有理由对这些艺术家感到不耐烦,……但他们也有理由对这些艺术家表示忍耐"。如果试验失败,就是说写了艺术上不成功或思想内容有缺陷的作品，怎么办呢？是归咎于革新的罪过，从此放弃探索，或从行政上下禁令，还是积极总结经验教训，继续前进呢？布莱希特采取后一种态度，他说："失败是必须承认的，但不可从失败中得出结论说，再也不该进行什么斗争了"(《现实主义理论之形式主义性质》)。

这场论争规模很大，涉及的方面很广，并不是过程的每个细节都是"非黑即白"那样是非分明，有时也有"公说公有理，婆说婆有理"的现象。但是，从大轮廓说，真理倾向谁，还是一目了然的。有时候我们看不清真理，是因为离它太近。只要你把时间拉长，空间扩大，那就不难看清：真理是在布莱希特一边。这是为半个世纪来的实践所证实了的结论。

马克思说过："我们是不断发展论者，我们不打算把什么最终规律强加给人类。"然而卢卡契，还有从 30 年代以来一脉流传下来的好些持教条主义观点的同志，却偏偏要这样做。他们动辄搬出这个"规律"那个"规律"当路障，要人们在"尊重"前人的规律的"前提"下才能创新，才能谈论新观念。试问：如果当年雨果把古典主义的"三一律"当作"前提"来尊重，戏剧史上还会有《欧娜尼》这样的开浪漫主义一代新风的代表作吗？如果当年布莱希特把亚里士多德的"净化论"当作"前提"来尊重，现代戏剧理论宝库中还找得到"非亚里士多德化"的"陌生化效果"吗？如果当年郭沫若把我国几千年来形成的完美的旧体格律诗当作"前提"来"尊重"，我国的现代诗歌中还能出现《女神》这样的奠基之作吗？这些大谈"规律"的同志也像卢卡契一样，恰恰忘记了文艺史上的这一规律：任何完美的艺术形式，当它与新的时代内容不相适应时，必然要被历史宣布为陈旧(但不是"废弃")，而忍看那与它格格不入的新的形式与新的内容相结合。这些同志莫非也记不起历史上的这些重要教训：显赫一时的高德舍特教授同莱辛激烈争论的结果怎样威信扫地；成就卓著的高乃伊与狄德罗激烈争论的结果怎样宣告败北；安格尔和德拉克罗瓦激烈争论的结果怎样让后人讥评，……不过，最近的这一教训可不能再忘了：我们的卢卡契同布莱希特激烈争论的结果，也没有两手空空——他得到了"僵化的新古典主义"的桂冠。

原载《读书》1986 年第 5 期

他的艺术不朽

——纪念布莱希特百年华诞

今年2月10日是德国伟大戏剧家兼诗人布莱希特百年诞辰。每当我们缅怀这位杰出的艺术家不平凡的一生，总是对他充满崇敬。这不仅是因为在他不长的五十八年作家生涯中，给我们留下了巨大的文学遗产（他的全集有厚厚的三十卷之多），更由于他的这笔遗产并不随着时间的流逝而褪色，而是依然充满活力和新鲜感，即使在冷战的年代，这位马克思主义的信奉者也依然能冲破意识形态的壁垒，让他的艺术在两个不同的世界里受到欢迎。

布莱希特是举世公认的戏剧革新家。他视野开阔，思想敏锐，从一开始，他的目标就不是在前人基础上的提高，而是常规以外的独创。他怀着伟大的艺术抱负和自信心，首先向欧洲传统戏剧美学的尊神——亚里士多德提出挑战，认为他的以“引起恐惧和悲悯”为要旨的共鸣说或“净化论”已经“不合时宜”，并提出“间离法”（或曰“陌生化效果”）来取代它，又以“叙述体戏剧”去打破亚氏的“戏剧性戏剧”，进而超越了俄国斯坦尼斯拉夫斯基的"体验型"剧艺学，建立起独树一帜的"表现型"剧艺学，从而对20世纪的世界戏剧作出了卓越的贡献。

布莱希特提供给我们的经验是宝贵的：他敢"破"又敢"立"，而在"立"的时候，他并不像有的先锋艺术家那样轻率和随意，动辄以口号相标榜。他严肃认真，力求以科学为依据。为此他流亡回国后，即积极争取建立起自己的剧团，进行切实的舞台实验和探索，说明他的一点一滴的艺术成就都是经过艰辛劳动的。正如他自己所说，艺术实验是多么不容易，因为要取得成功是多么艰难。无怪乎同样经历了表现主义的先锋运动，他吸取了这一运动中的新锐的艺术精神，却能避免许多人常犯的通病。这里用得着美学家桑塔耶那的一句话："一千个创新作品里，九百九十九个都是平庸的制作，只有一个是天才的产物。"布莱希特无疑是艺术革新家中成功的佼佼者。

不容忽视的是，布莱希特的艺术革新工程主要成就是在极端险恶的环境中实现的。这就是说，他的创作的旺盛期正值法西斯势力猖獗，他的祖国乃至欧洲经历着空前的战争浩劫的时期。作为纳粹的敌人他不得不离开德国，随着战火的蔓延东躲西藏，先后辗转好多个国家，带着一家人过着颠沛流离的生活。但就在这些动荡的岁月里，他一方面与别人创办反法西斯刊物，坚持对敌斗争，同时，仍不放弃艺术上的抱负和追求。他的大部分剧作(包括上面提及的几部奠基之作)恰恰都是在1938年至1945年这段战火纷飞的年代写成的，它们当时就被搬上苏黎世话剧院的舞台，轰动一时。与此同时，他的"叙述体戏剧"的理论也日臻完善。此外，值得一提的是，由于当时"第三国际"的操纵，这期间德国左翼作家队伍内部爆发了文艺思想的派别之争。布莱希特组织上顾全了大局，未公开交锋，但他默默记下的约八万字的思考性笔记，以历史唯物论的开阔视野，批驳了"唯模仿论"的"形式主义"教条，拓宽了现实主义的概念和思路，使之与现代主义相贯通，从而发展了马克思主义美学。这可以说是他的艺术之所以有持久的生命力并能获得广泛传播的奥秘之一。

布莱希特之所以值得我们纪念，还因为他的思想、理论和作品中厚重的"中国情结"。他不仅同情和支持中国革命，对中国怀有友好感情，作品中经常出现中国题材或音响，而且对中国文化，特别是戏曲、文学和哲学具有浓厚的兴趣。他对中国文化或哲学的爱好程度，只要提一下他卧室中唯一悬挂的那幅画就足够了：那是一幅老子的像，它几十年如一日，始终相伴在他枕边的墙上，不管他搬迁到哪里。他对毛泽东著作，特别是《矛盾论》、《实践论》的研读也十分认真。他甚至还把毛泽东诗词翻译成德文。他对中国的戏曲更是赞美有加，尤其是1935年在莫斯科观赏了梅兰芳的表演以后，他更觉得找到了艺术追求的异域知音。为此他不止写了一篇文章来完善和丰富他的导、表演理论。

为了对这位世界文化名人和中国人民的朋友举行隆重的纪念，日前中国的日耳曼语言文学界和首都的文学、戏剧界以及对外友协联合成立了筹备组织，准备在5月中旬召开纪念大会和为期四天的国际学术讨论会。届时，中国青年艺术剧院还将把布氏的名剧《三个铜子儿的歌剧》搬上舞台，香港的话剧界也将来京上演布氏的戏剧。

原载《人民日报》1998年4月16日，原题：《他的艺术青春常在》

艺术、生活皆简朴

——布莱希特晚年故居与墓地小记

今年2月10日是德国伟大戏剧家兼诗人布莱希特百年诞辰。在缅怀这位伟人奋斗不息的一生，回顾他那一系列不同凡响的杰作的时候，记忆的长丝一再把我牵回到他的晚年故居和墓地。原来这位向来以“陌生化效果”而独树一帜的艺术家，在他留给我们的这类遗产中，同样让我们感到因“陌生”而惊异不已。

布莱希特的晚年故居位于柏林孝塞街125号。是一幢旧式的三层楼房，布莱希特自己住在第三层的一套三居室，老式木地板，平面呈直角形。一进门便是一间带点长方形的房间，约十七八平方米，按我们的概念应该是前厅或过道。布氏却称其为“工作室”。但除了右边靠墙的两个书柜，几乎没有什么家具。不过倒是有几幅字画，使其充满异国情调，准确地说东方情调：右边墙上的一轴是日本的，题名为《忠诚义士传》，为“一勇斋四芳画”，画幅中两行题解性的汉字诗句立即引起人们的兴趣：“故乡有母秋风泪，旅馆无人暮雨魂。”哦，是个天涯沦落人的凄苦写照。显然这跟布莱希特那段难忘的流亡生涯有关，是他15年艰难岁月的刻骨铭心的永恒记忆。左边一侧窗户朝南，墙上全是中国墨宝：一轴巨幅孔子画像，是我国唐代大画家吴道子的手笔，左右两轴对联对孔圣人加以评价："德仁天地道冠古今，删过六经重宪万世"。与此毗邻的是我国当代著名画家、书法家黄苗子录写的毛泽东名词《沁园春》，这件珍贵艺术品的主人悬挂它，除了欣赏中国艺术的独特神韵外，跟他对毛泽东的敬意和对毛泽东诗词的赞赏分不开。他十分钦佩毛著《矛盾论》的辩证法，还曾把毛泽东的《沁园春》译成德文发表。总之，布莱希特在他的工作室中布置这些字画，与其说出于审美需要，还不如说出于他的精神追求，追求与中国文化的精神相通。有趣的是，这一面墙的窗下隔一条通道便是柏林市的一座名人公墓，叫"多罗泰恩陵园"，布氏曾风趣地说："它能促使我思考。"

工作室与大门对称的另一扇门直接通向一间较大的房间，布氏称之为"写作室"，与工作室构成丁字状。乍一眼看去，不免显得空空荡荡，不过很快在门右发现了一个小天地，那是北边一个高高的书架与东墙构成的直角造成的一个小空间，一张桌面很薄的圆桌，四周围着三张单人座椅和一张靠墙的双座沙发，其间还有一架落地灯，外加一个圆盘式吊灯。看来这张圆桌既是茶几，又是写字台。因此这个室中之室既是主人的会客室，又是他的"写作室"。令人感兴趣的是，离这个小单元仅一步之遥的西北边又有一张更小的圆桌，旁边伴有一张宽大而松软的单座沙发。这大概是主人休息或思考的地方。当你转到西边窗口时，又发现每个窗前都有一张矩形小桌子，据陪同的德国友人介绍：布莱希特同时又是个诗人，随时都有灵感来袭，他必须及时找到地方把它写下来。走完了这个大房间，觉得其最值得流连的还是"室中室"中墙上挂的那幅碑拓画，那是一位中国古人的半身像，由于轴画上没有任何说明，所以判定不了他为何人——孔夫子？布氏诚然很崇敬孔子，但他更喜欢老、庄、墨……

从写作室朝南的边门走出去是一段不大的过道，向右通向厨房和餐室；向前跨几步便是主人的卧室了。卧室不大，十几个平方米，一走进去，迎面映入眼帘的又是一幅轴画，画的是一个宽袍老叟躬身坐在椅子上，脸微微外侧，目光睿豁，有点"冷眼向洋看世界"的味道。这位主人公占的画面很小，所以右上方那几行字便显得醒目了："湛湛虚灵地，空空广大缘，万千妖孽类，统入静中看"。落款是"钱岑呈道人"。这便是布莱希特一贯

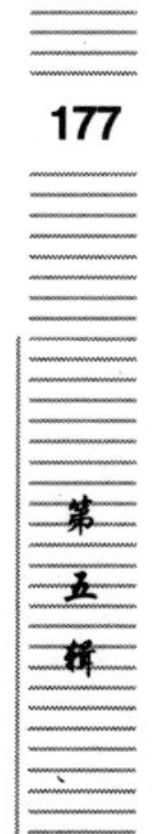

所崇尚的我国古代哲学家老子的形象，布氏在一首刚回国时写的诗里提到他时称其为“怀疑者”。这可以说是布莱希特自己世界观的写照。他一生中都把马克思这一著名论断作为座右铭：任何时代的统治思想都是统治阶级的思想。因此他不承认现存的资本主义社会秩序和流行的思想观念是合理的，这成为他的戏剧和诗歌创作的一个总主题。无怪乎布氏把这幅画视若命根，几十年如一日地始终让它伴随着自己，哪怕在逃难年代也带着它颠沛流离。他可真是堪称“中国迷”了。

厨房和餐室（像个玻璃大阳台）与布莱希特生前大不一样了！布氏的夫人和艺术上的亲密战友、著名演员魏格尔特为了把上述房间腾出来做纪念馆，就把这两个地方辟为她的生活空间，而且出于女人爱美的天性，养了不少花卉，陈列了许多大小不等的古玩和美术小玩意儿，她似乎已经渴望得太久了，现在终于有可能把她独自拥有的这个小天地布置得充满生活气息和艺术气氛，与上述三个房间形成鲜明的对比。可见这位同样富有敬业精神的“贤内助”，为了尊重丈夫的生活风格，自己多么懂得理解和牺牲。

布莱希特原来有过一幢比这气派得多的住宅楼，这便是位于柏林大街 190 号的那幢新古典风格的二层“洋楼”。但这位艺术上不知疲倦的创造者对享受是陌生的，因此住了不到五年就把它让了出来，作为“人民团结俱乐部”的所在地了！他自己则宁愿与墓地为邻，以便与德意志文化史上这些精英们日夜进行心灵对话。不料才住了三年，这位一心致力于改革，并始终奋斗不息的伟大戏剧天才还不满花甲，就过早耗尽了他生命的全部能量，于 1956 年 8 月 14 日从楼上走到楼下，从同一条街的 125 号走到 126 号，走完了从阳界到冥界的 58 年旅程的长桥，在多罗泰恩陵园的东北角，选了一块与住宅离得最近的地方安息了下来。葬礼是隆重的，不仅有一流的文化艺术家，还有政界要人。但客人们散去以后，这位艺术上善于创造“陌生化效果”的巨匠又让人们惊异了：比起他的生前住宅来，他永远安息的这座坟墓还要显得“荒凉”。作为他的“门牌”标志的墓碑，竟是一块好像不知从什么地方随便拣来的石块，它不等边，也不平整，略呈三角形，上面除了他的名字，其他一概没有：没有生卒年月，没有儿女姓名。而在前方不足十步之遥有黑格尔和费希特墓，再往前几步有 19 世纪伟大建筑家勋克尔墓，这几位伟人的墓碑无疑都是堂而皇之、庄重而肃穆的，左右陵墓甚至还有更讲究的石门、雕塑……相形之下，布氏的墓碑显得多么“寒碜”，仿佛这里掩埋的是一个衣食无着的穷人，或者是牺牲在战场一时来不及认真安葬的士兵，不用说，它成了这个名人公墓里的一个“不谐和音”。然而，它在了解墓主的人格和文格的人的心目中却赢得崇高的信誉，因而成了格调高雅的象征。继它之后，不仅布莱希特的夫人步了其后尘，而且其他声誉卓著的大作家如A. 茨威格、A. 西格斯、A. 勃朗宁、A. 特拉洛夫……也接二连三地紧跟而来，他们的墓容成了这座著名陵园的一种新时尚和新景观。于是杰出的艺术家革新家布莱希特不经意间又开了改革墓葬习俗的先河。写到这里笔者不禁想起一件轶事：近40年前在听冯至先生上课讲布莱希特的时候，他十分赞赏布氏思想的辩证而朴实和语言的明净与简洁，并联系他不久前在柏林拜谒布氏陵墓时的一段心理经历。在主人的安排下，他只带了一个花圈进这座高贵的墓园，是准备献给诗人贝歇尔的，因为他生前地位更高，是民主德国文化部长，而且刚刚去世不久。不料布莱希特的墓地就在附近，而且想不到竟是这样不事雕琢，朴素自然，与他平易素淡的为人风采和朴实无华的为文格调何其相似乃尔！一种由衷的敬意使他心情发生了矛盾……经过一阵子左右为难以后，最后他还是决定改变初衷：把花圈献给了布莱希特！

原载《文汇报》1998年6月25日，题目有改动

他终于有了个"大房间"

那是一个未了的心愿。

11年前第一次参观布莱希特在柏林的故居及其近旁的墓碑时，惊讶与震动实在不小：一位世纪性、世界级的艺术大师，他对艺术的追求不遗余力，但对自己生活上的要求却那么俭朴。而这俭朴与他的艺术风格，特别是诗歌风格又是那么一致。于是，这位德国现代奇才在我心目中形象高大了起来。但随即又听说，他在郊区还有幢乡间别墅，心中不禁为之一惊：难道这同一个布莱希特，他在城里让人看的与乡村里"藏"的竟是另一种面貌？中国知识分子，由于早已与"别墅"这个字眼绝了缘，如今乍一听之，能不大惊小怪？殊不知，在前民主德国，知识分子本来就是一个相当有地位的阶层。君不见人家的国徽上不止是只有镰刀和锤子，还有两脚规呢，而且位于中心，是象征知识分子的！所以不只是作家、艺术家拥有乡间别墅司空见惯，就是一般的教授、学者，有这样一份财产也是不足为奇的。

十余年来虽然又去过几趟柏林，但直到今年这趟我才终于等到了这个惊喜：布莱希特的乡间别墅对外开放了！多亏我的老朋友米勒夫妇，他俩安排了一整天时间，亲自开车陪我前往布寇。

这对年近古稀的“中国通”，不知是出于导游艺术的巧妙构思，还是无意中造成了悬念布设：到达布寇时才11点，他们却没有立即把我带到布氏的别墅，而是先去一家饭馆的平台吃饭。我刚刚坐下，忽见一派湖光山色豁然出现在眼前，哦，那溶溶湖水在绿树掩映下展现出她无比的姿容。我忙说：“你们别给我倒酒，我已经醉了！”两位东道主惊问：“上次你没见过这湖？”我说：“不但没见过，根本就不知道啊！我以为布寇不过因布莱希特别墅而有名。”他们仰头大笑：“相反，布莱希特因布寇而被吸引！这里历来就是德国东部有名的风景名胜，所以有‘迈克小瑞士’之称。而这个美称主要是靠这一派湖光山色得来的。”我一边贪婪地吸饮着眼前的旖旎风光，一边让相机快快记下此刻的印象。这个叫作“薛尔缪策”的湖，长约2公里，宽不到1公里半，像个丰颐而温柔的姑娘，甜蜜地静卧在群峦的怀抱之中。这些不过百十来米的山峦披着一身葱绿的盛装，像锦缎，像翡翠，把“姑娘”映衬得更加光彩照人，又用它们的脚步曲线，把她描画得婉约多姿。阳光下，那点点游动的白帆，更使她魅力无限。我不由得放下酒杯，迅步走向湖边，望着那清澈的湖水，像刚喝下的冰镇啤酒一样感到凉爽。能在这样的湖滨拥有一幢别墅，而且在绿树掩映之下，那真是天上人间了！难怪，很少有时间休息的布莱希特，终于也被“诱惑”到这里来了。

不过，这件事倒应归功于他的“贤内助”海伦娜·魏格尔。这位长期与布莱希特亲密合作和患难与共的终身伴侣越来越感到“布莱希特应该有一个房间，以便能不受干扰地进行工作。而这个房间必须很大，因为他工作时总爱跑来跑去”。于是，“我进行了一切努力”。自1952年起，他们终于如愿以偿。

布莱希特别墅的最诱人之处在于它紧靠湖边。房子离湖水仅四五十步，且看不到左邻右舍——勤奋而爱思考的布莱希特，图的就是这个僻静啊。

走进这幢花园小屋，不免感到有些局促：一进门就是上阁楼的楼梯，左右两旁各有一间8平米的小房间；左间是当年的藏书室，右间则是厨房，今天作售票处。穿过右边这间斗室才让人豁然开朗：一间约30来平米的明亮客厅直接与这两小间相通；面湖的一面，整面墙都是落地格子窗，它和墙中间的大门(不开)融为一体。占据客厅中心位置的是一张大型长方桌，周围摆着十张椅子。其中那张靠背最高的“头把交椅”还带点民俗风情：它是当年当地的“新娘”座，后来成了布氏夫人的“银婚”座。这个空间就是当年布莱希特经常与文艺界的朋友或作者交谈的地方，也是他的餐厅。但处于中心位置的这些陈设，无论从造型、款式或色调看，均与“现代”无关。相反，它们整体中唤起我的第一个印象，倒很像我们在井冈山看到的那些老革命家们的会议室：那种简易、古朴与随便(连椅子的高低大小都不一)，完全与他城里的故居风貌相呼应。但再向周围仔细瞧瞧，又似乎发现不协调了：一个是右边靠墙的一座偌大的衣橱，古色古香又精雕细刻，堪称高贵；再一个是正对大门的主墙上部有一块约4米宽、1米高的醒目墙面上，凸显着三尊洁白的女裸雕，其写实与典雅的造型显然与布莱希特的艺术风格和审美观念不协调。米勒先生很快看出了我的疑惑，告诉我：这幢房子原来属于一位德国雕塑家的工作间，大面积门窗就出于那位雕塑家的喜好，布莱希特原封不动地保留了这一切，包括外面园子里的雕塑品。至于大衣橱，可能体现了他夫人魏格尔的追求：她毕竟是女性，布氏去世后，她还生活了二十来年。就像她在这段寡居期间，也曾把城里那套俭朴的住宅厨房辟为自己的空间，摆上了许多装饰品。

走出小楼，想走一趟那条从紧闭的玻璃大门直通湖边的木条小径，却遇“此路不通”。便转向离小楼二十几步之遥的一座简陋的小平房，俗称“船篷”，那是“布莱希特戏剧博物馆”。在惟一的一间20来平米的展室里，陈列着《大胆妈妈和它的孩子们》自1949年在德意志剧院首演以来所使用的道具、服装、灯光设备等。其中最引人注意的是大胆妈妈像牛马般弯腰拉着的圆篷车，到1961年，这辆车已在德国和欧洲各国上了400次舞台！展室的三面墙上的大幅镜框里刊有布氏对该剧的重要导演提示。

在戏剧博物馆的西南侧，有一个小巧玲珑的亭子，坐落在一个高高的基座上。那也是布氏别墅的一部分。虽只十来步之遥，我们却可望而不可即：你看那道铁蒺藜墙和那位“铁将军”在冷冰冰看着我们，但不让我们接近主要还不是这座亭子，而是斜对过较远一点的那座大宅子，那才是布氏别墅的主要部分，约有我们这里的五开间民房那么大，二层；位于那幢客厅小楼西侧50来米距离，布莱希特工作和睡觉都在这里。是啊，只有这样宽大的房子，才够得上布莱希特工作时“来回跑动”的需要嘛。作为一代伟人的故居，它理应成为纪念馆的主要部分对外开放。可惜那位芭尔芭拉大小姐未免有点不识大体，她垄断了父亲的遗产，寸利不舍，现在用来对外开放的这座小楼，是国家花钱向她买下的。

布莱希特自1952年以后的大部分时间都在这里度过，直到去世。他在这个僻静而优美的湖畔，先后写出了诸如《猫沟》、《图兰多》、《科里奥兰》以及《布寇哀歌》(6首)，这是作家的才智与大自然的赐予互相交融的产物，或者说，是这种交融使人类获得了一份艺术瑰宝。

原载《光明时报》2003年2月26日

原题《布莱希特乡间别墅即景》

望着他的背影……

——在迪伦马特家里作客

绿水青山架长桥

北去的国际列车出发了。在旅客出奇的稀少的车厢里，我忘记了这次“马拉松”旅行将要经历的艰辛，一边饱览着沿途的秋色，一边盘算着即将在西德进行的三个月的学术考察中我将如何开展工作。我所要考察的两位德语作家——弗兰茨·卡夫卡和弗里德利希·迪伦马特——，前者是奥地利人，早已去世了；后者是瑞士人，仍然健在。迪伦马特，这位闻名世界文坛的艺术大师，他那别具一格的作品早在20世纪60年代就开始介绍到我国。近年来，他的戏剧和小说更在我国读者中引起强烈的反响。我作为一个译者和初步研究者，难道不应该顺便把这一消息直接告诉他，借以沟通中国读者和这位欧洲作家之间的精神联系么？再说，迪伦马特是一个世纪以来为瑞士文学争得世界声誉的少数几个作家之一（据不完全统计，他的作品已被译成四十来种语言），瑞士人民，甚至德语国家的人民都为有这样的作家而自豪。出发前几天，在一次招待会上，看到瑞士驻华使馆官员为我国出版了迪伦马特的戏剧作品感到衷心的喜悦，临别时大使先生一再叮嘱："你就要去德国了，顺便去瑞士看看迪伦马特呀，去呀，去呀！"大使的话是恳切的。我不应该利用这一机会为架设中瑞两国人民的文化交流的桥梁尽一份力量么？

但是，当我想到实现这一愿望的具体步骤时，却感到疑虑重重，信心不足。首先，这是个多少有点"怪"的作家，他很少出国，也不常见人，且年老多病，他肯见我这样一个陌生的异域来客么？其次，据说谈话时他不高兴让人录音，也不喜欢有规定的范围，而习惯于"一边说一边想，一边想一边说"，那么他能让人随时提问或插话么？而他谈话时那"突如其来的奇思妙想"我能追索得了么？第三，迪伦马特如今究竟在哪里呢？我从书中知道，他住在诺因堡，但诺因堡究竟在何方？

说来也巧，我的第一站被德国学术交流署安排在位于德国西南边陲，与法瑞交界的文化名城弗赖堡。在这里接触到的文学、戏剧界人士都一致鼓励我争取访问迪伦马特。他们一一伸出了友谊的手，有的为我查地图，有的为我寻找与迪伦马特联系的渠道，有的设法为我解决交通问题。人们告诉我，德文的诺因堡法文叫纳沙特尔，那是瑞士法语区，所以地名都用法文标示。纳沙特尔湖是瑞士著名的湖泊之一，濒湖的纳沙特尔市是与法国交界的纳沙特尔州的府城。弗赖堡大学德语文学系教员沃尔夫·基特勒先生决定驾车陪我直抵目的地。在人们这样一片热情的鼓励下，我向经常出版迪伦马特著作的苏黎世阿尔歇出版社写信，核实了我所掌握的作者的地址，并给迪伦马特本人写信征求他的意见。接着我按照考察计划的日程表去卡尔斯鲁厄市访问迪伦马特专家杨·克诺普夫。克诺普夫曾先后两次见过迪伦马特。当他知道我也有访问迪伦马特的愿望时，开始不禁表示悲观，说迪伦马特是很少见人的。但他又表示可以试试看，并马上去打长途电话。回来时他喜出望外，说迪伦马特已经收到了我的信，他愿意见我，叫我(11 月)20 日前后去。回到弗赖堡，当我办完了必要的外事手续后，通过电话把去的日期通知迪伦马特时，他马上回答："19 日上午 11 点我去火车站接您。"我马上说："我不坐火车，将乘汽车去，您不用来接了。"他又说："您不好找的，还是我去接吧。"

11 月 19 日晨，天色朦胧，雾气弥漫，基特勒先生驾驶的大众牌汽车以120公里的时速在高速公路上奔驰。进入瑞士以后，山回路转，只见层层青山，丛丛绿树，以及其中夹杂着的斑斑点点的秋黄从身旁闪过。道路虽然弯曲，但它逢山有洞，遇水有桥，畅通无阻。我感觉到，此刻我走的不是一条路，而是一座桥，是许许多多友好而热心的人们帮助我在绿水青山间架设的友谊的长桥。

汝拉山下播友情

基特勒先生也是第一次走这条路，但他凭着一路上详细而醒目的路标，一口气开到目的地——纳沙特尔火车站。这时才九点三刻，我们赶紧利用这一个多钟头的间隙领略一下纳沙特尔的景色。

纳沙特尔城与纳沙特尔湖相依相吻，交相辉映。纳沙特尔市坐落在横贯中欧的汝拉山的山坡上，从城市纵览湖面，湖光山色尽收眼底；从湖面眺望建筑别致的城市，则全城市容一览无余。瑞士是个湖泊众多、山峦起伏的国家，以风景秀丽著称，而纳沙特尔是其中最有名的名胜之一。迪伦马特成为专业作家以后，即于1952年从家乡伯尔尼州迁到这个拥有三万多人口的美丽小城居住。

11点刚过一点儿，一辆浅棕色的小轿车在火车站前的停车场间徐徐穿行，扶着驾驶盘的是一个穿着随便、头发雪白、蓬乱、秃顶的老人，开始我以为是迪伦马特的司机。车渐渐近了……哦，是他本人！他今年不是刚满花甲吗？看起来却似古稀老翁！我立刻想起了照片上他学生时代那风华正茂、双眸炯炯有神的风采，想起了他创作盛期那精神矍铄、步履矫健的模样，两相对比真是判若两人啊。

他让我坐在他的旁边，然后吃力地扳动着驾驶盘，汽车在忽高忽低、弯弯曲曲的道路上行驶，他一边跟我说话，一边呼哧呼哧地喘着气。约十分钟后，汽车在一幢浓荫掩映的低矮的平房前停下。这里与其说僻静，不如说冷清，要不是那“36”号的门牌，我以为是一间车库呢！因为在我的想像中，他的房子一定是相当讲究和别致的，如今出乎意料。房子周围满地树叶，这同许多瑞士人所拥有的那雅致、整洁的住宅和庭院比较起来毫无出众之处。迪伦马特从衣兜里掏出钥匙去开门，动作很不利索，这时他给我的印象是个看门的老人。进屋后过道狭窄，右边可以看见半间客厅，但他没有领我们去客厅，却让我们下楼梯。我奇怪为什么首先领我们去地下室。下去后却豁然开朗，偌大的一间既宽大又明亮的房间！往外一看，浩淼的湖水展现在眼前，只见远近点点白帆移动，原来这房子就在湖边！很有一番“别有洞天”的味道。往里一看，却又多么熟悉：那张摆在偏中心位置的宽大的写字台，那台架在窗前的天文望远镜，还有墙上那著名画家、他的已故朋友凡尔林画的大幅绘画《救世军》——这一切不就是去年(1980年)12月底西德一家大报纸的副刊上刊登的大型照片的实景吗？这一大间屋子既是他的工作室，又是他的会客室，还是他的主要藏书室，实际上是这幢房子的主体。

还在路上的时候，他的亲切友好的态度和平易近人的谈吐，很快使我消除了原来对他的想像，从而一切陌生和拘谨之感消失了。在屋里他仍然不讲客套，首先让我看了看他的写字台，台上铺着一部新作的打印稿，他告诉我，这是《素材》第二部的初稿，他正在修改。我问他这部宏篇大作一共写几部，他说计划写三部，也许不止，写着看。这时我发现他的稿子旁边摆着一本希腊悲剧家埃斯库罗斯的《普罗米修斯》的德文译本，这引起了我的兴趣，想到文学史上不少大作家利用这个动人的希腊神话故事进行再创作，写出了一部部不朽的名作，于是问他是否想把普罗米修斯的故事改写成一部新的剧作。他说不是。只是普罗米修斯这个神话的“叛逆的和革命的主题”吸引了他，他要在《素材》中加以发挥。

接着，迪伦马特请我们在沙发上坐下。这时我把带去的一点礼物交给他：一本我国人民文学出版社出版的《迪伦马特喜剧选》；一幅织有徐悲鸿名画的杭州织锦；一打剪纸和一盒花茶。他怀着浓厚的兴趣和新奇把这几件带有典型中国风味的礼物一一察看着，尤其是那本书，他翻过来翻过去端详了半天，说：“你们把它译出来真不容易啊！”接着他问书中包括哪些剧本；封面上那些字是什么意思，书脊上那些字又是什么意思；还说：“这字是横读的吧，记得以前是竖读的。”最后他问自己的名字中文是怎么念的，我按汉字的语言念了三遍后，他眼睛仍盯着我发愣，似乎在说：怎么听起来是这样的呢？

迪伦马特又拿起那面织锦仔细琢磨。画面上一只雄健的公鸡高高站在一块突兀于竹丛之中的岩石上，迎着风雨啼叫。迪伦马特指着画幅上面“风雨鸡鸣”四个字问是什么意思，又问左边那几行草字是什么意思。

我根据自己对这幅画的理解，结合作者的题词对他说，这是画家怀念友人之作：在风雨如磐、黑暗无道的社会里，他为友人的安危担忧；但金鸡长鸣也预告着黎明的来临。作家沉思着。这时我想起了作家自己也是一位画家，早年曾一度以绘画为职业；成为作家以后，也没有完全停止绘画。为庆祝他的60岁生日，瑞士一家大出版社还为他出版了厚厚的一大本《迪伦马特绘画集》。但迪伦马特当年是在表现主义的影响下开始学画的，他的画作中虽然也不乏佳作，但其艺术方法与徐悲鸿是歧义的，所以尽管我讲了一番徐悲鸿多么有名，他如何把欧洲的绘画手段同中国的传统特长糅合起来，迪伦马特还是没有对这幅写实的名画本身发表意见。难道他对中国的艺术这么隔膜么？不，他很快从记忆中找到了合适的话题，来证实他对中国艺术的精神上的感应。他说："大约在50年代也许是60年代，我记不清了，中国曾经有一个京剧团到欧洲来演出，我是在日内瓦看到的，在我看过的戏中，这次演出给我的印象是最深刻的一次。"他特别提到其中的两出戏，只是不知道它们的剧名，一边用手比划着，一边描绘说："……舞台上几乎是全黑的，全部道具只有一张桌子，两个男人就围着这张桌子上下斗打着，技艺十分高超。"我告诉他，这出戏叫《三岔口》，是很有名的传统剧目。他又描绘说："还有一出戏，也是两个演员；一个老人，一个少女，两人在对话。舞台上什么道具也没有，没有水，也没有船。但看上去好像他们脚底下有只小船在摇荡，真是绝妙的表演。"迪伦马特还说："这次演出给了欧洲戏剧以重要影响。"在我接触到的欧洲人中，称赞中国戏曲的不乏其人，但对中国戏曲作这样高的评价还是第一次(在这一点上，看来迪伦马特和布莱希特是一致的)。迪伦马特还关心地问："这些戏后来是不是不演了？现在还演不演?"我告诉他，在那个坏女人江青大树特树"样板戏"的时候，所有的传统戏曲都被排挤掉了，这一类经过时间过滤、为群众所喜爱的小戏也没有幸免。但现在它们又重新和观众见面了，相信欧洲观众今后还有机会经常欣赏到它们。老人欣慰地笑了。接着我说："您对中国戏剧有这么浓厚的兴趣，您应该去中国看看呀。而且您在中国拥有这么多的读者和观众，他们也都想见见您的。"作家沉吟了一会，不无遗憾地说："我与中国没有联系呀。"我围绕这个话题进一步说："您对历史是很有兴趣的，中国具有悠久的历史。"他马上插进来说："而且有10亿人口。"听到这个准确的数字，我深深感觉到迪伦马特对中国是相当关心的，因为我在这里听到好几个知识界人士在谈到中国人口的时候，他们都搞不清究竟有多少，有的甚至说5亿。

这时，迪伦马特好像想起了什么，他把我领到房间的另一头：他的藏书室。他从书架上首先抱出一纸盒德文版的中国古书给我看，其中有《论语》、《礼记》、《易经》、《道德经》等共七本。接着他又抽出一本厚厚的法国人写的关于中国皇帝的书，说很有意思。我说："您都看过了？"他说："当然！"但他并没有把我们的注意力限制在这些书上，他很快把它引到那些他所心爱的欧洲哲学书籍上：康德、黑格尔、莱布尼茨、叔本华、尼采、谢林……他津津有味地一边介绍，一边一套一套地指给我看。同时，他还不无自豪地指着高处一本厚厚的书说："你看，我也有马克思的《资本论》。"这使我感到惊喜，不禁问道："你读了这本书觉得怎么样？"他回答说："当然是不错的。马克思是哲学家嘛。但马克思写得最好的还是《共产党宣言》。"这话出自迪伦马特之口，是合乎逻辑的，他仅仅把马克思看作一位哲学家，当然不能理解《资本论》这部划时代巨著中最本质的内容，而《共产党宣言》中那磅礴的气势和精湛的文采就是对一个并不理解它的内容的人也是具有强大的征服力的。

这时的迪伦马特给我的印象仿佛是一位哲学家，而不是文学家。他几乎言必称哲学，以致提到七年以前西德总理访问中国时毛主席跟他的会见，说："据说施密特访问中国时，毛泽东和他交谈的是哲学问题。这很有意思。要是能知道他们讲些什么就好了。"说话时他眉宇间舒展着一种天真的笑容，语气中流露着好奇而兴奋的神情。

是的，迪伦马特从小就喜欢思考问题，年轻时他攻读的就是哲学，这给他的作品打上明显的烙印，甚至我们有理由责备迪伦马特，他的作品中有时哲学味道似乎太重了，以致他笔下有的人物往往不得不充当他的某种哲学观点的传声筒。

由于以上原因，迪伦马特和一般作家不同，他的藏书室里文学书籍并不占突出的位置，而且陈列在不显眼的地方。走到这排书架前，他并没有停下来谈论什么，也没有把哪位作家的作品指给我看，只是顺手从书架里抽出一本最近出版的新著《素材》，签上"作为在纳沙特尔见面的留念"后送给了我。这是一本内容相当丰富的书，作者似乎想通过这一著述，整理一下他一生的历程。它既有对往事的回顾，又有对未来世界的幻想；既有传奇性材料，又有一些神话故事。书中涉及许多人事往来和他的许多作品的创作动机或缘起。例如，他写《物理学家》，原来我只知道他显然受到50年代初美国当局对原子物理学家奥本海默的迫害的触发。但为什么会通过一座疯人院来构思这部作品的呢？我并不知道。在这部新著里他就写到一件往事与此直接有关，即1950年他应一个朋友（疯人院的负责人）之邀，参观了那座病院，见到许多精神病人的生活情状，也和他们谈过话，给他留下了深刻的印象。这说明迪伦马特的创作是有一定的生活基础的。无疑，这部新著无论作为文学作品还是作为文学史料都有重要价值。

短短几十分钟的接触，深感这位老人的平易近人，尤其令人欣慰的是，在他和蔼可亲的态度中，总是透露着他对中国这个古老又年轻的国家的兴趣，对中国文化艺术的尊崇，对中国人民尤其是读者的情谊。这时，我想该请这位大师坐下来，向他请教一些问题了。但他似乎对我的心情并无体察；他提出去餐馆请我们吃饭。我立刻想到，德国人与客人谈问题一般都是在酒楼或咖啡馆里进行的，看来瑞士人也一样。我不禁说："为了节省时间，就在您家里简单吃点就行了。"迪伦马特不无歉意地说："遗憾得很，我不能在家里款待您，因为我连一个侍女都没有，妻子又不在家，她要下午四点才回来。"这时，他忽然联想到一则往事：有一次，他在苏联作家伊里亚·爱伦堡家里作客，主人因为招待得不够周到向他表示歉意说："遗憾的是我这里条件有所限制，因为自从我们有了社会主义以来，一个人还只许保留六个佣人。"基特勒先生立刻笑了，他悄悄对我耳语说："资本主义毕竟不如社会主义，像迪伦马特这样的大作家连一个佣人都没有呢。"后来在汽车里我诚恳地对迪伦马特说："您年龄这么大了，工作又忙，应该请个保姆呀。"他说："请保姆不是那么容易的，甘心当侍女的就不多，愿意好好干的则更少，而且都贵得很呀。所以，我的生活只好一切从简。"啊，可尊敬的作家，您的辛勤的劳动不断为千千万万的人们提供着美的享受，但千千万万的人中却没有一个人来减轻一下您的负担！过去我曾以为您也是一个腰缠百万的富翁了，可您不是，远远不是！

就要离开这座别具一格的书斋了——这座作家在这里呕心沥血了三十年，熬白了他全部须发，但为世界现代艺术宝库增添了瑰宝的书斋！我拿出了事先准备好的相机，我要把作家连同他的环境一起拍下来，以便带给祖国的读者。但基特勒先生事先提醒过我："如要给迪伦马特拍照，必须事先征得他的同意，欧洲人有的是不愿意随便让人照相的。"我照他的意见做了。迪伦马特欣然同意。于是我请他坐到书案前，并要他只顾看书或写字。一会儿，他似乎很快就进入了"角色"，真的拿起笔全神贯注地修改起他的稿子来了。我连忙打开闪光灯，从不同角度给他摄了几个镜头。但他久久不能从"角色"里出来，我们只好在一旁等着。到他"醒"过来以后，他马上说："您是我接待的第一个中国客人，我应该和您合个影。"他一边说着，一边拿起那面织有《风雨鸡鸣》的织锦，做出在欣赏的样子，我也拿起他送的那本书。照完后，他又恍然大悟似地说："哦，我应该捧着您送的书照一张。"照完后，我走到大门口，准备从这幢住宅正面的角度，摄下这个临湖的前景，因为正是为了这个美丽的前景，迪伦马特才选择了这个地方作为他的终身的住所；也正是为了这个前景，他曾不惜代价，买下前面的地皮，以免别的新楼的遮拦。但我没走几步，突然听到一种倏忽的声音，一看，只见两只年轻强壮的灰毛犬直向我奔来。刹那间我脑海里立刻闪现出这一情景——这是我在德国卡尔斯鲁厄大学读到的一份瑞士旧报纸上的记载：一位导演为了商谈工作去拜访迪伦马特，还没进门就与他的两只凶猛强悍的灰毛犬遭遇，这两个畜牲竟不分青红皂白地左右开弓，将客人咬得鲜血淋漓，使他不得不去医院进行包扎，重新买了衣服再去。如今这两只狗的外表仍像它们的前辈那样：灰毛、强悍。我心想，糟了！刚进门时它们就曾发出狺狺之声，蠢蠢欲动，只是仗着它们主人的庇护，才免遭了一场劫难，难道临离开时还非得补上这一课不成吆？这时我心头又浮现出刚看完上述消息时产生过的暗影：为什么像迪伦马特这样具有人道精神的大作家竟然豢养两只伤人的恶狗？此刻两只动物早已到了我们身边，出乎我的意料，它们不仅没有向我进攻，相反表现出异常的友好亲热。原来在我们和它们的主人在室内交谈的过程中，它们一直守卫在大门口，凭着它们天性的机敏，早已认出我们是客人了。你看它们摇着尾巴，在我们周围奔着、跳着，偶尔也在我们身上闻一闻、嗅一嗅，甚至在我们胯下钻来钻去，然后又奔回主人身边，翘着尾巴，昂首引脖，仿佛在向主人报告：我们已完成了对客人的礼节性问候；又好像在向主人证实：经检查没有发现险情；又似乎在向主人请示：还有什么吩咐……总之，此时这两只狗的情状包含着丰富的语言，而且这两只外貌酷肖，犹如一对孪生兄弟的灰毛狗，那种血气方刚、生机蓬勃的模样，仿佛每根毫毛都洋溢着生命力，无形中给人一种健康向上的鼓舞，加上它们那种多少带点雅气的举止，仿佛一旦伤了人也都可以原谅似的。何况它们现在很明白了主人的意向，立刻和主人组成了“仪仗队”，向异域来客表示这样友好的欢迎，我不禁举起相机连同抚摸着它们的主人一起摄了下来，以示答礼。

后来人们告诉我，迪伦马特豢养的不是供玩赏的哈巴狗，而是看门用的警犬。哦，操劳的作家，你的作品告诉人们：人类生活在一个不安全的世界里。如今你的警犬又告诉我：你甚至在自己的家里也都是缺乏安全感的！

迪伦马特又吃力地驾着车陪我们去吃饭。但他没有在附近，也没有在市中心去找饭馆，而是开了十几分钟，一直把我们带到一家位于近郊的，较为僻静的不大的饭店，叫诺伯特饭店。楼下是餐馆，餐厅包括前后两进，不算大，格调既古旧，又高雅。而且十分清静，初去时只有三四个顾客。这时我明白了，迪伦马特之所以选择这么老远的地方，这是符合他的情趣的：这里像他的住宅一样，离湖很近，虽然室内看不见湖面，但人静时，可以听到湖水拍岸的声音；这里偏僻，顾客较少，因而有相对较大的空间，便于说话，就像他需要有那么一个宽大的工作室一样。迪伦马特径直走到里进，让我们在一张靠窗的桌旁就座。他显然是这里的老主顾，老板（一个模样朴实而精明的北欧人）和服务员（他们的穿着俨如高雅的绅士）一齐上来和他握手寒暄，其中两位服务员后来就几乎一直站在旁边，随时听候吩咐。迪伦马特首先对老板说：“我来了一位中国客人，会讲德文，请您款待一下。”接着迪伦马特问我喜欢吃什么。基特勒先生抢着回答：“他喜欢吃中餐。”迪伦马特噘起嘴巴，不以为然地说：“中国人到欧洲来还吃中餐！”基特勒和我都不禁笑了。我们笑了，不仅是因为迪伦马特的这一反驳中肯而幽默，而且还因为他语气中包含着自信和诚恳，似乎在说：非叫你吃一顿满意的西餐回去不可。但我看了看菜单，名堂很多，不知何者为名菜。突然想起昔日在西湖一家餐馆吃“西湖醋鱼”的情景，于是我说：“在我家乡的省城也有个湖，名叫西湖，它不如纳沙特尔湖大，但和纳沙特尔一样美丽和有名。那里名菜是用西湖的鲜鱼烹饪的。想必贵馆也有用纳沙特尔湖的鱼烧的菜吧？”服务员马上说：“有！有！”迪伦马特吩咐一句："请把鱼刺剔掉。"但迪伦马特显然发现我没有挑中国风味菜，于是下几道菜就由他主动向我推荐。我这才知道，原来西餐中也有叫我们倾倒的东西。

除菜以外，迪伦马特还恳切地向我劝酒。他没有像一般人那样首先问客人喜欢喝啤酒还是葡萄酒，一上来就说："我要请您领略几种本地的名酒，您先说说您喜欢红葡萄酒，还是白葡萄酒；喜欢甜味的，还是酸味的？"我说我喜欢红的，甜的。于是他嘱服务员给我斟了满满一杯红葡萄酒。说这是当地产的最有名的葡萄酒之一(可惜像他向我介绍的名菜一样，名称我都没有记住)，单看那颜色，就不能不叫人称美，我不禁想起李白那有名的诗句：兰陵美酒郁金香，玉椀盛来琥珀光。对，今年不是迪伦马特的花甲寿年吗？这一杯美酒是应该用来祝贺他的福寿的。于是，我和基特勒先生都不约而同地举起杯子，祝这位辛勤的老作家健康、长寿、多产。迪伦马特连忙说："您是远道而来的稀客，这酒当然是应该为您洗尘嘛。"他的酒量不小，一杯接一杯地喝，我哪里是他的对手！但主人似乎毫不理会这点，在我头已开始眩晕的情况下，他还想"火上加油"，还要请我喝烧酒，说这是当地人最爱喝的一种名酒，烈度并不大，介于葡萄酒和一般烧酒之间(事后我在信中问他这是什么酒，他回答："这是用覆盆子属的一种酱果酿造的酒，产于德国的'黑森林'。")"如您实在不能喝，您就尝一口吧。"看他那恳切之意，盛情难却，只得同意尝一尝。于是我的头更重了。可主人却谈兴益浓，滔滔不绝，似乎他无须顾及对方是否随时要提问题，也似乎忘记了我是外国人，不时夹几句方言和法文。幸亏基特勒先生学过法文，也能听懂一部分方言，他当了我的"翻译"。

德国人正式请客吃饭一般都有"三部曲"，正餐之后，来一道水果和点心，是为副餐，最后是咖啡或茶。已经吃了七八道菜了，哪里还吃得下点心！这时迪伦马特似乎想到他没有照顾到我"爱吃中餐"的特点，想来补救一下，又一次像劝我喝烧酒那样，殷切地问道："那就请您吃一种中国点心吧——您爱吃上海的什么点心？"我平时对点心并没有什么爱好，也不知道上海什么点心最好吃。但主人那期待回答的目光不容我考虑半天，我便随便说了个"奶油蛋糕"。迪伦马特如释重负地说："奶油蛋糕，上海奶油蛋糕，好办好办。"一会儿服务员端来了"上海奶油蛋糕"，我尝了一口后，迪伦马特马上问："怎么样？像不像上海奶油蛋糕？"我说："很像很像。

相当好吃。”他愉快地笑了。

这些细节写来不免流于琐碎，但它们很能说明迪伦马特性格和为人的某些侧面。首先迪伦马特待人是相当热情、诚恳的，他请你吃饭，不仅要让你吃饱喝足，而且要叫你吃得香甜痛快，他唯恐你没有吃到真正好吃的东西，无形中使你感到一种友情的温暖。其次是他的乡土气，他非常注重让客人品尝到具有地方风味的独特饭菜，这同他作品中所体现的地方色彩和艺术上别具一格是一致的。第三，他颇为自信。自信，不等于主观。他把自己认为最好吃的饭菜一一推荐给客人，而似乎并不担心对方是否满意。联系他在创作上，虽然也有批评家指出他的某些作品的缺失，但他自己谈到这些作品时总是振振有词的。

纳沙特尔湖畔听细涛

在吃饭期间，迪伦马特根据我的提问，谈到许多文艺中的问题。由于他谈兴很浓，你要想插话或提问是不容易的，所以我不得不把事先准备好的问题，特别是有关他作品中的一些具体问题大加削减。

我首先关心的是他的新作《素材》的创作情况，这看来也是作者自己目前最关心的事情，所以他谈得比较多。他说“素材”这种形式比较自由，使作者从各种文学形式中解脱出来。材料很早就开始积累，最初只有二十页，本来想写篇小说，但由于经济原因，他觉得写剧本来得更快，于是写成了喜剧《老妇还乡》，直译《老妇的访问》。但原来的材料仍越积越多，现在计划写三部《素材》。但第一部出版后，许多批评家都对它误解了，例如在第一篇故事中，他们就没有注意到其中的法院发言人“我”不是代表一个人，而是代表两个甚至三个人；而他们却把这个“我”同弗里德里希·迪伦马特这个“我”等同起来，仿佛他是一个悲观主义者！

这时我赶紧插进一个问题。在他六十诞辰的前夕，他曾应一个名叫L. H. 阿诺德的学者的要求，扼要地谈了谈自己一生来的所有戏剧作品，冠以《弗里德里希·迪伦马特论F. D》的总题目。F. D是迪伦马特名和姓的第一个字母。他把F. D当作剧作家的迪伦马特，自己和这个F. D似乎又相同又不相同。最初我感到有点滑稽。后来经琢磨觉得是有道理的。进入创作阶段的作家常常会自觉不自觉地游离自己，或者说生活的逻辑游离了哲学的逻辑，因此出现了巴尔扎克违背自己的政治偏见的例子。何况人是变化、发展的，60 岁时的迪伦马特与 34 岁写《老妇还乡》时的迪伦马特就不可能完全相同。因此，迪伦马特的这一特点引起广泛的注意：他不断修改、改写甚至重写已经发表过的作品，直到 1980 年出版他的二十九卷文集时，他还对其中的许多作品（包括《老妇还乡》）做了不少的修改。所以我怀着极大的兴趣问迪伦马特："您能否谈谈您为什么要把自己和 F.D 分开吗？"我期待着他会有一番有趣的、精辟的解释。然而他的回答却使我出乎意外："那是一种谐谑。"口气中似乎还包含着"仅此而已"的意思。但果真仅仅是一种谐谑吗？我至今仍存疑。

围绕他的新作，迪伦马特进一步展开了他在家里已经涉及的关于普罗米修斯的话题。他说这个神话使他感兴趣的是希腊人对于人的产生的想像，尤其是这神话的怪诞性。在他家里的时候，迪伦马特还谈到，普罗米修斯这个神话吸引他的是它的叛逆的、革命的主题。而他要给这个素材以这样的命题：每当人们不再相信他的神了，或者当他们把神当作他们自己幻想的产物时，革命就发生了。

在谈论神话时，迪伦马特作了一个形象的比喻，他说："每个神话都有喜剧性的一面，就好比那旋转着的足球，一面是喜剧性的，一面是悲剧性的。"他在小说中讲到过神话《俄狄浦斯王》的喜剧性的一面。迪伦马特这里所讲的涉及一个重要的哲学命题，即事物都是有两面性的，而这一哲学命题在他的戏剧理论和戏剧创作中构成了一个带根本性的美学特征——悲喜剧艺术。

西方有人认为，迪伦马特是在卡夫卡的影响下开始文学创作的，甚至有人认为，他是欧洲两个受卡夫卡影响最深的戏剧家之一。于是我问他对这一说法评价如何？迪伦马特有点不以为然的样子，回答说："与其说我受卡夫卡的影响，不如说我受布莱希特的影响。想想看吧，在'第三帝国'时期（即迪伦马特从事创作的初期），瑞士是与外部世界隔绝的一个'孤岛'。"他的意思是说，他在二次大战之后才有机会读到卡夫卡的作品，而那时他已经成为一个作家了。我问："我感觉到，在您的作品中有某些卡夫卡的特征，是吗？"他说："对了！有某些特征，是可以这样说的。"

有人认为，迪伦马特是布莱希特死后最重要的德语戏剧天才。但这并不意味着他是布莱希特艺术的直接继承者。在基本的艺术观上他们是有区别的，在艺术表现方法上，除了相同点以外，也有显著的差异。据我的看法，他们在要不要"推倒最后一堵墙"，即要不要"打破舞台幻觉"上是并不一致的。布莱希特的"间离法"（即"打破舞台幻觉"）可以说代表了欧洲现代艺术的一种新趋向、新特点。现在迪伦马特在说到他自己受到布莱希特影响时，我不能不问他对这个问题（即要不要"打破舞台幻觉"）的看法。他回答说："舞台幻觉是用不着'打破'或者'间离'的，像布莱希特那样。因为每个人进剧院时都清楚：他眼前看到的仅仅是戏。"

从幻觉他又谈到幻想，认为幻想是一种认识工具。有了幻想才能获得"奇思妙想"（der Einfall，或译作"即兴奇想"，这是迪伦马特戏剧理论中用得相当多的一个词）。这对于自然科学同样是适合的。在这方面人们一直误解康德的观点，即生产的过程也是逻辑的过程。微分学和现代原子物理的裂变说没有幻想怎么能够想像呢？这时，迪伦马特使我感到惊讶，他居然提到了中国科学家发展了基本粒子论的"盒式论"，因为这件事我作为中国人一点都不知道。

在谈到认识论的时候，迪伦马特发表了这样的见解：逻辑性和合理性不是一回事。他说："合乎逻辑的东西，还远远不是合理的。看一看我们的现实好了。"迪伦马特的这一论断似乎是同黑格尔的这一命题唱反调的，即"凡是现实的，都是合理的。"在迪伦马特看来，凡是现实的，并不就是合理的，但是合乎逻辑的。他认为，矛盾并非存在于事物之中，而是存在于我们观察它们的方式方法之中。他说，伽利略之所以不能证明哥白尼体系，因为他的推算没有以凯普勒的椭圆轨道说为基础。虽然后者把本书送给了他，但显然他没有读过。

迪伦马特显然不喜欢客观唯心主义者黑格尔，而偏爱主观唯心主义者康德。对前者他一再讲到其缺点；对后者则总是为他辩护。为什么呢？在他的藏书室，当谈到黑格尔的时候，他认为黑格尔抽象推论太重了。

从哲学又谈到历史，他说有一次生病时看了一本厚厚的亚洲史，其中讲到土耳其人把中国丝绸带到波斯（即今伊朗），而波斯人在丝绸贸易中占有垄断地位，他们当场把土耳其人带去的丝绸给烧了。但后来土耳其人再一次带了这么多丝绸去，并把它赠送给拜占廷，拜占廷人利用这些丝绸，在市场上把波斯商人的价格狠狠地压了下去。迪伦马特从这段历史故事又联系到俄国，说俄国人很早就对伊斯兰人怀有恐惧，人们必须从这一历史背景来理解他们现在对阿富汗的入侵。好几个重要的伊斯兰文化胜地已经属于苏联版图了,例如萨马尔汗等地。

迪伦马特在这里巧妙地把历史和现实的国际政治联系了起来,抨击了超级大国的扩张政策,而这一点同他某些重要作品的思想内容是直接相关的。于是又使我找到了机会,把我久已想提的问题提了出来。在他的戏剧作品中我感到有两个强大的音响,一个是作者对大资产阶级垄断欲的描绘和揭露;一个是对大国强权政治的谴责。它们像交响乐中的主旋律那样贯穿在他的创作之中。在我所知道的现代世界大作家中,像迪伦马特在作品中涉及这样重大的政治性和国际性主题者少见。但我这样的感觉和理解究竟符不符合作者的原意呢?这时我及时接过他的话茬向他提了出来。对于第一个问题他回答说:"是的。但请注意,我反对一切垄断,不仅反对资本家的垄断,而且也反对国家的垄断,比如苏联。"对于第二个问题,他回答说:"这是对的。苏联和美国今天都是统治世界的大国。但苏联现在是孤立的,它到处受到仇视,不得不担心它的威信,这就产生恐惧。不过美国实力更大,因而更具有潜在的危险,它今天正对苏联进行包围。"

迪伦马特不仅是个有世界影响的剧作家,也是有独特见解的戏剧理论家。作为理论家,他不可能不关心当代世界戏剧发展的趋向和特点。因此我也请他对这一点发表意见。他的回答很扼要,说:"现在的戏剧是官办戏剧,津贴太多,这就不能刺激剧院依靠自己的努力来求得存在和发展。"在他看来,这是戏剧的终结。有出路吗?有的。他认为他在小剧团、流动剧团或电影那里看到了未来。在提到电影的时候,他谈到自己刚刚写完了一个电影剧本,题名为《麦岱斯》(Mides),可能将由马克西米利安·谢尔拍摄。他说搞电影跟搞戏剧不同,电影的画面大大多于语言,而思想寓于画面之中。

迪伦马特 70 年代以来写的戏剧影响都不大,是他跟不上新的时代潮流呢?还是时代潮流背离了前辈传统而走错了方向呢?这是我大略考察了战后西方德语戏剧的发展后感到比较关心的问题。现在坐在我面前的这位老人,其本人的戏剧史与战后德语戏剧史几乎是同年龄的,于是我请他谈谈对 70 年代以来德语戏剧的印象。但他的回答颇使我感到失望。他说没有什么可谈的,因为他对此一无所知。这些年来,他几乎从来不上剧院，在纳沙特尔什么剧院也没有。他自己连作家协会会员也不是，正如埃利亚斯·卡奈蒂所说，卡夫卡是“一个在本国的中国人”。迪伦马特说他也是这样的情况。

迪伦马特的艺术是新颖的，故有人曾把他归入荒诞派，但迪伦马特戏剧与荒诞派戏剧除了哲学前提方面，或者说在对现实的看法方面有某些共同点外，在基本的艺术表现方法上是大相径庭的。那么还是乘此机会当面聆听一下迪伦马特自己对这一问题的看法吧。老人回答说：“我认为荒诞派戏剧是一句口号，这种戏剧联想多于逻辑。”这时他突然又转到创作上去了，认为创作过程有三支根系：逻辑、联想和回忆。至于这个或那个占主导这是次要问题……这时饭店来结账了，打断了这一话题。此后不知他出于有意还是无意，这一问题就再也没有涉及。

风趣横生显本色

上面这席谈话如果是一气到底的，那么这顿饭尽管有佳肴美酒也会是乏味的。但我们的主人不愧为一位艺术家。他似乎随时随地都能发挥他的艺术。正如他在戏剧中能把沉重的悲剧主题通过滑稽幽默的喜剧形式表现出来一样，即便在饭桌上他也能把文学、哲学、历史甚至政治这样一些严肃的问题通过轻松幽默的方式表达出来。他似乎调动了自己渊博的知识、丰富的想像和诙谐的特长，经常穿插一些神话、轶事和笑话，一会儿把你带到幻想世界，一会儿又把你引回现实中来，使得你不时驱散倦意的袭击，始终保持兴奋的状态。

不管他看见什么，都能引起话头。老板一转身，他就向我们介绍说：“老板自己不是本地人，三百年以前从挪威移居来的侨民，所以你看这店里的职工都比瑞士人，特别是我们伯尔尼人高贵（这使两位服务员感到不好意思起来）。我们伯尔尼人民是滑稽的人民，有一种爱浪游的癖好”。在纳沙特尔有百分之五十的人都是从伯尔尼游动过来的（包括他自己）。他打趣说：“只要我们来个总动员，一夜工夫便可以把权力夺过来。”

但他还是热爱家乡伯尔尼的，认为它是最美丽的古城之一，劝我们务必去看看，并建议我们回去时可从那里经过（后来我们果然选择了这一路线，可是经过伯尔尼时已经掌灯，看不出它美丽的市容了）。他推荐我们去看的第一个城市是瑞士的弗莱堡，说那是最阴森可怖的城市，有一种卡夫卡作品中的气氛，因为它建筑在一条沟壑里，古市场在斜坡上。接着他又讲起这个城市的许多鬼怪故事。但最后他说自己最喜爱的鬼怪故事是中国的。说有个学者正在灯下看书，这时一个脑袋只有豌豆那么点大的鬼魂从门缝里挤进来。他越走越近，脑袋越来越大，一直变得无比巨大。但当他走到跟前时，这位学者突然把灯火吹灭，说："今天我对鬼不感兴趣。"迪伦马特说，这是非常智慧的。

迪伦马特显然想使他的话题尽量不离开中国这个主题。当他见到汤碗里有几根面条时，马上说："这倒是中国人的发明，兴许是马可波罗带到我们欧洲来的。在中世纪，吃饭是一件困难的事情：没有面条，没有土豆，没有糖，只有蜂蜜。"我顺便问他爱不爱吃中国菜？他说喜欢吃，在美国领略过。还说，纽约的中国菜比旧金山唐人街的中国菜好吃。

最后饭店老板拿来签名簿要我题词。我信手用中文草书了两句话：感谢贵店的热情款待，祝贵店生意兴隆。轮到迪伦马特签名了。他接过本子，握好笔，问我刚才写的是什么意思。我用德文说了一篇，他笔录了下来，句末郑重其事地写上：迪伦马特译。对于他这出人意料的诙谐的一笔，大家不约而同地报以一阵快慰的哄笑。

时针已经指向四点半，我们不得不怀着依依惜别的心情，向迪伦马特告别。但老人显然酒兴未尽，说他还要留点余地跟他的百岁老友加克涅宾干一杯去。

纳沙特尔湖水在淡淡的夕阳下泛着细浪。迪伦马特满面笑容和我在车前合了最后一个影，然后驱车徐徐离去……

原载《外国戏剧》1982 年第 3 期

一场"正打歪着"的审美游戏

关于原作

戏剧对于迪伦马特来说不过是一种"美学的虚构",一种审美的游戏。但事实上他的作品都含有深层哲理(他大学专攻哲学,并始终对哲学怀有浓厚兴趣)。其中一部分作品,无论戏剧还是小说就涉及人的一种深层意识,即罪恶意识和自审意识。迪伦马特创作的黄金时代(即 50—60 年代)写的几篇小说,如《隧道》(1950)、《夜色迷人》据以改编的《抛锚》(1957)和剧作《老妇还乡》(1956)、《同伙》(1972)等都涉及这一问题。

西方现代作家中不少人认为,在一个充满罪恶的现实世界中,绝对干净的人是没有的(即使马克思主义者布莱希特也持这样的看法,这就是他的《四川好人》的哲学前提):人生一世谁能无过?即便没有法律上的罪过,也多少会有道德上或义务上的缺失。所以卡夫卡本人及其主要作品的主人公都带有"无穷尽的负疚感”。其实人的有罪意识在古代就普遍存在了：君不见西方的基督教始终在提倡忏悔；中国古代哲学家也强调“吾日三省吾身”；我们的《三字经》甚至一开始就指出了人生染恶的必然性。迪伦马特出身于牧师家庭，尽管他对基督教的教义并不虔诚，但人的负罪性他是不否认的，只是认为没有外力的压迫和刺激，人的自觉忏悔是很难的。于是他常常运用一种艺术手段，也就是设置一种假定的戏剧情境来揭示这种意识。他通常通过一种突如其来的“偶然事件”，让主人公突然陷入一种精神围攻之中，一场出其不意的精神“地震”，让他经历一场死亡的威胁和恐惧的震颤，从灵魂深处或潜意识中抖落出这种逃出记忆之外的意识，继而看到自己的罪过，经过一番忏悔或自审，决心用死来赎回自己的罪孽。这时，“物极必反”的怪圈出现了：死亡由恐惧变成他的追求，变成他强烈的渴望。于是，一个曾经如此为畏罪和逃生而挣扎的可怜的生命，获得了“庄严的气派”和“伟大的形象”(迪伦马特：《老妇还乡》跋)。

《抛锚》原是一篇较长的短篇小说，是作者正值创作巅峰时期的产物。由于它构思的巧妙和对话的生动，发表后立即引起国内外热烈反响。我国《世界文学》杂志曾于 20 世纪 60 年代初即由该刊编辑罗书肆先生由英文译出发表。作者自己也很看重它，先后把它改编成广播剧和舞台剧(后者改编于 1979 年)。

故事是由一场游戏构成的：一位商业推销员(即本剧主人公)因汽车抛锚而不得不在附近一家乡村客店投宿。这家客店有几位包吃包住的退休老人，他们正好是司法界的全套人马——法官、检察官、律师和刽子手。他们闲极无聊，自然要想些办法来消磨时光，于是利用这位新的来客做搭档，做一场审判游戏来重现一下他们当年的职业习惯和技巧，就成为他们这个晚上最佳的消闲妙策了。既然老人们可以按照他们当年的职业在游戏中各司其职，那么，店中这位唯一的新旅客充当“被告”就理所当然的了。

老人们在其丰富的职业生涯中经手过的案件无疑不计其数，而且无奇不有，要从中随便拣一个出来作为游戏内容是轻而易举之事。想不到这个信手拈来的案件情节不偏不倚恰恰打中了这位“被告”的本来业已愈合了的致命的道德创口！戏的魅力从此产生了：明明是一场游戏却又不是游戏！你看“被告”那红一阵、白一阵的脸色分明反映着他的灵魂在颤抖！“下文如何”的悬念从此抓住了观众。然而观众万万没有想到这位身份卑微的“被告”对其谁也不知的前科却如此较真：他宁愿选择灵魂的救赎，而不愿当灵魂的逃犯！于是不仅观众，连“法官”们都惊呆了：他竟然以整个生命来拯救自己的灵魂！

中国有句成语，曰：“歪打正着。”这多半指的是一种意外的成功或收获，是令人欣喜的事情。但这场“审判”游戏原本是为了解闷消遣的，是做正当之事，却招致这样一件同样是意外却不免让人感慨唏嘘、心情沉重之事。这似乎可以谓之“正打歪着”了：本不该发生这样的结果没想到却发生了！或者说，如果汽车不捣乱（抛锚），那么这条生命本来是可以留住的，他依然每天奔跑在旅途上，淹没在芸芸众生中，干着他为维持自己和家庭生存所必须而并不轻松的营生。作者似乎取了这“芸芸众生”中的一个平均数来做他的主人公：他不好，也不坏；做好事比上不足，干坏事也是如此。而在特殊情况下，还能算好人（比如他能以死来赎罪）。

这场生动有趣的游戏似乎隐喻着这样的哲学意味：人类社会看起来虽然比生物界进化不知多少倍，但它依然还没有摆脱“大鱼吃小鱼，小鱼吃虾米”的自然状态：一个人活着总要自觉不自觉地以损害或牺牲别人为代价，同时也难免会不同程度地受到别人的侵害。这大概就是萨特为什么要写《他人即地狱》这一剧作的原因吧？这也令人想起卡夫卡那篇有名的小说《地洞》，你看那只不知名的动物每天惶惶不可终日地唯恐别的敌人来袭击它，同时它每天也杀害着别的弱小动物来囤积它的食粮。从哲学上说，这些都属于存在主义的语境。

关于改编和演出

剧本的改编是成功的。改编者扣紧了作品的精神实质，联系当前的现实，注入自己的生存体验，启悟观众的思考，从而激活了这出诞生于半个世纪前的剧作的新的活力。在艺术表现上改编者抓住了故事情节中的主要脉络，层层剥开隐秘核心的外壳，做到清晰、简洁、集中，一气呵成。几个主要人物改编者也能根据他们的职业和身份刻画他们的性格。不过，迪伦马特的主要艺术风格是“怪诞”。若从这点来衡量，则不免有可挑剔之处（不过改编者是有权坚持自己的风格的）。其次，主人公在结合我国当前现实的那些独白显得过于“露”了一点，如果能含蓄一点，让人感到“似非若似”则会更有艺术魅力。再就是仆人的描写似嫌弱了点。

根据剧本的基础，小江的舞台呈现基本上也是按照现实主义的路子来安排的。按现实主义的美学规范来要求，小江的导演也是相当成功的。尤其是把主人公特雷斯的性格设计为一个有些拘谨的“小人物”形象，而不是走江湖的“油子”，这是准确的。只是他由畏罪到赎罪以至发展到对赎罪的强烈渴望，这个转折的过程应该是“重头戏”，还可表现得更清晰、鲜明、强烈些。其他几个人物的分寸把握得也都不错，几位主要演员的表演也比较到位。所以整台戏还能抓住观众，一口气看完不觉得累。

只是如果依照改编者的初衷，希望做到这出话剧的“纯粹”性，以示“对大师最好的尊重”，那么恐怕还有距离。

迪伦马特戏剧美学的主要特征是“黑色幽默”，是一种带着痛苦的欢乐，或曰“含泪的笑”。他的主要手法是以“喜剧性”的形式表现“悲剧性的人物”。“喜剧性”从何而来？——怪诞！迪伦马特认为“这是一种风格的极致”。他明确说：“如果人们用‘怪诞’来理解我，那就打到点子上了！”

关于“怪诞”

“怪诞”(grotesque)不同于“荒诞”(absurd；后者是绝对没有或不可能的事)。它的词源来自意大利文和法文。它改变某种常规的形态，给予某方面的夸张，使之滑稽可笑或令人惊异。它是欧洲巴罗克艺术的主要审美特征，在17世纪文学艺术创作中十分走俏，但同时受到古典主义的压制，长期不被文学艺术史家们所承认，直到20世纪才被广泛接受并大为发扬。50年代末德国学者沃尔夫冈·凯瑟的专著《怪诞论》的出版，是怪诞这一艺术风格从旁门左道正式步入美学殿堂的理论标志。差不多同一时期君特·格拉斯(诺贝尔奖获得者)的长篇杰作《铁皮鼓》的问世则是怪诞在创作上获得美学品格的重要信号。关于怪诞的美学价值，美国美学家桑塔耶那认为，这种变形的“优点”“在于重新创造”，表面上看，它背离了自然的可能性，却并不背离内在的可能性。“然而，正是内在的可能性构成这些创造的真正魅力”。他还说：“正如出色的机智是新的真理，出色的怪诞也是新的美”(见桑塔耶那：《美感》175—176页，中国社会科学出版社）。据笔者对怪诞的了解，认为桑塔耶那这番话是很中肯的。

德国表现主义时期许多戏剧家小说家都热衷于怪诞，甚至布莱希特也不例外。你看他笔下的大胆妈妈、阿兹达克以及《三个铜子儿的歌剧》中的不少场景都有这种特征。我国杰出的电影艺术家张艺谋也颇谙熟此道。他在其成名作《红高粱》中就成功地多次用了怪诞的场景。例如，有一次一个人物饿了，进饭馆急着吃饭，那位李逵式的厨师就把一整个牛头扔在他的盘子里！这就有滑稽的效果。如果要遵从迪伦马特艺术风格的要旨，我想《夜色迷人》从人物造型、舞美设计以及灯光、乐曲、道具、服装等都要做大的改动。但这样做，赶四月份第二轮演出肯定来不及了！再说，从我国先后上演过的迪氏七八个剧作来看，我国戏剧界对怪诞这一艺术风格和表现手法整个儿讲还比较陌生，需要一段时间的学习、琢磨和领悟。将来排迪氏别的剧作时再来打造吧。同时还须注意，与“怪诞”有关，迪伦马特还十分强调“悖谬”的逻辑范畴，认为这是戏剧家“不可避免”的。《夜色迷人》既然按照现实主义美学的要求是相当成功的，第二轮的演出就在这基础上精益求精吧，相信它还会获得更大的成功。

2006 年 2 月末

注：笔者曾著有《论怪诞》一文，载《文艺研究》1994 年第 4 期；《论悖谬》一文，载《文艺研究》1989 年第 3 期。可参阅。

在中国备受青睐的迪伦马特——在香港浸会大学的讲演

弗里德利希·迪伦马特是20世纪瑞士两位最杰出的作家之一，与他的另一位同时代同胞，也是戏剧家兼小说家的马克斯·弗里施地位相仿。但也有人认为，迪伦马特比弗里施更重要，例如德国著名作家兼批评家瓦尔特·延斯就认为“迪伦马特是继布莱希特之后最重要的德语戏剧家”。不管如何，迪伦马特在中国大陆的影响要比弗里施大得多。究其原因，我想在很大程度上当归因于迪伦马特的戏剧美学更接近中国人的审美趣味。同时，迪伦马特的戏剧既有思想性，又有艺术性；既有现代性，又有大众性。这一特点，也较适合当前中国的国情和中国读者的文化水准。迪氏认为，任何艺术都是一种审美游戏，“一种美学的虚构”。我想，对中国人来讲，迪伦马特对这种“审美游戏”可能玩得更到家一些。迪伦马特说：“一出戏如果没有笑的东西我是忍受不了的。”所以迪伦马特把他的剧作统统称为“喜剧”。但笑有两种性质，一种是欢乐的笑，一种是痛苦的笑。迪伦马特的笑属于后一种。迪伦马特认为:“人类到了原子弹时代,还只有喜剧才适合于我们。”这两句话对于迪伦马特的戏剧来讲,几乎是纲领性的;第一句说的是内容,第二句是形式,内容决定形式。这就是说,人类发明了大规模杀伤性武器来毁灭自己,这不仅是可悲的,而且是滑稽可笑的。所以迪伦马特说,他的戏人物是悲剧性的,形式则相反,不仅不是悲剧性的,而是滑稽的。也就是说,他的戏的特点是以“喜”的形式表现“悲”的内容,这就是迪伦马特所说的“喜剧”的全部含义。这是一种“黑色幽默”式的悲喜剧,一种“含泪的笑”的艺术。19 世纪中叶,俄国别林斯基在评论果戈理的时候,就曾指出这种艺术的魅力。后来我国鲁迅也对这种艺术大加赞赏,甚至他自己的创作就带有这种特点,如《阿 Q 正传》、《狂人日记》、《孔乙己》等。事非偶然,整个 20 世纪,自现代主义兴起以来,这种“含泪的笑”的艺术就一直大行其道,从早期的奥地利的卡夫卡、穆齐尔,到中期的法国荒诞派戏剧家和美国“黑色幽默”小说家们,到晚期的捷克作家昆德拉和前苏联作家阿赫马特夫、戏剧家万比诺夫以及哥伦比亚作家加西亚·马尔克斯等等无不如此。说起来也不奇怪,我们这个时代有太多的表现激起人们的悲壮情怀。无怪乎,当法国存在主义哲学家兼作家加缪推出西绪弗斯精神的时候,激起普遍的反响。

现就以下四个方面谈谈迪伦马特在中国大陆的接受情况。

一、迪伦马特的作品在大陆的书市上

迪伦马特既是戏剧家,也是小说家,而且还是上档次的画家。不过他的大量绘画作品迄今尚未在大陆引起注意,暂时不谈。尽管奠定迪伦马特声誉的首先是戏剧,但迪伦马特的小说却首先来到中国大陆。这是因为迪伦马特的叙事作品虽然多半是侦探小说,但它们都有严肃的主题或某种哲理内涵,这对于习惯于把思想性放在第一位的中国文坛来说是可以接受的。那是 1962 年,北京的《世界文学》杂志在这一年的 9 月号发表了该刊编辑罗书肆从英文翻译过来的中篇小说《抛锚》(《Die Panne》, 1956)。这是一篇构思巧妙、故事有趣的小说:一位公司雇员因汽车抛锚而在附近一家客店投宿。这家客店几乎每天晚上都有四个退休的常客,即人们所说的迪伦马特小说中常见的四个“经典人物”:法官、检察官、律师、刽子手。他们和这位旅客玩起了模拟审判的游戏：他们四人仍按原来的职业各司其职，而让旅客当被告。这位"被告"在他们那训练有素的职业语言的审问下，感到虚虚实实，精神越来越紧张……第二天一早，人们发现他吊死在自己卧室的窗口。迪伦马特很看重自己的这篇小说，晚年把它改编成舞台剧(1979)。应该说，《世界文学》当年选译这篇作品是颇有眼力的。据我所知，这是英文界的著名翻译家、当年的《世界文学》编辑李文俊先生所选的。这就不奇怪，李文俊先生的夫人张佩芬女士后来成了迪伦马特小说的主要翻译者。改革开放以后，她首先翻译了迪伦马特的中篇小说名作《法官和他的刽子手》，在《世界文学》发表。当时这本刊物的发行量很大，每期30万份，后来又被别的刊物和书籍转载，迄今发行的总份数，估计不少于200万。张佩芬此后继续译了迪伦马特的好多篇小说，于1985年结成一个集子，题为《迪伦马特小说集》，由上海译文出版社出版，其中除提及者外，还有《诺言》(Das Versprechen)、《嫌疑》(Der Verdacht)、《彼拉多斯》(Pilatus)等，这些都是迪伦马特较有代表性的小说作品。此外，其他人也翻译过迪伦马特的另一些小说作品，包括本人译的《隧道》(Der Tunnel)、章国锋译的《希腊男人寻找希腊女人》(Der Grieche sucht Griechin)以及高剑秋译的《司法奇闻》等。应该说，迪伦马特的大部分小说作品都已经和中国读者见面了。

但"文革"前的中国文坛对于迪伦马特的主要成就——戏剧却采取防范态度。"文革"前夕，即1964—1965年，北京的人民文学出版社和上海的新文艺出版社奉命共同出版一批作为"反面教材""供内部参考"的西方现代派文学作品，它们统统覆以单调、空白的黄皮封面，每部作品均附上一篇批判性的"译者前言"或"后记"之类，然后在作家中"内部发行"。迪伦马特的代表作《老妇还乡》(Der Besuch der alten Dame)就被列在其中。"文革"期间我在一家旧书店里发现了它，买来看了后激动万分，认为这并不是什么"毒草"，而是妙不可言的艺术杰作。这期间，我还看到另一本也作为黄皮书出版的著作，即卡夫卡的《审判及其他》。这两位作家从此就盘踞在我脑子里，挥之不去。我心想，一旦"文化大革命"结束，首先要把这两位作家介绍给中国读者。1977年我着手翻译迪伦马特的另一部代表作《物理学家》，译完后投给上海新创办的刊物《外国文艺》，该刊于1978年第5期发表了它。这个刊物当时的发行量是每期5万册。接着我撰写了一篇全面介绍迪伦马特的长文《别具一格的瑞士戏剧家迪伦马特》,发表于《外国戏剧》1979 年第 4 期上。这一年,我在完成正面肯定卡夫卡的两篇论文和一篇译作以后,立刻着手翻译迪伦马特的其他剧作,当时北京的人民文学出版社要求出版一本迪伦马特的剧作集,因为该社外文部主任孙绳武先生已经看到我的上述文章和译作。于是我选了六个剧,即《老妇还乡》、《物理学家》、《罗慕路斯大帝》、《天使来到巴比伦》、《密西西比先生的婚姻》和《弗兰克五世》,题名为《迪伦马特喜剧选》,并附一篇较长的编选者序言。为了使该书早日问世,我又约了昔日同窗张荣昌先生担任两个剧的翻译,于是他译了《密》剧和《弗》剧,同时收入黄皮书中当年黄雨石先生从英文译过来的《老》剧。但出版社的一位责任编辑在审稿过程中,认为《密》剧涉及政治上的"敏感问题",建议撤下。这本书最后以五个剧本于 1981 年出版,头版 9 000 册,在北京一个礼拜就卖完了。著名剧作家马中骏当年还是个业余戏剧爱好者,他一口气买了七本,奔走相告送给人家。我自己也先后从出版社买了 90 本,送给戏剧界的朋友。所以,后来有的单位,比如安徽话剧团想买 50 本,结果哪里也买不到!1987 年我曾要求出版社加印,出版社说须事先征订。征订结果:1 900 册。但出版社规定,不到 3 000 本不开机!直到新世纪伊始,人民文学出版社决定买下迪伦马特部分剧作的版权,并重版《迪伦马特喜剧选》。趁此机会,我根据作者晚年对《老妇还乡》的最后修改稿,从德文重译了《老妇还乡》,并以这个剧名为书名,同时换下《弗兰克五世》,补上《流星》,由韩瑞祥教授翻译。该书于 2002 年出版,初印 5 000 册。

20 世纪 80 年代中期以来,大陆的文学出版情况有个不太正常的现象,即重小说,轻戏剧。文学刊物很多,但刊登戏剧作品的极少。即使像迪伦马特这样的剧作家,除了上海的《外国文艺》登过两个剧(除《物理学家》外,后来还登过《流星》),别的报刊就很难见到。

二、迪伦马特剧作在大陆的舞台上

《迪伦马特喜剧选》出版的时候,正好我的论文《试论迪伦马特的艺术特征》也在《文艺研究》杂志发表,它们立刻引起戏剧界的热烈反响。上海戏剧学院表演系的张应湘教授(当时是讲师)一马当先,他和该系 1978 级的学生首先把早已酝酿在心的《物理学家》搬上舞台。他抓住迪伦马特艺术的怪诞特征，采用强烈的灯光、酷烈的投影画面，加上恰到好处的西方古典音乐选曲(《少女的祈祷》、《爱的痛苦》、《圣母颂》等)，在刚开放的中国让人耳目一新，引起全校师生的轰动，有不少外地的业内人士也专程赶来观看。上海的长江剧院甚至想包演30场，只因学校强调教学计划不能更改，不让学生商业演出，结果只在校内一共演了八场。主演这出戏的男演员马少华现在成了名演员，并主演了《走向共和》中的孙中山、《汉武大帝》中的窦婴等。参加这出戏演出的男演员王延松，毕业后调到沈阳话剧团工作，他在那里也排练了《物理学家》。此外，清华大学和南京艺术学院也分别于2003和2004年排演了这出戏。

迪伦马特戏剧作品在大陆出版后，许多戏剧家按捺不住自己的兴奋，跃跃欲试。北京人民艺术剧院的著名表演艺术家蓝天野，积极要求导演《老妇还乡》。1982年，由著名表演艺术家朱琳、周正、吕齐等分别担任主要角色的《老妇还乡》在实力雄厚的北京人艺上演了！一连演了35场左右，观众仍争相购票，可谓轰动一时。这是大型的官方演出团体第一次以强大阵容接纳迪伦马特的戏剧艺术。不过由于历史的原因，演员出身的蓝天野基本上是按所谓“北京人艺风格”的思路排练的，这条“现实主义”的套路与在表现主义影响下形成的迪伦马特的艺术风格多少有些错位。

随着时间的推移，这个戏的思想穿透力和艺术魅力越来越征服中国的艺术家和观众，甚至受到中国军方的赞赏，以至于1999年登上了解放军艺术学院的排练场。该院艺术系主任王敏教授和她培训班的学员把《老妇还乡》搬上舞台，一共十场演出，场场爆满。解放军著名老剧作家、该院前院长胡可先生看了后激动不已，说：“我觉得这个戏是专为我们今天而写的。”前中戏院长徐晓钟教授也给予了肯定。我也在《光明日报》上发表了好评。导演对这个戏在表现技巧上进行了不少现代性的开掘，在舞台的二度创作方面比起当年北京人艺的版本有较多的新意。

2002年可以说是中国的“《老妇还乡》年”，先后有两个大型专业话剧团体和两所高等学校不约而同地上演了它。牌子最大的是国家话剧院，她将这个戏作为该院成立头一年推出的三出大型外国戏剧之一，由吴晓江导演，韩童生、冯宪珍领衔主演，剧本采用了我的新译本。可惜演出期间我不在国内，据说未能达到预期效果，所以原拟演两轮，结果只演了一轮，不到十场。再一个演出单位是天津人民艺术剧院以及上海戏剧学院，同样我都没有看到，不好置评。此外，北京外国语大学的业余剧社也上演了"老妇还乡"。

1987 年中国青年艺术剧院把《天使来到巴比伦》搬上了舞台，这是著名女导演陈颙对迪伦马特的艺术进行的一次唯一的尝试。这是她采纳了我的推荐的结果。事先我们在《中国文化报》上以通信的形式进行了探讨。这是一出怪诞迭出的戏，充分体现了作者的艺术风格。我鼓励她在怪诞上多下工夫，尽可能大胆些。她确也在这方面作了努力，演出基本上是成功的，在民族文化宫演了十余场，《人民日报》也发表了肯定性的文章。不过这位艺术家毕竟是从斯坦尼的体系中训练出来的，尽管她愿意靠近和探索现代艺术，却总很难完全到位。再说中国也缺乏像样的喜剧演员，音乐和音响也未能发挥应有的作用。所以我觉得《天使》剧的演出总体上还缺乏应有的光彩。

《罗慕路斯大帝》是迪伦马特的成名作，但它来到中国舞台却排在第四位。那是 1988 年，对迪伦马特的艺术情有独钟的上海戏剧学院张应湘教授在该校排了这个戏。罗慕路斯要利用他的地位和权力来摧毁一个已经对世界构成威胁的大帝国，这一思想和人格吸引了张应湘教授的兴趣。他按照作者的提示，把罗慕路斯塑造成一个"具有庄严气派的伟人形象"。1992 年，北京富有实力的先锋导演林兆华把《罗慕路斯大帝》推了出来。林对这出戏的创意是：在舞台的左前侧安排了一个牵线木偶的表演区，牵线木偶与舞台上的角色的行动做对应动作。这出戏的导演对戏的内容有独特的阐释，他认为，任何帝王的行为都不是由自己决定的，他只不过充当别人的牵线木偶而已。这种阐释恐怕是值得商榷的。如说帝王是历史的奴隶或牵线木偶是可以的，但他不是社会或他人的傀儡，特别是封建时代的帝王。而《罗》剧中的主人公恰恰是要贯彻自己的意志，利用他的无上地位，来充当"世界的法官"，宣判帝国的灭亡。这是一种胆大妄为的颠覆行为！本来我以为，这种构思不过是作者的一种"审美游戏"，但前苏联的解体非常严酷地应验了这出戏惊人的针对性与现实性。林导好像没有领悟并联系这一现实，而把它变成认知层面上的阐释，因而与作品的原意相左，故这出戏的演出未能使观众受到它的非凡预见的思想冲击力的震撼，演出不到十场就收兵了！这是一个遗憾。

《罗慕路斯大帝》的魅力也感染了大学生们。中国人民大学的学生们后来也排演这出戏，为廖湘宏的研究生周乔所导。可惜我没有看到。

富有诗意的《流星》也是迪伦马特的名作之一，自 20 世纪 90 年代初被译过来以后，很快于 1994 年由上海戏剧学院搬上舞台，是由安振吉副教授导演的。据张应湘教授称，相当成功。

揭示金钱对人的奴役或人为金钱而发狂的《弗兰克五世》最晚来到中国舞台，就在去年 3 月，由林荫宇执导，中戏学生演出的。为了突出主题，导演对剧本作了一定的修改，剧名也改为《激情燃烧的岁月》。虽然经费紧缺，但导演对迪氏的怪诞风格把握得还是比较好的，所以剧场效果相当不错，一共演了十场。

迄今为止，短短 20 余年来，已有六出迪伦马特的戏被搬上中国的舞台，如加上顾威改编并执导的迪氏广播剧《秋夜谈话》，就有七出。除了莎士比亚，恐怕没有第二位外国戏剧家在中国受到过这样的礼遇。这只能归因于迪伦马特作品那深刻的思想穿透力和持久的艺术魅力了。

三、迪伦马特的艺术对中国戏剧创作的影响

迪伦马特不仅是剧作家、戏剧理论家，也是导演，而且他还是小说家和画家，因此他的戏剧美学内涵很丰富。中国作家从戏剧理念到人文思维到艺术技巧等方面都得到许多启悟。中国作家受益最深的是他的悖谬艺术。悖谬(paradox)本来是个哲学术语，叫悖论，物理学上叫佯谬。富有哲学功底的迪伦马特(大学年代曾专攻哲学五年)与不少高明的现代作家一样，善于把这一哲学概念运用到美学范畴，而且很成功(《老》剧、《物》剧、《天》剧……)，他并且认为，戏剧创作没有悖谬是不行的。

最早领悟到这一奥秘的是青年作家马中骏，他于 1989 年创作的《老风流镇》就是有意识运用悖谬思维写成的。此剧表现了中国传统文化"既辉煌，又萎靡"的双重性。马先生现在在搞影视创作，前几天他还对我说，他仍然常从迪伦马特获得灵感。同时他还说，自从读了迪伦马特的作品

后，简直从根本上改变了他的认知世界的方式，改变了他的世界观，使他产生颠覆中国旧文化的意识。他认为，迪伦马特的人物既是哲学符号，也是美学符号。他认为迪伦马特的小说也独树一帜，它颠覆了侦探小说的媚俗文化，变成美学符号。

20 世纪 90 年代以来，大陆剧坛上冲出一匹“黑马”，这就是剧作家过士行。他原是《北京晚报》记者，经常参加戏剧讨论会，后来就尝试写剧，没想到一炮打响，他迄今一连写了六出戏，前五出都已被搬上了舞台，而且获得普遍好评。他的成功秘诀就是从迪伦马特那儿来的。所以一提起迪伦马特，他就钦佩不已，感激不尽。最近他在一篇短文中还这样说：“如果没有迪伦马特也许我还不想写戏。经由迪伦马特我才走上了戏剧写作的道路，而且一发不可收，这是因为我为他的剧作中的悖谬艺术着迷，它使我在创作上开了窍。”过士行的戏摆脱任何意识形态的纠缠，把目光投向现实题材和平民世界，还戏剧以娱乐功能，写得诙谐幽默，生动有趣。他的“闲人三部曲”(《鸟人》、《棋人》、《渔人》)写人的“灵”与“肉”的矛盾与争斗，表现一种精神追求和悲壮情怀，别有情趣。

如果从现象上看，那么体现 20 世纪 80 年代中国戏剧创作最高成就的两部作品《狗儿爷涅槃》和《桑树坪纪事》也是与悖谬艺术有关的。狗儿爷既痛恨地主，又渴望自己成为真正的“有地之主”；他越热爱土地，就越受到“割资本主义尾巴”的困扰；他好不容易得到了梦寐以求的地主大院，儿女却要用来办厂房，他一气之下，一把火将它烧了！这种哭笑不得的处境，正是悖谬艺术情趣之所在。

《桑树坪纪事》也是一部“含泪的笑”的悲喜剧，其中有一个场面是用“喜”的形式表现悲的情境的绝妙处理：公社干部想吃牛肉了，就命令桑树坪村把它的那头全村唯一的一头壮实的公牛送去宰杀，这对于村民们来说，本来是一件十分悲愤的事情，但他们却不得不将公牛打扮得花枝招展，敲锣打鼓欢送它上路。在这里，越是喜气洋洋，则村民们的心情越让人感到难受。

吉林省有位剧作家叫罗辑，也非常痴迷于迪伦马特，也从迪氏的悖谬艺术中领悟到戏剧创作之道，每次见到我都要大谈一番他的感受。

作家兼教授马原对迪伦马特尤其五体投地，他甚至对尼采和加西亚·马尔克斯这样一些大师都不放在眼里，唯独喜欢迪伦马特。

四、迪伦马特在中国学者的视野里

在20世纪80年代，迪伦马特在中国学界的名声虽然已经不小，也受到大家的喜欢。但把他作为研究对象的却极少，只有我本人翻译了他的四个剧本和那篇长篇论文即《戏剧问题》，并写了五篇较长的论文，此外还有《迪伦马特戏剧散论》和《论迪伦马特的戏剧美学特征》，分别发表在《外国戏剧》、《文艺研究》、《戏剧百家》、《同济大学学报》(人文社科版)等刊物上，加上访问记和其他短文，加起来不过十余万字，还都比较粗浅，而且偏重于戏剧美学层面，对于他的作品的哲学层面涉及很少，尤其是70年代以后的作品更谈不上有深入研究。因为我的主要研究对象是卡夫卡。虽然90年代中期，我应苏黎世第奥根尼出版社(Diogenes Verlag)和瑞士文化基金会的邀请，专程去瑞士研究了四个月，收集了大量资料，打算回来写一本专著。但一回来马上就被各个出版社抓住，搞卡夫卡这个、卡夫卡那个去了，没有多少时间研究迪伦马特。不过，迪伦马特倒启发和推动我写了另两篇论文，我自己倒比较看重的，一篇题为《论悖谬——对一种存在的审美把握》;另一篇题为《论怪诞》。它们分别发表在1989和1994年第4期的《文艺研究》上，也许有一定学术价值。此外也是受到迪伦马特的启迪，引起我对巴罗克文学艺术的关注，导致我写了两篇论文《巴罗克的命运》和《西方现代文艺中的巴罗克基因》(分别发表于《文艺研究》1997年第4期和2000年第3期)也是为我自己所看重的。这一思路还启示我发现布莱希特与巴罗克的艺术缘分，而这一点迄今尚未引起国内布莱希特研究者的注意，而我本人又一时抽不出时间着手这一课题的研究。

20世纪90年代以来，关注和研究迪伦马特的学者明显多起来了，迄今散见在各种报刊上的论文已有十来篇，其中有：谢芳发表在1998年《外国文学评论》第3期上的《论迪伦马特〈老妇还乡〉的怪诞风格》;赵建新发表在2004年《当代戏剧》第4期上的《在悖谬中选择逃离——迪伦马特戏剧中的自救者形象》;李倩发表在1996年《淮扬师专学报》第1期上的《欲哭无泪，欲笑无声——从〈老妇还乡〉看迪伦马特悲喜剧的美学特征》;郑闽江发表在1991年《外国文艺》第5期上的《迪伦马特的两幕喜剧"流星"》等。值得欣喜的是，有的行外的人士也加入我们的评论队伍，如音乐评论家刘诗嵘发表在 1998 年 10 月 8 日《文艺报》上的《金钱能扭曲人类的灵魂》一文，从《老妇还乡》在欧洲被改编成歌剧和电影的情况，让我们获得许多新的信息。现在，计划写迪伦马特专著的人终于浮出水面，这就是北京外国语大学的韩瑞祥教授，他正在以《当代喜剧》为题写一部这方面的专著。相信这个势头还会向健康的方向发展。近三年来，我的博士生廖峻先生也在研究迪伦马特，并以《迪伦马特的迷宫世界》为题写出了博士论文，今年 5 月已顺利通过答辩。

2005 年 2 月 4 日
2007 年夏略作修改

第六辑

内卡河：深沉而浪漫

内卡河在德国西南部蜿蜒300余公里，最后汇入莱茵河。她的水量充沛，但流速缓慢，因而显得深沉、饱满，像个学识渊博、富有涵养的人；每次与她相遇，都令我肃然起敬，而又让我感到亲切和欣慰。在德国，像她那样大小的河流数以十计，但像她那样具有的亲和力，找不出第二例了！奇怪，她流经她所在的巴登—符腾堡州的首府斯图加特，似乎并没有给她增加什么光环，但她流经的两个小县城倒给她带来无上的声誉。这就是位于她上游的图宾根（一译蒂宾根）和下游的海德堡。这两个小城，前者不过7万多人口，后者的人口也不到13万，可两座大学的师生员工及其家属的人数分别占了全市人口的三分之二和一半以上，是名副其实的“大学城”！说来有趣，德国有数的闻名世界的五六所名牌大学，一多半都是“农村出身”。除这两所外，还有哥廷根大学和弗赖堡大学。若论历史，则海德堡大学是开山祖，1386年，即文艺复兴的早期就诞生了！在欧洲仅晚于布拉格大学。图宾根大学建于1477年，比我国的第一所大学还年长500多岁。中国的俗话说，“一方土养一方人”。内卡河流域能产生这样数量的最古老而且始终保持旺盛生命力的最高学府，和这一带的水土能没有关系吗？内卡河，这股源自阿尔卑斯山的雪水，经过了多少大山深处的岩隙和沃原土层的渗透，汇集到这里，不知带来多少稀有的微量元素和神秘的生命密码。所以，我每次走过图宾根的爱伯尔哈特桥或海德堡的任何一座大桥时，都会不由自主地停下来，静静地看着那略带混浊的河水的流动，仿佛要从中寻找出孕育了无数智者大脑的那些元素，破解出那些密码，还想听一听当年天文学泰斗凯普勒，哲学大师黑格尔、谢林等人在图宾根留下的话音，存在哲学大师耶斯佩尔斯、诠释学创始人伽达默在海德堡大学课堂上演讲时尚未消失的余响。这一切生命信息，我想都密藏在内卡河里，由她世世代代向后人传递着，否则，这两所古老的学府何以能长盛不衰？

是的，内卡河是沉静的，爱思考的，即使有时波涛汹涌，桀骜不驯，也不离思索，呈现德国式的浪漫。君不见，其风格与西欧浪漫派殊异的“德国浪漫派”后期的几位实力人物，都是内卡河的伟大儿子：荷尔德林、乌兰德、布伦塔诺、阿尔尼姆！尤其是荷尔德林，图宾根人最引为骄傲：这位最具“诗人哲学家”气质的天才，以他不同凡响的诗篇和杰出的叙事作品，不仅表达了对他的时代的忧思，而且预感到未来人类的生存危机，传递了属于未来世纪的审美信息。可以说，他所隶属的流派的首领兼理论家 F. 施莱格尔通过理论阐述所做的，他也做了，而有些施莱格尔未能做的，他也做了！无怪乎，这位不被他的时代所理解的诗人，现在人们把他视为欧洲浪漫主义到达现代主义最便捷的桥梁，因而名声与日俱增！而他，从小喝内卡河的水长大，为内卡河唱过多少美好的歌；曾与黑格尔、谢林等杰出人物在图宾根一同求学、结交，不幸至而立之年即罹患顽疾（精神错乱）。1806 迁居图宾根医治，虽然继续写诗，但没有人理解他，却成了孩子们逗乐的对象。最后没有人管他，多亏一个好心的木匠师傅的家庭接纳了他，让他住在他们家的阁楼里并照料他的生活，直至他最后结束自己的生命（1843）。1996 年一个夏日的中午，当图宾根大学的著名老诗人、荷尔德林的研究者保尔·霍夫曼教授在陪我吃饭期间讲起荷尔德林晚年落魄时的一些细节时，我不禁潸然泪下。但荷尔德林在图宾根的 37 个春秋，始终都与内卡河相依为命！你看与他朝夕相处的那幢米黄色的三层小楼，俗称“荷尔德林塔楼”，就直接濒临于河的岸边。站在爱伯尔哈特大桥上，朝逆水方向的右前方看去，不足百步，即是塔楼之所在。它以一个弧形的立面造型，突出于岸边整齐的墙面，成为游人视线中最醒目的目标。这个“突出”的设计，正表明荷尔德林与内卡河的突出关系。故他曾宣称，这是他的“墓茔和庙宇”。是啊，内卡河曾经给了他多少奇妙的灵感！她像一把琴弦，日夜伴他工作、睡眠、发病、思考。事实上，他在图宾根期间，虽然离不开医院，但他那些最瑰丽的、属于20世纪的诗篇，好多是在这里产生的！他最后把自己的许多手稿甚至生命都遗留在了这里，说明他要永远与内卡河为伴。虽然他的遗体被埋在图宾根公墓，但他的灵魂却始终留在塔楼里。无疑，这幢“荷尔德林塔楼”才是荷尔德林永恒的墓碑！与他永远相伴的是“施瓦本浪漫派”首领乌兰德。这位图宾根大学秘书的儿子也是在内卡河畔土生土长的，不仅是杰出的诗人，而且是有为的民主政治家和渊博的学者，是日耳曼语言文学的奠基者之一。而且，在荷尔德林寂寞的年代就为荷尔德林编过集子，还写过他的传记。有这样一位有成就的乡亲和同仁与自己为伴，荷尔德林该不会感到寂寞的吧？

在内卡河的另一头，与荷尔德林遥相呼应的是德国后期浪漫派的“海德堡派”代表人物布伦塔诺和阿尔尼姆。他们不关心政治，也厌恶工业化气氛，而潜心于诗歌营造。在这方面，内卡河给了他们另一种灵感，使他们除了写诗和办刊物以外，把注意力转向自然，转向民间，悉心从事民歌的收集工作，完成了德国文学史上两部最有价值的民歌集之一：《儿童的奇异号角》，既有力地抵消了德国浪漫派的“消极”倾向，又为内卡河增添了人文分量，从而无愧于海德堡的光荣后裔。

啊，无尽的内卡河，千百年来，你就这样流淌着，涌动着；时而深沉，时而浪漫，而且还将继续这样下去。那么，你还会哺育出多少个凯普勒、黑格尔、伽达默、布伦塔诺、荷尔德林……？我仰望着，期待着。

原载《文汇报》2007年12月25日

德累斯顿：
涅槃后依然辉煌

最初听到德累斯顿这个城名，还是从中学课本上读到冯至的一篇散文：《五一前夕在德累斯顿》。从那以后，德累斯顿这个名字在脑子里怎么也挥之不去！直到近30年后的80年代初，一次在中国外文书店的样本室里，我偶然见到一本厚厚的德累斯顿画廊的集子，发现其中有那么多的文艺复兴以来的大师们的名作，便如获至宝似的把它买了下来。从此萌发了有朝一日能亲临这个丰富的艺术陈列馆的欲望。随着时间的推移，对这个城市的了解日益增多，知道她整个就是一个艺术化了的城市，是个缪斯最爱光顾的地方，因而有“德国的佛罗伦萨”之称！什么时候能亲眼一睹这颗易北河上的艺术明珠呢？我日益心焦了！

两德统一后，这一天终于到来。我乘赴德学术考察的机会，带上在斯图加特学习的女儿，专程来到这里。首先找到了那座以这个城市命名的艺术陈列馆。进馆后的第一个直奔的目标便是拉斐尔的那幅杰作，那幅堪称这座艺术馆“镇馆之宝”的《西斯廷圣母》！

啊，这幅 265 cm×196 cm 的巨幅画像，虽然五百多年过去了，似乎依然散发着油彩的微香，她的视觉冲击力与书本里的复制品真是不可同日而语！不愧是拉斐尔所画的众多的圣母题材中最杰出的一幅。画面上天幕正向两边掀起，只见这位身为圣母的美丽而端庄的女子，领受了崇高的使命，带着庄严、肃穆的神情，怀抱着准备献给人间的圣子，从云端轻盈走来……我在画幅前目不转睛地伫立良久，最后在女儿的提醒下，不得不依依不舍地离开了，因为馆内还有那么多的传世杰作吸引着我们去观赏：像乔尔乔纳的《微睡的维纳斯》、波提切利的《怀抱圣子的玛丽娅》、提香的《一个白衣女人的画像》、丁托莱托的《正在演奏的女人们》、鲁本斯的《迪安娜狩猎归来》，以及丢勒、凡·代克、瓦托、波歇、委拉斯贵兹……哦，不可忘了，这里还有巴罗克时代最杰出的画家伦勃朗的好几幅名作，尤其是他的《与萨斯基娅在一起的自画像》，也是这个馆的最名贵画作之一。

走出画廊才发现，刚才我们置身其中的这座建筑就是德累斯顿最有名的古建筑"茨温格宫"的一部分。茨温格宫因其装饰华丽而独特的巴罗克风格而驰名世界。它由三个建筑单元连成一体；两旁是对称的倍高的二层楼，中间则是较小的二层"钟嬉亭"，实际上是一座堡式的门楼，其"粗壮"的形体与华美的装饰浑然一体，从而将巴罗克建筑的特征发挥得淋漓尽致。此外它由产自著名瓷都迈森的瓷料筑成，十分贵重。1728 年当时的选帝侯奥古斯特就决定把整座茨温格宫辟为综合的艺术博物馆。除刚才提及的画廊外，还有瓷器馆、雕塑馆、戏剧馆、数理馆、锡器馆、兵器馆、动物馆等。在众多的雕塑品中，尤以 14 尊出浴仙女的雕像最为精致生动，美轮美奂，亦属德累斯顿的艺术瑰宝。

作为艺术品，德累斯顿人历史上另一个大手笔是描绘在长壁瓷砖上的"历代公侯阵"。这座离易北河岸不远的 102 米长的高墙由 24 000 块迈森瓷砖拼贴而成，四面框架饰有精美的浮雕。墙面上绘有数以千计的自 12 世纪至 19 世纪的萨克森王国的公侯们及其吹吹打打的扈从们，另外也有杰出的艺术家和科学家，他们一律骑在马背上雄赳赳地阔步前进，场面至为壮观；画面幽默而不失庄重，具有艺术价值，是德累斯顿的重要一景。

德累斯顿是一座拥有 50 万人口的历史文化古城，为历代萨克森王国的首府。欧洲的统治者许多都很重视艺术收藏和建筑上的建树。德累斯顿的贵重身份就得益于这些统治者的爱好与追求。如德累斯顿画廊的2 000余幅欧洲名作(展出的只是几百幅),就是这里的选帝侯奥古斯特祖孙三代不惜重金,从当时的欧洲艺术大国(如意大利、西班牙、法国、德国、弗兰德斯等国)收购来的。除绘画外,他们也收集并让人制作了大量贵重艺术品。每代君主当政时期都掌握着一批当时最优秀的建筑师与艺术家,充分发挥他们的才能。在建筑上他们懂得“因景设建”,充分利用与莱茵河齐名的易北河的环境优势,在其沿岸建造了一批恢弘建筑,从对岸看去非常壮观,成了城市的漂亮“门面”,其中尤以彼此相挨的宫殿和宫庭教堂最为突出;后者是萨克森地区最有名的天主教堂,系带有四个角楼、外部饰有 78 尊等人高的雕塑、高达 83 米的巴罗克建筑,与值得一提的剧院广场相邻。但在德累斯顿的诸多教堂中,从高度和历史意义上讲,首推位于“新市场”的“圣女教堂”,她以高达 95 米的塔顶夺了德累斯顿的天际线。这座带有四座塔楼的珍贵巴罗克建筑曾是德国唯一的最重要的新教教堂,是德国宗教改革的象征。可惜二战中她也没有免于被炸的命运。当时笔者看到的是她的两个塔楼的残躯。近年来人们捐钱按原样修复,并于去年即 2006 年竣工。至此,一度在战争中消失了的德累斯顿的一些主要建筑基本上都已恢复如初了。当然其价值无疑要打个折扣。折扣打得最凶的要算位于“旧市场”的“十字教堂”,它已有 800 年的历史,先后被毁过五次之多!另外,有的遭受轰炸的重要艺术品现在难以复原了,著名“大花园”中原来有 150 尊雕塑,如今保留下来的只有 30 来尊!再如与“大花园”中轴线平行的海勒克拉斯大街原有 12 尊海勒克拉斯雕像,现在只剩下四尊。

在决定德累斯顿城市景观的众多的历代建筑师中,有两位是必须提及的:一位生活于 17 世纪下半叶至 18 世纪上半叶,叫佩珀尔曼。除了德累斯顿,他在华沙也留下了重要业绩。他在德累斯顿的代表作首先应是上面已提及的茨温格宫的“钟嬉亭”,这是他与当时的著名雕刻家培尔莫瑟完美合作的产物。其次是那座横跨易北河的 25 孔的“奥古斯都大桥”。在交通不断现代化的过程中,大桥虽几经改造,但它的多孔形式始终受到尊重。佩珀尔曼还在易北河沿岸大显身手,建造了别具一格的巴罗克建筑闻名的“皮尔尼茨宫”(又称新宫、山水宫),在大花园设计中顺应了 18 世纪弥漫欧洲宫庭中的“中国风”,根据中国园林的特点,设计了美妙的“中国亭”(可惜炸后未恢复),等等。佩珀尔曼的创作盛期是 18 世纪的前 30 年,这时盛行于 17 世纪的巴罗克风尚在它的发祥地南欧诸国已成明日黄花,但它在德累斯顿所在的东欧这里却正姗姗来迟。这决定了佩珀尔曼的设计风格,相当程度上也决定了德累斯顿的建筑风貌。

另一位不可忽视的设计师是森佩尔,他是 19 世纪仅次于勋克尔的德国最重要的建筑师。这位在英国、奥地利、瑞士等地都留下名作的建筑设计师兼理论家,其在德累斯顿的首功是以他的名字命名的“森佩尔歌剧院”以及前述德累斯顿画廊,它们是作者综合了意大利文艺复兴盛期和巴罗克的建筑特征而设计的杰作,其中歌剧院(先后两次被毁后重建)成为德累斯顿文化生活的标志性建筑,是当年瓦格纳、勃拉姆斯和 20 世纪的理查·斯特劳斯等音乐大师施展才能的地方。

啊! 德累斯顿,你曾在一个河滩上崛起,又从一片废墟中涅槃,你的艺术精神永垂不朽。我知道,缪斯给了你惠顾,赋予你以充沛的艺术生命的能量。涅槃后你依然辉煌!

原载《文汇报》2008 年 5 月 11 日

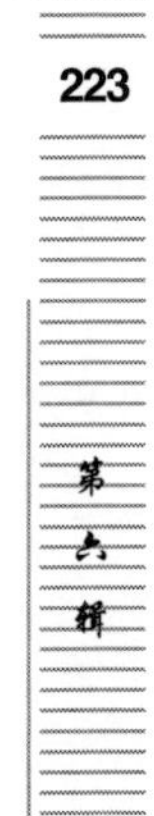

水灵的海德堡

熟透了的水果最水灵，既好看又好吃。位于德国西部巴登—符腾堡州的小城海德堡就好比这样的水果。她不仅外表让人叹为观止，内里也经得起品味再三。怪不得内卡河的伟大儿子荷尔德林称其为“最具农村风味的城市”，并呼她为“母亲”。国人中甚至有人将她的名字“盗”了来，作为京城某个住宅区的“门牌”，既可招揽生意，又可让一时尚未亲临其境的买主权当画饼。

真实的海德堡位于一条峡谷的当口，充沛的水流从峡谷中奔涌而出，这便是有名的内卡河——莱茵河的一条重要支流。海德堡斜倚在河两旁的山坡上。如果我们把海德堡想像成横跨内卡河的巨人，那么他的“上身”便在南岸，这里是古城的主体。维系南北城区的三座大桥，仿佛 X 光镜中的三根大动脉，那川流不息的车水马龙就是这个城市生命的血液循环。连接南岸前两个桥头的是海德堡古城的“主街”，一条与河道平行的长长的步行街。海德堡古城就倚在一座叫“王椅”的海拔 566 米的山坡上。放眼对岸也是一座大山，比她还高 200 来米，叫“圣山”，其“圣顶”曾被纳粹染指过，一座露天剧场便是它留下的痕迹。山脚下那鳞次栉比但并不密密匝匝的村落式的红瓦白墙的房舍，在梯级的浓荫掩映和河水的衬托下，尤其在朝阳的照射下，如画如绣，与古城相映成辉。

由于这个城市与“山”有着这样不可分割的关系，所以海德堡的正确译名是“海岱山”(Heidelberg)。由于德文“山”(berg)的英文读音与“堡”相近，加上这里确实有一座宏大的城堡，于是海德堡的译名在我国就这样似错非错地约定俗成了(曾在这里留学五年的著名诗人和学者冯至先生，生前曾大声疾呼要把这个译名改过来，结果也无济于事)。这座城堡就是这个城市的“石头史”和见证者。它诞生于11世纪，原是卡尔大帝的一处堡式行宫，15世纪初选帝侯菲利普按文艺复兴风格扩建为王宫，规模甚为壮观，有异地移来的四根古代贵重石柱，各具特色的厅室和众多的雕像以及豪华的花园。她采用尼德兰的装修技术和艺术，又参照意大利多眺台的建筑思想，朝两个不同方向建造了凭栏大眺台，此外在建筑群中还加入一座英国式宫堡，可谓锦上添花。这座非凡宫邸在不断加固中顶住了16世纪的宗教改革和农民战争的威胁，却未能逃过17世纪末因争夺王位引起的法国的炮火，又遭18世纪的一次猛烈的雷击(1764)，变得伤痕累累，遂渐圮废。19、20世纪之交，人们出于痛惜与怀念，不忍将这些残垣断壁铲除重建，而是略加整修，把她永远留作废墟遗址，作为珍贵文物保护起来。因为这座城堡不仅身世坎坷，而且经历了漫长的岁月，建筑上既包含了不同时代的风格，又容纳了好几个国家的建筑特点。现在她成了海德堡最大的城标：人们远远望去，首先撞入眼帘的似乎不是海德堡，而是这位端坐在200米高“椅”上的“历史老人”！这样，城堡和海德堡古城仿佛是挂在墙上的一幅画，从卡尔古桥或台奥多尔·豪斯大桥，不，从内卡河的船上看去，可一览无余！而城堡仿佛是古城的王冠。

但城堡虽为废墟，并不意味着她就一无所有了！不是的，她毕竟是石头的建筑，除了永劫不复的花园，其主要立面依然让人看出她的基本轮廓。她甚至拥有一件完好的“世界之最”，那就是名闻遐迩的“海德堡大酒桶”，它的容量为22万升葡萄酒！它的桶壁全由粗大的整根木头拼制而成，再加几道巨大的铁箍，造得严严实实。若想把这个庞然大物从下到上看个仔细，须爬好几道楼梯，至少有两层楼那么高！从这个硕大无朋的酒桶可以见出当年宫廷生活之奢华，尽管它已是卡尔·菲利普迁都(1720)

后的产物(1751)。现在她成了整个城堡的“镇堡之宝”。除此之外,遗址中的另一处建筑被用来辟为德国传统药物博物馆,细细看去,渐渐醒悟:原来西方人的祖先也像我们中国人一样,也是以草啊虫啊这些名堂来拯救自己的生命的。不过奇怪的是,这些宝贝现在几乎全成了古董,在他们的药店里很难看到了!看来,这些拥有了工业领先权的人们,痴迷于现代科技的成果,以至于都成了“忘祖”的“不肖子孙”了!

提起海德堡的这处遗址,笔者有一种特殊感情,因为她还是笔者文物意识觉醒的启蒙老师呢!那是改革开放之初,笔者第一次参观这处遗址。进门不久便发现右侧约 50 米处,有一座杂草丛生的残破碉堡,像个伤员似的无力地斜倚在一垛同样残破的墙上。我当即悲悯起来,说:“这让人多难受啊,为什么不把它扶正或干脆拆掉重建一个?”陪同我的德国朋友笑了一下,说:“这已是文物了,文物就应该保持它的历史原初性,这样才有历史见证价值。”我脸红了(一个中国教授竟让一个德国助教开导),但马上觉得得到报偿:深受启悟。这才有了后来反对重修圆明园的大声疾呼,仿佛隐隐看到了这两位历史瘫人背后那个专烧人类文化瑰宝的共同的罪魁——法兰西!这个连当年歌德都钦佩不已的文化上高度发达的民族,恰恰成了文化浩劫的制造者,如同同样拥有高度文化的德国偏偏出了希特勒这样的元凶一样令人费解。

堪称海德堡的另一座城标的当属城堡脚下的那座多孔古桥了!它是由当地出产的红岩石筑成的,所以格外醒目。由于她的带有两个圆塔的漂亮桥门是由 18 世纪末的选帝侯卡尔·台奥多尔创建的,故由他的名字命名。据说这座桥历史上已重建过五次了!最早始于公元一世纪;最近一次被毁是 1945 年。这一年邪恶与正义双方的眼睛都打红了,作为罪魁祸首的法西斯德国几乎所有的城市都被炸成了一片焦土,唯有海德堡幸存了下来!但法西斯军队在溃退时,为阻挡联军的攻势,自己把这座大桥连同别的大桥给炸毁了!后按照原样重建了她。现她和城堡一起享受着联合国册封的“人类遗产”的美誉。

整个古城部分即主街两旁的区域就是一个大博物馆,其中有大量的 13 世纪以来的不同形式和风格的古建筑,如教堂、旅店、剧院、图书馆、博物馆等,由于他们是二战的幸存者,尤其显得珍贵。如主街 178 号的“骑士之家”是一座 16 世纪的旅店建筑,那原汁原味的文艺复兴面容不时吸引来成群的游人驻足观赏。再如主街 97 号的疗养博物馆和 52 号的“巨人之家”以及鞋巷的天主教堂等都是重要的巴罗克建筑，格外受到重视和保护。

然而，海德堡最珍贵的人文资源还不在这些，而在于她是德国高等教育的发祥地。以这座城市命名的大学即海德堡大学是德国最古老的大学（建于 1386 年），在欧洲仅晚于布拉格大学，为选帝侯鲁普莱希特所建。她几乎与古城同时生长，她的老校舍构成古城的核心区，使海德堡成了名副其实的“大学城”。六百多年来，海德堡大学历经沧桑而不衰，迄今仍然是德国最重要的几所名牌大学之一。大学图书馆是她的重要的精神富源，它收藏着大量的 16—17 世纪宫廷爱情诗的手稿和基督教福音书和声谱的第二稿，因此不失为德国最重要的图书馆之一。由于这一最高学府的存在，海德堡在历史上经常成为人文主义思潮和文学艺术新思潮的活跃之地。她是德国浪漫派的重要活动场所之一：德国浪漫派的主要贡献之一、由阿尔宁姆和布伦塔诺收集的德国民间诗歌的瑰宝《儿童的奇异号角》即是在这里诞生的。现代主义思潮兴起以来，这里也不缺少它的弄潮儿。20 世纪以来，誉满全球的哲学家雅斯佩尔斯和年逾百岁高龄而寿终的阐释学创始人伽达默尔，都是海德堡大学的哲学泰斗。

提到这里的哲学，人们自然会想到蜿蜒在对岸“圣山”山坡上的一条有名便道，叫“哲学家小道”。说是小道，其实并不小，足可让一辆汽车通过；也不短，要是散步，没有半天走不完，是故笔者曾数次半途而返。有一年的夏天，笔者下了个决心：乘公汽到它的另一头，再往回走，这样就没有退路了！道路显然是专修的：路面很平整，但未用沥青或水泥，而是一层沙粒，显然是为了与自然保持和谐。两旁是高大茂密的树林，不时有鸟儿鸣啭。老半天才会遇上个把人，要是你事先不知道德国没有毒蛇猛兽，不知道这里的治安让人放心，你会感到害怕。沉浸在这样天气晴朗、四周寂寥的天然“大氧吧”里，只觉得神清气爽，思考成了一种乐趣，不，一种享受！这时我想到，这条森林之路，不管叫它什么“道”，事实上它对于海德堡大学这座大智库是至关重要的，古往今来，它不知催发了多少思想火花，促进了多少人的功业。只是你看不见，摸不着而已。

与人文科学和社会科学相适应的是发达的自然科学。大学设有自然科学院、欧洲分子生物实验室、天文学研究所、核物理研究所、医学研究所等。此外这里还是德国最权威的科学研究基地——马克斯·普兰克(简称马普)研究院和德国癌症研究中心。而与这一切“软实力”的表征构成反差的是她的“硬实力”的体征：美国驻欧军事力量的重要基地！这无疑是对应于当年法西斯军队将海德堡用于它的军事据点而存在的。

啊，水灵的海德堡，该如何来表达你的美，估价你的宝？

2007年仲秋于北京

莱茵河的审美盛宴

20余年前的一个秋日，第一次乘火车从斯图加特去波恩，听说这趟不到三小时的旅程，将近两小时是沿着莱茵河走的，这使我喜出望外。国内的大江大河（如旖旎秀丽的钱塘江、富春江）我看过了，雄奇险峻的长江三峡、黄河三门峡、刘家峡我也看过了，只是这莱茵河的名字从中学起就不断叠印在我的脑子里，迄今仍是一个梦境，或者说一种奢望，如今终于能如愿以偿啦。

当火车一驶出城市的“水泥森林”，就径直在田野和丘陵中穿行，融入了人的智慧和血汗的大自然的状貌和色彩格外诱人，使我很快进入了梦一般的境界而忘记了刚才与莱茵女神首次会面时的激动。

不知转了多少道弯，换了多少个景，列车终于拐了结束阶段性旅程的一个弯，右前方突然出现一片开阔的盆地，只见鳞次栉比的房舍间，三两座现代高楼与几座教堂尖塔在争夺城市天际线，一条滔滔大河为这座幸运的城市镶了一道浅蓝色的边，然后在我们的脚底下转了一个90度的弯，就领着我们的列车沿着一条巨大的峡谷径直向前而去。只见河上各种船只——运客的，载货的，捕鱼的……往返穿梭。正当我的视线被这如画的江面所牵动的时候，对面陡峭的悬崖上突现一座巍峨的古堡！它立刻吸引住了我的注意：这莫非就是书中常读到的中世纪骑士古堡，抑或是作为防御工事的军事碉堡，再不就是作为权势者偶尔一用的猎宫、行宫？或者……？还没等我猜完，又一座古堡出现了，不久是第三座、第四座……它们一座座依山而建，凭险屹立，风格不一；有的已成了废墟，有的局部完好，有的好像已经过了维修。它们像"拉样片"似的一个个闯进我的眼帘，又很快地消失在身后。但心中被它们激起的一个个兴奋的浪花却堆积起来，用"美不胜收"来形容真是再恰当不过了。后来知道，莱茵河上的古堡仅从小镇平根到小城科普伦茨这不到一个小时火车行程的河段就有60来座！可谓琳琅满目，争奇斗艳。这些建筑物作为"石头的史诗"，它们是历史的见证；作为造型艺术的一种，它们是审美的载体；作为一个时代的风习，它们是文化的表征。如今，它们作为宝贵的文物，就像璀璨的宝石镶嵌在千山万崖之间。若把莱茵河比作一位雍容端庄的贵妇，那么它们便是她身上闪烁的头饰了。每到夜晚，它们的实体隐去了，灯光描绘出了它们的轮廓，你分不清是天女散花，还是焰火腾空。无怪乎它们激起19世纪初欧洲浪漫派（特别是德国浪漫派）那么大的兴趣，成了他们笔下描绘、吟诵、变奏不尽的题材。拜伦、雪莱、雨果、海涅、施莱格尔、布伦塔诺……都成了莱茵河中段这位"美妇人"的发现者和钟情者。雪莱的名作《莱茵河畔的法兰克斯坦》、海涅的名诗《萝蕤莱》、F.施来格尔的名文《莱茵行》、布伦塔诺的佳作《重返莱茵》等等都是他们的"情书"和经典名篇。后来人们干脆把莱茵河"华彩河段"的发现"专利权"让给了浪漫派作家们，称这一河段为"浪漫走廊"。后来我每次经过这里，都提醒自己不要忘了浪漫派作家们为我们留下的这份珍贵的美学遗产：将他们的文与眼前的景融汇一起，尽情享受一顿丰盛的审美会餐。

然而，要"尽情享受"，火车岂不太快了？好在现代旅游业可以满足旅游者的多种需求，专门有游轮为游览莱茵河的这一"华彩河段"提供这种需要。于是有一年我选了个夏日，从宾根乘游轮顺流而下，站在甲板上不仅可以全方位地尽情观赏左右两岸的旖旎风光，特别是上述建筑物的正面和侧面，还可以仔细考察一下造成这一河段古堡集中的原因，也就是大自然如何塑造了这几十公里特殊的山形地貌，刻画出这一河段蜿蜒多姿的"曲线美"。因为正是河的美才吸引了那么多人竞相上山"筑巢"的。于是经历了轮游行程中最激动人心的一幕：与萝蕤莱的相识。那是一座巨岩峭壁。当轮船向它驶近的时候，它像一位顶天立地的巨人，挡在我们的面前。就是这座高达132米的庞然大物迫使莱茵河向一边夺路而逃，并来了一个90度的急转弯，从而造成那位传说中的渔夫因对岩顶上一位美女的歌声入了迷而触岩丧命的悲惨故事，也带来了刚才提及的海涅那首美丽诗篇和根据这诗篇而产生的300余首歌曲。从小就被海涅的这首名诗和由希尔歇谱写的那首同名歌曲所陶醉，如今身临其境，那久久萦绕心头的不朽旋律不禁哼出声来，因而招来了不少会心的目光。

人对美的追求也像对真的追求一样，是没有止境的，而且是不知疲倦的。满足了水游以后又感到不足了：不能上岸。于是我又萌发了一个愿望：乘车前往，亲自登上某个或某些城堡，实地体验一番古人的情怀：如果它是防御工事，则可领略一下古代军事家的眼光；如果它是行宫或景宫，则可饱览一番远近莱茵河的风光；如果它是骑士古堡，也可了解一下这些堂·吉诃德的祖师爷们当年的"浪漫风采"，……经打听，除了废墟和被利用来作了旅馆的，这些古堡大多不对外开放；只有一座名叫"索奈克"的，属于私人的遗产，作为文物博物馆接待参观者。多亏德国朋友布施先生的美意，他开车成全了我的夙愿。行前他跟我打趣说："叶先生，您是研究卡夫卡的专家，我想您比谁都更知道卡夫卡笔下那位K先生的苦恼：他想进城堡，结果奋斗一生都不能如愿。假如我不陪您去，您岂不要到卡夫卡那里去告我的状了！"我说："知我者，布施先生也！"

经过六个小时的奔驰，布施先生终于宣布："莱茵河到了！"我奇怪地问："莱茵河两旁都是高山峻岭，可眼前还连山的影子都没有呢！"说着，车已经在往下跑了——锦绣般的莱茵河尽收眼底。这时我才恍然大悟：原来这里最初也是平原，是大自然亿万年水流的冲刷，才刻蚀成了这条巨大的沟壑。后来成为日耳曼人抵御罗马人进犯的一道天堑。许多古堡就是因此而产生的。真是"造化钟神秀"啊。

索奈克古堡原是一座保存得较完好的中世纪骑士古堡。19世纪40年代初，普鲁士国王想与他的两位兄弟单独在林中狩猎，拟用当时正在兴起的浪漫主义风格将其改建为猎宫，后因发生1848年革命和国王病故而告吹。最后霍赫措伦王朝按原初的哥特式风格修建成现在的样子。它建在一个陡坡上，围墙内的各单元——门厅、平台、岗亭、庭院、裙房……逐级而上，最后是主楼，坐落在最高处，使其本来就高挑的瘦型"身材"显得更加高耸、峭拔。主要窗户都朝向莱茵河。室内的家具和装饰一应俱全，只是从未有人住过。现在能看到的除了18、19世纪时兴的家具外，主要是作为装饰用的绘画、雕塑、陶瓷工艺品等。其中客厅里一幅描绘莱茵河景色和餐厅里一幅表现反拿破仑战争的巨型画幅气势非凡，给人印象十分深刻。

看完三层展室，我们来到位于古堡最前沿的观景台俯瞰，只见一派壮丽非凡的"河光山色"，在这天独有的蓝天白云的映衬下，如画如绣：原来河面上的滔滔波浪，此刻统统成了微波涟漪；那大大小小的往返船只，再也没有了"穿梭"的状貌，好像成了被"锁定"在锦绣中的图画。此刻的莱茵河更像一位仪态万方、楚楚动人的"贵妇"。抬头向对岸眺望，发现是一面向后仰靠的广阔的斜坡，远处还可隐约看见一座村庄。这时我们更加钦佩主人的建筑眼光：他很看重建筑的外在空间，很讲究建筑与环境的最佳关系。

莱茵河及其两岸的古堡群，一边是自然景观，一边是人文景观，两者就是这样互相衬托，交相辉映，构成莱茵河的"华彩河段"。说来也巧，参观索奈克城堡不久，一位常年在德国工作的同胞像祝贺生日似的告诉我："叶先生，你所津津乐道的'莱茵河上的华彩河段'已被联合国教科文组织作为'自然与文化双重遗产'列入'人类遗产名录'了。"我说："众望所归啊。"

原载《文汇报》2003年2月9日
原题《莱茵河上的华彩河段》

不幸者的庄严墓碑

大自然为不幸者制造了不幸，却又为不幸者制作了庄严的墓碑。在莱茵河的一个险湾我看到了这样的一座墓碑，她的碑名叫萝蕤莱。

萝蕤莱是一个地名，也是一个故事；因故事而成了名胜。

关于她的故事首先是从海涅的那首优美的同名诗篇中获得的，那还是中学年代。后来进一步知道，那故事最初根源于德国浪漫派诗人布伦塔诺的长篇小说《郭德维》中的一首同名歌谣。当时根本没有想到将来会有机会一睹其峥嵘。

20 世纪 80 年代伊始，首次赴德国。一天从波恩去斯图加特。当火车一驶出城市，就径直沿着莱茵河逆向行驶。一过小城科普伦茨，只见对面险峻的山崖上一座接一座巍峨的古堡朝我扑面而来，一个个带着岁月的沧桑，翘望天空，又好像一一向我点头示意，犹如那穿着美丽旗袍伫立在门旁迎送进出客人的礼仪小姐，彬彬有礼。莫非我已来到了莱茵河的华彩河段，那名闻遐迩的“浪漫主义走廊”？正当我在脑子里搜索莱茵河的争宠者——浪漫主义作家们的时候，突然发现一个巨大的阴影急速地向我袭来，定睛一看，是一座巨大的岩崖突现在我的眼前，崖顶上飘扬着两面黑红黄的旗帜。邻座告诉我，那是“萝蕤莱”。哦，就是那位倒霉的渔夫悲剧的策源地？他因被崖顶上一位正在梳头的金发少女的优雅姿态所感动，更被她的美妙歌声所痴迷，“忘记了狰狞的巉岩”而遭灭顶之灾。我的心不由沉重起来。这时，作曲家希尔歇根据海涅那首同名诗作谱写的乐曲潜入我的内心，它那伤感而优美的旋律久久萦绕不去，不禁哼出声来，以致招来不少会心的目光。诚然，所谓“少女的歌声”也许只是诗人们——首先是浪漫派诗人布伦塔诺的魔笔创作出来的一种浪漫想像，我的默悼情绪不过是自作多情。但我相信，千百年来，在没有机动船的年代，身孤力单的船夫在萝蕤莱这里葬身鱼腹的惨剧肯定是不少的，因此在布伦塔诺以前就有民间传说流传了。你看这莱茵河的巨量河水被萝蕤莱突然挡住，不得不往一边夺路而逃，并且一绕过她，便连着“扭动”了好几下，拐了好几个 90 度的急转弯，从高处俯瞰，极像“金蛇狂舞”。于是江面变窄了，水流加速了，这对上述那样的渔夫自然是一种恶兆。这个美好而感伤的传说无非是诗人们为那些不幸的遇难者们制作的美丽的裹尸布，好让他们的尸体较为体面地随波而去。不然，一个传说怎么会有那么大的魔力，让人们争先恐后地为其吟诗作曲；究竟有多少人为此写了诗篇很难统计，我只知道，单是根据海涅那首诗谱成的歌曲就达 300 余首，这使我们的巫山神女恐怕都要黯然失色了！

为了把它的“狰狞”容颜看个究竟，我又乘游轮光顾了一趟萝蕤莱，以便把她的正面和两个侧面都扫描一番！萝蕤莱实际上是一座山，只是她的轮廓三面都是陡峭的石壁（至少有 80 度吧），高达 132 米，且“皮肤”像鳄鱼，遍体嶙峋，呈铁青色，因此像个“铁面巨人”，威严无比。拦在江中，确实令人生畏。不过现在人们成群结队，乘着有隆隆的马达壮胆的大轮船，没有人再会怕她的威严和威胁了，相反，人们把她看作以往遇难者的永恒纪念碑，海涅的诗便是她的碑铭，此外还有那么一个美好的女性名字做冠戴，萝蕤莱的命运自然就改变了，变成一个自然神，一个人人朝拜的对象，或者审美的对象，好比动物园中那伤过人的老虎，人们把它的有害行为归咎于它的天性，而唯念它的珍稀和雄健一样。君不见，千千万万的过往行人，不管是乘车来的，还是坐船来的，都要提起精神，投萝蕤莱一瞥，或发出一声惊叹，或沉入默默遐想，或获得一睹为快的满足。而那两面不停飘动的小旗，成了大家目光的旗语，仿佛在说：往这儿聚焦吧，金发女郎在这儿呢！……这时我想：为什么从未有人想到过，在这上头造一座宝塔，以便把这巨怪镇住，不让它残害生灵；或盖一座神庙，好让它保佑人们经过这里安然无恙，像在我们中国常见的那样？庶几这也是所谓东西文化的差异吧。

萝蕤莱既然与人的行为发生了那么密切的关系，它就具有了人文内涵，具有了文化价值，而成为不朽的文物了。它位于莱茵河最壮丽的河段，与这一河段上琳琅满目的古堡群相映生辉，与它们一起构成莱茵河上最绚丽的风景线，而且是这道风景线中最醒目的亮点。不难理解，2002年，萝蕤莱与这一河段上别的内容被联合国教科文组织确认为“自然与文化双重遗产”，作为全人类的保护对象。这样，萝蕤莱由于附丽于一篇不朽的童话而光照千古。往后萝蕤莱的粗糙皮肤仍像鳄鱼，其严峻面容依然“狰狞”，但它的形象将变得更加庄严，而在我的心目中，它永远是那位渔夫的墓碑！

原载《人民日报》2003年3月2日原题《萝蕤莱》

世界上被吻得最多的女孩

在德国从南往北乘火车去哥廷根是一种享受：快到目的地的几十公里，山形地貌格外诡异而壮丽，让你不停地滚动着眼球，应接不暇——大自然以这样的美意把你迎进这座名闻遐迩的大学城。

像德国几乎所有的名牌大学都在小城市一样，哥廷根也是个只有13万人口的小城。其中以这座城市命名的大学的学生加教职工的人数接近4万，加上他们的家属那就超过全市总人口的一半了！这还不是名副其实的大学城？

登上高处俯瞰全城，只见三四个诞生于文艺复兴时期的黑乎乎的教堂塔楼，高高耸立于古城之上。远处有一两幢现代的高层建筑与之遥相呼应，但构不成干扰。不知是由于政府的规定，还是市民的自觉，或是这里的房地产开发商的大局眼光，他们没有让现代的“水泥森林”淹没或者取代古城。即使是新建的哥廷根大学图书馆，它是德国五大图书馆之一，但它的建筑只有三层，而在功能和审美上都是广受好评的，成为哥廷根新建筑的一个亮点。如果你走进老街区看一看，你更会感觉到，上述三种人的态度对于哥廷根人不啻是一种福祉。市中心有好几条街巷都完好地保留着一批"文艺复兴"时期遗留下来的德国传统民宅建筑的精华——"桁架建筑"（德国人对于桁架建筑的珍视一如北京人对于四合院。德国西南地区的一部分桁架建筑甚至被联合国教科文组织列入"人类遗产"名册）。例如，位于文恩街的三层"施罗得楼"，是1547年一个织布匠请人建造的，其拱形的门楣上至今仍饰有梭子和梳子的图像。邻近的一幢同类建筑问世还要早，叫"参谋药房"，那是1480年就诞生的老字号。离这不远的王子街也有一幢来历不凡的三层楼，它自大学成立（1734）以来就是大学生们聚会的一座典型的"老德意志"酒吧。这一带的一座最醒目的桁架建筑位于光脚街与全市中心大街交汇的拐角处，建于1500年，不久一位市长用文艺复兴风格将它装饰得华丽非凡。由于这些建筑的特殊身份，它们在现代享受着比以往更好的待遇：步行街。

作了这一番"环境描写"以后，现在该请出我们的女主人公了，即那位被人吻得最多的提鹅姑娘。她就在刚才提及的那幢华丽的桁架建筑近旁，位于市议会大厦（"大厦"是习惯说法，实际上并不大）前的小广场上。这是一尊等人高的铜雕，基座是一座一米多高的方形水池，雕像就竖立在水池中央的一个石墩上。两旁和头顶都有铜雕的花枝相护，上下均有喷泉涌流。只见这位约莫十六七岁的女孩右手提着一只还在呱呱叫唤的肥鹅，左手胳膊肘勾着一个菜篮子，篮子里又有一只鹅正扑腾着想跳出篮子。女孩则顾不上这些小生命的处境，她微露笑容，欣喜地数着左手手心里剩下的钱。她穿着长裙子，由于身体壮实，短小的上衣显得有些紧，右肩上的短袖都已经绽破了。看那粗壮的胳膊，显然是个劳动家庭的孩子。由于她的勤劳、纯朴的风姿和天真而甜美的神态，"人见人爱"，以至成了这座大学城里的青年学子们的"梦中情人"，他们通过博士论文答辩后的第一件事，就是戴上博士帽，穿好博士服，赶紧跑到这里来吻一吻这位少女，仿佛告慰她说："我已经熬过这一关了！"不知从什么时候起，这已成了一种习俗，一种礼仪。

两年前我又一次去哥廷根大学访学，有意想目睹一下这一礼仪的全过程。于是我首先参与旁听了一位我心仪中的中国博士生的论文答辩。答辩通过后，教学楼的门口正络绎不绝地聚集起几十位中国留学生，有的

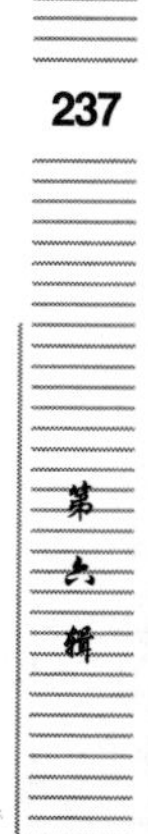

还拖儿带女，却不见一辆汽车。不久一位男同胞推来一辆二轮手推车。我诧异：这是干什么用的？这时人们开始忙乎起来，几个女生熟练地给他穿戴上博士服、帽，还给他衣帽上插上、挂上自做的各种小玩艺儿，可谓琳琅满目，让人觉得有些好笑。新博士与他的导师拥抱、道谢后，人们就让他坐进了那辆手推车里（准确地讲是蹲在里面），我不禁扑哧一笑，心想：这不是演滑稽戏吗？旁边一个年轻人看出我的表情，与我耳语道："这本来就是玩嘛：他在考场上被烤了半天，现在为他放松一下。"是的，我说，好比民间"闹洞房"，什么恶作剧都有，这才叫喜庆呀……这时队伍已经开拔了，浩浩荡荡，却又松松散散。几个小孩反复争抢着拉博士车。尾随其后的是几辆幼儿小推车。这个车队与北京常见的豪华的结婚车队形成强烈的反差。我怀疑，是不是现代的知识新秀们在着意模仿古希腊的犬儒主义？

约半个小时后，车队终于进入本市主要的步行街。当地的居民当然已经司空见惯，但外来的游客则不免新奇，一个个驻足围观。到了目的地，我们的这位新博士已经如饥似渴，一下车便直奔他的目标，利索地爬上水池，搂住临时捧起鲜花的少女吻了起来。这时底下七嘴八舌，这个说："搂的力度不够！"那个说："吻得再热烈些！"新博士显然已经"醉"了，傻头傻脑地只顾按照大家的命令去做，以致做出许多引起大家哄笑的动作来，还把博士服淋得湿漉漉。下来后，我继续悄悄跟他寻开心："大家把你折腾得好不狼狈，可你也把你的'新娘'折腾得苦不堪言！现在该想不起刚才考场上的热烤了吧？"他哈哈一笑："嘿，不堪回首，不堪回首……"

我深深为这位美丽、善良和友好的少女祝福，她年年月月站在这里，先后不知礼遇了多少来自世界各地的青年知识精英，他们中后来有三十多人成了诺贝尔奖获得者。比他们早得多的更有19世纪的一大批杰出人物，对于国人知名度最高的当推大诗人海涅，当他结束法学博士论文答辩的时候，肯定是拿着他的爱情诗篇飞跑着来接受少女的施吻礼的！可惜19世纪的另一位德国大人物可能就没有这个福分了，他后来成了统一德国的"铁血宰相"，但在哥廷根大学却是个不受欢迎的"捣蛋鬼"，以致被学校逐出哥廷根，被软禁在郊外的一座孤堡里。哦，不要忘了我们中间的季老先生，他在哥廷根大学曾有过十年寒窗，想必他戴上博士帽的那天，也经历过今天这个场面的吧？哦，先于他的还有我们的朱总司令，他在

20 世纪 20 年代中期也在这里留学过一年多，想必他对你，提鹅姑娘，也有深刻的印象吧？

哦，可爱的提鹅姑娘，你身为劳动者，却与全世界的莘莘学子结下如此深厚的缘分！如今你在我的眼里既是“美”的化身，又是“学”的象征。那么，让我以现代人的时尚赠你一个雅号吧：哥廷根大学形象大使！

原载《文汇报》2007 年 10 月 6 日

谁因谁而名垂千古

——《哈尔茨山游记》中译本再版序

海涅是德国文学史上最伟大的几位文豪之一，若以生长在 19 世纪的作家论，他堪称首屈一指。他不仅是杰出的诗人，而且是笔锋犀利的政论家、辞采卓绝的散文家，甚至还是见解独具的乐评家和画评家。

在海涅的全部作品中，散文占了相当大的比重。因为从小就受到法国大革命洗礼的海涅是个激进的、战斗的诗人，他把散文看作更便于战斗的武器。无怪乎，正当以诗人的身份名扬欧洲的时候，1926 年他却宣布，他作为诗人“已经结束”，而散文正将他“拥入怀抱”。就在这一年，他的柏林的《伴侣》杂志上发表了他的第一部游记，名作《哈尔茨山游记》，引起很大反响，并于同年把它与《归乡》以及《北海》的第一部分作为第一卷开始编纂他的早期散文代表作、四卷本的《游记集》(直到 1931 年)。而《哈尔茨山游记》在这部集子中居于核心地位。

哈尔茨山位于德国中北部，它与穿越德国南部的欧洲大动脉阿尔卑斯山(其最高峰为海拔 4 800 米)遥相呼应。它虽不如后者那样宏伟壮观,但由于周围有许多名城古镇相伴,民俗风情浓郁;山中不仅有诸多峡谷清溪奔流,“高高的枞树笼荫”以及众多的珍禽异兽竞逐,更有丰富的矿藏如银、铁、铅、铜等。主峰布洛肯海拔不足 1 200 米,不太高也不算低,且山势并不陡峭,便于徒步攀登,以致就连其时已年近花甲的笔者 1966 年夏天也徒步登上了她的顶峰。所以自 19 世纪初起它就成为人们旅游的热点风景区。由于同名大学所在地的历史文化名城哥廷根就在它的附近,不难想像,像青年海涅这样的浪漫诗人和大学生游览哈尔茨山并攀登其主峰布洛肯就不足为奇了!

海涅是于 1821 年去哥廷根大学法律系上学的,不久因与人决斗而被学校处分,从而中断学习。1824 年他重返学校,并于同年九十月份从哥廷根出发,徒步游览哈尔茨山。他途经诺尔特海姆、奥斯特罗德、克劳斯塔尔和戈斯拉尔,最后登上布洛肯顶峰,并游览了伊尔塞峡谷(就是在这次游历的归途中,他绕道魏玛,拜访了他心仪已久的年迈歌德)。这部游记即是他这次游历的文学特写,并加入了大量的社会批判成分。

禀赋敏感的海涅,由于犹太血统,从小就感受到鄙俗的德国社会的歧视。故当带着自由思想的拿破仑军队解放了包括他的家乡杜塞尔多夫的莱茵河左岸地区时,他曾和这一地区的许多人一样欢欣鼓舞。但好景不长,1815 年以后,随着拿破仑的失败,欧洲的封建专制秩序纷纷复辟,在浪漫主义思潮影响下开始创作的青年诗人海涅感到备受压抑。爱好自由的天性使海涅带着不屈的情怀进入他的创作状态。这就是说,他把讽刺才能融入自己的战斗风格,去对付那些形形色色的政治上的和思想上的敌人:封建统治者、新闻监察官以及奴才主义、狭隘民族主义、市侩习气等等。离开这一崇高目的而单写自然风光和个人游历对他是毫无意义的。正如他自己在《哈尔茨山游记》出版前写信对朋友说:“孤立的诙谐是毫无价值的。只有当它建筑在一个严肃的基础之上时,我才觉得诙谐是可以忍受的……平常的诙谐只是理智的一个喷嚏,一只追逐自己影子的猎狗,一个身穿红色夹克在两个镜子前面呆视的猴子,只是疯狂和理智在大街上跑过时产下的一个私生子。”因此,与其说游记是海涅审美的需求,毋宁说是他鞭笞社会的载体。难怪书一开始就以一首晓畅而泼辣的诗打头,开宗明义表示他要“登上高山去”,到那有“微风吹拂”的自由之地,让“胸怀自由地敞开”,以与那些油嘴滑舌、“装腔作势”的男男女女“分手”,

拒绝与他们同流合污：

黑色的上衣，丝制的长袜，
净白的、体面的袖口，
柔和的谈话和拥抱——
啊，但愿他们有颗心！

心在怀里，还有爱情，
温暖的爱情在心里——
啊，他们的滥调害死我，
唱些装腔作势的相思。

我要登上高山去，
那里有幽静的房舍，
在那里，胸怀自由地敞开，
还有自由的微风吹拂。

我要登上高山去，
那里高高的枞树阴森，
溪水作响，百鸟欢歌，
还飘荡着高傲的浮云。

分手吧，油滑的人们，
油滑的先生！油滑的妇女！
我要登上高山去，
笑着向你们俯视。

然而，游记里记叙和抨击的显然不全是作者所厌恶的现实。除了大量“日光作响，野花跳舞”之类的自然景色的描写以外，还有相当多的篇幅是赞颂他一路上所接触到的山区劳动人民的，即那些勤劳的矿工、纯朴的牧童以及诸如那位“轻轻地细语”的天真可爱的小女孩。因此与上述那首诗相对照的还有下面这样优美的民谣式的诗篇：

“我是个胆小的姑娘，
我害怕，像一个儿童
害怕凶恶的山灵，
他们在夜里蠢动。”

小女孩忽然沉默，
像怕听自己的言语，
她用两只小手儿
把她的眼睛蒙住。

枞树的响声更大了，
纺轮不住嗡嗡地转，
胡琴声掺在中间
古老的歌儿不停断：

“不要怕，亲爱的孩子，
不要怕恶灵的威力：
日日夜夜，亲爱的孩子，
小天使都在保护你！”①

可以说，海涅在这部游记中对恶（反动、腐朽、庸俗、污浊的社会现象）的讥讽与嘲弄和他对善（普通劳动者的勤劳与质朴）与美（自然景物）的赞颂是交替进行的，故他的笔锋所向不断“换景”，笔调也时而抒情，时而抨击；口气时而缓和，时而激烈；文体时而散文，时而歌谣，宛如一首和风细雨与飓风暴雨交替不停的交响乐曲，鲜明反映出诗人那战斗的和慈善的双重与统一的情怀以及挥洒自如、不拘一格的风貌，表现了他的杰出的讽刺才能与幽默情趣。这种文风在此前，尤其在古典主义盛行时期是很难见到的。

实际上海涅在这里完全为了适应内容的需要，创造了一种新的文体，

① 所引诗行均为冯至所译。

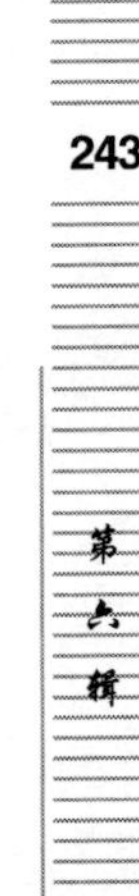

一种新的游记文学风格。其特点用作者自己的话说，是“一种自然描写、诙谐、诗歌和华盛顿·伊尔文①式的观察的混合物”。这用当时正统的审美眼光去看是得不到承认的。所以，作者干脆模仿古典主义者的腔调自嘲说，他的这本游记新作“基本上是乱七八糟杂凑起来的破烂货”。有人根据这句话以为海涅对他的这部作品自我“评价不那么高”。误读了！海涅当时正值血气方刚，是个创造活力正盛的浪漫主义新潮诗人。浪漫主义是因反叛古典主义而兴起的。对传统的不屑与创新的自信是他们的风骨。一个已经蜚声欧洲文坛的新锐诗人，如果真认为自己的新作是“破烂货”，他还会拿它去发表并把它编入集子吗？须知，韵文向散文的转化是18世纪末以降文学自身变革的一种趋向。君不见，当年席勒在一封信里就对歌德说过，他感到有一种散文性的东西向自己袭来（这与海涅感觉到的散文正将他“拥入怀抱”何其相似乃尔）。而这种“散文性的东西”当时在一向习惯于用韵文写作的人看来自然是“乱七八糟”的。但经过近180年的时间考验，《哈尔茨山游记》仍占据着文学发展史上的一席高地。

《哈尔茨山游记》的第一个中译本是1927年诞生的，为当时刚由北京大学毕业的青年诗人冯至所译。年轻时即诗名卓著、后来更成为学贯中西的一代宗师的冯至先生，是公认的德国文学研究和翻译的泰斗，也是海涅著作的权威译者。他本人既是诗人，又是散文家，又有大学德语“科班”出身和德国留学五年的德文功底，可以说，由他来翻译像《哈尔茨山游记》这样的诗、文“二重唱”的作品是最合适的人选了！此外，冯至先生素以“文如其人”著称，他的散文和许多诗歌均具朴实无华的特点。所以他极为赞赏布莱希特那素朴、明达、简洁的文风。他翻译的原则首先以“信”为上，从不追求华丽的辞藻，也从不为了押韵而忽视“信”的前提。他的这一翻译原则显然得到广泛的认同：你看他先后翻译的《海涅诗选》、《德国，一个冬天的童话》以及这部游记迄今仍是在我国流行最广的海涅读本。

作为学者的冯至先生一向坚持“知之为知之，不知为不知”的科学立场。他同样以这种严谨的治学态度对待翻译，对译文精益求精。凡是早期的译文，时隔多年再版时，他都要经过严格的核对和加工，务使译文让自己满意为止。《哈尔茨山游记》在1954年由作家出版社再版时，就经过

---

① 华盛顿·伊尔文（1783—1859），19世纪美国短篇小说家。

了他这一道严格的“工序”。故他的这部作品的译文也像他的其他大量的译文,包括歌德、席勒、诺瓦利斯、荷尔德林、里尔克、布莱希特等人的作品的译文一样,都经得起时间的考验。

2005年冬于北京

一天里经历了四季

几年前去德国做学术访问，第一站在著名大学城图平根逗留。每天去住处门口看信箱，大多数都是热热闹闹的广告，印刷固然精美，但那卖狗皮膏药的言辞却令我反感，故一般我连看也不看就往垃圾筒里扔。有一次却有一条广告立刻吸引了我："爱因西德尔一日游。"从读物中早已知道，这是瑞士腹地一个朝山进香的圣地，有千余年的修道院和巨大的双塔教堂，教堂里有大量文物和绘画；宗教改革运动中也经历了一番风雨；人口不多（一万），但周围风景极佳。据传这还是席勒笔下《威廉·退尔》同名主人公迫于强暴者的淫威不得不把自己儿子头上的苹果当作靶子射击的地方。而且广告还有个诱人之处：往返十几个小时的旅程，只需交 27 个马克，中午还管一顿饭，此外还将发给每人 6 把锯齿刀，连同一个插刀用的别致的木盒。一算，几乎免费旅游了！权衡了一番，结果还是诱惑战胜了疑惑：报了名，并去斯图加特瑞士领事馆花 29 马克办了签证。

一大早就出发了。坐的是性能良好的双层大巴士，坐在上层的窗边，倒是观景的好机会。那是 1991

年4月23日。一个月前我刚到这里的时候，已是春暖花开了，如今已经初夏。天空碧蓝，气温适宜。我一边和邻座聊着天，一边观赏着两旁的景色。德国南部的田野，山峦起伏，公路纵横，农田多是丰美的牧草，山上笼罩着葱茏的树木。十点钟左右，忽见前面一片片白色迅速向我们趋近。啊，那是积雪，分明是夜里下的，都什么季节了，还下雪！但阳光下的雪景煞是炫目，夏季里下雪更令人惊奇，我不禁情绪活跃起来，向邻座问这问那。约十点半，车已临近德瑞边境，但它不走了，停在路边一个小镇的饭馆前，让大家进饭馆吃饭。一杯咖啡以后，餐具很快就摆在每个人的面前，但饭菜却迟迟不上来。等了十几分钟后，只见一个身材魁梧、相貌英俊的中年男子和一个年龄较轻一点的女士站到了餐厅的上首，我以为这顿饭看来还有个仪式，由本店的老板和老板娘发表一通欢迎词之后才能进餐。但不是！他俩是一对商业推销员！只见那位男士举起一个小小的钢精锅，操起他流利的口辞，鼓吹这不锈钢的炊具如何"呱呱叫"的好，竟讲了五六分钟之久。完了又拿起一个较大一点的，又是一番"呱呱叫"的鼓吹，他越讲越起劲，如此这般一口气介绍、展示了五六种，半个小时早已过去，我以为这下总该落幕，让大家吃饭了吧。想不到他又提高了嗓门叫卖起来："女士们，先生们，我这里还有更加'呱呱叫'的呢！"接着他端起一个偌大的船形加盖的闪闪发亮的钢精锅，里里外外又展示叫卖了一番，这时他的嘴角已挤出了黏稠的唾沫，我想这下该可以收场了。没想到我又估计错了：他把嗓门又提高一档："女士们，先生们，更呱呱叫的还在后头呢！"他的助手递上一种不发亮的平锅，说这是烤肉不粘锅底的高级炊具，并用了两块肉排当场通上电表演起来。香喷喷的香味很快弥漫了餐厅，我心里宽慰一下，觉得这个节目安排得不错：把大家的食欲刺激起来，就开始吃饭。但我又错了！这个卖狗皮膏药的家伙又兴致勃勃地叫卖起来："女士们，先生们，所有的上等货我都介绍完了，想买哪一种想必你们心中都有数了吧？现在赶紧来买吧！"我心里想：这些名堂哪里买不到？谁会到这里来买你的？但倒是有几位老太太举手，表示要买这一种或那一种，那女推销员立即把东西送上去。我想，这些老太太也许是天主教徒，她们出于同情吧。要我，即使十年没有锅用，也不会买他的，因为我那时厌透了他。但这时我发现，那位叫卖员脸上的笑容和亢奋状态全消失了，剩下的只有一种好像做了一件乏味的事似的疲倦感，一种同情的情绪在我心中油然而生。

饭后，还进行了“发奖”活动，就是上面提到的那六把带木盒子的锯刀，大家都领完后，这才继续上路，我看了下表，在这里整整泡了三个钟头！我以为，这下可得直奔目的地了，谁料，进入瑞士境内不到20分钟，车又停下了，说让大家逛一逛超级市场。我很纳闷：这个超级市场怎么建在荒凉的地段呢？后来才明白：它是专门针对这条旅游线而建的。至于它与旅游点什么关系，这只有天知道了。下午三点，车才到达苏黎世，我以为这地方倒应该停个把钟头，让大家遛一遛。但它偏偏一分钟也不停(显然对它没有好处)。通过市区的时候，才知道这个城市位于一个山坡上，坡下映照着碧蓝如镜的苏黎世湖，狭长的湖面呈带状，据说有40公里长，像把镰刀，最深处有140多米，显然是由一条大峡谷形成的。此刻天色阴沉，这个本来无比秀丽妩媚的湖泊显得神秘莫测、阴森恐怖，令人猜想它不知深藏着多少巨大的水怪。出了苏黎世，天上又飘起雪花来了，双层大巴士开足了马力飞快地疾驶，仿佛它想赶紧摆脱这恼人的天气，但雪却下得越来越大，我心里开始犯愁，想像着图片上看到的目的地的情景：高高的教堂尖塔，碧波荡漾的湖水，湖畔周围嫩绿的青草和草地上自由自在走动着的牛羊。顺着这片谷地向西眺望，还可以看到阿尔卑斯山的雪峰向人们招手……

我正沉浸在这一番遐想的自我陶醉中，车子果然已经逃脱了雪片的追踪，眼前又是灿烂的阳光了，只是那低矮的云朵仍在四散飘游，好像奉了什么命令，赶紧散尽，但又像是在重新集聚。快四点半了，远处高高的尖塔已依稀可见，但浓云已重新聚合起来了！真是瞬息万变。接着，最担心的一幕发生了：又飘起了雪花，而且有增无减。四点半，车子终于到达了终点。走出车门后，从未见过的真正“鹅毛大雪”疯狂地向我们扑来，想躲进不足百步之遥的大教堂已不可能，权且在就近的屋檐下干呆着。雪花的密度如此之大，把稍远一点的视线全给遮断了！眼前除了一对高高的双尖塔模模糊糊地矗立着，上述那些景观半点也看不见！我和一个路上刚认识的匈牙利人只好溜进附近的一家商店，观赏着那琳琅满目的商品，它们具有瑞士人特有的精巧与精密。我很想买它几件，可惜都太贵，比德国的贵得多。但为了不至于虚此一行，还是花了十个马克买了两把水果刀。约半个小时后，大雪的进攻疲惫了，我和这位匈牙利人冒着稀疏的雪花，踏着厚厚的积雪，出去转了转，以便看看这个旅游景点的小镇的模样。在一条小河的桥头，见一棵约一人来高的松树，树枝上堆压着雪团，煞是好看，便傍着它拍了一张照，后来在背面题上一行字：夏天里的冬天。

五点半我们准时上了车。车刚开出村口，天气又豁然开朗。“啊，老天爷在捉弄我们！”我脱口而出，并当即请求司机稍停一下，好让我们饱览一下这夕阳下的壮观雪景，以夺回一点补偿。但得到的回答是：“没有时间了！”我只好对着惨淡的夕阳做了个鬼脸。

又经过了五个半钟头的跋涉，回到图平根时已经是晚上十点半了。感到这一天都在受那个卖狗皮膏药的商人与老天爷合谋的愚弄。

原载《出版广角》，1996 年第 2 期

春鸟的"敖包相会"

从瑞士转到德国考察的第一个月正值阳春三月，大地正在复苏，一切生命都在重新焕发生机和活力。我落脚于德国现代文学资料馆。该馆位于内卡河畔席勒的故乡马尔巴哈。招待所是一幢四层新楼房，坐落在起伏的丘峦间，窗外是茂密的树林，时闻鸟雀啁啾，尤其是早晨，犹如演奏"百凤朝阳"。其中有一只鸟甚是特别：它的声音如鹤立鸡群，格外嘹亮而婉转，活像一位滔滔不绝的演说家，每天早、晚五点来钟开始，不叫足一个半钟头不收腔。我习惯的睡觉时间是凌晨三点至八点，五点正是我的"午夜"，所以这只鸟的鸣叫尽管美妙，对我的睡梦却是个威胁。有时我越烦躁，它越叫得欢，真让人气恼。于是有一天我决定报复它一下。傍晚五点钟以后，我步出宿舍，走进树林，在对它"动武"以前，我想先看看我的"对头"到底是什么模样儿——哦，说它像"八哥"，个儿却比"八哥"小；说它像百灵，却比百灵大。我看了看周围没人(在这里，袭击鸟类是要被人看作不文明行为的)，便拣起一枚石子向那家伙抛去，它扑棱棱直刺天空，飞到百十来步之外，又落在一棵树的枝头上。这时我脑子里一个闪回，忆起儿时吟过的那首古诗："打起黄莺儿，莫教枝上啼；啼时惊妾梦，不得到辽西。"但没等我把这首诗默念完毕，那家伙又啼叫起来，我感觉受到挑衅，毫不犹豫地追赶过去，瞄准挑衅者，狠狠地把石子掷过去，不想这冤家又飞回了原来的那棵树上。嘿，它在嘲弄我！我简直有点气急败坏，远远看着它得意地越叫越来劲，只得徒呼奈何。但这时我仿佛听到，几百步之外有回声——哦，那是它的另一只同类在啼叫，声音固然不如它的嘹亮，但和它的一样婉转，且比它的柔和——分明是只雌鸟。双方此起彼落，一唱一和，明显在一问一答。啊，原来是一对情侣在互诉衷肠哪！这时，马思聪那首不朽的小提琴曲《塞外村女》闯进我的记忆：那分别代表男女双方的高低音弦的旋律轮番对换，绝妙地传达出一对情人的幸福情话。——咦，这对情鸟为什么不鸣啭了呢？啊，我刚才的行为多么粗暴，竟然破坏了两个生灵谈情说爱的自由！地球上的生命尽管千差万别，但几乎都有异性相吸的本能，在涉及这一天性的时候，人类与它们之间的性灵就贯通了！雌雄两性在互相吸引的时候，那正是生命的狂欢，而这是春天赋予它们的特权，是大自然存在的本来形式，你去破坏它，那是天理难容的。这时我感到自己刚才的行为不仅是粗暴，简直是残暴了！殊不知，鸟类乃是非哺乳动物中地球上与人类关系最密切的朋友。君不见，只要我们走到田野或山林，便有无数鸟类以各种方式——或飞或唱——向我们表示友好。假若地球上没有鸟类，世界会变得多么寂寞啊！殊不知，当今世界，千家万户，朝朝暮暮陪伴老年人安度晚年的，数量最多的恐怕当推鸟类了。想起我的老朋友谢冕，每次去他家时，关于他养的那四五只鸟就有着说不完的话题，显然它们给了他无穷的乐趣，因而融为他生活的一部分了，虽然他始终是个大忙人。我的已故瑞士朋友、著名作家迪伦马特，他唯一的宠物也是一只鸟，一只外观漂亮、口舌伶俐的白鹦鹉。不管他写作多忙，每天都要和他这位"知音"交谈一番。那年重访迪氏故居时，虽然"故人已乘黄鹤去"，但他的这位"遗孤"仿佛还认得我，代表已故主人，跟我寒暄。

迪氏夫人不禁笑了起来，说："叶先生你发现了吗？它在替我致欢迎词呢！"

一个月以后，我的考察地点转移到德国中部的大学城哥廷根，下榻处周围没有成片的树林，房屋间却有不少树木。第二天天刚亮，我又被窗外一只鸟的鸣啭吵醒了，酷似那位“演说家”，我不禁大为惊喜：莫非那位“冤家”真的有灵性，与我有精神感应，以至跟来了？人与人之间有“不打不相识”的机缘，难道人与鸟也不例外？我有一种“他乡遇故知”似的意外与兴奋。便干脆坐了起来，细声谛听，发现远处又有一位声音柔美的雌鸟在应答。“多么幸福的情侣呀！”我心里祝愿道。此刻我把它们的鸣叫当作向我道“早安”的信号。我索性利用这个机会，对“鸟语”来一番“研究”和“破译”。我细细分辨着“演说家”那每句叽里呱啦的语调和音节，渐渐地发现它的每一声鸣啭都不是完全的重复，显然其中包含着许多我们所不懂的语汇。聪明的鸟儿就凭这些声音的符号，在同类中进行着信息和情感的传递与交流。这对多情鸟的情话消歇以后，窗外另一种声音立即突现出来，那是山雀们的喳喳声。如果在傍晚，间或还穿插着一两声乌鸦的哭叫。这时，我倒怀念起那位“演说家”的“演说”了：它那清脆、嘹亮的嗓音固然屡屡把我从梦中惊醒，但当我领悟了它的鸣叫的含意以后，它的“聒噪”就有了“敖包相会”的美感了。

又是一个月过去了，我又换了一个城市。自此，我再也没有见到或听到那位“演说家”朋友。但它给我留下的印象和启迪是永恒的 。这个富有灵性的小生命！

原载《今晚报》，1998 年 9 月 4 日

火车：不到山顶非好汉

早就听说欧洲的火车善爬山，一直载你到山顶。非亲眼目睹总是将信将疑。第一次领教是在欧洲文化名城苏黎世。与这个城市相依相偎的是秀丽的苏黎世湖，对面与之隔湖相望的是葱茏的郁特里山，海拔 870 米，山顶上矗立着一座漂亮的不锈钢瞭望塔，高 37 米，从塔上俯瞰苏黎世的风姿及其周围的湖光山色，真是美不胜收，尤其是向南远眺群峰峻拔、终年白雪皑皑的阿尔卑斯山更是令人激动。于是有一天我下决心花两个钟头攀登一次，那时还没有想到这座山有火车，因为山势很陡。刚到山脚下，碰巧有辆火车呼啸而过，还以为是去别的地方的。问路时才得知这就是爬山火车，我真是惊喜万分。火车半小时一趟，于是我很快便如愿以偿了！它忽而上爬，忽而绕行，只见刚刚看到过的景色，不一会又重现了！没有注意过了多少分钟，它就抵达了终点站，海拔 813 米，剩下 50 多米让你步行，很快就走到了！

不久上阿尔卑斯山的“华彩乐段”少女峰，4 142 米，火车要爬到 3 470 米的“少女坳”。我从伯尔尼出发需三个多小时，还得换三趟车。在第二次换车时我发现：铁路有三条轨，中间那条是齿轨！这才消除了

我这“杞人”才有的念头：万一火车机件失灵，它可不“一泻千里”！火车爬得很艰苦了，只听它吭哧吭哧，仿佛在冒汗！第三次换车后，这个“大力士”就进山洞了，这是在通体岩石的山腹中凿出的隧道，“大力士”要在这个黑暗的世界最后冲刺半个来小时，完成一千余米的高度。所幸这条线路的设计者很为旅客着想，不时在悬崖上凿出几个透亮的窗口，让你下车领略一番洞外世界的奇观：那惊险的冰川大峡谷和壮丽的冰海。最后在“少女坳”旁的“欧罗巴之巅”，这位“大力士”终于光荣地结束了它的使命。

不久前在奥地利又坐了一次爬山火车，这是在萨尔茨堡州登“绵羊山”的经历。此山海拔 1 800 米，在它周围的千山万壑中分布着许多水面宽阔的湖泊，它们像一面面巨大的明镜，镶嵌在青翠的苍山之间，登高纵览乃是一种极大的审美享受。我是在火车启动的前一分钟才上了火车的，坐的是最末一个座位。这时我才知道，火车爬山时所以有那么大的“牛劲”，原来除了前面有车头牵引外，后面还有一个动力在顶推。

这几处火车虽然竭尽全力，爬到它们力所能及的地方，但毕竟没有到达顶峰。要想获得爬到顶峰的体验，还得去德国：哈尔茨山脉的主峰布洛肯峰，海拔将近 1 200 米。这就是海涅当年登上顶峰用诗来嘲讽那些矫揉造作的绅士淑女的地方。但当我的朋友佩措尔特教授夫妇开车把我送到山脚下的时候，他们说：“这里到山顶一共 8 公里，山坡不算陡，我们最好不坐汽车，也不乘火车，步行上去。”我一想，海涅当年也是靠两条腿行走的，而且步行可以聊天，可以观赏远近景色。我接受了他们的建议。途中有时只见火车呼啸而过，仿佛在讪笑我们：你们真傻，有车不坐！到达山顶后，一辆火车静静地卧在山脊上！我不禁“啊！”的一声发出惊叹：它真的爬到顶峰了！但教授夫妇还想步行下山。我说：“不！刚才体验的是海涅的时代，现在我可要体验一下现代文明的成果了！”

原载《生活时报》1997 年 11 月 20 日

德国的街头弹唱

20世纪80年代初第一次赴西德时，在一所大学的电梯里，一位穿戴整齐的先生掏出一块怀表问我："25马克卖给您，如何?"我愣住了：这年头还有谁想买怀表，而且在电梯里？……这时陪同我的一位教员递给他两个马克打发了他，出电梯时这位教员说："这是要饭的。"我颇觉新奇，感到在这样的富国里，叫化的方式也变得含蓄而颇具文明色彩了。此后经常在街头见到有的人在毫无观者的情况下独自一人不停地演奏或弹唱，地上敞着一个琴盒或帽子，里面散落着几个硬币，过了很长时间，才有个妇人扔进一两个子儿，瞧也不瞧他一眼走了过去。我心想，卖艺应该有人买才是。而刚才那位投币者不是买艺，而是施舍，那么这位卖艺者与叫化者就没有什么两样了。不过从态度上说，他至少是想以自己的技艺取得酬报，这比徒手乞讨总要文明些。

还有一种叫化方式则更为理直气壮些。那往往是些青年学生，想出去旅游一番，却又不愿向父母要钱(这是西方人的习惯)，他们两三个或三四个结伴而行，表演时能把气氛搞得热热闹闹，招徕一些行人；有时挨着挤进地铁车厢,匆匆弹唱一阵后,由一个人托着一顶帽子,很快从你面前走过去,给不给随你便。但有一些人却确能凭本事吃饭,他们或者有一定的音乐技能,或者能带来异国音调,或者能演奏某种奇特的乐器(嘴巴和手脚同时在操作),吸引不少行人驻足观赏。这些人大概堪称"卖艺人"了。上了一定年岁的西方人一般都有一个规矩:看了这类靠卖艺吃饭的人的表演,总要给点报酬,这种场面就不含有叫化意味了。

冷战结束后,从某种程度上说,欧洲街头的这类弹唱水平提高了,因为前苏联东欧的一些音乐工作者和爱好者为了去西方开开眼界而又囊中羞涩,也融入了这一街头景观。有一次在苏黎世湖畔,笔者就看见一青年女子用俄语在演唱一系列世界名曲,由三个男伙伴为其伴奏,让人们围得水泄不通。另一次在波恩,笔者又看到四个操俄语的管弦乐手在一条不通公共车辆的小街上演奏室内乐,行人无不停下观赏,以致把整个街道都堵死了!我也想投几个硬币表示赞赏,却找不到敞开的琴盒。于是当地人告诉我:他们不是在募钱,而是在做"广告"。过一会自会有人向他们发出邀请,定个时间去演奏,那报酬才可观哪!我深有感触地脱口而出:"是啊,在这种地方,知识是能得到承认的。"

不过在这种地方,知识不一定都得换取现钞。有的很像样的本地业余乐团经常在街头或游人多的地方鼓乐喧天,却并不收取报酬。不久前笔者在奥地利的历史文化名城因斯勃鲁克,就见到一支一色制服的管乐队在一个景点整整演奏了两个小时,却分文未取。这种现象在维也纳这样的城市更不鲜见。

原载《生活时报》1997 年 11 月 20 日

“后来”能否“居上”？

——德国散文漫议

人类发展的规律向我们呈示了这样的特征：在她处于散漫状态生活的时候却向往秩序，一旦建立了这种秩序以后，她又想挣脱它，重返自由。这种“否定之否定”的规律，无论在社会活动中还是艺术活动中莫不如此。就以后者为例：人类在最初从事文学或艺术创作的时候，完全出于自发。但久而久之，有了后人称为“诗学”的那一套法则。在欧洲，在“诗”的名义下，用韵文形式进行创作的，除诗本身以外，最初还只有戏剧和史诗，即叙事文学，但是没有现代人称为“散文”的这种体裁，虽然散文的存在实际上古已有之（如中国商周时代的甲骨文，堪称最早的散文）。但散文作为一种独立文体的存在则要晚得多，那是在它被赋予了一种美学品格以后，即人们视之为“美文”的时候。这时候人们对于艺术法则的观念开始放宽了，对于用韵文写作的规矩开始有些厌倦了，遂使他们把对于语言的美意识诉诸散文。无怪乎，18 世纪末，在席勒与歌德这两位巨人亲密合作期间，席勒在一封致歌德的信里有这样一段表述:“我感到好像有某种叙述性的幽灵突然将我攫住,这也许可以解释为由于受了您的强大影响之故,但我并不认为它对戏剧性因素有什么损害,因为它或许是赋予这种散文体体裁以一种诗的素质的唯一手段。”①这时候,欧洲特别是法国的浪漫派正孕育着对以法国为中心的欧洲古典主义势力的美学反抗。古典主义对艺术形式的讲究和种种清规戒律的严格规定日益成为文学艺术创作的桎梏,它后来的不断“失势”无疑为散文的“得势”客观上创造了条件。至20世纪30年代,德国继歌德、席勒后的另一位大戏剧家兼诗人布莱希特,一反千百年来欧洲人奉行的“戏剧性戏剧”的亚里士多德老路,提出“叙述性戏剧”的“非亚里士多德”主张。赋予这门艺术形式以某种散文的特征,反过来也可以说,他把现代戏剧美的某种特征(如理性)赋予了散文。对于散文地位的确立,欧洲文学中的另一位正宗“显贵”——诗歌也作出了“让贤”的努力:它从严格的格律诗发展到现在的无格律、无韵诗乃至散文诗,无形中对散文作为一门独立艺术形式的存在投了“赞成票”。

艺术的道路是没有国界的。因此散文的独立品格及其历史地位随着文学固有律条的不断松懈而突现出来,这一历史轨迹具有普遍性,至少中国就不例外。我们那比欧洲古典主义有过之而无不及的“八股文”早已成了历史的笑柄,我们的“新诗”冲破千百年的格律诗而横空出世,我们现在的现代诗也向无格律、无韵诗走去……所不同的是,中国是个散文大国,散文作品不仅蔚为壮观(《古文观止》堪称其丰碑),而且历史地位的确立也远远先于欧洲。早在先秦时代,从当时的书籍(竹简)、记事、碑刻、铭语、论文、序文等文字中,就可以看出人们对美的追求了。后经两汉、魏晋南北到唐宋可以说已达到登峰造极,所谓“唐宋八大家”就是它的标志。然而这时候的欧洲还没有走出中世纪的宗教禁锢。就像整个欧洲文艺的命运都同这千年黑暗的历史密切相关一样,散文自然不例外。虽然广义的散文早在中世纪以前的古希腊繁荣时期就已经存在,柏拉图就是重要的一位。但真正的欧洲散文直到文艺复兴时期才获得它的确切定义,才找到它的坚实的代表人物,这个代表人物就是法国的蒙田(1533—1592)。

① 1797年12月1日席勒致歌德信,见《席勒文集》第二卷259页,莱比锡,1958年版。

语言在他手里立刻变活了，它“蹦蹦跳跳”地流淌着，而作者自己就在其中戏水，使他的思想行为让人看得清清楚楚。蒙田的作品很快在国内外引起巨大反响，从而开一代新风。这股新风很快越过海峡，首先催动了英国散文的崛起，并且也产生了堪与蒙田并驾齐驱的人物——培根（1561—1626），这位仅比莎士比亚大三岁的大哲学家，文学大国的土壤也赋予他丰富的“文学细胞”，他善于以简明、犀利的文笔阐述他的哲学见解、伦理观点、道德思考，成为近代英国散文的奠基者。与蒙田有所不同的是，蒙田似乎只一心写自己（“认识你自己”乃是欧洲人一个难以穷尽的古老命题），而培根则主要写世界。

外来影响毕竟须通过内因才能起作用，这一真理显然也被德国人在这一问题上证实了。众所周知，德意志民族是个严肃的、善于思辨的民族，她长时期一直习惯于形而上的思考，恪守严谨的、规范的语言规则，对于接受新的时代气息和新兴的文体并不敏感。所以虽然她直接与法国接壤，却并没有在这方面很快受到法国的影响。相反，德国人（如黑格尔辈）压根儿就看不起蒙田这样的作家。也许就是这样的偏见，使德国人的散文史滞后了两百年，或者说丢了一个时代！直到18世纪中叶，以莱辛为代表的启蒙运动思想家出现的时候，德国文学界才开始突破以往形式主义的书卷气，随着新锐的思想出现了较明快的清新的文风，随之歌德、席勒、赫尔德、弗尔斯特等一拥而来，但作为散文家这些人都是“兼”的，严格讲，德国始终就没有出现过像蒙田、培根这样专门性的散文大家。到了19世纪，当浪漫派兴起的时候，这种随笔式的散文才受到注意，德国浪漫派的领袖人物和理论奠基者之一——F.施莱格尔堪称第一位德国散文家，他对这一文体进行了深入研究，对德国散文起了推动作用。这时期德国作家师承的是英国的卡莱尔（1795—1881）、麦考莱（1800—1859）和美国的爱默生（1803—1882）以及法国的圣佩韦（1804—1869）、泰纳（1828—1893）和雷南（1823—1892）等。至此，源于拉丁文，但后来人们用以通称蒙田、培根散文的essay这个字才由“格林兄弟”雅考卜的侄子、艺术史家赫尔曼·格林（1828—1901）首次引进德语之中。而在这以前，德国人一直谨慎地使用“试笔”（Ver such）这个词。不过这时期德国的散文也有自己的特点，这主要体现在两位哲学家——叔本华（1788—1860）特别是尼采（1844—1900）身上，他们笔下的散文常常把哲学和美学甚至小说统一于一身，而且有许多警句的成分，不时闪烁着强烈的思想火花。而在另两位较早的作家——克莱斯特(1777—1811)和 J. P. 黑贝尔(1760—1826)笔下，则有一种"轶事风格"的奇观：每篇三两百字，短小精悍；它们或者是一个事件的白描，或者是一种物象的速写，幽默风趣。这一"香火"在 20 世纪的卡夫卡(1883—1924)身上得到传承。在他那里，除了视角独特、语言幽默的特点以外，常常还抹去了随笔和小说之间的界线，令人称奇。本世纪较为杰出的散文家属于奥地利的还有卡尔·克劳斯，德国则有图霍尔斯基以及以小说著称的亨利希·曼。他们(尤其是前二位)都以抨击时弊为侧重点，讽刺和嬉笑怒骂构成他们作品的显著特色，颇有 19 世纪海涅政论的遗风。

至此，我们该对"散文"这个概念作一番界定了！因为上面的简略叙述还只是以蒙田和培根为坐标，对德国近代文学史上的类似作家和作品做了一些梳理。但是这类被称为 essay 的作品，相当于我们中国的"随笔"或"杂文"，尽管它们是正儿八经的散文作品，甚至可以说是散文中的一支"劲旅"，但它们毕竟涵盖不了"散文"的全部概念。当然，关于"散文"的确切概念，我们中国人的界定与德国人(以及其他德语国家的人)的界定是大相径庭的。德国人的散文概念比我们要宽泛得多。在他们那里，凡是非诗歌、戏剧体裁的作品均称为散文(Prosa，英文 Prose)，这样，它把虚构的叙事作品即小说这个大范畴也包括进去了。而在我们这里，散文除了形式上的"散"之外，还必须以内容的"真"为前提。因此，虚构性的故事(如小说等)是被排除在外的。这个概念在中国文学中早就如此了。先秦的散文范围前面已提及。唐宋则以游记、杂文、传记、寓言见多。到了清代，范围进一步扩大了，而且划分得更加具体，如它在姚鼐的《古文辞类纂》中被分为 13 类：论辩、序跋、奏议、书说、赠序、诏令、传状、碑志、杂记、箴铭、颂赞、辞赋、哀祭。用现代眼光去看，这当然还不是最全的，至少还可以加上：通讯、演讲、书信、日记、报告文学、传单、广告、布告……总之，正如鲁迅所说："散文的体裁，其实是大可以随便的，有破绽也不妨"(《怎么办》)。

当然，这并不是说，凡是"散"的文字都可以称为散文。散文之所以称为散文，之所以能与文学中的其他三大体裁(诗歌、戏剧、小说)并立而存在，盖因它也是与一定的美学追求相联系的，这种追求表现在或者以睿智的思想给人以启迪，或者以幽默和诙谐给人以愉悦，或者以语言的精美给人以享受，故有人说她"形散而神不散"，"神"者，美之谓也。这个选本是提供给本国人阅读的，自然要按照我们的散文概念来选择德语文学史上的散文佳作。于是又有一批大师级作家突现出来，除了前面提及的18世纪的几位"重量级"的大师（如莱辛、歌德、席勒等）以外，19世纪的首先应该提到的是海涅。他那思想敏锐、辞采漂亮的政论至今令人激动。他那诗文并茂的优美游记和才气横溢的画论、乐论同样令人难忘。在他之后的冯达诺也是引人注目的，虽然他最后以"德国批判现实主义的先驱者"载入文学史册，但不要忘了：他最初是以《勃兰登堡游记》一书成名的。当然，19世纪的德国浪漫派群星灿烂，如同他们在美学、诗歌、小说方面的成就越来越为世人所称道一样，他们在散文方面的贡献也是功不可没的。

20世纪很快就要走到尽头了。20世纪涌现的能称得上大师的作家几乎都可以盖棺论定，其名单并不比19世纪短，值得一提的大家在德国至少有托马斯·曼、布莱希特、德布林、盖奥尔格·本、阿多诺、伯尔、格拉斯。20世纪的奥地利文学是个奇迹，其拥有的世界级"现代"型作家可以说比德国还多：除卡夫卡外，小说家还有穆西尔、勃洛赫、卡奈蒂；诗人有里尔克、霍夫曼斯塔尔；戏剧家则有施尼茨勒，另外还有在我国拥有众多读者的茨威格和弗洛伊德。20世纪的瑞士德语文学，自从1923年德国小说、散文大家黑塞加入瑞士籍以后，大大加重了它的分量。加上瓦尔泽以及二战后崛起的弗里施与迪伦马特，也颇为可观。

以上第二轮提到的作家系列有一个共同的特点：他们的主要业绩都不是表现在散文方面，而是在小说、诗歌或戏剧方面，但由于他们的巨大智慧和作家本色所决定，他们的散文也是熠熠生辉的。就风格而言，如果说蒙田式的随笔作家以议论性文字见长，那么这些"非职业性"散文家则议论性、抒情性、叙事性的特点兼而有之。比起那些思想家锋芒较显著的随笔作家来，他们的诗人气质显得更重些。因此这两大不同类型的散文家及其作品，都有与其他文学大国的散文家媲美的资格和价值。尽管德语国家迄今还很难找出一位足资与蒙田等人相提并论的纯散文作家，但他们的个别甚或部分作品跻身于世界散文名作之列是无愧的。

德国在19世纪以前由于长期分裂而影响了政治、经济和文化包括散文的发展。20 世纪一度重新分裂后又终归统一了，而且成为欧共体中的中坚国之一。这一新的形势无疑对德国文学包括散文都是有利的。德国人的智慧不亚于欧洲的任何民族。既然二战后能出格拉斯这样的小说奇才，相信在新的世纪里也可能涌现散文大家。古往今来所谓“后来居上”的事层出不穷，我们有理由期待在德国或德语文学中也出现这样奇迹。

1998 年冬于北京

原载德语国家散文选《我们的历史家园》为该书导言，1999

德语文学随笔小谈

欧洲讲德语的国家主要是德国和奥地利，其次是瑞士；瑞士有60%的居民是操德语的。由于使用同一种语言，所以这几个国家的文学有很大的共同性，以至以往习惯以《德国文学史》的名义把三国的文学概而括之，都没有人提出异议。

就文学的传统和根底以及在世界上的影响来说，三国中以德国文学力量最雄厚，自文艺复兴后期起，它一直跻身于欧洲文学大国之列。当然，就文学的风格而言，德国文学也许不如欧洲的其他文学大国（如法国、英国和俄国文学）那样活泼，但德国是举世公认的哲学大国，德意志民族向来是以工作的严谨性和思考的深刻性闻名的。如果说这一特点对这个国家的抒情散文的繁荣未必是个有利的条件，那么它对散文的某个分支（比如随笔）却不能不说是个有利的因素。因为随笔需要思想的火花，需要哲理的内核。这是随笔的灵魂。而德意志文化在这方面是个巨大的富源。所以，人们固然可以说，德国没有一位大家是以散文名世的，但我们也可以说，德国没有一位大家没有留下不朽的随笔。你看歌德（1749—1832）的随笔，精炼的语句紧裹着睿智的光辉，仿佛年轻时代的豪放而滚烫的热情此时凝结成了晶体。再看卡夫卡(1883—1924)，一般说，他思考中心是人类生存的根本处境，但有时涉及具体的社会制度(例如资本主义)，他的洞察力也是入木三分的。至于像叔本华(1788—1860)、尼采(1844—1900)这样的作者，他们的本色就是哲学家，然而他们同时也是辞采家，他们深邃的哲思无不是穿着华丽的彩衫出现的。海涅是以感情真挚而精美的诗歌和时而热情洋溢，时而优美抒情的散文著称的，但当他的笔触诉诸政论的时候，他的见解却那样的鞭辟入里而且具有惊人的预见性，使我们在一百多年以后的今天读到它，还就像昨天说的一样。尤为值得一提的是恩格斯，他不仅是伟大的革命理论家，也是文采出众的作家。他的随笔观点鲜明，文笔生动，即使看起来写景的文章，也善于同时将抒情、寓意融于一体。

但如果德语作家的随笔只有哲理的闪光这一特长，那也未免失于单调。事实上德语随笔还拥有另一个强大的传统——幽默，或曰喜剧风格。著名的有文艺复兴时期的民间传奇《欧伦施皮尔》(1516 年出版)，主人公貌似愚钝不堪，实则机智非凡。他对统治阶级的愚蠢可笑所进行的揭露、揶揄和嘲弄乃至恶作剧，令人捧腹不已，其中许多都是独立成篇的随笔故事。18—19 世纪之交杰出的剧作家、小说家克莱斯特(1777—1811)和别具一格的散文家 J. P. 黑贝尔(1760—1826)的随笔在德语文学史上也占有特殊的地位。他们速写式的短小作品生动、幽默、机巧，令人耳目一新。后人(如奥地利的卡夫卡、瑞士的 R. 瓦尔瑟(1878—1956)、德国的布莱希特(1898—1956)等)都受到他们的影响。卡夫卡的长、短篇小说已为我国的读者所熟悉，他的随笔也开始为大家所领教(一年前笔者曾编译出版了一本他的《随笔集》)。不难看出，他的随笔把他透露在长、短篇小说中的幽默风貌更加突出了。罗伯特·瓦尔瑟是卡夫卡的同时代人，他的大半生都在精神病的折磨中度过，在这点上他的命运与卡夫卡的早逝没有两样。虽然在他短促的有限生命中，他的天才只得到部分的展现，但他的为数不少的短小精悍、机智幽默的作品使他足资以大师的身份载入德语文学史册。布莱希特更是机智过人，属于世界级的艺术大师，他的强烈的革命使命感和社会责任感并不妨碍他在创作中广泛采用喜剧因素。相反，这正是他实现其革命使命的有效的美学主张，无论在他的大量戏剧作品还是随笔小品中，随处都可以发现他的辩证推理的幽默笔调。

德语文学中的这一良好传统在当代作家中依然保持着。可为典型者当推瑞士戏剧家兼小说家迪伦马特(1921—1990)。他善于运用喜剧的形式来表现悲剧的题材。而他所需要的喜剧要素或幽默成分多半是从怪诞的手法和悖谬的思维中提取的。这是他的艺术能做到雅俗共赏,拥有大量读者和观众的重要原因。

德语文学的随笔的第三个特点是短小精悍,朴实无华。上述第二个特点提及的作家尤其如此。他们捕捉事物准确,三言两语即可抓住要领,语言简洁,不事修饰,以素朴为尚。这也是当代世界文学中的许多作家和读者所推荐和追求的一种时尚。

原载《外国名家随笔全库》

德国书话琐谈

最近应出版社之约，编了一部谈论德国文学或文化的书话集，也可以说随笔集。

所谓德国文学，过去一般都泛指中欧地区三个互相毗邻的国家，即德国、奥地利和瑞士（瑞士居民中有三分之二的人操德语）的文学。长期以来，后两个国家在文学上似乎都不争“主权”，它们的文学都以“德国文学”笼而统之。这种情况差不多持续到 20 世纪上半叶。在那以后，它们的文学国界才渐渐明晰起来，各自着手写自己国家的文学史。尽管如此，德国人心目中的“德国文学”常常仍自觉不自觉地泛指“德语文学”。例如，1983 年值奥地利作家卡夫卡诞生百周年之际，当时是德国（西）而不是奥地利驻华使馆在北京举行了规模盛大的宴会暨学术报告会来纪念这位作家。但这部书话集所涉及的则仅仅是德意志联邦共和国的古今文学。

由于欧洲历史上横亘着一个漫长的“中世纪”（约从 5 世纪至 13 世纪），欧洲文学不像我们中国文学那样有着很长时间的丰富的连续性。在中世纪时期，人的精神自由被强大的教会势力禁锢了上千年，以人性的张扬为前提的文学和艺术的发展也随之被窒息了！直到“文艺复兴”时期（约从13至16世纪）欧洲的文学和艺术才获得“复兴”的机缘。那时，尤其是西欧和南欧，都相继诞生了一批文化巨人，文学中比如有意大利的但丁、卜伽丘，法国的拉伯雷，英国的莎士比亚等。可惜德国由于长期处于四分五裂状态（曾有300多个大小不等的公国），其文学艺术未能与上述国家同步兴起。它比它们至少晚了两个世纪。个别例外当然是存在的，如文艺复兴时期出了伟大艺术家丢勒；17世纪的巴罗克美术、建筑，特别是文学，获得高度繁荣，其“流浪汉小说”《西姆卜里齐斯穆斯》（一译《痴儿西木传》）被称为欧洲巴罗克文学之冠。直到18世纪欧洲的启蒙思潮兴起时，德国文学的繁荣才找到了契机。首先出现在启蒙运动前列的是莱辛，无论从他的人文思想的先进性，还是创作上的时代性以及学术上所达到的高度而言，都堪与同时代的其他国家的启蒙运动主将诸如伏尔泰、狄德罗等人比肩。紧接着是歌德和席勒的崛起，他俩的亲密合作和成就把德国的古典文学推向了高峰，至今也没有人能够超过。从此以后，德国文学似乎一个世纪才能出一位世界级的大师：19世纪是海涅，20世纪是托马斯·曼。但就文学思潮或文学运动的规模和影响而言，则可以说，德国比起欧洲其他文学大国来并不逊色，甚至还有其特殊的贡献。例如19世纪头30年的德国浪漫主义运动，过去人们对它的评价颇多贬义，其实这恰恰反映了批评者对德国浪漫派的超前性与现代文学的艺术精神缺乏感悟和理解。只要把两者联系起来观察，就不难发现，兴盛于20世纪的现代主义文学的许多特征——不论是人文方面的还是审美方面的——早在一个世纪前的德国浪漫派文学中就已经鲜明地透露或昭示出来了，这说明德国浪漫主义文学与现代主义文学有着更多的精神血缘上的关系。这是耐人寻味的，是不可低估的。再一例，20世纪初的德国表现主义运动涉及文学、美术、建筑乃至音乐和舞蹈，规模很大，而且它的社会反抗色彩与美学革命性质融合在一起，影响相当深远，在各个文化艺术领域都留下了纪念碑式的实绩。如果把德国的浪漫主义和表现主义运动与上述17世纪的巴罗克文学联系起来看，则我们又会发现在德国文学的精神血液中蕴有一个强大的“野性基因”。随着时代的推移，它孕育的与正宗文学相左的、具有独特个性的文学形态越来越鲜明地表现出来，对颠覆欧洲长期以来以“模仿论”为美学基础的正宗文学的一统天下，促进多元风格的艺术自然生态的形成，从而推动欧洲文学的发展，起了不可替代的作用。

经常听到这样的反映：德国文学哲学味道太浓、太深奥，因而不爱读。这是可以理解的。但如果因此而得出结论：德国文学"不发达"，那就是"小读者"常发生的误解了。诚然，德意志民族是一个思辨性很强的民族，这使她成了世界上无与伦比的哲学大国。而在欧洲，哲学一开始便是与文学彼此不分的，后来渐渐分开了，但仍互相"眉来眼去"，到了近现代，两者干脆"联姻"了！哲学家中如叔本华、尼采、海德格尔……他们都很有些美学和文学的光环。作家中如荷尔德林、托马斯·曼、布莱希特……这些响亮名字说明，文学与哲学的密切关系，只会导向文学的深刻和丰富，但绝不是导向浅薄和单调。一个雄辩的佐证是：世界上公认的音乐王国也恰恰与哲学王国同属一个国家。这一事实说明：哲学与文学之所以从一开始就互为一体，因为哲学的本性与美向来是不排斥的，而是相得益彰的。事实上，德国文学在欧洲人的心目中是相当崇高的。1985年，欧洲（西方部分）五个主要文学大国——英国、德国、法国、意大利和西班牙——的报界举行过一次民意测验：评选十位最重要的已故欧洲作家，其中有三位德语作家"当选"：歌德（第二位）、卡夫卡（第五位）与托马斯·曼（第七位）。比例之高只有实力雄厚的英语文学才与之相当，而若以名次论，则英语文学还略逊一筹（它的三个名次分别为第一位——莎士比亚、第九位——乔埃斯与第十位——狄更斯）。

中国人对于德国文学的研究起步较晚，严格讲只有一个世纪的历史。见功底的开拓者当推王国维。他是从研究介绍叔本华和尼采的悲剧美学出发的，曾写了《叔本华与尼采》和《叔本华之哲学及其教育学说》这样的开山之作，并以叔本华的悲剧精神写出了《红楼梦评论》这一著名论著。假如不以系统要求，那么鲁迅也是较早关注德国文学的一位。早在1907年写的《摩罗诗力说》、《文化偏至论》等著作中，他就论述到歌德、席勒、尼采等人，此后的文章中除论及海涅等作家外，仍经常提到尼采。他赞赏尼采"人各有志，不随风波"的独立人格，显然这与他自己在"千夫"所指的情况下，却以"横眉冷对"的态度处之，在精神上是相通的。这也说明，鲁迅重视尼采，用意不在做学问，而是汲取精神养料。

对德国文学开始切实下力介绍的"五四"前期的一批文学巨匠中，首推郭沫若。郭氏与鲁迅一样，在日本学的是医，却搞起了文学创作，并学会了德语，常搞翻译。郭氏是一个对“五四”反封建、倡民主的时代精神和审美信息有着极强的感应能力的人，他不仅以自己的创作实绩开一代诗风，而且还以翻译歌德巨著《浮士德》、名小说《少年维特之烦恼》以及歌德、海涅的诗歌激起社会的巨大反响。同时他还对当时在德国方兴未艾的表现主义运动产生“共感”，并以自己的若干诗歌创作与之呼应（如《天狗》、《立在地球边上放号》等）。郭沫若在翻译方面所表现出来的战略眼光显然要比鲁迅略胜一筹。

从30年代开始，中国对德国文学的研究开始有了职业性的专门家，其中第一个，也是最得力的一个就是首先以诗人闻名的冯至。他在德国留学期间，即以德国浪漫派代表诗人诺瓦利斯为博士论文研究对象。同时他也关注已经闻名世界的里尔克，首先翻译了他的部分诗歌和《致一个青年的十封信》，在国内立即引起反响。从此以后，特别是解放以来，他一辈子都与德国文学结缘；不仅培养了一支年轻的德国文学研究队伍，而且自己进行了孜孜不倦的研究，先后写出了大量论著（其中包括第一部《德国文学史》），最后以《论歌德》的重要专著压了轴。由于他在这方面的杰出贡献，80年代他当之无愧地获得两个德国的国家奖。他以获得的全部奖金建立了冯至德国文学研究奖励基金，以奖掖在这个领域作出成绩的年轻人。

在德国文学的翻译中，成绩最卓著者当推钱春绮。这位老先生最初是学医的。但他对德国文学尤其是诗歌情有独钟。从50年代起，他就翻译、出版了几乎海涅所有的诗歌，并译了厚厚的两本诗集，即《德国诗选》和《德意志民主共和国诗选》。他是没有工资的，“文革”中生活无着，但显然译笔未停，因为“文革”后他很快就出版了一大批译作，而且都是名著：《歌德诗选》、《浮士德》、《德国浪漫派抒情诗选》……令人肃然起敬。

改革开放以来，德国文学的研究与介绍呈现出崭新的局面：65岁以下的研究、教学和翻译出版工作者已经数以百计，翻译作品不胜枚举，论著、论文时见发表……势头是令人鼓舞的。

作为一本随笔集，这本书显然不同于任何文学史或论文集，首先它要求篇幅短小，文笔生动、活泼。如果说知识性和可读性是它的追求，那么系统性和学术性就不是它的职责了。也不是根据文学史的章节安排，专门组织人撰写某些通俗性文字或野史材料，而只是根据历来人们已经写过的某些随笔性、短评性的现代文章，在笔者阅历范围内进行一定的选择。有的作家虽然地位重要，但未见到合适的符合本书宗旨的文章，也只得让它空缺。这样也就使此书与一般的“评论集”区别了开来——随笔，随笔，随意之谓也。

1998 年 6 月 16 日，北京

第七辑

西方现代文艺中的巴罗克基因

现代生物学和生命科学的最大成果之一是发现了基因及其在生命延续中的关键作用，而现存的野生生物是经过了无数世代的“物竞天择”才得以保存下来的，说明其野性基因的活力格外强大。文学作为人的思维和情感活动的一种方式，作为人的审美过程和产物，它的延续、变化和发展，也显现了其生命的存在，或者说也是有“基因”在其中起作用的。纵观历史上各个时代的文学，每个时代的文学都以某种审美形态出现，它们中的多数都形成一种属于那个时代的文学主潮，不仅被读者普遍接受，并且被官方的文学史家所肯定，因而被写进了历史。但除此以外，往往也还有另一种形态的文学存在，只因其性格和长相与主流文学相左甚至大相径庭而不被多数人赏识，更不受文学史青睐，它们甚至就像“私生子”那样被人弃置一旁，成了“野生”的物种！这种文学属于德国学者奥伊尔巴哈在其名著《模仿论》中所概括的“圣经方式”，其主要特征是倾向于主观表现，与长期统治欧洲的“荷

马方式”，即以“模仿论”为审美特征的主流文学或正宗文学在声势、规模和地位上都形成鲜明对照。其中势力较强大、个性较鲜明的当推 17 世纪盛行于中欧(包括当代地缘政治概念中的东欧)和南欧一带的巴罗克文学。它不仅被正宗文学史，而且也被正宗艺术史排斥了二百年！但它的幽灵一直在欧洲游荡着。终于，从 20 世纪初开始，它还是找到了它的附体，因而重新“复活”了。

春江水暖鸭先知

一种新的现象的出现往往都不是偶然的，它在孕育过程中必有某种先兆透露出来，首先被某些敏感的作家、艺术家所察觉，可谓“春江水暖鸭先知”。事实上早在表现主义运动爆发的半个世纪之前，当现代主义还在母腹中躁动的时候，它就露出端倪了：人们首先在现代主义文学的始作俑者波德莱尔那标志着现代美学革命的不寻常作品里发现了它。“波德莱尔在一种巴罗克式的光辉照耀下把他的主题置于行文里。在这里，我们可以看出波德莱尔理论上的敏锐。他把本来存在的主题之间的联系弄得朦胧晦涩。但这些晦涩的段落每每能由他的书信澄清，不必求助于某种顺序就可以清楚地看到上述写于 1859 年的段落与十年前写的一段奇特的文字之间的联系”。这是一股时代性的美学思潮，其传递最先信息的“春燕”绝不会只探访个别作家或文艺门类。就在波德莱尔那部惊世骇俗的《恶之华》问世不久，在 19 世纪六七十年代，易卜生的一部与他其他名作大异其趣的石破天惊之作《彼尔·钦特》(1867)也诞生了！他让一个既是孽子又是孝子、只知个人寻欢作乐、不顾道德责任的青年游历世界，最后一无所获回到奄奄一息的母亲身边，这可以说是最早采用流浪汉题材写的现代型戏剧。与此同时，在主要以线条和色彩对传统绘画表现不驯的“印象派”同仁中就有人的家屋飞进了巴罗克的春燕，那就是以画女人体著称的雷诺阿。他画的女人体摒除了任何宗教的或神话的因素，而焕发着鲜活的肉欲的世俗气息，这令人想起 17 世纪那个追求享乐的时代，看见雷诺阿在与那时的鲁本斯对话。1890 年左右，法国在“新艺术”运动中一度出现那火焰般的植物形装饰，这分明是巴罗克鉴赏兴趣的复活。在这之后，当大多数欧洲雕塑家仍热衷于新古典主义的时候，罗丹那狂热艺术有如长空雁叫，强烈的感情与戏剧性的紧张使他那些富有动感的华丽作品得到浪漫的表现，被人称为"新巴罗克"。差不多同时，比罗丹几乎年龄小两辈的后起之秀毕加索也从巴罗克艺术中获得创作动机。他那幅里程碑式的立体主义开山之作《亚威农少女》的题材是鲁本斯《帕里斯的裁决》一画的出神入化。稍加比较就会发现：《少女》画面上的左侧三个少女与《裁决》的形式相仿，而右侧的两个则与《裁决》中的帕里斯与墨丘利的位置近似。

文学、艺术创作中的这隐隐雷声显然激发和推动了理论的研究，首先是艺术史研究的突破。其中起决定作用的是瑞士学者沃尔夫林。他是瑞士著名艺术史家布卡尔特的学生。布卡尔特对巴罗克的研究亦有贡献，主要表现在他确定了"巴罗克"这一术语，但可惜他最终未能摆脱传统偏见，未能从正面肯定它的积极意义和存在价值。而沃尔夫林则认为，世界上不存在一种永恒不变的美学法则，文艺复兴的永恒性并不表现在它向后人提供了一种可以让人永远仿效的艺术教条或审美规范，而表现在它的艺术创造精神。他从这一着眼点入手，经过对巴罗克和文艺复兴艺术的深入研究和比较后指出：从本质上而不是从形式上看，恰恰是巴罗克继承了文艺复兴的艺术创造精神(重点号为笔者所加)。这一切中肯綮的结论，驳倒了认为巴罗克是"文艺复兴的反动"的固有偏见和误解，从而为这一欧洲文艺史上重要的"在野派"正了名，也为人们观察一切文艺现象确定了一种价值取向，因而为 20 世纪文艺的发展在理论上作了前导。它至少启发了后来的文学史家们将这一艺术史的研究方法用于文学研究，导致了对 17 世纪巴罗克文学的重新评价。

表现主义诗歌发现了自己的血亲

在 20 世纪现代主义思潮的诸多流派中，规模最大、影响也较深远的流派当推表现主义。它不仅是一个美学革命运动，也是一个社会反抗运动，可以说是一种时代的动荡在文学艺术上的反映。就时代特点这一现象而言，与巴罗克盛行的 17 世纪也有一定的相似性。正如对重新评价巴罗克作出重要贡献的德国文学史家理查德·阿莱文直到晚年仍认为："巴罗克的发掘正遇上一个由于战争与革命，饥饿与贫困震撼社会、激荡心灵的时代，17 世纪战争的灾难（特别是发生于 1618—1648 年的国际性的“卅年战争”——引者），对人世的控诉、哲学上的冥思苦索以及宗教上的狂热与这一时代显得并不陌生。”两个时代的矛盾与不安在人们心理上造成的危机感与灾难感，自然容易在情绪上引起共鸣，并在创作上发生呼应。

两个不同的时代，一个神的统治已经动摇，人文主义正在深入，人的自我意识开始觉醒；一个在粉碎了封建专制统治并宣判了“上帝死亡”之后，却又沦为现代金属机器和社会官僚机器的奴隶而日益“异化”成非人。所以这两个时代的知识精英们都企图通过文学艺术作品对人自身的地位和尊严发出呼唤，要求还人以本性。巴罗克诗人的口号是：“人啊，还其本吧！”表现主义的口号则是“哦，人啊！”因此，一位名叫恩斯特·施塔特勒的表现主义诗人，在其《箴言》一诗中，就引用了巴罗克诗人阿·西莱西乌斯一首题为《天使似的漫游人》中那句名言“人啊，还其本吧！”作为他的那首诗的结尾。这一思想和情绪在表现主义时期具有普遍性。表现主义戏剧代表性作家格·凯撒就曾提出塑造“大写的人”的主张，作为建设未来美好社会的途径。

17 世纪巴罗克时代，人们的人生观与审美观是一致的，即享乐主义，包括追求肉欲的满足，这从视觉艺术如鲁本斯的绘画中就一目了然，不少巴罗克早期的宫廷诗也不乏这种倾向。表现主义时期，这种现象显然不如 17 世纪那么普遍，但从某些人的创作中还是看得出这种影响。如 20 世纪初颇有名气的诗人、小说家兼戏剧家阿尔诺·霍尔茨，曾是一位巴罗克诗歌的迷醉者和创作者，他曾热情介绍过巴罗克诗作。他自己写的《达芙尼，17 世纪抒情诗肖像画》诗集（1905 年出版），正如有人指出，不啻是一部《寻欢作乐歌》。这里颇值得一提的是布莱希特，不管他与表现主义有多少区别（如在世界观方面），又有多少联系（如在审美观方面），他都是一位现代型的作家。尤其在早期，他从否定资本主义伦理道德出发，创作中流露出浓厚的享乐至上色彩。他的诗集《家训》和剧作《巴尔》的主人公，一方面热爱生活，追求幸福；另一方面却为了个人享受，无所顾忌，不讲道德，简直听凭原始本能行事（这是作者有意向官方道德和小市民的“美德”挑战）。后来在他成熟时期写的那些代表性杰作中，在那些光彩照人的主人公身上，从大胆妈妈、阿兹达克到伽俐略，他们依然保留着那种旺盛的口腹之欲，那种追求肉欲和玩乐的热情。而这绝不是偶然的。后面还将提到布氏，还可以与别的内容联系起来考察他的创作中的巴罗克血缘。

从艺术风格看，巴罗克文学的一个重要特征是浓郁的抒情性。这主要表现在诗歌中：奥皮茨、格吕菲乌斯、西莱西乌斯、韦克尔林、哈尔斯德弗尔、达赫、弗来明等等，这些都堪称抒情诗大师。多灾多难的年代，造就出大量的忧国忧民的作家，他们以深沉的笔触表达自己的忧患意识。其中巴罗克最重要的代表诗人格吕菲乌斯的那首《1736 年，祖国的眼泪》最为动人，成为 17 世纪德国诗歌的不朽名篇。巴罗克这一诗风，正好适应了表现主义诗人的爱好。他们对于抒情诗心醉神迷，以致凡是非抒情诗，他们都痛恨。这一派的诗人克拉朋德，较早对巴罗克诗歌做了研究，于 1916 年编出了一本格吕菲乌斯的十四行诗和箴言诗集。他觉得，在读了格吕菲乌斯的诗之后，“发现了我们的时代”。最耐人寻味的是，在表现主义时期语言技巧最接近巴罗克的抒情诗人贝歇尔，后来在他成为共产主义者之后，特别是当了民主德国的文化部长之后，仍念念不忘表现主义和巴罗克诗歌，尤其是格吕菲乌斯的抒情诗。他那部 1954 年出版的、反映他战后多年来对表现主义和巴罗克研究成果的文集就是以《祖国之泪》为题的。在这部著作里他不仅为表现主义同仁，还为巴罗克同行们立传。战乱频仍的巴罗克时代，那些忧国忧民的诗文，显然触发了正经历着第一次世界大战的表现主义作家们的情怀，至少表现主义作家、理论家、表现主义纲领制订者卡·埃德施密特就不例外。

无论是巴罗克或是表现主义，两者虽然都爱好抒情，但它们的创作并不是静态的，而是动态的；不是理性的，而是喧嚣的，因为两者都是处于狂躁不安的时代，这不能不给它们的作品打上烙印，只是表现主义比起巴罗克有过之而无不及。艺术史家 **W.** 沃林格尔曾对两者作了对比：“在巴罗克涵义上的煽动和在表现主义自我涵义上的煽动！两条道路寻向同一个最终达不到的目标。表现主义的痉挛、过分、狂热、强行突破，在巴罗克那里已经有过感性的前奏……巴罗克是一声响亮的呼喊，表现主义则必须大喊大叫。只是在喊叫之中，个人的、过于个人的声音被湮没了，只是在喊叫之中苦涩得如同任何其他的声音，只是在喊叫之中实现了一种可以说是不起作用的团结一致，赋予一种超越个人关系的幻想。”这种情况多半发生在诗歌当中，那种排山倒海似的排句，那种奔跳的、飞速的诗行，不合逻辑或不讲句法的用语，奇特的譬喻，强烈的激情，怪诞的形象……可谓真正"创作自由"的产物。前面提及的贝歇尔就是其中有代表性的一位，以至连同样是现代派的小说家卡夫卡也不敢问津，认为与它们之间隔着"一垛高墙"。

这里需要指出的是，巴罗克在表现主义创作中的复现，对于大多数表现主义作家来说是无意的"亲合"，而不是自觉的模仿。这是个人阅读经历的潜移默化与一定时代条件相互作用的产物，可以说是巴罗克"基因"自然生成的结果。事实上，表现主义盛期在欧洲文学史上找到过自己的典范，如德国狂飙突进时期诗人伦茨，19 世纪前期德国戏剧家毕希纳、格拉贝，15 世纪几判死刑而得救的法国诗人维庸，19 世纪下半叶的法国诗人兰波以及瑞典戏剧家斯特林堡等，都不是巴罗克时期的作家。表现主义对巴罗克血缘的认同发生在第一次世界大战之后、表现主义运动行将消歇的 1920 年（上述沃林格尔那段被广为引用的话可作为标志），说明战争的经历对这两个不同时代文学思潮的会合提供了契机。"认亲"事件的另一个佐证是 1921 和 1922 年不约而同出版的三本巴罗克诗选，它们均由三位表现主义诗人所编。这就是 **W.** 乌努斯、**W.** 施塔姆纳和 **F.** 施特利希分别所编的《巴罗克诗选》。其中施特利希还有另一个贡献，即他采用了沃尔夫林的研究方法，将艺术史中的风格概念移用于文学研究，早在 1916 年就发表了关于巴罗克文学抒情风格的重要论著，从而接通了表现主义与巴罗克之间的艺术血脉，被有的研究专家称为"划时代的文章"，它对表现主义对巴罗克的接受起了极为有效的启蒙作用。

中欧的这一现象不是偶然的。20 年代在南欧，在巴罗克曾经也很发达的西班牙语世界，也出现了重新评价 17 世纪巴罗克代表诗人贡戈拉的热潮。贡戈拉（1561—1627）的诗文结构隽永，句法匀称，形象奇特，爱好夸张、比喻，典故冷僻，常流于晦涩难懂，故后来几乎被人遗忘，这时却模仿他的诗风成风。

流浪汉小说大行其市

但巴罗克对西方现代文学影响更深远、更持久的当推它的"流浪汉小说”。这类作品往往以社会地位卑贱的“小无赖”、“傻瓜蛋”为主人公，他们似乎全然不知什么是道德、法律、荣辱贵贱，根据自己游历过程中的所见所闻，对上层社会及其所奉行的思想观念进行无所顾忌的揶揄和触犯，表现了这些貌傻心智的社会“渣滓”和“痞子”在心理上、智慧上对贵族阶级的胜利。这股“摩罗诗力”思潮，对旧政权是有颠覆性的。它是随着人文主义的深入而不断觉醒的平民意识在文学创作上的反映，在 17 世纪前后的两百年内造成一种文学奇观，留下了一大批传世之作，如西班牙佚名的《托梅河上的小拉撒路》(一译《小赖子》，1554)，塞万提斯的《堂·吉诃德》(1605—1615)，美国马克·吐温的《汤姆·索耶历险记》(1676)，德国格里美豪森的《西木卜里齐斯穆斯》(一译《痴儿西木传》)(1669)，法国勒萨日的《吉尔·布拉斯》(1715)，英国菲尔丁的《大伟人江奈生，魏尔德传》(1743)，斯特恩的《项狄传》(九部，未完，1759—1767)，美国笛福《摩尔·弗兰德斯》(1772)等。其中格里美豪森的小说尤为典型，他被《欧洲小说的演化》一书的作者吉列斯比视为“达到了文艺复兴时期宏伟的巴罗克文学的顶峰”之作。1896 年德国创办的很有影响的杂志即以他的小说《西木卜里齐斯穆斯》为刊名。担任过这家刊物编辑的德国文学巨匠托马斯·曼后来这样称颂这部小说：“这是一座极为罕见的文学丰碑、人生丰碑。它栩栩如生地经历了三百年，今后还会继续经受考验。这是一部富有不可抗拒的魅力的小说，它丰富多彩、粗野狂放、消闲有趣，生活气息浓厚而又震撼人心，犹如我们亲临厄运，亲临死亡。它的结局是对一个流血的、掠夺的、在荒淫中沉沦的世界彻底的悔恨与厌倦。它在充满罪孽的、痛苦悲惨的广阔画卷中是永垂不朽的。”对出自母语的巴罗克作品有这样高的评价，如果在自己的创作中不留痕迹是难以想像的。事实上，托马斯·曼确曾试图借鉴巴罗克的叙事风格和美学特征，创作一部有别于自己的固有风格的巴罗克式小说，为此他断断续续至少花了四十年时间而最后终未能完成的长篇小说，即《骗子手费里克斯·克鲁尔的自白》。小说以一个资产阶级破落户子弟为主人公，让他以回忆的方式道出他一生为追求利己与享乐而不择手段地招摇撞骗。通过小说的讽刺与模拟笔法，可以看出作者对现代型的巴罗克风格的爱好与追求(这与他早期作品中“新浪漫主义”风格有着内在联系)。所不同的是，一般流浪汉小说的主人公是以“卑贱”的面貌出现于上流社会面前，对这个社会进行捣乱，而克鲁尔这个高级骗子手则是以“体面”的身份混迹于上流社会之中，对这个社会进行蛀蚀；前者的“舞台形象”是“粉面小丑”，后者则是“油面小生”。令人颇费琢磨的是，托马斯·曼以其大师手笔致力于这部作品的构思竟达四十余年之久而未毕（写毕的这部分也不算多），这是由于他毕竟是一位批判现实主义作家，因而对这类具有“野性基因”的艺术不能得心应手呢，还是这本身就是巴罗克文学的“商第式”风格（总是写不完或故意不写完，如英国斯特恩的《项狄传》）的体现呢？

德语文学的另一位顶级小说大师卡夫卡的创作的高峰期正值表现主义运动的盛期，他的创作也跟巴罗克有缘。他仅有的三部长篇小说全都没有写完，这一直成为卡夫卡研究之谜。但如果把它与巴罗克相联系，则谜底会不会就是“商第式”的传统呢？再看他写于1912年的第一部长篇小说《失踪者》（又名《美国》）写的也是一个少年流浪汉的经历：他16岁时被家里的中年女佣诱惑而与其发生关系，因而被父母放逐美国。一路上他经历种种惊喜与倒霉、屈辱与宠幸，最后不知去向……只是这位主人公既不是痞子、无赖，也不是小偷、骗子，而是很讨人喜欢的朴实男孩。《项狄传》的主人公除了他“呆”的一面以外，也有这样的特点。顺带提一下，从卡夫卡许多作品的审美特征看，也可以追溯到巴罗克，如对怪诞的爱好（如《变形记》等），对细节的讲究（如《城堡》等），对梦境的追求（如《乡村医生》），对酷烈画面的兴趣（如《在流刑营》等），对二元对立的偏爱（如《饥饿艺术家》）等等。

再一位德语文学大家赫尔曼·黑塞，在表现主义运动高潮期间也写过一部流浪汉长篇小说《克努尔普》（1915），它由《初春》、《怀念克努尔普》和《结局》三个系列小说组成，虽然文学史家未将其归入他的重要作品之列，但他自己却视之为最喜欢的作品之一。

公认为德国表现主义代表性小说家阿·德伯林，他的那部出版于20年代末的代表作《柏林·亚历山大广场》也被认为是一部巴罗克式的小说。主人公是一位工人，在恶劣的社会生存环境下，几经牢狱铁窗之罪，又几番“重新做人”之决心，但始终不能如愿以偿。一种矛盾的、分裂的内心总是不能使他获得统一的性格与意志。享乐的欲望与“做人”的良知互相抵消，因而无以抵御胁迫与诱惑的力量。作为一部出自具有反抗意识的作家笔下的作品，如果说它免不了有颠覆作用的话，那么就表现在它对资本主义所带来的不利于人的生存条件的强烈控诉。

20世纪头30年的布拉格文学勃兴一时，世所瞩目。与卡夫卡同乡、同庚，几乎同天命，只是用捷克文写作的作家哈谢克，他的那部传世之作《好兵帅克在第一次世界大战中的遭遇》也是一部现代流浪汉小说。他以穷人的立场和感情，以一个士兵在军中的遭遇为题材，用幽默讽刺和滑稽模仿的手法，揭露出奥匈帝国军队中种种愚蠢可笑、黑暗无道的现实，时而令人捧腹，时而令人含泪。这里提及的滑稽模仿就是巴罗克艺术的一种拿手好戏。

迄今为止，20世纪一部最典型的现代流浪汉小说当是德国作家君特·格拉斯的《铁皮鼓》。它创造了一个奇特而生动的"西木卜里齐斯穆斯"式的"反英雄"形象。主人公奥斯卡·马采拉特长到3岁、96公分时即拒绝再长，以避免与成人世界同流合污。但他的智力却正常发育而且是非分明，因此他痛恨法西斯统治，包括他的身为冲锋队小队长的父亲。他身上挂着一个铁皮鼓，如同贾宝玉的"通灵宝镜"，须臾不能离开；只要发现成人世界异常现象，他就拼命击鼓，或者大声吼唱，以致使教堂玻璃震得粉碎（这是戏拟法西斯暴行与盟军的轰炸）。由于他始终混迹于儿童世界，成人世界对他毫无防备，故可窃取成人世界种种隐私与恶行。他自己也无视伦常与公德，竟然与他的年龄相仿的后妈成奸，生下一个既是"弟弟"又是"儿子"的孽种！法西斯垮台后，他从事过多种职业，包括裸体模特与爵士乐队歌手，他很快发了财。但他深感无聊，宁愿顶了人家的凶案，甘心坐牢，后被强行送入疗养院监护，他却设法与世隔绝，安心写回忆录……小说充满怪诞与奇趣，悖理又顺理，既复兴了德国小说史中的"流浪汉"传统，又对传统中的"发展小说"进行戏拟。奥斯卡这个主人公既让人想起斯特恩《项狄传》中的主人公（该书写到第六卷仍不见其长大），又让人想到欧洲中世纪某些宫廷中的弄臣角色。他既敢于冒险，又精于世故；既天真朴实，又爱耍恶作剧。他地位低于人，精神上又高于人，是个双重人格或多重人格的人。作为"反英雄"的艺术形象，它生动、鲜明、个性独特，可谓光彩照人。

现代戏剧中常有巴罗克音响

20世纪的西方戏剧与文学、艺术各门类一样，从观念到形式到风格都出现了崭新的风貌，而在变革过程中，戏剧也像上述小说、诗歌一样，在摒弃正宗的传统血脉的同时，接受了巴罗克的“野性基因”。

20世纪戏剧革新运动中一个最响亮的名字当推布莱希特(1898—1956)，他既有独树一帜的理论建树，又有不同凡响的创作成就；在艺术的社会功能上坚持现实主义精神，在艺术方法上却主张不拘一格，因而其审美特征与现代主义一脉相通。始终站在下层人民立场上的布莱希特，在一心要把“戏剧赶入贫民窟”的努力中，将艺术的触角伸向传统中具有“人民性”的艺术形式。17世纪前后的巴罗克就是具有这种倾向的艺术，虽然在形式与风格上，它也局部地为某些王宫贵族所利用或欣赏，但在总的倾向上它对官方钦定的古典主义而言是“离经叛道”的，故长期被其排斥和抑制。20年代，布氏的戏剧工程处于起步阶段，这时巴罗克通过历史尘埃所透露出来的光辉已被表现主义者所发现，无疑也引起布莱希特的巨大兴趣。从最初的《巴尔》(1919)，特别是从他早期的成名作《三个铜子儿的歌剧》(1928，“三个铜子儿”有人译作“三分钱”、“三角钱”或“三毛钱”)起，直到三四十年代他的黄金时期所产生的那些奠基之作：《伽俐略传》、《大胆妈妈和她的孩子们》、《高加索灰阑记》、《四川好人》等，他或者直接采用巴罗克作品中的题材，或者借鉴巴罗克的风格，使这一被湮没了两个多世纪的古老艺术在他笔下重放光彩。《三个铜子儿的歌剧》的题材取自17至18世纪前期英国巴罗克戏剧家约翰·盖伊的《乞丐的歌剧》。盖伊善于以滑稽模仿的艺术手法讽刺和戏拟当时流行的田园诗和专写王公贵族的豪华歌剧，他的这部以窃贼、强盗和狱吏为主要角色的“谣曲歌剧”(即《乞丐的歌剧》)旨在揭露和讽刺上层社会和下层社会同样罪恶。布莱希特沿用了盖伊的框架和结构，但改变了他的主题构思。他不把上层社会与下层社会相提并论，而把资产阶级的敛财方式与这些盗匪、窃贼、丐帮头子等社会渣滓的抢劫、偷窃、行骗的罪恶行为等量齐观，指出资本家的“体面”背后也是血腥的，“他们都是这样干的！”从而对下层群众进行政治启蒙。在艺术上，他创作了大量起“醒世”作用的机智诙谐的歌词，配以天才作曲家魏尔的活泼抒情的曲调，从而使“贫民窟”的群众只要花“三个铜子儿”就看得起、看得懂而且喜欢看。可以说布氏找到了一种西方人喜闻乐见的舞台风格，无怪乎这出戏问世七十年来久演不衰，直至去年纪念布氏百年华诞，它成为布氏剧作中在全世界被上演得最多的一部。

《大胆妈妈和她的孩子们》是布莱希特又一部直接取自巴罗克作品而大获成功的经典名著。它的摹本就是前述德国巴罗克颠峰作家格里美豪森的小说《女骗子和流浪者大胆妈妈》(1670)，写波希米亚伯爵的私生女莱波希卡在战争年代的经历：她放荡无度，却不胜得意，自我夸耀。作品表现战争导致人的堕落。布莱希特笔下的这位“大胆妈妈”则是：充当随军商贩，一心想靠战争牟利，从而使四个子女有更好的命运，结果战争却夺走了她孩子们的全部生命，而她自己却仍不觉悟，继续充当战争的殉葬品。作者想通过主人公的不觉悟，来启发观众的觉悟：战争是人类生存的致命威胁，同时揭示大胆妈妈的自身矛盾：母性与利欲的不能调和。舞台演出也带有巴罗克的音响：大胆妈妈那冷漠的、怪腔怪调的喊叫式唱法不时给舞台制造着令人“陌生”的“不谐和音”。

在另一部名剧《高加索灰阑记》里，作者用了个流浪汉式的无赖当法官，令人提心吊胆：他那有伤大雅的坐相与做派把法官的尊严扫荡殆尽。但是恰恰他具有一种作为法官最本质的品性：不买权势者的账，关键时刻把公道还给卑贱者。这样一来他又恢复了法官的真正尊严。真可谓：说他正时恐他歪，看他歪时却是正。这个巴罗克式人物，作为艺术形象真是妙不可言。

在《伽俐略传》中的伽俐略和《四川好人》中的沈黛身上，我们看到了善与恶一半对一半的人格结构：前者“既是伟大的科学家，又是社会罪犯”(布莱希特语)；后者经过社会生活实践得出结论：单善单恶难做人，既善又恶才可行。布氏的这类人物描写固然基于他对马克思的这一论断的接受：任何时代的统治思想都是统治阶级的思想。他认为在代表贵族、资产阶级利益的思想观念覆盖全社会的情况下，人人都在这只大染缸里受到污染，因而是不可能有真正的好人包括完美的科学家的，但这种一半对一半的人格结构与巴罗克爱好的“二元对立”的思维模式和审美趣味是有缘的。

布莱希特早期作品的语言也受巴罗克影响。这一点显然被英国著名戏剧评论家、《荒诞派戏剧》一书的作者和这个流派的起名者马丁·艾斯林所觉察。1993 年当他在我国中央戏剧学院演讲时，有听众问到这一点，艾斯林回答说：“巴罗克语言最主要的含义，是这些语言非常华丽高贵，表演动作粗犷有力。后来布莱希特的教育剧表现出另一种倾向，就是讲究语言的准确、冷静。”

布莱希特的戏剧理论被人提及得最多的，是这个理论的核心论点“陌生化效果”，它的美学追求是“惊异感”，这是西方现代文学艺术中一个相当普遍的审美特征。但早在巴罗克时代，“惊异感”就已成了它重要的美学信条了。

提到“惊异感”就不能不提“怪诞”，因为怪诞是造成惊异感的重要手段。德语世界的另一位戏剧巨擘、比布莱希特小一辈的瑞士戏剧家迪伦马特就是一个“怪诞迷”。有人指出：“怪诞……构成迪伦马特戏剧的基本结构，一如布莱希特之于间离法（即“陌生化效果”——引者）然。”迪氏认为“怪诞是一种极致的风格”，是“创造距离”（即造成“陌生化”）的有效手段。他形容的怪诞是：“有如炮弹射入天空”，等到它掉到地上时，“造成一个滑稽可笑的喇叭口”。而怪诞的灵感来自“即兴奇想”。这正是巴罗克的审美情趣。

怪诞在迪伦马特那里，有情节的怪诞，场面的怪诞，人物形象的怪诞……就个别作品而论，《天使来到巴比伦》当是怪诞的奇趣最多的一部。此外迪伦马特还提倡“世界戏剧”，追求时空的广大、自由，所以在《天使来到巴比伦》这部喜剧中，那位宰相有“八千岁”。他还提倡“多彩的戏剧”，主张多种艺术成分的杂糅。“世界戏剧”、“多彩戏剧”的概念也是巴罗克时代出现过的，即强调戏剧对时空的最大限度的包容性，强调多种艺术要素的综合效果。

迪伦马特反对把古今名家当偶像，认为任何名家都不应享有让人永远仿效的“不公正的特权”。但他主张把他们视为“激发者”和“对话者”。在他的这类“对话者”的名单中，他很赞赏巴罗克时代西班牙最伟大的戏剧家洛佩·德·维加（1562—1635）。他称赞从维加起就打破了“统一的风格”，使写作“成了个人的事情”。这一开端导致现代文学艺术领域多样化局面的出现，这意味着艺术个性可以各尽所能了，这对艺术的发展显然是有利的。

迪伦马特也反对“纯”高雅的艺术，主张雅俗共赏，因此他的传统养料的源泉有两股：一股是阿里斯托芬、莎士比亚、斯威夫特、莫里哀等的讽刺精神；一股是19世纪以奈斯托洛伊为代表的奥地利“大众戏”的脉络。这些都是与巴罗克的精神相近的。

方兴未艾，随处可见巴罗克身影

巴罗克在 17 世纪前后的约一个半世纪里是一种广泛的审美风尚，它不仅涉及美术、建筑、音乐、文学、戏剧，而且波及几乎所有的文化领域。在 20 世纪的复兴中，它也同样在各个领域显示了活力，而且方兴未艾，甚至声势日猛。在文学领域，耐人寻味的是，就像托马斯·曼晚年对巴罗克情有独钟一样，他的同时代同胞、共产党人贝歇尔，在远离表现主义和巴罗克三十多个春秋之后，晚年也对巴罗克重新兴奋起来。他经过二战后好几年的研究，最后得出结论："巨大的希望寄予另一种风格。"目前在德国，巴罗克文学研究之风很盛，不仅有一大批专家、学者和全国性的研究团体，而且有庞大的图书馆室。位于德国中部毕特沃尔夫市的奥古斯特公爵图书馆就是巴罗克文献中心，已成为德国五大图书馆之一。好景不仅在欧洲，在美洲情况同样引人注意。美国的诺贝尔文学奖得主 S. 贝娄就是一个巴罗克的爱好者，他善于用自嘲和幽默笔调描写"反英雄"人物的种种悲喜剧。他的成名就是通过一部流浪汉体的长篇小说《奥吉·玛琪历险记》(1953)得以实现的。直到 80 年代，这类作品在美国仍受青睐：美国作家威廉·肯尼迪写了一部以流浪汉为题材的小说《斑鸠菊》，开始出版遇到困难，后经贝娄努力出版后竟很畅销，并获得普利策奖。南美洲是西班牙语区，情况自然不会冷清，因为西班牙语文学拥有强大的巴罗克传统。遐迩闻名的阿根廷作家博尔赫斯就曾以巴罗克风格试笔。1980 年 5 月他在接受美国的一位节目主持人采访时，对方问他有没有写过一部小说，写到无人衰老，其中一位看得出来是荷马？他回答说："呵，是的，在那篇小说里有一个人活得实在太久了，他忘了他的荷马，忘了他的希腊语。我记得那篇小说的题目叫《凡人》，但那是用巴罗克风格写成的。"

巴罗克的最辉煌成就当是建筑。在这一领域 20 世纪自然不乏巴罗克基因催生出的新品种，尤其是下半世纪以来，就笔者所见而言，坐落在原西柏林的爱乐音乐厅就是一件杰作。它诞生于 1963 年，为著名建筑家汉斯·沙龙所设计。他大胆运用"不对称"原理，把这座建筑物建成一座不等边、不等高的八面体，各墙面的色调不一，从外部造型看，它很像一顶马戏团帐篷！其内部拥有一个 2 200 座音乐厅，长 60 米、宽 50 米，高度也不一，最高 21 米。有趣的是，座位被分割成大小不等、互相亦不对称的条条块块，其间竖立着许多半人高的、起吸音作用的不整齐圆筒。天顶上的灯具也是不规则的。整体看去，具有巴罗克建筑所强调的动势以及装饰性和综合性等特点。这座建筑物由于它的大胆、新颖的构思，激发观者的奇想，不愧是一座新巴罗克建筑杰作，成为柏林一处新景点。

有名的巴西国会大厦的设计者、世界级的巴西建筑大师奥斯卡·尼迈耶也是一位致力于新巴罗克探索的艺术家。矗立在圣保罗的拉美纪念图书馆即出自他的手笔。1988 年他与美国《进步建筑》杂志谈话时，谈到过自己这方面的看法和经历："我们正在创造与巴西的古老建筑有很大关系的一种建筑——一种较自由的巴罗克式、更适合我们气候条件的建筑；一种尽可能寻求使用技术的建筑。"他还说："我刚开始搞建筑的一段时间，他们批评我的作品太巴罗克了，说它太过火或近于技术化。"现在巴罗克建筑的受宠，从最近中德联合发行的以建筑为题材的邮票也可以看出来：德国首枚在中国发行的邮票票面上的图像是德国维尔茨堡的巴罗克式王宫，而不是德国人引以骄傲的哥特式的科隆大教堂！

在音乐领域，巴罗克的复兴也是 20 世纪的事，主要是在二战以后。巴罗克音乐的几位代表者蒙特威尔第、巴赫、亨德尔的名字，就像绘画领域伦勃朗、鲁本斯的名字一样，辉煌无比，日甚一日。以这些人的名字命名的乐队、合唱队日益增多；演奏、演唱和播放这些人的作品的频度也与日俱增。近几十年来，人们在复兴巴罗克音乐的努力主要表现在对巴罗克音乐固有精神和风格的发掘和追求。这在几年前（1993 年）英国乐坛为纪念亨德尔伟大合唱曲《弥赛亚》首演 250 周年所举办的演出就很能说明问题。《弥赛亚》是亨德尔的巅峰之作。但长期以来，由于人们对巴罗克音乐的人文精神即世俗精神缺乏了解而简单地把《弥赛亚》理解为宗教音乐（因为它以《圣经》内容为歌词），演唱时处理得十分庄严而虔诚。因而合唱队越大越好，由上百人一步步增加到上千人，最多达四千人之众！后来发现亨德尔本人组织演唱这首乐曲时，乐队一般都不到四十人；合唱队则不过十七八人。故从 60 年代初开始，人们开始把乐队、合唱队的人数各减少到四十人以下，以致到 1993 年的伦敦隆重纪念演出时，演奏、演唱都不超过三十人，而且使用了巴罗克时代的古乐器，在英国巴罗克独奏家乐团伴奏下，由指挥家加德纳的蒙特威尔第合唱团演唱，最大限度地恢复了巴罗克时代的原貌。而且对作品的演唱、演奏风格也作了重新处理，节奏明快、活泼，表现清晰、细腻，洋溢着旺盛的生命活力和朝气。

舞蹈也不例外。在现代舞的革新运动中，人们也从欧洲历史文化传统中找回了自己的“根”，这个“根”就是巴罗克舞蹈。年轻的法国巴罗克舞蹈团就是这样产生的。这个团的舞蹈以巴罗克的美学要求为编舞原则：不讲对称而讲对比，强调造型的雕塑性与舞蹈的流动性，要求动作与表情的多变性、细腻性与装饰性。这个团曾于 1994 年由团长兼编导弗朗索瓦·拉菲纳率领来中国演出，让中国观众一睹其风采，领略了巴罗克艺术的强大生命力。

巴罗克艺术何以有这样强大的生命力和魅力，在被冷落和湮没两个世纪之久，依然能重新崛起，参与本世纪文学艺术各个领域的伟大变革运动，给它们注入新的活力和生机，以致成了现代艺术之“根”？答案恐怕是：它忠实于生命和自然。这里不妨引用巴赞在其《艺术史》一书中关于鲁本斯的一段评价：“生命活力渗透一切形状，给予姿态和表情以盎然生机。鲁本斯的任何一幅画都是一连串相互联系的运动，盘旋和斜穿空间，那动力似乎超越了画框的限制；那里巴罗克式和‘疾驰的’敞开的构图之原型，给予宇宙世界的永恒运动以短暂的一瞥。”

深谙艺术奥秘的吴冠中先生曾在一篇文章中写有这么一段话：“古代美术中蕴藏着现代艺术造型的发展基因，挖掘这些基因，温故启新，是继承传统，更属再创作。”这是经验之谈。本文就以他的这段话作为收尾吧。

原载《文艺研究》2000 年第 3 期

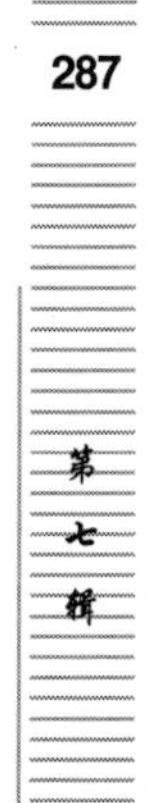

留德归来的油画家苏笑柏

人间有许多倒霉事或幸运事都是在偶然中发生的。比如我跟笑柏的相认和相知这一幸事就属于这种情况。你看，他留德 20 年，而这 20 余年来我也去过德国多次，却因职业不同而无缘相见。没想到一年多以前却在国内的武夷山相遇了！这使我有机会一年后领教了他独树一帜的漆胶画展览和他于 2005 年画的漆胶画集《苏笑柏 2005》。它们的原创话语一下就摄住了我的审美灵犀，让我耳目一新，从而觉得与作者相见恨晚，以至我在武夷山拍摄的数以百计的照片中，我和他一家三口在城村拍的一帧合影竟成了我的电脑桌面上的唯一的一张照片！然而毕竟是外行，直到一年前才知道，作为油画家的苏笑柏 80 年代中期即以获奖作品《大娘家》崛起于中国画坛，只是不久他即去了外国，他的名声没有很快传播开来。

80 年代以来的出国潮中，基本上有两类人：一类是讨生活的(多数)；一类是学真本领的。苏笑柏显然属于后一种。这是个战略性的重要决策。艺术这东西一要靠天赋，二要靠痴迷，三要靠环境。油画这门艺术，她的发祥地毕竟在欧洲，而且至今方兴未艾。

只有到了那里，只有看到那无数的真迹，才能看到她的顶峰，才能感受到她肥厚的土壤，从而才能激励你的雄心，激发你的灵感。欧洲又是一个创作自由的王国，可以任凭自己的兴趣和想像自由驰骋，而不必听那些“必须”、“应该”之类的紧箍咒，背着沉重的包袱走路。再一点是，欧洲是现代（主义）艺术的滥觞。作为一个生活在现代的艺术家，你可以不接受现代主义，但你必须了解它。而如果你愿意接受它，那么，不身临其境，经历十年八年的观念转型、审美转型的“炼狱”是不行的。于是苏笑柏到了丢勒的故乡——德国。这里是以美术界的桥社和“蓝骑士”为先锋的，对20世纪欧洲文艺产生深远影响的表现主义运动的策源地。笑柏首先选择实力雄厚的丢塞尔多夫艺术学院作为他深造的理想学府。在这里经过多年的苦练，他基本上完成了脱胎换骨的蜕变，也就是完成了上述两重“转型”。这个转型是个艰难的过程，是向自己的过去告别的过程。这使我记起了1999年我在柏林与中国“第五代诗人”的代表杨炼的一次谈话，其中他说的给我印象最深刻的一句是：“出来许多年后我才知道，1987年以前我写的那些诗根本就不算诗！”笑柏是否说过同样的话我不清楚。但出去十年后，即自1966年起，他的诗风来了一个根本性的变化：从具象变为抽象！迄今又过了十个年头了，他义无反顾，再也没有往回走，而且走得更加执著、稳健，思考得更加深沉。而快到第二个十年的时候，他又来了一次跨越：从油画转向“漆胶画”。他收住了普通油画的亮色，让漆胶略透微亮，而带点浓稠、古朴乃至稚拙的味道。他采用的是有名的福建的原漆，即生漆，把它泼洒或涂抹到麻布、藤编、木板、陶片上。他发狂似的进行着大胆的尝试，越干越来劲！理由很简单：正像当年他在情感中遇到了张军，旅途中找到了“诗意的栖居”——“林棣安”（德国西南部一个僻静的小村），如今，他在艺术追求途中发现了一个崭新的、大有作为的天地！在这里他将豪爽地让漆胶来消耗他的智慧和才华，而不愁收获不到如意的果子！经过两年来的刻苦实践，笑柏干得得心应手，而且日见长进，日臻成熟。漆胶刺激了他的诸多灵感，给他带来可观的收获。只要对比一下他分别于2005年和2006年所作的漆胶画，谁都不会怀疑，苏笑柏先生这几年来大踏步走的是一条成功之路。

这不是一般的材料革新，而是一个艺术的大创意。这意味着，他经过多年的探索和追求，终于找到了一条合适的途径，可以将他的情怀和思考与他的表现形式熔铸于一体，从而使他的作品有了灵魂（有没有这样的灵魂，这是艺术家与匠人的最大区别）。有不少朋友认为，笑柏的画是追求一种“形式美”或“唯美”。这个判断无疑有一定道理。搞抽象艺术如果不讲形式，那是容易失败的。但我认为苏笑柏的艺术追求，着重点还不在形式本身，而是形式中的思想容量和情感容量。大家知道，一般的抽象绘画往往都以“无标题”或序号命名。但笑柏的漆胶画，就我所看到的而言（共137幅），绝大多数都有标题。而值得注意的是，2005年的那些画，多数的标题的含义都比较笼统、抽象，如某某红、某某蓝之类，是“能指”性的。可2006年的画，其“能指”性的标题大为减少，而“所指”性的标题明显增加。就是说，2006年的作品的标题，其含义都比较具体、明确。如《洪蒙初开》、《俯仰天地》、《盖地铺天》、《悠悠乾坤》、《心碑》、《楚宫》、《秋痕-1》、《秋痕-2》、《弦月》、《道生一》、《君行健》、《风雅颂》、《离骚》、《结庐人间》、《天作之合》、《相濡以沫》……。你看，把这些画稍加收拢，你就会觉得心、眼不够用：它们纵横古今、乾坤宇宙、人伦道统……包罗万象！哦，这是一个视野开阔的现代人在做深沉的思考——文理的、伦理的、哲理的思考！无怪乎在观赏这些画图的时候，经常不敢轻易离开，唯恐没有把它所内涵的奥蕴看透。现代艺术是重主观、重想像的，它打破了传统艺术的画语系统，每位艺术家都力求掌握一种独特的话语方式，摆脱现实生活的模式，呈示一幅他心中的审美图像。因为是他“心中”的东西，有一定的秘密性。所以他在完成一幅画的构图、设色、空间布局等程序的过程中，往往要布设某种“天机”或“密码”，就是说他让你看的画面不过是给你提供一个“谜面”，“谜底”可得由你自己去破解。这就是为什么我们在观赏抽象艺术的时候，常常感觉受到挑战（对笑柏的抽象画这次也有评论家这么说）。要迎接这个挑战，只有跟这类作品反复接触，和它们混得透熟，以至把作者藏“密码”的那把“钥匙”“偷”来，然后你就自在了！笔者接触现代主义文学代表作家卡夫卡几近30年。开始阶段我是硬着头皮读他的作品的。时间长了，读得多了，慢慢地就悟出了他作品中有个“玄机”，即“悖谬”(paradox)：一个事物逻辑上处于自相矛盾或抵消的情境。再往后我又进一步明白：现代文学家和哲学家（主要是存在主义哲学家）合力把原来属于逻辑范畴的这个哲学概念变成了美学概念。这时我豁然开朗了，再读卡夫卡乃至别的某些现代派的作品就能读出味道来了。

现代主义思潮兴起以来文学与哲学的互相追逐与攀附是个普遍现象。作品的哲理内涵的有无与深浅成了衡量一个作家及其作品的重要价值尺度。我想艺术也不例外，至少自康定斯基起就开始了这一趋向。因此才有20世纪上半叶德国艺术家奥托·米勒的这句名言："有朝一日要为哲学家建造天堂。"抽象主义绘画的形成气候，可以说就是这种思潮发展的结果。难怪有人说，现代文学艺术是人类智能的高消耗：作者和他的读者或观众都得费脑子！

笑柏在德国多年的艺术实践中掌握了抽象艺术的理念和方法，但渗透在他作品中的文化"基因"和人文情怀我看还是中国的。这里倒可以借用"中学为体，西学为用"这一说法。中国的文化形态从整体上看是一种农耕文化。古朴的、敦厚的、宁静的、田园的、慢节奏的……这些都可以看作农耕文化的外部特征。我一看见《腰鼓红》，马上就与这些意念联系了起来。它在中国民间特别是农村太常见了！作者为什么不用赤、澄、黄、绿、青、蓝、紫这类自然原色？他为什么舍弃油画的鲜亮而宁要漆胶的涩亮(被抑制的亮)？他为什么那么喜欢使用麻布、藤席这类农家常见的编织品作画？《绿上两块红》，标的分明是"红"，为什么依稀看到中国山水画的影子？(这类画还有《出版物》、《大写的"T"Ⅱ》等)这一切我想都是作者的中国文化情结的自然流露。这说明，笑柏虽然身在异国，但他的"魂"(即文化情怀)仍留在中国。这是笑柏的作品能吸引中国观众兴趣，唤起中国观众情感共鸣的主要原因。

2006年冬

载《苏笑柏2005》

中德油画家泼墨武夷山

去冬 11 月 25 日的晚上，以富有创意的建筑设计而闻名的武夷山庄突然打破一贯的宁静，在后园的草坪上燃起了熊熊的篝火。五十来位中、德一流油画家以及有关工作人员和宾馆员工围着篝火尽情歌舞。随着火焰的不断炽烈，人们的情绪也不断高涨。连几位年逾古稀的德国老画家也很快就坐不住了，他们熟练地踏着音乐的节奏，兴致勃勃地扭动起不无板直的身躯，给整个舞蹈场面抹上独特的一笔。他们的老伴，可能意识到自己只是充当配角而来的，开始似乎并不想在这里为女性的特长争辉，后来谁都卷了进来一展风采。哦，你看：他们有的曾经还是舞场的好手呢！于是，只见啤酒、葡萄酒一瓶瓶地少去，而篝火却不倦地喷吐着烈焰。这时我仿佛看到了希腊神话中那个司音乐与舞蹈的女神第奥尼索斯的身影，我眼前仿佛还出现了《浮士德》中那个有名的“瓦普几斯之夜”的幻景。武夷山的主皋——大王山下成了沸腾的海洋，成了两国艺术家们“大泼墨”的现场！这是五天来他们“互动创作”进入高潮的写照，是艺术、文化、友谊与自然浑然一体的“醉意”状态。

中国乃艺术大国、文化大国，也是风景名胜大国。中国被联合国教科文组织正式列入“世界遗产名录”的项目已达31项，跃居世界第三。而获得“自然与文化”双重身份的则有6项，名列第一！这说明，中国不仅拥有丰富的自然景观资源和文化资源，而且还善于将二者融而为一。除“奇秀甲东南”的武夷山外，泰山、黄山、庐山、峨眉山、武当山以及诸多的“佛教名山”、“道教名山”……都是极好的范例，不愧是“天人合一”哲学的最早倡导国。而且这种哲学不只是反映在书本理论中，还极为鲜明地体现在中国比西方久远得多的农耕文明中。中国漫长的农耕文明使中国在工业文明进程中慢了一大拍，但从另一方面看，又何尝不是它的一种意外的幸运！君不见，武夷山这方圆980平方公里的净土（约相当于16个北京古城）就是在人类环保意识觉醒以前，在所谓“蔚蓝色文明”将到未到之时幸存下来的。武夷山的这一幸运，使漫山遍野的原始森林避免了无穷的刀斧之虞，而赢得了蓬勃的生机；使多种多样的人类的朋友躲过了无情的捕杀之灾，而获得了自由自在的“治外法权”；使条条蜿蜒多姿的千尺深涧继续歌唱着、奔跳着汇入江河；使道道横空出世的飞瀑依然呼啸着、欢笑着傲悬高空……远离武夷山的人们，在疲倦了心烦了的时候，也可以来这里躲一躲，歇一歇，观赏一下那久违了的雄鹰的高翔和笼子以外的奇珍异兽的徜徉，更可认识一下那在许多地方已经消失了的我们的历史家园，即那些尚未被现代的钢筋水泥板块所充斥、所摧毁的古村落，村落中那一座座有资格代表农耕时代建筑文化之精华的“大宅子”；那为读书人提供深造场所的“高等学府”——书院；那飞架在清澈溪流上的古朴石拱桥；那以水轮机为标志，曾经作为制造业作坊的水碓；那奉“圣旨”之命建造的节孝坊……对于久住城市的人来说，见到这一切无不感到新鲜，从而唤起生命的记忆。武夷山甚至还留有两千二百年前闽越族的国都遗址以及儒学第二位代表人物——宋代大学者朱熹的故居（这位出生于江西婺源的智者成年以后就一直居住在武夷山致力于发展儒学精神，达50年之久）以及宋代大词人柳永的故乡，足见素有“碧水丹山”之称的武夷山历来就是人杰地灵、人们梦寐以求的风水宝地。古语云：“山不在高，有仙则名。”确实，论高度，武夷山一般都不高，她的“华彩乐章”即“九曲十八湾”，其两岸山峦一般只有海拔三五百米。她固然拥有上百座千米以上山峰，但最高的也不超过海拔1 300米，不及峨眉、武当的一半。但她有“仙”呀！这

“仙”就蕴寓于武夷山独特而秀美的山形地貌之中，包含在她的优良的水质、土质与宜人的气候条件之中，体现在这里独特、丰富而且深厚的农耕文化和儒、道、释兼容并包而以“儒”为主导的人文生态以及厚重古朴的民风民俗之中。一句话：“仙”就是把万千生灵吸引到这里来并且能够长期和谐共处的种种自然与人文的综合因素。不难理解，这位以“山”命名的仪态万千的“美人”1999 年气宇轩昂地走进联合国为她敞开的“世界双遗”的大门！

倚在太平洋西岸的这位“绝代佳人”就这样激发了“意象武夷”的首创者们的灵感和想像。他们想：“大自然把这样一件美轮美奂的创造物放在我们的面前，作为艺术家的我们，若能联合外国的同行们，首先是其民族艺术传统上同样富有‘表现’基因的国度(例如德国)的同行们，通过人类共通的艺术样式(譬如油画)，以富有灵气的色彩和线条把她描画下来，把她极为深广而丰富的内涵表现、发掘出来，作为历史的‘定影’；让两国艺术家的不同创作理念、艺术因子和表现手法在互动创作中经历一番碰撞、磨合、补充与交融，使双方的艺术创造精神和水平获得一次质的提升，这在艺术史上该是一件多么有意义的创举啊！”这一创意立刻得到同仁们的赞同。于是，一项浩大的工程展开了！长期生活在德国的著名油画家苏笑柏先生兴致勃勃地穿梭于德国东西部各大城市之间，热情邀请和动员那些他心仪已久的德国著名同行和声誉卓著的艺术理论家。国内的主办、承办单位则积极联络本国当红的实力派油画家。经过了一年多紧锣密鼓的筹备，如今，九位年逾花甲或古稀的德国油画家和一位资深的艺术批评家带着他们的配偶，同他们的 40 位中国同行终于聚集在武夷山下，围拢在烈焰熊熊的篝火旁，以狂欢的形式共度这一历史性的良宵。

中国绘画历来以写意、“表现”为特征，讲究“空灵”和“气韵”，善于借景抒情。德国是 20 世纪初的“蓝骑士”，即欧洲表现主义绘画的策源地，更是根本改变人类固有艺术观念的学派“包豪斯”的故乡。以严谨、冷峻和抽象著称的德国现代艺术家很可能会在中国艺术中发现某种同质的血缘，一如当年布莱希特从中国表现性的戏曲中找到了他的理论的契合点。同样，中国艺术家也会在德国艺术家那里吸取勇于革新和探索的精神。应邀前来的这九位艺术家都是第一次来武夷山。他们怀着特有的兴奋漂流了风光旖旎的九曲溪，考察了榛榛莽莽的原始森林，参观了闽越古都遗址和有代表性的古村镇，以浓厚的兴味品尝了武夷岩茶的名牌“大红袍”，观赏了也被列入“世遗”的中国“非物质遗产”昆曲表演和武夷茶文化表演。在一号宾馆的茶室或咖啡厅里，他们每天都与中国艺术家们交谈得很晚很晚。其中一个晚上是德国著名艺术理论家伽尔维兹教授的讲演，他宏阔的学术视野和新锐的艺术观点，让中国艺术家们更加清楚地看到当前欧洲艺术发展的走向和特点，并受到诸多启发。此外他还在白天走进一个个画家的画室，对他们的创作进行具体的指点和切磋。两国艺术家和艺术理论家们还用了一个晚上进行了广泛的理论探讨。双方艺术家都认为，像武夷山这样博大与深邃的“富矿”，任何表面的写实手法都是无力的，只有在富有创意的想像中赋予作品以寓意或意象，才有可能呈现出一个不似武夷却胜似武夷的更本质的武夷。在 12 天的逗留中，德国艺术家们拿出了一个星期的时间埋头于创作。在最后那一天，他们除了选出一幅得意之作赠送给东道主收藏外，每人均拿出三四件作品参加展览。分别在一个古镇和武夷宾馆举行的展览会上，在蔚为壮观的两国艺术家的作品中，每一位艺术家都展现了自己的艺术个性和哲学视角，反映出各自的不同文化背景和人文关怀。两国艺术家中都有一部分人试图从对方的艺术传统中吸取某些有特征的艺术要素以扩展自己的表现风格，或作为捕捉异域文化特征的方式，如德国的鲍里斯伯爵和中国的王小松教授等。但一个明显的对照是，德国艺术家的作品大多比较抽象、大气、个性鲜明，在艺术的观念上他们显然比我们先走了好多年！这对中国艺术家无疑是一个激励。但中国艺术家的作品也让他们感到有文化内涵，有情趣，甚至有诗意。

从长远看，几天的创作不过是打个“草图”。两国艺术家还将聚会于莱茵河。那时他们心中的武夷山经过时间的积淀、发酵和酿造，还会有更厚重、更美的“意象武夷”问世。

（原载《人民日报》4 月 29 日，原题《意象武夷》）

雄狮的低吟与咆哮

听过贝多芬《第三交响乐》的人一般都会获得这样的印象：乐曲中那排山倒海的气势，犹如一头雄狮在狂奔，在咆哮。作曲者的性格与形象也由此而显现出来。可是不要忘记，就在这首乐曲诞生以前不久，这头“雄狮”也曾消沉过，低吟过，参观一下贝多芬在维也纳海利根施塔特的故居，就会获得这一过程的详细情况。

海利根施塔特，维也纳外城西北角的一个小区，二百年前这里还只是一个村庄，位于维也纳森林起点的卡伦山麓的丘陵地带。胸怀伟大艺术志向的贝多芬，久慕维也纳这个音乐之乡，1796 年，在他快要进入而立之年，也就是即将进入他的创作旺盛期的时候，他干脆离开德国故乡波恩，定居维也纳，他自己选择的居住地就是这个充满幽静、质朴的乡间风味的海利根施塔特。他先后搬迁过多次，但基本上没有离开过这个范围。现在这一带能找到的他的故居就有六处之多。但其中作为纪念馆保存的只有一处，这是坐落在普鲁布斯巷内的一幢二层小楼。走进大门，是一个四合院式的简易楼结构，贝多芬住在南房楼上的两间木地板套房，窗下是一座草木繁盛的小花园，约二百米外是一座丘峦，浓荫覆盖，现叫海利根施塔特公园。越过山峦，是当地一座教堂的尖塔，正高高地俯视着这里。两个房间都不大，窗子也较小。这样的住宅用现在的标准去看，是很简陋的，但它却是贝多芬生平史上一段不平凡经历的历史见证：他在这里经历了一生中最大的精神危机，在死亡边缘写下了动人的遗嘱，在这里掀起了内心风暴，顶住了命运的袭击；在这里带着"涅槃"后的崭新精神风貌，写下了宏伟的"英雄"乐章，同时孕育了"命运"与"田园"的动机。总之，这里是贝多芬一生的关键性转折点，是使平民贝多芬开始成为"乐圣"贝多芬的圣地！

贝多芬的精神危机是与他的耳疾的发生直接相关的。从1796年起，贝多芬就发现自己的耳朵开始失聪。此后情况不仅没有好转，反而每况愈下！而这时，1800年前后，正是贝多芬在音乐艺术上走向成熟与辉煌的时候，耳疾的捣乱使一个"比任何人都更需要完美的听觉能力"的人失去了听觉。一种几乎绝望的心情，使他不止一次萌发起自杀的念头。鉴于自己随时可能离开人世，1802年10月6日，贝多芬不得不给他两个兄弟立下了遗嘱。这便是欧洲音乐史上有名的"海利根施塔特遗言"。

但贝多芬终于没有自杀。这是因为在他内心，与他的绝望情绪并存的还有一个声音始终怒吼着："你的伟大艺术抱负尚未实现，你不能就此甘休！"这一内心矛盾，在他的上述遗嘱中也不难看得出来："好几次，我想了结自己的生命。只是它——艺术，才又把我拽了回来。啊，在我完成我的使命之前，我觉得我不能更早地离开这个世界。"对于他来说，就像一年前他在给他的一位朋友魏格勒的信中所说的，"除了演奏和表现艺术，没有比这更愉快的了"。那么他所说的"使命"是什么呢？可以用他此后创作的一系列杰出的乐曲来回答，其中尤其那首他当时正在酝酿的，一个以拿破仑——不，普罗米修斯那样的英雄为题材的交响乐，即后来的《英雄交响曲》。这首宏伟乐曲的诞生，可以说是贝多芬精神再生的产物；与其说它在歌颂一位英雄，毋宁说它是一位"现代普罗米修斯"式的英雄内心历险的生命体验，是作者自己的化身。

《英雄》在美学上也是一次再生：它大胆地突破了古典主义的规范，取得了浪漫主义的品格。这一革新是一次质的飞跃，是音乐发展史上的一块里程碑。从此贝多芬成为集古典派之大成，开浪漫派之先河的大师，登上音乐奥林匹斯的峰顶。

因此，贝多芬在经历“置之死地而后生”之后创作的这部《英雄交响曲》堪称真正的生命之作。它对于人类的贡献既是艺术上、美学上的，更是精神上的。尤其对于那些同样遭到过命运袭击的人来说，更具有启示意义。任何人一生中随时都有可能遭受挫折或不幸，随时都有可能面临像一支歌曲里唱的“战，还是降?”的抉择，而无数成功先例的回答都是前者。贝多芬尤其是我们的典范。

在我即将离开维也纳的 5 月 14 日上午，尽管天公不作美，我一个人依然撑着雨伞，再次来到海利根施塔特，在贝多芬的故居流连忘返。最后我坐在贝多芬的塑像旁，一口气读完刚从贝多芬纪念馆买来的那份遗嘱和所附的当时他给至友的有关的几封信。后者我第一次读到，这时我才知道，贝多芬之所以想到了死，除了考虑到他的艺术前途受到打击外，还有一个很大的苦衷，即惟恐他的这一不幸被世人，尤其被他的“为数不少的敌人”所知道。因此他先后于 1800 年 6 月 1 日、29 日和 1801 年 11 月 16 日分别写信给他的维也纳和波恩的两位笃友，要他们把他的耳聋的消息“当作一个很大的秘密”保守住，任何人都不能透露。为此，他“两年来几乎回避一切社交活动”。一个伟大灵魂的这种磨难，可惜在有的贝多芬传记作家的笔下未能得到足够的描写。也许在一个常人看来，贝多芬的上述心理是不可思议的，殊不知对于一个生理失常的人来说，却是完全真实的。不妨回想一下卡夫卡笔下那个年轻人格里高尔・萨姆沙，当他发现自己生理变态后的第一个反应是：要是公司来人如何好去见他！应当说，作者对他的主人公在特殊情境下的难堪心理把握得是非常准确的。正是在这里，当我回忆起被命运鞭打的最初那些年月时，“感觉”与贝多芬相遇了。

1995 年夏于维也纳

原载《光明日报》1995 年 8 月 16 日

莱茵河永远为她伟大的儿子歌唱

每次去德国，总要设法去一趟波恩，并不是都有什么要紧的事非去那里办理不可，也不全是莱茵河畔的这个美丽小城使我那么留恋，多半原因是这个城市的伟大儿子——乐圣贝多芬把我吸引。看到他亲手写下的那奔腾跳跃的音符，就仿佛看到他那颗狂奔怒号的灵魂、他那熊熊燃烧的生命，从而自己那本来缺乏热度和烈度的生命也被其点燃了。作为一个同样受到过命运袭击的人，我永远忘不了这个伟大的男子在面临不幸遭遇时发出的怒吼："我要扼住命运的咽咙，不让它毁灭我！"这一豪迈的声音曾经怎样振奋着我，使我发生命运的转折；他那刚直不阿的为人风范更铸造着我的灵魂。在艺术家中，恐怕很难找出第二个，把他的人格精神与艺术精神像贝多芬那样结合得如此谐调一致，把他身上所具有的力与美统一得这样密不可分。无论听他的"月光"与"黎明"、"热情"与"悲怆"，还是听他的"英雄"与"命运"、"田园"与"欢乐"，我都无法抑制自己的激动，而对作者表示五体投地。在艺术家中如果有谁值得我崇拜的话，那么，非贝多芬莫属了！很自然，当我一想到波恩，就首先想到美丽的莱茵河用她丰富的乳汁哺育出来的这位美的化身。位于波恩小街 20 号的这幢三层楼房和矗立于明斯托广场的铜像我已经拍过不少照片了，但只要我每来一次，我都要再拍一次，只有这样才能将我的灵魂，或者说我的情感与敬意融入这两座纪念物中去。

自从 1991 年去波恩起，我又发现了一件极珍贵的贝多芬纪念品——水泥雕塑贝多芬头像。她位于莱茵河畔贝多芬音乐厅前的草坪上，约三米来高。起初是出于一位使馆女士的建议，说是水泥塑造的，绝妙无比！我一听既惊奇，又疑惑：这样的伟人像用金用银铸造尚嫌不够贵重，怎么用水泥？但又一想：真正的艺术，其价值金银岂可同日而语？于是，欣然去了。第一次见到时我惊呆了。这完全是一件别出心裁的艺术杰作，近看时什么也看不出，只见凹凹凸凸的一座水泥堆，侧看则像许多卷筒纸的堆积。但五步以外却越远越逼真、越传神；正、反面各一尊塑像，一个较年轻，一个较年老。艺术家完全把握住了贝多芬的精神和气韵，通过青癯的脸庞、紧闭的嘴唇、深邃的眼睛和浓密而蓬乱的头发，把贝多芬那特有的刚毅的精神、丰富的内心世界和激越的情感表现得鲜明、生动、强烈，令人激动不已。笔者在德奥各地见过许多现存的贝多芬画像、雕像和塑像，与之相比，似乎都相形见绌，而她所用的材料却是最便宜的。从艺术创造上讲，也是一个了不起的成就，见诸许多报刊，可谓不辱使命。这件作品的诞生，不仅丰富了贝多芬纪念文物的内容，而且为波恩的市容增添了一个新景点。第一次参观是在晚上，闪光灯照相不理想，虽然后来托朋友补拍了，但毕竟不是出自自己手技，不过瘾。加上后来见到一位中国作家的观感，称其是“铜像”，大为惊讶！莫非是那天晚上我的眼睛弄错了？去年三月，选了个晴天，重新验证了我的观察，而且把这件无价的艺术杰作的四个方面都拍了，才算如愿以偿。——哦，应该记住这件作品的作者：克劳斯·卡迈里希——杜索尔多夫大学的艺术教授。

贝多芬在波恩生活了 22 年，此后就去维也纳深造，最后就定居在那里了。但贝多芬成为一个伟大作曲家，一个乐圣所应具备的一切，是波恩这座美丽的城市为他造就的，不尽的莱茵河将永远伴随着他的不朽乐曲歌唱，无休无止。

原载《中华读书报》1997 年 1 月 22 日，这里有所补充

阿尔卑斯山之骄子

——访莫扎特故乡萨尔茨堡

对于欧洲人来说，1991 年简直成了莫扎特年：当我 3 月下旬刚刚踏上德国国土的时候，离这位音乐奇才的二百周年忌日(12 月 5 日)虽还有三个季节，但各家书店的橱窗里和大学图书馆的阅览室里就已摆满了有关莫扎特的各种书籍。这种气氛更掀动起我对这位以无比的智慧陶冶着亿万人民精神情操的伟大音乐家的崇敬与怀念。

5 月下旬，我终于从慕尼黑启程去寻访莫扎特的踪迹。当列车驶近通向奥地利的德国南大门的时候，右窗外突然闪出一个巍峨的白首巨人——哦，久违了，白雪皑皑的阿尔卑斯山，欧洲的脊梁！它像门卫那样，威严而微笑着目送我过境。一出德国的南大门就是萨尔茨堡，它是阿尔卑斯的一颗掌上明珠，镶嵌在奥地利北大门的门楣上。源自阿尔卑斯山的萨尔察哈河宛如玉带，成“S”形蜿蜒穿过这个拥有十四万人口的小城，把她一分为二；一座座高悬的大桥又将两部分缝接在一起。作为一州之首府，萨尔茨堡的文化内蕴历来是十分丰富的。早在三百年前，当她还只有一万多人口的时候，她就有了大学，两座中世纪的大教堂更是吸引游人的重要景点。如今莫扎特的纪念地在这个城市数以十计，其中最主要的是两处故居：诞生地和 1773 年以后的住宅，它们一东一西，隔河相望。

莫扎特 1773 年以后的故居是一座拥有八个房间并带有一个小花园的二层楼房。他在这里虽然只住了不到九年，却谱写出为数可观的交响乐曲、套曲、谐谑曲、五首小提琴曲以及钢琴协奏曲等。

莫扎特的出生故居位于萨尔察哈河畔的"粮食胡同"东侧的九号。这是一幢建于文艺复兴初期的五层楼，莫扎特的父亲莱昂波德·莫扎特自 1747 年结婚起租了它第四层的前半部。莫扎特四岁就显露了音乐天赋，身为大主教提琴师的父亲及时发现了儿子聪慧过人，悉心培养，五岁就带他去国外见世面，在名流面前表演。慕尼黑、巴黎、米兰……都是父子常去的地方(无怪乎，莫扎特一生出游的时间竟达三千七百二十天之多!)展室里有两把小提琴颇引人注目：一把是莫扎特幼年时期练习用的，长仅 29.3公分，宽仅 16.8 公分，是名副其实的"小"提琴；另一把是他后来在音乐会上演奏时用的。当然，展室里最吸引人的是那架古钢琴和那台三角锤击钢琴：前者伴随莫扎特谱写了著名的《魔笛》等四部歌剧；后者则陪伴他在维也纳举行了多次音乐会。我凝视着这两件珍贵的乐器，仿佛隐约听到那些从莫扎特心灵深处发出的美妙的旋律，好像这位乐圣就隐身在这些键盘里面，在娓娓动听地用音符跟我说话，这时我整个身心都沉浸在一种悠然陶然的气氛里。

这个故居博物馆是 1880 年国际莫扎特基金会建立的。1917 年基金会买下了这整幢房子，后将第三层扩大为博物馆，陈列莫扎特的作品在各剧院的演出情况。1981 年又将第二层辟为临时性的专题展览室。为了给莫扎特故居提供一个文化历史背景作为衬托，人们又将第四层的后半部辟为"莫扎特时代一般市民的家庭陈设"，除了给人以历史真实感以外，还让人感到时代在进步。

离开粮食胡同，我直奔莫扎特广场，瞻仰那里的莫扎特塑像。这尊塑像从 1842 年起就矗立在这里了，迄今丝毫无损。哦，这位仅以三十五岁的英年离开人世的萨尔茨堡伟大的儿子，只见他身披一件长袍，右手握着一支笔，双眸炯炯，凝视前方，气宇轩昂！这时我仿佛看到他的脑海里翻动着无数个音符，它们正按照千万条旋律线急速地进行着美妙的组合与排列，并源源不断地输往笔端，又从笔端流散到空气中，飘逸到全世界。此刻无数莫扎特的乐曲一起冲开我记忆的闸门，在我心头竞相交响起来。

我回到桥上，凭栏俯瞰着几十米下面的萨尔察哈河。二百年来它始终这样滔滔不绝，念着莫扎特的名字，和着莫扎特的乐曲，日复一日，年复一年……我抬头眺望着阿尔卑斯山峰巅，二百年来她始终这样洁白、巍峨，举着莫扎特的名字，怀着莫扎特的英魂，日复一日，年复一年……

原载《光明日报》1991 年 12 月 3 日

瓦格纳与一位国王的奇缘

“我不爱女人，不爱父母，不爱兄弟，不爱亲戚，没有任何人让我牵挂，但是您！”

这一段撕肝裂胆的倾吐，不是对异性的示恋，也不是对同性的求欢，而是一位即位不久的21岁国王写给一位比他大32岁的艺术家的信。这位艺术家现在早已享誉世界，但当时他的名声连国界都未越出。他就是德国大音乐家兼文学家瓦格纳！

国王就是名闻遐迩的奥地利皇后茜茜公主的表弟、德国巴伐里亚王国的君主路德维希二世。十九岁时，他就因父王突然去世而匆匆被推上了王位。登基后，与其说他专心致力于治理朝政，毋宁说他一心在实现他的两大爱好和梦想：建筑与戏剧。后者就表现在他对瓦格纳歌剧的痴迷和对瓦格纳友情的超常上。这种“超常”，若以通常的逻辑去看是不可思议的：首先，瓦格纳是一位艺术革新家，他提出的歌剧理论和创作实践在当时就不是为很多人所接受，但12岁的王储路德维希一读到瓦格纳的那篇纲领性论著《未来的艺术作品》以及《未来的音乐》时，就激动不已。14岁时，他又读到瓦格纳的《歌剧与戏剧》一文，更是久久不能忘怀。他一登上宝座，就马上把瓦格纳请进宫里来，为其排练《罗恩格林》出钱出力。其次，当时的瓦格纳对统治者来说是个“危险分子”，因为他参加了 1848 年的革命，且直接参与了 1849 年的德累斯顿的武装起义。失败后，被驱逐出境，长期流亡于瑞士。作为一国之君，非但不予以严加防范，反而出高价“引狼入室”！怎不让满朝文武为其目瞪口呆？

尽管在欧洲的传统文化里，艺术家与政治家之间的地位悬殊要小得多，但政治毕竟是政治，在一个保守势力占统治地位的王朝里，这样乖舛的事情岂能持久？何况你还只是一个乳臭未干、毫无政绩的新手。所以，第二年秋天，当路德维希二世把瓦格纳请到他父亲手建的阿尔卑斯山豪华行宫逗留一周之久，人们对这位有政治“前科”的人的容忍已接近极限了！不久，国王更让瓦格纳在维也纳遭到拒绝的歌剧《特利斯坦和伊索》在王国首府慕尼黑上演，于是宫中的矛盾就公开化了。这时，刚正而“不识时务”的瓦格纳还想抗衡一下：他让国王转达他的某些政见，甚至要求撤换某些主事者。这可把整个宫廷激怒了！他们联合起来向国王下最后通牒：作为国王你是要人民的尊敬和爱戴，还是要瓦格纳的友谊？国王后退了！他不得不派人通知瓦格纳，请他暂时离开慕尼黑几个月。这对国王当然是万般痛苦的事情，第二天他马上写信向瓦格纳解释，说他受到了“退位”的威胁。但物质上的必要照顾他还是做得到的——他为瓦格纳在瑞士著名风景名胜区卢采恩的一个叫特利布兴的半岛上租了一幢别墅。

他原来恨不得把整个心都掏给瓦格纳，如今瓦格纳一走，他简直如丧考妣。1866 年春，他在一封给瓦格纳的情人考斯玛的信中抱怨说：“长期与他分离我是受不了的……我受着可怕的折磨。”他说的是实话。所以才有本文开头时的那种表达，那也是在瓦格纳走后不久写的。直到 1867 年 3 月，他还在给瓦格纳的一封信里回忆道：“在我还是孩子的时候，上天就强行将对你的神圣的兴奋之情的幼苗植入我的心田里，让它为您的作品而欣欣向荣。”在思念之情的煎熬下，他想趁瓦格纳 53 岁生日之际，把瓦格纳召回慕尼黑，却遭到瓦格纳的拒绝。于是他决心亲自去特利布兴走一遭，并且只带一名随从。可那绝不是“礼节性拜访”。他一去就是三天，在瓦格纳家里住了两夜，真是有“说不完的话。”但这一出格的私访，太有损王家尊严了，太有违宫廷礼仪了，因此在宫中引起众怒。在他回城时，甚至还有人当街唾骂他。

但与此同时，一个令人沮丧的消息悄悄传开了：国王患有精神病，而且他的弟弟奥托经诊断亦患有此病！这一来人们对路德维希二世的某些行为似乎有些理解了，也予以原谅了。而随着瓦格纳此前两部歌剧的舞台展示，人们对瓦格纳的艺术征服力也已有所领教，从而对他的戒备也不那么严格了。于是，路德维希二世又获得机会，在首府继续上演瓦格纳的歌剧。从 1867 至 1870 年，除《罗恩格林》之外，还首演了《纽伦堡的名歌手》、《瓦居尔》，特别是《尼伯龙根指环》四部曲。难怪连报界都感到惊奇，写道："这个被诽谤者和被放逐者，如今以一种不可言传的方式复辟了。"路德维希二世则兴奋异常，宣称："我亲眼看到了不朽，真的，我似乎看到了天上最最神圣的东西。"从现在看来，这位国王堪称"独具慧眼"了！

瓦格纳初到慕尼黑时，国王原拟为他在这里建造一座歌剧院，并已请人设计好了图纸。但瓦格纳也许早已意识到，慕尼黑对于他是个不祥之地，故未表示同意。1872 年在国王支持下，瓦格纳决心在巴伐里亚王国的边城贝罗伊特建造歌剧院。但他经济上很快就告急了，不得不向国王求助。这时的国王在别处也正在大兴土木，钱是很紧缺的。可为了这位"神圣的朋友"，他岂能拒绝？不仅如此，国王干脆再拿出 25 000 泰勒，把瓦格纳在贝罗伊特的家庭别墅也一并给解决了！1874 年瓦格纳举家迁到了这里，最终结束了政治流亡生活。在这里，瓦格纳开始了他的艺术大手笔：系统排练他的《尼伯龙根指环》四部曲。国王无疑又给予高度重视与支持，而且每部排练他都专程前往，以致瓦格纳也觉得这未免太过分，所以到排第四部时，他就坚决不让他去了。

路德维希二世为瓦格纳的音乐事业乃至家庭生活不断慷慨解囊。1779 年底至 1780 年冬，瓦格纳携家眷前往意大利访游了 11 个月，其间所乘豪华包车，国王就为其偿付 5 200 里拉。意大利回来后，国王为他接风，又在慕尼黑安排了三场瓦格纳的歌剧演出，即《漂泊的荷兰人》、《特利斯坦和伊索》和《罗恩格林》。第二天紧接着还上演了《帕西法尔》。可惜这一次国王迟到了，引起瓦格纳的不悦。但这是两位忘年交最后一次晤面。

两人曾不止一次闹过别扭，但双方似乎都没有往心里去。从国王这方面说，他实在太崇拜瓦格纳了，把他视为乐圣。从瓦格纳那方面说，他从国王那里得到的实惠实在不少！正如瓦格纳自己所说的，他那些重要歌剧如果没有国王的鼎力相助而能得到排练是无法想像的。因此他认为，国王是他的作品创作的“参与者”。经济上，国王先后为其支出25万马克之巨。生活上也由于国王的“无心插柳”，使他得到一位完美的妻子，这就是著名作曲家、钢琴家李斯特之女考斯玛。1883年2月，瓦格纳在威尼斯逝世，国王受到重大打击，直呼：“太可怕了！太可怕了！”他要求让他一个人待着。但他同时也自豪地说：“全世界都在哀悼这位艺术家。而我首先发现了他，并为世界拯救了他。”

路德维希二世在瓦格纳身上所倾注的热情和心血远不止这些，他的最大的惊人之举是在阿尔卑斯山山崖上为他和瓦格纳的友谊建造了一座建筑纪念碑——一座宏伟的城堡，即“新天鹅石堡”。这座以新浪漫主义风格修建的欧洲骑士古堡耸立在一条深涧的悬崖上，它以一塔为主、数塔相护的风姿，与周围旖旎的风光融为一体，被许多人称为“欧洲最美的古堡”。早在1868年5月，还在瓦格纳悄悄“复辟”的时候，国王就向他透露，要“为神圣的朋友建造一座荣誉殿堂”。工程是从1869年奠基的，直到1886年国王去世尚未完全竣工。不过国王的最后日子是在这里度过的，而且也是从这里被他叔父用武力赶了出来，导致他第二天去投湖身亡的(才41岁)。现在参观这座建筑，看到的依然是当年的原貌。尤其是宫内各主要厅室的装饰都是以瓦格纳当时已上演过的歌剧主要场景为内容的。例如，在宝座厅看到的是《帕西伐尔》中的“圣庙”图像；在国王卧室里展示的是《罗恩格林》中的洞房图像；在歌唱厅出现的则是《唐豪瑟》中的舞台图景……可是当年瓦格纳自己从未到这个地方去过。

不管如何，这座“新天鹅石堡”今天成了德国最热门的旅游景点之一，有关它的故事和图片到处出现在书店、书摊和图书馆里。路德维希二世当年那些一再让人瞠目结舌的举动，今天正为他的德国子孙带来滚滚财源，而他与瓦格纳的这段不同寻常的奇缘也被越来越多的人们所传诵。

原载《文汇报》2003年8月24日

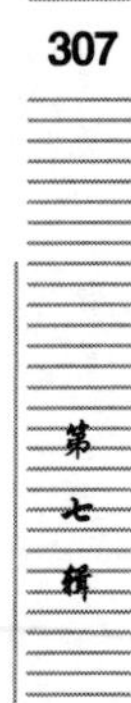

金色大厅能酬维也纳歌剧院？

维也纳，这座欧洲文化名城，凡是文化人，无不心向往之；如果是懂音乐或爱好音乐的，更要梦寐以求了：几个世纪以来，她不断萌生着世界上最动人的旋律，不断吸引着人类最杰出的音乐天才来这里谱写他们音乐生涯中最辉煌的“华彩乐段”，从海顿、莫扎特、贝多芬、舒伯特到勋伯格、贝尔格、艾内姆、卡拉扬……而维也纳这一丰富而辉煌的音乐文化的最高体现便是维也纳国家歌剧院。

因此，1981 年，当我第一次去德国考察，就想顺便去维也纳感受一番那浓厚的音乐文化气氛：在那些大师们的塑像旁站一站，在他们的故居或博物馆里流连一番，特别是在她那驰名世界的歌剧院里观赏一出歌剧，那可是最高的审美享受了。然而天不从人愿，我未能成行。一等就是 10 年！第二次去联邦德国期间，我终于实现了去维也纳的夙愿，然而想不到看歌剧的心愿，又未能如愿以偿。原来，朝拜这个音乐圣地，不仅心要诚，还须有运气，因为她并不是每天都有节目上演的。这回就正遇上了间隙。真是倒霉！幸好，剧院为所有的“倒霉人”准备了另外一种补偿——购票参观剧场。

但这种补偿，好比让我喝了一壶甜酒，与其说解了渴，不如说更发渴。在之后的日子里，每当我想起维也纳国家歌剧院，想起她那宏大的身躯和她里里外外那许多具体的情节，唯独没有看到她生命中的精髓——舞台上的歌剧表演，一种“壮志难酬”的感慨油然而生。

一晃四年过去，今年我又有机会去维也纳（参加一个国际学术讨论会），先前的愿望又萌发出来。听说一张有座位的票至少 1 000 先令（约合 100 美元），我则作了五倍的准备。开完会后，应一个朋友的邀请，我去奥地利第二大城市格拉兹去访问几天，行前委托我的维也纳朋友替我买一张座位好的歌剧票——不惜代价！那时我心目中的这个“代价”最高是 3 000先令。等我回到维也纳时，这位朋友不无抱歉地对我说：“很遗憾，大歌剧院这几天上演《托斯卡》，但坐票早就卖完了，只剩下站票；但看站票是学生们的事，与你的身份不合适。”当她看出我的失望情绪后，马上补充说：“不过你别伤心，我将要送一个礼物给你，相信能够补偿你的遗憾。”我想，有什么物质的东西能补偿我的精神追求？她马上接着说：“我送你一张音乐会的票，后天在小歌剧院里演出，指挥很有名。”我接过门票一看，450 先令，不便宜；再一看，还是 Balkon（楼座），不禁心里一沉。但想到“小歌剧院”就是那有名的“金色大厅”，就是每年元旦奥地利电视台向全世界播放“新年音乐会”的所在，心中立刻又开朗起来。

走进剧场，差点没“哇……”的一声喊出来，狭长的大厅，只见灯火通明，上下左右名副其实的金碧辉煌。这是一座典型的法国古典主义建筑，结构非常精巧、规整、典雅。这天上演的是韦奥蒂的“小提琴协奏曲”，作品第 22 号和罗西尼的“荣耀弥撒曲”。指挥左手提着一把提琴，不时用它来独奏或加入协奏，别有一番风味。

散场后，我喜气洋洋地离开了“金色大厅”，边谈论着演出的观感，边上了回住处的有轨电车。当电车沿着一环路一站又一站向前行驶时，车外忽然闪出一个巨大的熟悉的身影，我朝外一看，哦，是大歌剧院。不禁脱口而出：“唉，壮志难酬啊！”

原载《中国文化报》1995 年 7 月 28 日

原题《壮志难酬》

纳粹魔爪下的现代艺术

我先后两次观看了曾获奥斯卡大奖的德国影片《辛德勒的名单》,每次看后都久久不能平静。影片主人公辛德勒—— 一个历史上真实的人物,作为工厂主,他本来可挣更多的钱;作为纳粹党员,他本来可在政坛上飞黄腾达。然而法西斯屠杀犹太人的令人发指的暴行,唤醒了他内心中人性的觉醒,于是他把自己经营的工厂,从赚钱的买卖变成"赔钱"的买卖,从虎口中抢救生灵,使一千多犹太人死里逃生,而他却变成了一文不名的穷光蛋。至于他在这过程中怎样冒着生命危险,经历了多少担惊受怕的关口,且不去说。

这部影片至少说明了这样两个事实:首先,被希特勒法西斯网罗到其羽翼下的人并非每个人都丧尽了天良。由于这一点,法西斯的魔王们只能得势于一时,而不能得逞于永远。其次,失去人性的法西斯分子却依然保持着另一种人性,即对金钱的贪欲。这一点也决定了纳粹所标榜的"民族社会主义"最终要被戳破。因此看了《辛德勒的名单》后使我联想起几年前在德国慕尼黑的一个绘画展览。展览是在慕尼黑的当代艺术博物馆举办的，展出的多是德国现代派的绘画，主要的是表现主义时期的作品，我数了一下，共有32幅，几乎都出自名家之手。如：柯柯施卡的《流亡者》、霍弗的《大型嘉年华会》、康定斯基的《灰色形式》、海克尔的《海边二裸女》……

参观者络绎不绝。人们赞赏着、议论着；不仅是因为名家效应，还由于它们也有一段"死里逃生"的遭遇。希特勒统治时期，本质上极右的纳粹党，有些理论观点却也"左"得可爱，他们视现代派作品为"伤风败俗"、"堕落艺术"，凡被发现者，一律没收。于是上述作品落入了法西斯的魔爪。但是，这些人类高级智慧的产物，怎能忍看它们任法西斯暴徒们的野蛮糟蹋以至毁灭？一对名叫弗恩的夫妇毅然挺身而出，不惜拿出一笔巨款，与法西斯当局周旋，一件一件进行讨价还价，有的用3 500马克赎回，如《流亡者》；有的以3 000马克成交，如《大型嘉年华会》。就这样，上述32件作品一一从法西斯魔爪下脱险。

这一绘画展览可以说是一部艺术的"虎口抢生记"。被抢出的不仅仅是这些作品本身，更重要的是保护了现代艺术的灵魂，从而维护了现代艺术的尊严和价值。弗恩夫妇的这一抢险行动不啻是人性与兽性的抗争，智慧与愚蠢的较量，某种意义上也可以说是文明与愚昧的冲突。无怪乎参观者们一个个以感激和钦佩的目光看着贴在墙上的这对已故夫妇的德文名字：Sofie und Manuel Fohn，1881—1961。

但在我的心中，也许比上述一般的参观者要多一层感触。我想，在"文革"中，如果我们的同胞面对那些破坏文化、焚烧图书、掳掠艺术珍品的野蛮行为，也有人像辛德勒或弗恩夫妇那样出来抢救该多好啊，这至少能让人感到民族的欣慰。遗憾的是我自己那时也没能例外：我曾眼看着一位老教授的一件心爱的艺术纪念品被人砸碎，我虽感到惋惜，却没有勇气加以制止，致使那位老教授至死都为那件纪念品的丧失感到痛惜。我也至今为那时的怯懦感到羞愧和内疚，写了上述事例以后尤其如此。

原载《文学报》1995年8月17日

原题《虎口抢生》

观赏芭蕾《奥涅金》引起的怀念

享誉欧美的德国巴伐利亚芭蕾舞团在京、沪的表演已落下帷幕。三幕六场大型芭蕾舞剧《奥涅金》文学上源于普希金的同名长篇叙事诗，写成于 1830 年，半个世纪后由柴可夫斯基改编成歌剧，1965 年杰出的英籍芭蕾艺术家克兰科又把它改编成同名芭蕾舞剧。三部不同形式的作品均围绕两对上流社会的男女青年的爱情悲剧，塑造了四个个性鲜明、光彩照人的人物形象：生性孤傲的“多余人”奥涅金，美丽而富幻想的少女达吉娅娜，她的天真烂漫的妹妹奥尔佳及其正直的男友、最后死于同奥涅金决斗枪下的诗人连斯基。舞剧运用芭蕾特有的语汇把原作的中心情节交代得十分清楚而简约，对上述四个主要人物特别是奥涅金和达吉娅娜的性格特征刻画得相当细腻、生动，又表现得非常粗犷、强烈，舞台上充满青春活力。加上演员的高超而娴熟的技艺，仿佛给人物插上了翅膀，或跃或劈，或托或转；无论造型还是翩跹，无不轻盈潇洒，极具美的魅力。

按类型区分,《奥》剧属于戏剧芭蕾,这不仅表现在情节的提炼上,也表现在表演的方式上。一般的古典芭蕾注重的是技巧的呈现,程式化的东西较多,情感性的成分很少(所以像拥抱、接吻一类动作仅是表意性的)。有时还"节外生枝",插入一些与剧情无关的舞蹈老套,令人感到冗繁。《奥》剧则大力摒除程式化的传统俗套,其舞蹈动作与队形变化紧扣剧情发展。演员的表演也"进入角色"(接吻、拥抱都是切实的)。这样,这台演出不仅做到了古典芭蕾所追求的"凭技悦人"的目的,而且收到了"以情感人"的效果。

音乐显然起了"锦上添花"的作用。柴可夫斯基的乐曲本身就具有曲调优美、色彩丰富而绚丽、情感浓烈的特点。但芭蕾《奥》剧的音乐改编者施托尔策没有搬用柴可夫斯基的同名歌剧的乐曲,而根据主要人物性格的特点和剧情发展的要求,选择了柴氏其他一些结构较简单的短小乐曲的主旋律,配以必要和声,连缀成有别于一般芭蕾舞曲结构原理的大型舞曲,它比柴氏那些经典舞曲更趋室内化。由于剧情主要是通过几个主角得以体现的,所以改编者在改写成管弦乐的时候,既照顾到柴可夫斯基音乐芭蕾的总体特点,又避免了太多的齐奏。从演出实践看,施托尔策的这一音乐构思和处理方法是恰到好处的。他严格遵循了音乐在芭蕾舞中的从属地位,又最大限度地发挥了音乐对舞蹈所起的能动而有力的衬托作用。

这台演出是独具一格、非同凡响的,它将文学中的民俗风情、戏剧中的表演情趣、音乐中的多彩旋律与芭蕾中的浪漫激情熔于一炉,天衣无缝地糅合成既高雅华美,又通俗易懂的舞剧,不愧为"20世纪最杰出的古典芭蕾舞剧之一"。这一非凡成就自然应归功于以维尔农女士为首的巴伐利亚芭蕾舞团的独创精神,特别要感谢已故编剧克兰科的不朽功勋。自1961年至1973年逝世,他先后被聘任为德国斯图加特国家芭蕾舞团的团长和巴伐利亚国家芭蕾舞团的首席编导,很快使这两支芭蕾队伍人才辈出,声誉日著,跻入世界第一流芭蕾团体的行列,从而使德国年轻的芭蕾艺术迅速赶上国际水平。克兰科因此被誉为"德国芭蕾之父"。

原载《人民日报》1995年6月25日

原题《从文学到芭蕾》

看着她迅速崛起

——再听谢亚鸥弹奏钢琴

谢亚鸥这个名字最初是从女儿那里听到的，当时她们都在斯图加特求学。亚鸥就读于那里的国立音乐学院钢琴系，获“艺术家文凭”。接着她又去柏林艺术大学深造，取得“演奏家文凭”（相当于博士学位）。完成学业那一年，即2002年，适值我在柏林做访问学者，所住的房子是一座带有花园的大宅子，宽阔的客厅里有一架像样的钢琴。征得房东的同意，我以长辈的身份，不止一次把亚鸥请来，让她弹给我听听。第一次因为只有我一个听众，她很放松，弹得相当自如，一口气弹了十来首：克莱门蒂、德彪西、勋伯格、梅西安、贝多芬……，最后压轴的是李斯特的《但丁奏鸣曲》。只见她身子猛烈摆动，十指在键盘上飞快跳跃，弹得如痴如醉。当她击响最后一个音符时，我不由得喊出声来！想不到这个不露任何锋芒的朴实女孩，却具有这样灵敏的领悟天赋、饱满的浪漫激情和娴熟的演奏技巧，把但丁《神曲·地狱篇》中那深邃、浑宏的意蕴借助李斯特的旋律表现得淋漓尽致，我不由得对她刮目相看了!

有了演奏家资格的亚鸥,外出演奏的频率日益提高:今天意大利,明天法兰西……真是马不停蹄,足迹遍及欧、亚许多国家,并且博得普遍的赞誉,评论界称她为"具有特殊的敏感的钢琴家"、"在钢琴面前的灵秀大师"。她具有"强烈的个性,能创造一种使人着魔的气氛"。"每当听她演奏,都被她精湛的技艺和超群的乐感所打动"。"各种不同风格和形式的音乐,谢亚鸥都把握自如"。而在各种评语中,法国钢琴大师艾尔费尔无疑是最中肯也是最具权威的:"谢亚鸥有那种罕见的才能,就是能将自己完全融合进出自不同时代背景和文化背景的作曲家的风格里去,从巴赫、莫扎特到梅西安、贝里奥……更不用提她精湛的技巧,因为她一开始演奏,就让人忘掉技巧的存在。在年轻的演奏家身上,我很少见到在完善的技巧和丰富的感情之间达到如此完美的平衡。"……这次她在台湾、香港和北京中央音乐学院的演出,尤其是本月 11 日她与享誉中外的中国交响乐团合作,在国图音乐厅演出现代音乐的奠基者之一斯特拉文斯基的《随想曲》和拉威尔的《左手钢琴协奏曲》,更崭露了她作为成熟的演奏家的风采,表明她无论对传统音乐奥蕴还是对现代音乐语汇都有着极好的领悟禀赋,获得满场观众的热烈喝彩。

亚鸥的迅速成才不是偶然的,除了她自己的良好天赋和刻苦努力外,有许多有利因素,其中良好的家庭教育就是很重要的因素。父母都是音乐人,尤其是长期担任学校钢琴教师的母亲,对她自幼就悉心教弹钢琴,使她 11 岁起就先后考入中央音乐学院附小和附中,师从赵屏国教授(这次她在京的两场演出就是献给她的这位恩师 70 大寿的)。考入上海音乐学院后,又先后师从李名强和林尔跃教授。在欧洲深造期间,更受多名名师教导和指点,使她对各个时期不同风格和流派的音乐语汇有了广泛的了解,尤其对 20 世纪的钢琴文献产生了浓厚的兴趣。无怪乎,早在 1987 年在上海的"中西杯"国际钢琴比赛中,谢亚鸥就获得了钢琴演奏特别奖;出国后多次在国际比赛中获奖,如梅西安钢琴比赛、奥尔良 20 世纪钢琴比赛(Orléans Concours XXéme Siécle)和西班牙哈恩大奖赛(Premio Jaén)等,因其对李斯特、德彪西和勋伯格等人作品的出色阐释而获得特别奖。特别是今年 3 月她在法国著名的奥尔良 20 世纪钢琴比赛中获得了三个主要奖项,堪称她演奏艺术不断长进的里程碑。近年来,她频频在柏林爱乐大厅、柏林音乐厅、巴黎音乐城、巴黎科托音乐厅、香港文化中心、北京音乐厅和上海音乐厅等国际音乐中心登台。在国外站稳了脚跟的她，现在又开始致力于把外国的重要作品介绍到国内，在国内第一次演奏了克拉姆、贝里奥和拉赫曼等人的钢琴作品，同时把多位中国音乐家的钢琴作品介绍到国外。

小小年纪，在就学期间就获得这么多的荣誉，显然是不简单的。这里要又一次提到她的母亲了！母亲陈雪筠是一位对钢琴有着执著追求的教育家，她不仅成功地培养大女儿亚鸥出了道，而且还让小女儿也步了姐姐的后尘。这位妹妹在斯图加特亚鸥就读过的音乐学院顺利地拿到了“艺术家文凭”以后，两年前又考入了慕尼黑音乐学院“大师班”继续深造，不久便可获得文凭。姐妹俩将应台湾 NTSO 乐队的邀请，去那里联袂演奏双钢琴协奏曲。我们有信心期望，国际乐坛上不久就将绽放出一对绚丽的谢氏姐妹花。此刻，哺育她俩成长又培养她俩成才的这位钢琴妈妈该是多么欣慰啊！

原载《光明日报》2004 年 12 月 17 日

第八辑

追寻包豪斯的足迹

“包豪斯”是一座建筑学院，也是一个建筑学派，更是一种艺术精神。作为学派和学院，她存在不到15年，但作为精神，她是永恒的！正因为如此，她成了现代主义建筑的奠基者，揭开了世界现代建筑史崭新的一页。无怪乎，近年来被联合国教科文组织确定的几个最年轻的建筑遗产中，就有包豪斯的丰碑——位于德国小城德梢的包豪斯教学楼。

“包豪斯”是德文Bauhaus的音译，意译为“建筑之家”；也有人认为应该把这个由Bau（建筑）和Haus（房屋）构成的复合词倒过来重新复合，变成Hausbao（房屋建筑）予以理解。但作为一个术语，它是不能拆卸的。何况这个Bauhaus具有双重含义：她既是一个从事建筑教育的学府，又是一个建筑同仁们的“家”。

笔者早在60年代前期即接触到“包豪斯”这个术语，但没有细究它的涵义。直到80年代对建筑美学发生兴趣，才对它有所了解，并引起重视，很想去实地感受一番。两德统一后的1991年，这一愿望终于如愿以偿。

那年我有赴德学术考察半年的机会，期间我用了两周的时间访问了位于原东德的欧洲历史文化名城魏玛，这是德国两位大文豪歌德、席勒成气候的地方，也是包豪斯的滥觞。

这个滥觞的所在地就是至今仍完好无损的“魏玛建筑学院”，一幢长长的四层坡顶建筑即是她的全部教学楼。在19世纪下半叶，以美学变革为主旨的欧洲现代主义建筑思潮开始兴起，它在这个学校也引起反响。该校的前身为“魏玛实用美术学校”，系20世纪初由多才多艺的“青年风格”的领袖人物亨利·凡·得·韦尔德所创办。这位来自比利时的艺术家和理论家是一位富有革新精神的人物。他的学生中就有瓦尔特·格罗皮乌斯(Walter Gropius，1883—1969)。格罗皮乌斯是一位具有社会理想的艺术革新家。他在1915年回到这里，并于1919年当了工艺美校的校长。作为建筑设计师，他追求功能的合理性与形式的新颖性；作为美术教育家，他主张建筑与工艺相结合；建筑师不仅设计房屋，还要为工业的批量生产设计生活用品；建筑师不仅会技术，还得懂艺术，以使建筑成为各门艺术的综合体现；学生必须手脑并用，既会设计，又会制作，因此教学要与生产实践相结合。为此，他于1919年把自己管辖的实用美术学校与魏玛美术学院合并，成为“公立包豪斯学院”(Staatliches Baohaus)。当时正处于德、奥表现主义运动的后期，参与这个运动的文学艺术家的大多数思想都比较激进，要求改变旧习，追求新风。因此在格罗皮乌斯周围集合起一批当时第一流的新锐艺术家，包括华西里·康丁斯基(他于1922年受聘直到最后)、保尔·克利、密斯·凡·得罗、奥斯卡·施莱默、希尔波斯海默、马采尔·勃劳伊尔、约瑟夫·阿尔贝斯、赫贝尔特·巴耶尔、尤斯特·施密特等大师级人物。他们中既有建筑设计家、装饰设计家，也有画家、雕塑家，乃至色彩学家等等，他们在现代艺术史上都占有重要席位。

然而包豪斯的同仁们也不是铁板一块。她的激进思潮也受到内部逐渐强大起来的右翼思潮的有力狙击，加上依靠本身的设计来维持生计的办法也难以为继，这个学院不得不于1925年3月31日宣告解散。这是包豪斯的第一阶段，即魏玛阶段，是与表现主义运动相呼应的意气风发、激情澎湃的时期。作为博物馆，现在这座教学楼通过图片和实物，展现当年“包豪斯”在这里反对复古、求新创新的追求以及学生实习的场景。看了摆满学生们设计并制作的款式不俗的家具、炊具……的工场，思绪一下闪回到当年我们这一代人经历过的“教育与生产劳动相结合”的年代，历史竟然发生了这样的“惊人相似之处”，令人惊奇，也发人深省。

正当“包豪斯”的艺术精英们陷入困境的时候，从位于易北河畔的又一个历史文化古城德梢传来了佳音：该市的社会民主党在选举中获胜，新上任的市长弗利茨·黑塞先生想必与“包豪斯”的政治倾向一致，故他表示，如果“包豪斯”同仁们愿意，可以立即迁往该市，甚至可以得到一座完整的校舍(包括七位大师的住宅)。这岂不是“正要过渡而船来”？于是，格罗皮乌斯亲自设计的划时代的“包豪斯”教学楼就这样于 1926 年应运而生了！天意使然也。

尽管现代型的建筑已经见得不少了，但当笔者走近“包豪斯”校舍的时候，还是感受到一种视觉的冲击：首先是教学楼的外部造型显得那么简洁、大方、明快。再看整个校舍楼群的各部分结构显得那么合理而别致；它们各自的不对称构图却达到大整体的统一与谐调，可以说，设计者把他的功能意识和审美意识都发挥到极致。正如有关辞书上所概括的：这“是一个多方向、多立面、多体量、多轴线、多入口的建筑”，不愧是现代建筑的杰出典范，对 20 世纪以来的建筑产生深远影响。

虽然“包豪斯”校舍自 20 世纪 70 年代以来就作为文物保留了，但房屋仍然作为学校使用着。我想拜访一下校长先生，请他谈谈学校的今昔和今后。可惜那是一个周六的下午，校长根本没有来。他的一位秘书接待了我。互相交谈了半个多小时后，他强调，两德统一了，现在学校正面临着改革，具体方案还没有出来，前景如何，他也不知道。接着他领我参观了几个展室。在一个展室里，一台轻便的机器正伸展着它的长臂在自动描图；在另一个展室里，无人操作的机器正在做一种非常绚丽的色彩实验；在一个家具设计展室里，一张轻巧、简洁而别致的金属片椅子让我眼睛一亮。我前后左右欣赏着，流连忘返。后来知道，这张椅子原来是格罗皮乌斯主政时期在工艺美术设计方面的一个标本！所见的这一切向我传递着一个共同的信息：当年的“包豪斯”确实是一群极富创意的、追求实用而美观的艺术革新家，令人肃然起敬。

原来，“包豪斯”迁往德梢后，画家兼雕塑家施莱默的建筑理念进入格罗皮乌斯的视野，即以实用为主要目标，追求功能合理而形式优美的标准化设计，学校因此改名为“设计学院”。从此开始了“包豪斯”的第二时期。

照理这应该是一个稳定和繁盛时期。然而时运不佳：随着德国政治上的右翼势力在1924年选举中的获胜，美学上的表现主义运动也于这一年宣告最后结束，格罗皮乌斯等人着眼于平民的社会意识和艺术革新的努力为这一形势所不容，艰难地坚持了三年后，不得不于1928年3月31日宣告退位。随着新院长汉尼斯·迈耶尔的上任，“包豪斯”进入第三时期，即放弃艺术革新时期。这位新院长厌恶任何唯美的努力，只顾追求经济效益。经济的确上升了，但“包豪斯”从一种美学现象变成了一种社会现象。不过他在其他方面也取得了成绩：《包豪斯》期刊在匈牙利作家卡莱的主持下取得了国际影响；请来了著名建筑师希尔贝斯海默，讲课备受欢迎，而且还因此创了收；期待已久的摄影厂也建了起来。然而由于迈耶尔放弃了美学追求，使得像康丁斯基、克利、施莱默这样一些大艺术家“大材小用”，只上一些基础课。原来的所谓“缪斯课”、“缪斯房”这类追求和口号对他们都成了嘲弄，因而人才开始流失。同时意识形态的矛盾也日益紧张。最后在康丁斯基的力促下，迈耶尔也不得不于1932年下台。根据格罗皮乌斯的推荐，又一位国际大师——密斯·凡·得·罗接替了他，“包豪斯”从此进入第四时期，也是最后一个时期。罗院长针对右翼势力对学生的煽动，首先设法使学校“非政治化”。这位“少即是多”的建筑理论的倡导者，在有关同行的支持下，力求将“包豪斯”建成为一座“纯建筑学院”。但在要不要继续坚持“缪斯课”的问题上，他与康丁斯基之间发生了冲突。不过这不构成对“包豪斯”的威胁。主要威胁始终来自政治方面。由于“包豪斯”面向大众的社会倾向，她一直是右翼势力的眼中钉。1931年，法西斯色彩日益明显的右翼势力终于以多数席位控制了德梢市议会。鉴于日盛一日的政治压力，翌年即1932年夏天，“包豪斯”的中坚们不得不宣告结束在德梢的教学与研究，不久电话车间被当局接管，他们无奈地离开德梢，迁往柏林。然而这只是权宜之计。几个月后希特勒即上了台，上台后第二个月即1933年4月，盖世太保就查抄了德梢的“包豪斯”。同年7月19日教师委员会悲愤地作出决定：关闭“包豪斯”！

“包豪斯”作为一个团体从此解体了，但她的精神不死！“包豪斯”的同仁们大多数流亡到当时比较安全的美国，包括格罗皮乌斯（在哈佛大学）、密斯·凡·得·罗（在芝加哥依利诺伊技术学院）等。他们在不同的城市、不同的部门，但仍然从事本行的工作，而且依然坚持原来的理念和革新精神，在建筑界和学生中继续传播。有的（如拉兹罗・莫霍利-纳吉）还在芝加哥建立了“新包豪斯”（后称“设计学校”）。有的（如马克斯・比尔）二战后甚至还在德国乌尔木作了恢复“包豪斯”的努力（1955—1969）。

但比尔的努力未能持久。这是不难理解的：任何学派或流派都是特定时代的产物。时代变了，必须有新的思维和模式去适应它，重复前人的老路是不会有前途的。1968—1969年的欧洲学生运动文化上标志着“后现代”的兴起，一个世纪的现代主义突然被置于“重新审视”的“后现代”的语境之下，“包豪斯”自然不能例外。事实上20世纪70年代人们就对“包豪斯”的某些理论和实践提出质疑，主要是“包豪斯”的标准化、模式化的设计思路导致建筑的千篇一律。这个批评无疑是对的。但如果你问一问当年“包豪斯”提出这个主张的历史背景，也许你又会认为当年的“包豪斯”是对的。因为一战以后，欧洲经济普遍萧条和衰退，尤其是作为挑战国和战败国的德国，老百姓缺房现象相当严重。像“包豪斯”这样的具有社会责任意识的建筑学派自然要考虑如何更快、更便宜地满足大众的要求，而按标准化预制构件的方法建造房子，确实是达到这一目的的最佳选择。但时过境迁，半个世纪以后，经过20年的“经济奇迹”，那样的千篇一律的“标准房”遭到厌弃，也是合乎逻辑的。

无疑，“包豪斯”是值得学习的，也是可以超越的。我们看重的不应是她的具体理论和方法，而是她的基本精神，那种根据需要讲求合理追求审美的人性化精神。因此在新的时代条件下，恢复“包豪斯”是不太必要的，而完整地、妥善地保存她的遗产则是更有价值。正是在这个意义上，二战后一些与“包豪斯”有关的有识之士做了大量努力。首先是**H. M.**温克勒于1960年在德国达尔姆施塔特建立了“包豪斯博物馆”，1971年迁往柏林。1979年按照格罗皮乌斯的生前计划，在原西柏林的动物园附近盖了新馆，称“包豪斯档案馆”，负责收集并展出“包豪斯”自1919年至1933年活动的全部资料以及19世纪以来的历史资料。其中除了某些建筑模型和“包豪斯”设计的工艺品、日用品等实物外，还有许多“包豪斯”的建筑师和画家的绘画与建筑速写，参观者依然能看到德梢见到过的那些绚丽色彩的展示。影像馆里不停地播映着各种资料，包括包豪斯缔造者们生前的活动。该馆还包括一个藏有12 000册书籍的图书馆。档案馆的房子低矮而简洁，毫无装饰，体现了“包豪斯”的风格，其造型有如一册册卷宗排列的意象。

看完包豪斯的这三处遗迹以后，脑子里一直盘旋着一个问题：现在建筑界还有人像包豪斯的同仁们那样把社会与美学结合起来进行追求的建筑艺术家吗?

2007 年仲秋

从贺府别墅看德国人的建筑智慧

最近，德国贺府别墅公司首次来中国举办展览并参加“人本主义建筑论坛”，引起观众和与会者的兴趣。这家公司追求“以人为中心”的建筑理念，以木头和玻璃两种材料，积木式的造型原则，设计出一种既传统又现代、款式新颖的别墅型住宅，在形形色色的欧洲别墅中独树一帜，表现了德国人固有的独创性建筑智慧。

德意志民族不愧是伟大的民族！她不仅在物质财富方面表现了高度的创造能力，而且在精神财富方面也表现了非凡的智慧：哲学、美学、音乐、文学、宗教等方面的突出成就，都是人所共知的。而作为物质财富与精神财富的共同体现的建筑亦不例外，这方面，她也堪称欧洲的佼佼者之一：如果说，欧洲古代建筑的摇篮在希腊，那么世界现代建筑的滥觞在德国。德国是现代建筑的创始者包豪斯(Bauhaus)学派的诞生地。包豪斯学派的领军人物是瓦尔特·格罗皮乌斯(Walter Grupius)，他是世界现代建筑史上奠基性的人物。如今以包豪斯学院教学楼为发端和标志的现代建筑在全世界铺天盖地。无怪乎,这座位于德梢(Dessau)的教学楼(建成于 1926 年)现在已被联合国教科文组织(UNESCO)确认为"人类遗产"。这标志着德意志民族的现代智慧对人类作出的重要贡献。

德国人在建筑方面对人类所作的贡献岂止是现代建筑?在联合国设立的"人类遗产名录"上,属于德国的项目和四大文明古国之一的中国几乎一样多,达到 30 项!其中大部分都是古代建筑。在这个名单上,欧洲建筑的三顶王冠——教堂、宫殿和古堡占有显著地位。像欧洲哥特式建筑代表作之一科隆大教堂、巴罗克代表作之一维尔茨堡王宫和洛珂珂建筑代表作波茨坦的逍遥宫、马丁·路德曾避过难的古堡瓦尔特堡(Walterburg)等,都是举世公认的建筑奇观。此外,德国人还在住宅建筑方面创造了一种别具一格的房屋,那就是散见于德国各地小城镇的"桁架建筑"(Fachwerkbau),尤以西南部的施瓦本地区为典型。现在德国的这一建筑遗产也已被联合国列入"世界遗产名录",这充分说明这种建筑的珍贵价值。

桁架建筑之所以珍贵,就在于它是木构建筑。我们知道,世界上的建筑若从形式上划分主要是两类:一类主要是用石头建造的,叫"石构建筑";一类主要是用木头建造的,叫"木构建筑"。前者以欧洲为主,遍及美洲、澳洲、非洲以及亚洲大部,后者则以东亚尤其是中国为主。自从 19 世纪出现了崭新的建筑材料如钢筋、水泥、玻璃等以后,石头很快被这些"新贵"所取代。建筑发生了革命性的变化,取得了巨大的进步。但同时也带来明显的弊端:许多城市变成了"水泥森林"。二战后,随着"后现代"文化思潮的兴起,人们在反思现代建筑崛起的一个多世纪以来的得失时,发现现代主义运动过程中,传统的东西丢失得太多了!冷冰冰的水泥不能让人感到温馨,而温暖的木头倒更亲近人性。这时,桁架建筑的命运自然就时来运转了!它受到联合国教科文组织的关注就是一个重要信号。早在 30 多年前,人们就在呼吁保护桁架建筑,就像现在我们这里正在呼吁保护有历史文化价值的古城、古村镇一样。

桁架建筑的优越性是显而易见的:它的整个"骨架"由木头构成,而木头"生前"就以绿色生命体的形式与人类发生着亲密的关系。现在它作为有过生命的有机体仍然充当着人与自然的天然媒介,无论冬寒夏暑,都不拒绝人类去触摸它,并取代了石构建筑的笨重而昂贵的承重墙,承载着房屋的全部重量，一旦发生地震，也比石头或钢筋水泥安全得多。木头具有吸水与排湿、吸热与散热的性能，一定程度上能够调节室内的温度与湿度。梁柱的桁架结构在建造过程中要比砖石结构方便得多，空间分割容易得多，造价也低廉得多。

桁架建筑不仅具有蕴含着更多人文内涵的实用功能，而且富有很高的审美价值：陡峭的坡屋顶和翼角富有动势，这与中国传统建筑那“如鸟斯革(jì)”(像鸟那样扑打着翅膀，急欲腾飞)，“如翚(huī)斯飞”(像羽毛美丽的鸟那样飞翔)的特点十分相似。桁架的外缘与外墙融合在一起，以褐色的、尺寸相同的梁柱和木条为几何“线条”在墙上“画”出矩形或“米”字形的框框，使整面墙壁成为美观的图案。坡屋顶的屋檐挑出一部分，令人想起人类远古曾经住过的茅棚的状貌。

之所以要用这么些的篇幅先讲这些内容，因为本文要讲的核心主题(即“贺府别墅的独创性与优越性”)是与此密切相关的。这就是说，贺府别墅的建筑形式和风格是与德国这种传统的木构建筑的住宅一脉相承的，又是对这种建筑样式和质量的明显改进和提升。它在新的时代条件下，在主要使用木材的基础上，加上现代建筑材料中的“香饽饽”——玻璃，使传统建筑焕然一新，可谓“涅槃”了的“凤凰”。这只新“凤凰”——贺府别墅更符合现代人的居住理念，即德国存在哲学家海德格尔倡导的“诗意的栖居”。其核心的内涵就是与周围环境融为一体，以便在人与自然之间建立一种合理的和谐关系。而这一目的是通过敞开型的木质结构和玻璃透墙达到的。它既新颖别致，又实用、美观，做到功能与审美的美妙统一，保持着与传统之间的血缘关系。而且根据用户不同的需要、面积的大小和地形的特点，它的样式和空间布局也是多种多样的。这是一种合乎最新时尚的生态型建筑：室内与室外的绿色打成一片；新鲜空气通过地板的无数细孔自动对流；照明的一部分来自太阳能。木材采用俄罗斯寒冷地带的松木，木质坚硬；为了防止变形，木板由 9 层薄板胶合而成。玻璃墙则由三层玻璃构成，其间的两道真空层可以使室温始终保持在 17 度以上。这种桁架式别墅可以坐落于花园中，也可以坐落于原野上。这一设计成果是贺府家族三代人经过几十年的“接力棒”式的努力取得的成就，是德国传统住宅建筑在追求更加人性化目标下的一次重大革新，并在房地产市场的竞争中一直立于不败之地。这完全归因于贺府别墅设计的科学性和合理性，极具原创性价值。所以很快就在国际上打响。

作为一位建筑的爱好者，我本人一向是很欣赏德国的桁架建筑的，因此对贺府别墅的崭新款式也很感兴趣。除了上述原因之外，我还看到了贺府别墅与中国建筑甚至有更多的亲缘性。大家知道，中国古代哲学家(如老子等)就开始倡导“天人合一”的宇宙观。这一既古老又现代的哲学精髓两千多年来一直融汇在中国的建筑文化之中。纵览世界各地的建筑形式，凡纪念性的大型建筑几乎都是石构建筑，只有东亚，首先是中国，不论大小，始终是木构的。上面说过，木构建筑比起石构建筑更亲近人性。其次，中国建筑无论是阳宅还是阴宅，都是讲究“风水”的。从某些风水学的经典论著的内容来看，除去其中的某些迷信成分，风水的基本要义是科学的。它讲的其实就是建筑与环境的和谐关系问题，这与贺府别墅的建筑理念完全相通。第三，中国建筑在审美构成上的突出标志是结构；它的结构是外露的，而西方的石构建筑的结构则是隐蔽的。这一点贺府别墅比起中国建筑甚至有过之而无不及，因为贺府别墅是里外通透的，可以让人一览无余。

你看，贺府别墅和中国建筑很快就找到了那么多的共同话题！相信它在中国肯定会受到欢迎和应有的礼遇，并很快扎下根来。当然，如果贺府别墅能够落乡随俗，根据中国的建筑文化和中国居民的审美习惯在款式上作些改进，其征途也许会更加顺利。比如，中国建筑整个儿讲，它体现的是曲线的美，而欧洲建筑所体现的是几何的美。能否将两者调适得更协调些呢？再如，中国花园的艺术韵味和审美价值在世界上广受好评。它小巧玲珑，讲究小桥流水，曲径通幽。能否将它的优点和特点融入欧洲人的园林观念呢？

建筑作为人的居住场所是物质，作为人的行为对象则是文化。这次德国贺府房屋有限公司总经理兼董事长贺巧智先生应上海泊石轩设计有限公司的邀请亲自来到上海参加中德人本主义建筑论坛并介绍贺府别墅，既是一种商业行为，也是一项文化交流活动。因此笔者作为一名德国文学研究者和建筑爱好者愿意在这里凑凑热闹，表示高兴并谈谈这么点粗浅的看法。

2006 年 10 月于上海载《德意志文化研究》创刊号

艺术与王位

——一个国王的悲剧

因着一位国王的“精神病”，慕尼黑成了欧洲文化名都，艺术家瓦格纳属于未来的艺术得以生存，德国的三处旅游胜地至今游人如织……

这位“疯国王”就是19世纪的巴伐利亚国王路德维希二世。他的毕生愿望就是利用他的地位把他的艺术梦想加以实现。带着对艺术的痴狂，他谱写了三部建筑狂想曲——新天鹅石堡、林德尔胡夫宫和仿凡尔赛宫三座世界闻名的宫堡。

“新天鹅石”：与艺术家的友谊见证

耸立在横贯德国巴伐利亚州南部的阿尔卑斯山险峻山崖上的新天鹅石堡，挺拔俊俏，焕发着浪漫气息，被誉为“欧洲最美的古堡”。它诞生于19世纪下半叶(勉强竣工已是1906年)，因此也可以说是欧洲最年轻的古堡。

欧洲的中世纪，由于骑士阶层的存在，或出于防御入侵的需要，曾是城堡争辉的时代。照理这个时代早已过去，这只"新天鹅"何以还姗姗来迟？这似乎只能追溯到创造他的"疯国王"路德维希二世。

路德维希二世从小爱好音乐、戏剧和建筑，尤其崇拜音乐家瓦格纳，尽管自 1849 年起，瓦格纳就是王国通缉的政治犯。1864 年，父王突然去世，毫无准备的路德维希二世在匆忙中登基。新国王似乎并不想在政治上有所作为，而一心要建构他的艺术梦想。于是，他发布特赦令，使瓦格纳等一大批通缉犯得到赦免，并且把瓦格纳接到宫廷，排练他的歌剧。这还不够，为表达他对这位大师的敬意和情谊，他还要大施手笔，在宏伟的阿尔卑斯山险崖上建造一座宏伟的宫堡，以纪念他与瓦格纳的友谊。于是，这只与骑士或国防无关而负载着特殊使命的"新天鹅"就这样飞来了。

不得不赞赏国王选点的眼光和勇气，他在群山环抱的适当高度上，安放了一件大小合适的建筑雕塑品。从远处看去，"新天鹅"既不"过谦"地深藏，又不骄纵地凸显。在她的前方，冈峦起伏，浓荫笼罩，两泓湖水碧波荡漾，妩媚无比，犹如她的两只动人的眼睛。从她身旁往右侧下看，却又惊险非凡：一条百米深涧，顿时使城堡变成了"空中楼阁"。头刚抬起，忽见一条白练从山中喷薄而出，呼啸着直落涧底；又见一桥高悬其上：看桥上人，你不禁为他提心吊胆；但当你站在桥上往下俯瞰，却更加心惊肉跳……建筑与环境的这种特殊关系，令人想起了欧洲许许多多的中世纪骑士古堡，它们都有这种据险掠美的嗜好。

"新天鹅"的整体造型，从欧洲某些不同时代的建筑风格中攫取了某些局部的建筑语汇加以改造利用，又糅合了欧洲古堡建筑、王宫建筑和教堂建筑的不同特征，创造出了一种新旧难辨，宫、堡难分，有时被称作"新浪漫派"的新颖风格。她的塔群如林、一塔主先的风貌，既是对建筑中各种古堡形态的回眸，又是在大自然中与阿尔卑斯山的千峰竞拔相辉映。

提及人文情怀，"新天鹅"内部的主要空间设计莫不是以瓦格纳的几部代表性歌剧的演出场景为主题。例如："宝座厅"中呈现的是歌剧《帕茨伐尔》演出中的格啦尔庙的舞台图像；"歌唱厅"模仿的是歌剧《唐豪森》中的舞台场景；卧室则是以《罗恩格林》中的洞房为蓝本的。

可以说，这座建筑倾注了国王对瓦格纳歌剧的极度崇尚、对瓦格纳作为艺术家的无比景仰以及对瓦格纳友情的无限深沉。正如国王在一封信中向瓦格纳袒露的："这是一座为神圣的朋友建造的荣誉殿堂。"国王把瓦格纳视为"神圣"完全出于他的真心。他从小就喜欢上瓦格纳的歌剧，包括他的音乐理论。即位后，不到 20 岁的这位王爷马上主动与比他大 3 岁的瓦格纳结为忘年交，经常参加他的歌剧排练，与他一起观看演出，书信往来频繁。在一封信中他甚至这样来表达他对瓦格纳的崇敬与挚爱："我不爱女人，不爱父母，不爱兄弟，不爱亲戚，没有任何人让我心中牵挂。但是，你！"这是在瓦格纳后来为官方所不容，被逐出巴伐利亚首府慕尼黑后写的。他对瓦格纳的怀念有增无减，甚至在瓦格纳后来表示拒绝回慕尼黑后，他还亲自赶到瓦格纳的暂居地特利卜兴去看望他，为他过 53 岁生日，还在他家里住了两天。一个最高统治者对一位艺术家的器重与友谊达到这种不顾屈尊的地步，这无论在艺术史上还是宫廷史上，恐怕都是罕见的。

必须强调，瓦格纳的艺术有相当多的成分是属于未来的，当时并不为人所理解，因此地位并不显赫。他有好几部名作当时尚未与世人见面，它们都是在国王的支持下才得以排练的。路德维希二世对他的崇高评价不啻是一种难能可贵的"空谷足音"。对此国王本人非常自信和自豪。当瓦格纳于 1883 年去世时，他在极度悲痛时说："全世界都在哀悼这位艺术家，而我首先发现了他，并为世界拯救了他。"这并非过实之辞。瓦格纳自己也说过，国王是他的作品的"共创者"。别的姑且不说，单在财力上，国王就先后为他耗费 25 万马克之巨，这在当时是个惊人的数字。分明是看到了瓦格纳的艺术将与"石头的史诗"一样不朽，这位国王才不惜代价，以这样一座建筑奇观，来永远陈列他的作品，纪念他们之间的友谊。

这位被认为精神不正常的国王，却具有一双异常的美学慧眼。他在权势显赫的宝座上，居然看到了艺术的"神圣"，并把艺术家放到了比他的宝座更高贵的圣坛上。这是发人深省的。现在我们看到的这座昂然挺拔、如火箭飞升的宫堡，每天繁忙地接待着络绎不绝的游客。她不仅是阿尔卑斯山上一道壮丽的建筑景观，而且也是欧洲文化发展中一道美丽动人的人文风景线。

林德尔胡夫宫:"童话国王"的由来

路德维希二世的第一个建筑"杰作"——林德尔胡夫宫,坐落在慕尼黑以南百十来里一个山坳间,周围群山环抱,山林茂密。一条约500米长的中轴线把宫殿与它前后两个山坡连接在一起。宫前约250米的斜坡上建成了由若干个梯级平台构成的前花园,园中主要的装饰物是人像和花瓶、花篮一类的精美石雕,坡顶是一座希腊古亭,亭中唯一的内容是一尊维纳斯石雕。透过宫前30米高的喷泉往上看去,煞是壮观。后园不如前园热闹,主要由三条平行线构成:中线是一条约250米长的坡路,直通尽头——一座绿色圆亭。中路两旁各距约40米是两条高大精致的藤萝架形成的绿色长廊。宫殿本身倒不大,也不高(只有两层)。

原来国王的本意就是建一座田园别墅式的宫堡。但宫内却是一派金碧辉煌,各个厅室装饰得绚丽非凡。尤其是孔雀宝座殿,一只偌大的正在开屏的金孔雀是国王不惜巨资让人精心铸造的,华美绝伦。如果说,宫外的总体美学风貌是巴罗克的,那么这里却是晚期罗珂珂占了上风。

罗珂珂作为一种审美时尚盛行于18世纪前期。它是17世纪巴罗克风尚衰微的余音。它过于细腻纤巧,嗲声嗲气,近乎矫揉造作,多半为宫廷所接受。到了路德维希二世生活的19世纪下半叶,这种陈腐的审美时尚早已成为过去,现代的美学变革思潮正在涌动,建筑界的艺术革新家们已经把这种爱装饰的流俗当作"罪恶"来谴责了,这位年轻的国王却仍沉湎于热衷装饰的风气中,不能不为他的审美嗅觉被宫廷氛围所麻痹而惋惜。

林德尔胡夫宫有一处附属建筑,位于后园附近,那是国王让人仿溶洞开凿的一个地下游乐宫。步入洞中,只见一个约60平方米的水池,其上倒挂着几柱钟乳石,旁边崖壁上一缕飞瀑直泻而下,一只木船载着维纳斯划行:她身上描绘着歌剧《唐豪森》的剧情。常常在夜间,路德维希二世国王突然来到这里,登上这艘"舰船",与维纳斯一起"扬帆远航"。这时,湖水(通过机械)扬起波浪,红、黄、蓝、紫……各色灯光齐放,活像个童话世界。路德维希二世的"童话国王"的俗称即由此而来。

仿凡尔赛宫：崇拜"太阳王"的纪念碑

如果说，阿尔卑斯山高坡上的新天鹅石宫堡显示了"童话国王"的选点眼光，那么他的第三个建筑大手笔——赫伦西姆湖上的仿凡尔赛宫则进一步证明了他的这一特长。这座耗资巨大的建筑坐落在阿尔卑斯山麓赫伦基姆湖的一个岛上，该湖是巴伐利亚五大湖泊之一，约有三个西湖那么大，景色旖旎。早在1873年，国王就不惜重金(35万金马克)买下这个岛的全部地皮，五年后才正式动工。但直到国王去世18年后(即1904年)才勉强收场，至今某些厅室仍保留着未竣工的痕迹。之所以如此，无疑是经费的原因。

如果说，路德维希二世国王作为戏剧和音乐爱好者把瓦格纳崇尚为"圣者"，那么作为建筑的爱好者，他崇尚的楷模是17世纪法国的"太阳王"路易十四。正如他建"新天鹅石"是为了给瓦格纳树纪念碑一样，现在他在这个岛上也要为他的这位前驱者和同名者(法文路易与德文路德维希是同一个字 Ludwig)也建一座功德碑，方法是：再造一座凡尔赛宫。

然而，"取法乎上，仅得其中"，一个仿造的建筑岂能与原创的媲美？当我经过一个多小时的火车，又经过20多分钟的渡船，再加上20分钟的步行来到它面前时，壮观也堪称壮观，但当年在巴黎近郊凡尔赛宫所感受到的美的震撼力一点也没有了(尽管如此，每天仍有数以千计的人赶来一睹为快)。当然，当事者是不可能有旁观者清醒的。着手这座建筑之初，国王信心十足，他按照凡尔赛宫的尺寸、型制、材料等如法炮制，在局部地方还想有所发展，如将凡尔赛宫的"华彩乐段"(即那座长达70米、按巴罗克风格装饰的华丽镜廊)扩展为98米！1983年他的个人用房先期完工，他带了几个人去试住一下，是夜在镜廊里点燃了2 000支蜡烛，真是气派非凡。

但这一瞬间的风光不过是他命运的回光返照。这时的他心里不可能是踏实的，因为他为建筑狂想而背负的债务已相当可观，几年内竟达1 400万马克之巨，相当于这个王国三年的全部收入。这引起了宫内实力派的不满，首先是他的叔父路伊特波尔德王子联合几位大臣于1885年开始向他发难。在万般无奈之下，这位"不爱父母"的王儿不得不向他的母后告急。天下父母心，为维护儿子王位，这位守寡已21年的母亲当即表示，献出她价值几百万马克的全部首饰。王儿感动不已，但他怎能收下母亲这份凝结了她一生心血的呈献？

国王的悲剧

这是1886年3月的事，离他的生命的终点只有三个月。这时，他心爱的“新天鹅石”宫堡也还没有全部竣工。但自1884年以来他就开始入住了！（他花了17年的心血营造，如果至死都没有住过一天，那不太冤了吗）然而好景不长。1886年6月9日，经医生会诊，宣布他的健康状况不佳——还是那个十余年来一直纠缠着王宫的“精神病”问题。翌日，他叔父路伊特波尔德宣布行使宫中权力。第二天即派宪兵队去“新天鹅石”抓他，被其宪兵所挡。但第三天他为避免流血，决心放弃拒捕态度。谁料，被押回以后，随即失踪了！当天晚上，在慕尼黑郊区风景如画的施坦贝格湖里发现了他和他的心理医生两人的尸体！时年41岁。他的死因至今仍是一个历史之谜。

这位路德维希二世的结局颇具悲剧色彩。他本来应该有另一种前程。作为国王，首先他有良好的国际背景：他的母亲（即玛丽王太后）原是普鲁士公主；他的姨妈玛利亚·亚力山大罗夫娜是俄国沙皇亚力山大的皇后；奥地利皇后伊莉莎白（即茜茜公主）是他的表姐。这样的国际姻亲关系等于为他的王宫筑起一道无形的防卫墙。其次，他即位后不久，在1866年的德国国内战争中，巴伐利亚打了胜仗，他作为20岁的国王在人们心目中成了英雄。这为他成为强有力的国王创造了有利条件。不幸的是，命运不想成全他，先后向他发起两次袭击。第一次是1864年，在他不满19岁的时候，他的正当盛年的父王突然去世。这就是说，在他的家族和王朝还没有来得及把他作为国王塑造成熟的时候，在他自己在知识、经验和精神上还缺乏准备的时候，他就必须匆忙登基了！这种“先天不足”使他不可能像法国路易十四那样，在爱好艺术之外，首先政治上是个强人。第二次袭击更是致命性的，这就是1875年经医生诊断发现他患有精神病，从此所谓“心理医生”就没有离开过他。而且命运的计谋尤为恶毒的是，比他小四岁的唯一兄弟奥托王子也患上同一种病！虽然这种病时好时犯，但即使好的时候，锐气也受挫了。

再一个原因是主观上的，这就是他性格中的叛逆性。1848 年欧洲声势浩大的民主主义革命虽然政治上失败了，但民主观念仍然“润物细无声”地在深入人心，甚至也渗透进宫廷，使其中的一部分人首先是青年一代的民主意识渐渐觉醒起来。你看茜茜公主当了皇后以后，非常不满宫中那套礼俗，而向往无拘无束的平民生活。路德维希二世少年时代跟他这位大七岁的表姐非常玩得来，气性十分相投，一生中都对她极为尊重。这绝不是偶然的。他对宫中的浮嚣生活产生厌倦，才宁愿躲进深山去享受寂寞；对宝座的神圣产生怀疑，才把神圣的光环给了艺术。但只要宫中的氛围仍为君主专制的传统所笼罩，那么在个别君主身上出现的这种异常的征兆就成为这个朝廷的可怕的缝隙，因而它被铲除的结局是注定的。为什么身为国王最后连一位艺术家都保护不了，眼睁睁看着他被人逐出都城，那么这位“童话国王”的建筑狂想曲能唱多久，就可想而知了。

但若从历史的眼光去看，这位国王的“精神病”又何尝不是命运对他的成全？假如他不做“童话国王”而专心于政治，为巩固他的王国的君主专制统治效尽犬马之劳，从而成为一位“有为”的国王，但他对历史的贡献就可能是负面的了，而他的建筑狂想曲为后来的德国人所创造的滚滚财源也就成为乌有了，人世流传的关于友谊的美谈中也就会缺了他与瓦格纳的动人篇章，慕尼黑也许成不了欧洲文化名都，以至于他的名字可能早就淹没在他以前和以后的众多的王公贵族之中了！

原载《旅行》2005 年第 4 期

他给国会大厦加了"冕"

虽然诺曼·福斯特的大名早已有所闻,但真正见到他所设计的建筑作品还是近两年的事。去年 4 月,由他中标设计、施工达四年之久的德国国会大厦的改建工程竣工,并成为柏林一个新的壮丽景观。去年夏天适逢我要去德国魏玛出席纪念歌德诞生 250 周年国际学术讨论会,便决心利用这一天赐良机,转道柏林,一睹这一新的建筑奇观的风采。当时,柏林已确定为两德统一后的新首都。新的总统府、总理府、各中央机构办公大楼、各国大使馆以及宏大的新火车站都在建设之中,而已经竣工的国会大厦则像美国白宫那样,每天接待着成千上万的访问者,仅 4 月 19 日这一天即达 24 000 人之众。

简单地说,这一改建工程不过是在旧国会大厦的中央从上到下安插一座建筑物,它包括下面的一座议会大厅,上面的一个玻璃圆顶和两者之间倒悬一个漏斗形的多棱玻璃圆锥体以及地下蓄能设施。其中那个玻璃圆顶是这一改建工程的主要特征和标志,看起来像个玻璃罩,实际上是个极其讲究的钢梁结构,既具审美价值,又承载着多种功能。白天,它通过坡度平缓的旋梯将游人带到47米高的顶层，让大家登高望远；晚上它灯火辉煌，像一顶璀璨的皇冠，吸引着全市的目光。这圆顶象征的是公众的权力，它高于下面由政治家们构成的代表国家的议会权力。对此，福斯特好不得意，作为英国人有幸为德国的议会大厦担任设计，他说："这是民主在起作用。"从建筑美学上看，这个玻璃圆顶堪称是17世纪的巴洛克圆顶的现代变体，同时也与原国会大厦上那个被毁的"新巴洛克"穹顶相呼应。巴洛克审美风尚沉寂了200年后，到了20世纪又被人记起并备受推崇。这个与旧国会大厦风格上并不一致的玻璃圆顶之所以能被接受并获得赞赏，要归功于设计者把握住了当代人的审美心理。那个漏斗形的玻璃圆锥体通过360块大型活动玻璃把自然光折射到议会大厅。正如福斯特自己宣称的，他的这个改建工程是一个"生态结构"。谁都没有想到，玻璃穹顶除了上述功能外，还是全楼的自然通风系统的一部分，并且是个强大的"蓄能池"，可以用作自身供电的再生能源。

德国国会大厦是德国历史上两次统一的象征。旧的国会大厦从决定建造、征集设计到动工用了10年时间，到1894年最后建成，历时共20余年。它出自当时的德国著名建筑师保尔·瓦洛特之手。他的别出心裁之处，是在文艺复兴风格的庞大躯体上加一个比例相对较小的"新巴洛克"穹顶。1933年，希特勒制造了国会纵火案，后来大厦又未能幸免于二战的战火。1954年人们干脆把这个伤痕累累的穹顶给炸掉了。但1991年当笔者第一次参观这座建筑时，却并未发现它被破坏和被改建的痕迹。福斯特在改造这座旧建筑时，勉为其难地接受了业主委员会提出的添加穹顶的要求。结果他既在外观上照顾了它的历史风貌，又在功能上适应了它的政治属性，并实施了有效的生态工程，可以说他成功地将功能、美学、生态熔于一炉，做到先进技术与新颖艺术的完美统一，是继承，更是超越；是杰作，又是范例。无怪乎议员们首次来到这里时，都普遍表示惊奇和赞赏。

福斯特1935年生于英格兰曼彻斯特的一个工人家庭。但这并不妨碍他成为世界顶尖级的建筑艺术大师，也没有影响他取得英国贵族头衔——爵士。他先后在英国、美国深造，取得硕士学位。起先与人合作，搞了个四人小组，追求"工业建筑"。不久，他建立了以他的名字命名的八人建筑事务所。近40年来，福斯特的建筑业绩遍及各大洲，尤其是欧亚、北美等地。直到80年代前期，他的建筑作品往往带有“工业”的特征。如他设计的那座堪与贝聿铭设计的中国银行相媲美的香港—上海汇丰银行(1985)即是一例。但80年代后半期以来，他的风格趋向高耸、峭拔、明快，如东京的“世纪大厦”(1987—1991)和“千年塔”(1996)、伦敦的千年大厦(1997)、法兰克福的商贸银行等都很漂亮，后者就高度而言，居欧洲之冠。从审美角度看，在法兰克福众多的高层建筑群中，它是佼佼者，而且也是个生态建筑(在大楼周围建有9个4层楼高的花房)。若以规模而言，当推香港的国际机场，这是福斯特近年来的最大手笔。它的第一期工程已于1997年竣工，耗资200亿港币，旅客年通过能力达3 700万。到2040年第二期工程完成时，旅客的年通过能力将达8 000万，相当于英国希思罗机场和美国肯尼迪机场的总和！这一机场的成功设计被美国建筑界评为20世纪十大建筑之一。

世纪末这几年可以说是福斯特的丰收年，上述散见于各国的标志性建筑都是近几年竣工的，它们使福斯特声名卓著。1999年，国际建筑界的重头奖——普里茨克奖理所当然地授予了他。须知，这一奖项绝不亚于诺贝尔奖。

原载《环球时报》2000年8月18日

法兰克福建筑群的翘楚

欧洲古城的建筑除教堂外，一般只有三五层。自从现代的高层建筑兴起以后，人们对它们的安插都格外小心，倘有这样的建筑群出现，大多在古城之外。但欧洲金融中心、德国莱茵河畔的法兰克福却是个例外。在这个有着1 200年历史、60万人口的大城市的中心，簇拥着几十座高楼大厦，鳞次栉比，蔚为壮观，其主人绝大多数是银行家。但长期以来，这个宏伟的建筑群总让人觉得缺少点什么。人们都说“建筑是凝固的音乐”，那么这个建筑群堪称是一首交响曲了，然而却听不出它的“主旋律”或“华彩乐段”来。具体说，它们彼此大同小异，缺少一个技压群芳的“翘楚”。

然而，当我今年夏天再次来到莱茵河畔，眺望这群雄争霸的欧洲的金宫银宫时，我不禁惊喜万分：我心中企盼已久的那个“翘楚”终于出现了！只见它从群雄中间如奇峰突起，以三向立面、三角弧切、上下等身、顶部参差的造型突出于众芳之上，既俏拔，又多姿，宛如一位大家闺秀，让你眼睛顿时发亮。这就是英国杰出建筑师福斯特设计的康迈尔兹银行新楼。加上天线,它身高259米,共62层,比周围的高楼高出50至100来米,既不显得过于突出,又有统摄全局的必要高度与气势,从法兰克福的总体建筑景观看,不愧为画龙点睛的一笔,从而圆满地结束了"群楼无首"的状态,使法兰克福这座千年古城获得了一个壮丽的新景点。

当然,单纯的高或大并不能构成一座建筑物的美。要使一座建筑物取得审美价值,必须付出艺术匠心。普里茨克奖获得者、20世纪十大建筑有其名的福斯特显然不缺乏这样的本领。你看大楼周围那三个淡蓝色的竖立面,每个都略带弧度,两侧都镶有白色框边,它们从脚到顶直插云霄,极有气势;每个立面都有三个凹进的大龛,把立面分成了几大块;每个立面收顶却不等高;三个切角带有较大的弧度,从而消除了锐角,并以狭长的玻璃立面与正立面相呼应;蓝白相间的色调既醒目,又和谐。因而整体看起来,令人赏心悦目,不愧是匠心独运的建筑艺术品。再者,这是按照崭新建筑理念建造的生态建筑,每八层之间就有四层往里缩进,里面是"塔楼花园",用来种植花木(包括乔木)。但每一面的"塔楼花园"并不对称。因此,整个大楼看起来好像是由许多大小不一、色调不同的"条"和"块"有机地组合而成的,具有韵味无穷的结构美。

康迈尔兹银行大厦不仅在造型、结构方面富有艺术意味,而且它本身就是和艺术融为一体的。当你走进底层的中央大厅时,首先映入眼帘的是对面墙上一幅高17米、宽12.5米的巨型画,画面上通体是朝霞映衬出的蛋黄色里微透红色的云层。这是当今德国在世界走红的青年艺术家托玛斯·恩穆德的杰作。我刚从这幅巨画挪开了几步,迎面差点撞上一位正在站着翻阅杂志的女士,定睛一看,原来是一尊仿真雕塑,逼真得毛发丝毫不爽,使你不禁为刚才的遭遇发出会心的微笑。扭过头去,又见一个身穿工作服的工人在擦窗——哦,又是一尊雕塑!掉过头来,发现两个男人在聚精会神地站着看报——莫非又出了什么重大的新闻?哈,又上当了!还是雕塑,而且是铜的!它们一个个具有乱真之妙。这些作品均出自当今美国最有名的流行美术家 J. S. 约翰逊之手。这位充满活力的艺术家的作品已点缀着世界各地200多处重要建筑物和博物馆,其中最有名的当推华盛顿的超大型铝雕《觉醒》。如今他的作品又在此处与福斯特这位顶级建筑设计师的艺术构思相投相融、添姿增彩了。

原载《环球时报》2001 年 9 月 7 日
原题《银行大厦，整个一件艺术品》

慕尼黑的英式公园

拥有130万人口的德国巴伐利亚州首府慕尼黑是个有数的欧洲文化名城。其市区内有个很大的公园,俗称“英式公园”,也就是“英国式公园”,遐迩闻名。这种公园的特点是它的野生状貌:古木参天,杂树丛生;飞禽穿梭,松鼠乱跑;有亭台点缀,又有废墟隐现……置身其间,如入深山野林,与欧洲同样流行的那种人工雕琢、图案绚丽的“法式公园”(即法国式公园)大异其趣,而与北京的香山公园颇为近似。一般的英式公园都在郊外,但慕尼黑的这个却是例外。她没有围墙,因此也不收门票。

除了上述特点以外,慕尼黑的这个英式公园还有一条清澈的溪流(那是经过污水处理后的结果)流贯其间,这条名叫“伊沙”的清流有时还有点落差,发出哗哗的响声,使其更富活力和诗意,为公园增色不少。与她相傍的甚至还有一个碧波荡漾的大湖,更是风姿绰约;湖上一个浓荫如篷的小岛,有如美女头上的发髻,若在阳光照耀下,更使湖上风光娇媚无比。而在周围浓密的树林里也有几处亮点,它们是三个建筑点缀:一个是希腊古亭,一个是日本茶园,一个是中国木塔。其中以中国木塔最为简陋、陈旧，然而恰恰是这个建筑物成了三者中最大的亮点，因为这座五层木塔对欧洲人来说造型新颖，最具异国风情，每天吸引着众多的游客。久而久之在她周围形成一个不定期的啤酒园和“音乐厅”，在天气暖和的节假日的下午，常有成百上千的游人聚集在她周围，坐在一张张条桌旁，端着偌大的带把的啤酒杯，端详着或者畅饮着杯中的慕尼黑特产——爽口的鲜啤酒。这时木塔的第二层上一支民间乐队为大家伴奏着一支又一支乐曲。笔者有一次正好住在公园的附近，每当那悠扬的旋律飘来，常常情不自禁地走进公园，去听、去看、去感觉这浓郁的“酒文化”的气氛。看着啤酒迷们大口大口地往下咽饮，你会顾不得自己口袋里是否有钱，只顾挤进去与之融为一体。

但慕尼黑的英式公园里最为引人注目的还不是这些，而是一道奇异的人文景观，即所谓“裸体文化区”。那是特辟的两块巨大的草坪，每年自5月中下旬开始，每天都有数以千计的男女老少坐在草地上晒太阳，或看书，或闲聊。它比波罗的海男女混合的全裸浴场或汉堡红灯区的妓女橱窗还要让东方人目瞪口呆！第一次去德国，曾在慕尼黑待了两个月，也曾逛过这个“英式公园”，也不止一次有人鼓励我去那里“一睹为快”，但我就是没有那个勇气。十年后再去该城，下榻处正好是这个公园的近旁。人们说多少人为了领略一下慕尼黑这一特有的“文化”景观，不远千里而来，你是近水楼台，却不利用，岂不白来慕尼黑了?！这一“激将法”使我终于鼓起足够的勇气，让一位在慕尼黑时间较长的中国熟人领着去满足这一好奇心。谁知那几天偏偏天公不作美，虽5月中旬，天气仍如春寒料峭。然而两片草坪上依然黑压压地坐满了穿着衣服的男男女女。于是我们大胆地走近他们，不是要与之为伍，而是想看一看这些在正常天气的光天化日之下脱光衣服而不感羞耻的人们到底有什么样的特征？我举起了相机，准备把这特征加以“锁定”。不料我的向导立即制止了我，说:“这可使不得！说不定人家会问你是干什么来的？弄不好还会把您的相机给砸了！”

过了十来天，天气早已恢复了正常，而且变得相当暖和。在一个阳光灿烂的下午，我决心独闯一下这个东方人心目中的“禁区”。我相信经过上次的演习，我已具备足够的勇气来承受这一视觉冲击了。这回我没有带相机。倒不是怕被人砸，而是我仿佛萌发了一点朦胧的觉悟。但当我距离这一禁区尚有百十来步的时候，我脚底下仿佛出现了“磁石”。我鼓励自己再往前移动几步。可到了还剩下五十来步时，我再也迈不动了！我多么希望那些从我身边匆匆走过的人们能够与我为伍，以便掩护我前进。然而不，他们毫不理会我的心情，一个个大模大样地径直走进裸海，选定一个位子后，从容不迫地一件件脱去自己的衣服，然后消失在海中。这时我的感觉突然发生 180 度的逆转，我仿佛一下子变成了一个一丝不挂的人处在大群衣冠楚楚的人的众目睽睽之下，一种巨大的羞耻感像钱塘江大潮不可抗拒地向我滚滚袭来。我实在无地自容，恨不得一下跳进伊沙河中，让水流掩护我逃走……

事后上述那位向导见到我不无幸灾乐祸地说："叶先生，你被你的姓害了——叶公好龙啊。"我虽然找了一句话反唇相讥，但心里暗暗问自己："为什么会发生这种逆反心理?"我琢磨，还是那个我们中国成语所表达的"落乡随俗"的道理吧。"俗"是一种风尚，一股力量，你不随它，动摇不了它一根毫毛，可你在它眼里，却是个异类，是个难容的怪物，它迟早要"吃掉"你(虽然没有一个"俗"中人有意识这样做)，假如你不及时逃走的话。但如果你愿意"随"它，即认同它，则你必须承认自己是个被"吃"后而涅槃了的异类。这其实是法国当代剧作家尤奈斯库《犀牛》中所暗示的道理。现在慕尼黑"英式公园"里的这个裸体场面既然已经成了"文化"现象，那么在这个特定场合，不穿衣服是文明的，穿衣服反而成了"稀有动物"，成了众目睽睽的目标了，岂能有地自容?

这种"不堪入目"的现象居然成了文化，从欧洲文化发展史来看，其实是不足为怪的。千百年来，从古希腊起，欧洲的人体雕塑、人体绘画比比皆是。人体的美意识从小就渗入人的审美思维，一代一代积淀在国民的文化心理中。他们见了人的胴体非但不以为耻，而且能够从容欣赏。不像我们东方人以自己的身体为耻，始终用衣服裹之。一旦见了，羞愧难当，赶紧跑开。这不能不说是"东西方文化的碰撞"了！这种碰撞有时候甚至在有关专家身上也难以避免。有一次见到我国第一位裸体艺术研究者陈醉教授，谈起此事，他大为惊讶，根本不敢相信。我不无感慨地与他打趣说："看来你这位还只在'纸上谈兵'的权威也'叶公好龙'啊！"

原载《文汇报》2002 年 11 月 3 日
原题《慕尼黑公园拷问眼福》

第九辑

“路漫漫其修远兮……”

——在维也纳多元国际论坛上的发言

女士们，先生们：

我的发言题目引用的是中国古代的伟大诗人兼政治家屈原在他的代表作《离骚》中的一句名言的上半句，下半句是“吾将上下而求索”。表达了他不畏艰难，决心坚持真理到底的决心。今天开始觉醒的中国知识分子对他的这句话倍感亲切。

大家知道，中国固然是个大国，但也是一个十分封闭的国家。两千多年的漫长封建统治几乎给每个中国人的心理上都打上了封闭的烙印！长期以来我们只能听到一个声音，按照一个模式说话。因此许多中国人直到今天，精神上仍是不独立的。诚然，我们有过伟大的思想家孔子，这是我们的福气，但某种程度上也是我们的晦气。这位伟人被历代统治者按照自己的需要竭力利用，把他作为“万世师表”，作为“圣人”让人尊崇。他一方面无疑丰富了我们的思想，但另一方面又剥夺了我们思考的权利，垄断了真理。凡是他说过的地方，我们就不必再思考了；凡是我们想说点什么，首先要想一想，“圣人”是否说过了？如果他确实说过了，那就只需摘引他的语句就够了！多少年来，在许多人的心目中，仿佛人类的真理早在2 500年以前就被一个“圣人”穷尽了！于是乎，孔夫子成了我们精神上的上帝，也是我们的思想拐杖，没有它，我们精神上就不能站立。

随着时代思潮的不断冲击，越来越感到束缚的中国知识界终于在1919年的“五四”运动中喊出了“打倒孔家店”的口号，孔夫子的绝对权威因而受到严重动摇。然而人们的思维惯性并未因此而停止运动，总觉得思想上没有“上帝”是不行的。于是某些具有思想家素质的政治家取代了孔夫子的地位，中国人继续充当“思想懒汉”，满足于摘引新的“圣人”的语句，而且比以前更热情，也更熟练。当然，不是每个人都甘心这样。但是，在多数人的自我意识没有觉醒以前，个别人想要突破这一桎梏，发表不同的见解，那是要被当作“异端”受到惩罚的，例子很多。就这样，多少年来，作为拥有十几亿人口的大国，中国始终产生不了具有世界影响的思想家！这一状况阻碍了中国思想界提高国际对话的能力。

70年代末，中国终于宣布改革开放。目前在我们这里经常可以听到这么一句话：中国需要了解世界，世界也需要了解中国。所以自80年代以来，像北京、上海这样的大城市每年都举办好多个大型国际会议，包括学术研讨会，可以发表各种不同的观点。过去在我国，某些欧洲思想家诸如叔本华、尼采、弗洛伊德以及文学中的现代派如卡夫卡、乔伊斯、T. S. 艾略特等等都被看作“反动”的哲学家或“颓废派”作家加以批判。现在我们也可以从他们的著作中引章摘句，运用他们的观点。我们德语文学研究会今年(2001年——笔者注)11月召开的第十届年会的主题就是“重评德国浪漫派”。这在以前是不可想像的，因为德国浪漫派以前在我国也像其他社会主义国家一样，都把它看作是“消极的”甚至是“反动的”。

中国学术文化界现在对各种西方的新思潮(包括“后现代”)都很感兴趣。一些有代表性的西方思想家如克尔恺郭尔、叔本华、尼采、弗洛伊德、海德格尔、胡萨尔、萨特、韦伯、维特根斯坦、本雅明、马库斯、伽达默、伊瑟尔、姚斯、福科、德里达、巴特、狄尔泰、哈贝马斯、杰姆孙等，他们的主要著作都已被译成中文出版。这些人名在“文革”以前大多数我们都不知道。这种状况有时使我们陷入十分窘困的境地。例如，70年代中期，中国最权威的通讯社——新华社来电话请教我所在的研究所即外国文学研究的所长冯至教授，问彼得·魏斯是何许人？冯至教授答不上来。他很焦急，因为对方等得很急，而他是中国最权威的德国文学专家。于是他来问我。我当然也不知道，我问其他同事，也都不知道。因为50年代以来，西方的现代文学对我们一直是个禁区，尤其在"文革"期间。后来我们知道，身为犹太人的彼得·魏斯，在希特勒上台后即流亡瑞典，是个世界知名的大作家，而且倾向社会主义！这时，我们为自己曾经处于这样封闭和无知的状态感到十分羞愧和感慨。幸亏这样不正常的年代已经过去了！

这些年来在我国普遍流行这样两句话，叫"走出去，请进来"。就是说，加强国际交流。于是先后与国外高等院校缔结了许多对"姊妹大学"，如北京大学与柏林自由大学、云南大学与苏黎世大学、北京外国语大学与海德堡大学等，当然还有不少大学与美国、英国、法国、俄国、日本等国的大学建立了类似关系。我们中国社会科学院也与十多个国家的科研机构和有关基金会签订了交流协定。现在外国驻中国的学术机构和基金会也日益增多，仅就德国而言，我知道的就有洪堡基金会、德国学术交流中心(即 DAAD)、赛德尔基金会、阿登诺基金会、爱伯尔特基金会等。中国社科院一共有31个研究所、3 660名科研人员，目前每年出国访问和开会的学者达1 500人次(当时的数字，笔者注，2007年)。同时，我们每年也邀请大量的外国学者来中国访问。就外国文学研究所来说，每年邀请的就有十多人。如大家熟悉的德国教授就有：汉斯·马耶尔(图宾根)、波尔希迈耶尔(海德堡)、K. D. 米勒(图宾根)、尤尔根·施罗德(图宾根)、克利喷道尔夫(柏林)、魏尔纳·舒伯特等。他们通过报告和谈话向我们提供了新的信息和观点，使我们受到诸多启发和收获。对我们提高参与国际对话的能力很有助益。

中国思想文化界和广大读者经历了长期的精神饥渴，渴望听到各种不同的声音，接触到新的观点。为此他们很想请到世界知名学者来中国访问。经过许多努力以后，终于在去年(即2000年)如愿以偿，我们请到两位世界一流的大学者来中国演讲：一位是德国哲学家哈贝马斯应中国社会科学院的邀请，来北京分别在中国社科院以及中国最重要的两座大学，即北京大学、清华大学，此外还有中国人民大学分别作了演讲，每场听众都挤得水泄不通，在北京大学甚至一连换了三次会场！另外一位是法国哲学家德里达于同年下半年应上海邀请作了演讲，同样引起轰动，可惜我本人未能在场。

在我所在的外国文学所，气氛还要活跃。由于本所的语种比较多，一共有 15 个语种（当时的数字——笔者注），“走出去，请进来”的机会更多。只要某个语种外国专家或学者来访，别的语种可以自由去听，去讨论。同样，同行或同事中有谁出国深造后回来，一般也要向大家介绍他（她）的收获和心得。此外在本所内部，我们经常举办自由论坛，对大家共同感兴趣的一些问题进行讨论或辩论。我们通过这样一些方式和途径，一方面不断丰富并扩大我们的知识面；另一方面，也是更重要的方面，是更新我们固有的思想观念，改变那些陈旧和僵化了的思维模式，扩大我们的视野，调整我们的知识结构。总之，改革开放的 20 年来，就像经济建设一样，我们在社会科学和人文科学的建设方面也在尽力追赶时代的步伐。

不过，由于大家所知道的原因，我们的社会科学和人文科学比起自然科学还要滞后。我们这二十余年在这方面所做的，基本上都是你们已经做过的，也就是说，你们在一百多年所经历的“现代”和“后现代”的过程，我们只用了 20 年匆匆重复了一遍，难免囫囵吞枣。现在还很难说我们已经进入了“现代”的语境。因为我们还正在告别农耕时代，这是我们一时很难逾越的大背景。因此我们目前还没有、也不可能有真正意义上的思想家，能对世界产生积极影响的、属于时代的思想家。要有，那也是政治方面的，不是学术方面的。但中国要有自己的思想家，那就不能仅仅满足于掌握外国的现成的东西，必须立足于本民族的思想文化，懂得用本民族思想文化中仍有活力的那部分的基因去嫁接外国的先进文化，从而产生出独创性的思想家，这样的思想家既是现代的、民族的，又是世界的。我憧憬着这样一种前景，我相信在新的世纪里，我们会拥有这样一种前景。

我知道，追求真理是一个漫长的过程，而且是一个艰难的甚至是艰险的过程。因此我用了屈原那句话的前半句来开始我的发言，现在我则用他那句话的全句来结束我的发言：“路漫漫其修远兮，吾将上下而求索。”

谢谢大家！

2001 年 11 月 24 日

关于翻译

——在德国波鸿大学东亚学系的一次演讲

女士们，先生们：

有机会跟大家认识并谈谈有关翻译的问题我很高兴。因为我们都是学外语的，都在从事或将要从事翻译工作，彼此进行学术上的交流是很有必要的。不过我不是职业翻译家，更不是翻译理论家，我主要是结合自己的研究课题和研究对象（如卡夫卡、迪伦马特、布莱希特等），有限度地翻译了一些东西。因此我今天跟大家讲的，只是我自己在翻译过程中的一点心得，与各位交流，拿不出理论性的东西。

翻译，顾名思义是传达一种陌生语言的原意的工作。但要做得圆满，却并非易事。它不仅需要两种语言的过硬功夫，甚至需要多种语言的参照；不仅需要广博的知识，更需要敏锐的领悟能力。因此，一篇难度较大的翻译，考验到最后的不是你的语言，而是你的悟性。这方面各人有各人的体会，本文谨以笔者自己的翻译实践谈点心得。

奥地利作家弗兰茨·卡夫卡（1883—1924）是我

的研究对象之一。尽管我翻译他的作品并不多，但写作中须常引用他的作品，即便有别人的现成译文，也须重新斟酌和推敲。此外在编辑《卡夫卡全集》和他的各类文集时，校对过别人的许多译文，遇到疑问时，也颇费过一番心力。

最初翻译卡夫卡的作品是他的短篇小说《饥饿艺术家》（Ein Hungerkuenstler）。“Ein”在德文里是不定冠词“一个”的意思，在这里译或不译出来都可以的。“饥饿艺术家”在汉语里是个带有定语的词组，但在德语里却是一个字“Hungerkuenstler”，是由两个德文名词 Hunger（饥饿）和 Kuenstler（艺术家；艺人）合成的。此前已经有人从英文译为《绝食艺人》。从字面上看，不能说是错的，因为主人公确实是一个以饥饿或断绝饮食为表演手段的艺人。然而，“绝食”一词在汉语里包含“抗议”的意思，是一种斗争的手段。我国《现代汉语词典》对“绝食”一词的解释是“断绝饮食（表示抗议或自杀）”。因此德文中“绝食”（Hungerstreik）这个词的构成也是来自两个不同含义的名词：Hunger 和 Streik（罢工；拒绝）。于是我对上述现成的译法表示怀疑。但这个译法的译者已经具有一定翻译经验了，而且台湾也有人作如是译。更主要的是，在细究之下，小说末尾主人公确实有拒绝进食的举动，原来，这位艺人自以为是一个有着“无限表演能力”的艺术家，他对雇用他的杂技团经理在他接近生命极限时让他停止表演、重新进食总是不满意。最后在他奄奄一息之时人们在一堆乱草中发现了他，并问他为什么不吃东西？他回答说：“因为我找不到适合我胃口的食物。”那么，他是在对这个不适合他生存的环境，不，对整个存在进行抗议了！这可以从不同层面来理解。首先，卡夫卡作为一个存在哲学的感受者和艺术表达者，他对现存世界的一切都感到陌生和厌恶（或曰“恶心”），以致找不到一件他能够接受或令他感兴趣的东西；其次，他一生都想对这个可疑的世界用他的笔“重新审察一遍”，但由于病魔过早地缠住了他，并且正当盛年就夺走了他的生命，使他在晚年深沉地慨叹：这个“将世界重新审察”的愿望已经“来不及”实现了；第三，他作为一位作家，虽然自信有无限的表现能力，却对自己的写作又“总是不满意”（与小说主人公一样），也就是始终没有找到一种适合于他的表现方法，以致认为自己创作上根本不成功，直到晚年甚至还动了毁稿之念。你看，他带着陌生的神情来到这个世界，以极大的紧张和心力想弄清它是怎么一回事情，却始终没有得到满足，他在精神上永远处于"饥饿"之中——饥饿是他的表演手段，也是他的生存境况；既是他的宿命，也就成了他的追求！

这个理解过程不是一次完成的，前后达好几年之久。起初觉得自己是初译者，不敢冒然推翻别人的译法，就在同行的前辈和同辈中频频向人请教，包括学哲学的、心理学的、社会学的等等。可是，大家莫衷一是！后来我注意到，这篇完成于作者生命之末的小说还是作者的自况，因而是他自己最喜爱的少数几个短篇之一。主人公一心要在表演上达到至美的境界，生命极限却阻止着他的这种努力，这与作者那种创作上的无限追求，却遇到健康对他的有限限定有什么二致？这种不可克服的"灵"与"肉"的矛盾不是一种永恒的"饥饿"吗？同时我考虑到这篇小说的叙事风格是调侃性的、黑色幽默式的，译作"饥饿艺术家"更有幽默感，因而更具文学性。

翻译文学作品，题目或书名的准确性是至关重要的，是首先应该花力气的地方。卡夫卡的第二部长篇小说最初也是从英文译过来的，叫"审判"。初看也没有错，因为德文原文 Prozess 除了"诉讼、过程"等解释外，确实也有"审判"的意思。它写一位银行襄理在 30 岁生日那天突然被两名警察宣布逮捕。他不知道为什么，于是在邻里间、社会上乃至法院内外展开了旷日持久的查询，却始终毫无结果。最后在一天夜里被两名刽子手拉出去处决了！跟上篇讲的不无相似之处，译作"审判"不能说错。但随着对卡夫卡研究的深入，越来越觉得这个译法过于表面，是不够精确的。对这个书名的精确理解，不仅需要结合卡夫卡哲学思想的总体精神，而且需要参考存在主义哲学的基本内容。正如无神论存在主义代表萨特所表述的，人的现实生活是很"粘糍"的。卡夫卡也认为，人的实际生活是障碍重重的，这从他的另一部长篇小说《城堡》可以清楚地看出来。在 Der Prozess 这部小说中，主人公面对的并不是审判，而是作为没来由的被告所打的一场旷日持久的官司，一场没完没了的诉讼！诉讼是过程，而审判是结果。现代主义者强调的是过程，而不是结果。卡夫卡这部小说所暗示的人的生存处境就是这样一种无穷的诉讼。当时人民文学出版社的一位德文编辑（是我的大学同窗）也提出了译为诉讼的看法。经与别的同行们再三切磋，最后确定把这部小说的书名译为《诉讼》。

卡夫卡的第一部长篇小说《失踪者》（Der Verschollene），写的是一位少年因犯家规被父母放逐到美国，在流浪中最后不知去向了。由于书没有写完，作者只留下一些零散的篇页，没有冠以书名。卡夫卡的朋友勃罗德在编纂这部小说时，根据作者生前常提到他的“美国小说”这一点，给它起名《美国》。但卡夫卡只是对美国的民主制度比较感兴趣，因而把美国作为小说的地理背景，并非特指美国，而是泛指实行民主制的西方世界。何况小说这门艺术一般是虚构的，其地理空间有更大的想像余地，你把它限定在某一个地方，势必限制了其思想内涵的普遍意义，也会束缚读者的想像力。况且卡夫卡本人从未到过美国，要写他也写不出一个真实的美国。但卡夫卡在他的日记中倒提到过《失踪者》这个书名。显然这个书名比《美国》更切合书中内容，更具文学色彩，也更符合现代主义文学的特点。所以我采用了这个译法。无独有偶，费歇尔出版社于 1994 年出版《卡夫卡全集》校勘本时，也采用了这个书名。国内有人译作《生死不明的人》当然也是可以的。

卡夫卡的短篇小说《勃鲁姆费尔德，一个上了年岁的单身汉》(Blumfeld，ein aelter Junggeselle)，最初被译作《老光棍勃鲁姆费尔德》，从内容看也不能算错，但不雅。当然，如果作者的一贯风格或这篇作品的总体风格本来是不雅的，则这样的译法无疑是可以的。问题是，卡夫卡的语言风格整体上是文雅的，他的作品几乎看不到什么粗话。何况这篇作品的主人公是作者同情的对象（且不要忘了，他自己就是一个上了年岁的单身汉），他不会用贬义词的，尽管这是一篇幽默小说。除了《一个小女人》这篇小说以外，卡夫卡对待他作品中的主人公一般都是友善的。明了这个特点以后，对 Junggeselle 这个字该译“老光棍”，还是“单身汉”就容易判断了。

把握一个作家的整体思想风格和美学风格的特点对于某些具体难题的解决是很有帮助的，尤其在翻译现代作家的时候。我国德语翻译界多年来对德国戏剧家布莱希特的 das epische Theater 这个术语的译法大相径庭：一部分人译作“史诗剧”；另一部分人译作“叙述剧”。德语形容词 episch 的相应名词是 das Epos，相当于英语里的 Epik，其原意是叙事文学或叙事作品，由于欧洲古代的这类作品题材上多采用重大的历史事件或历史故事，体裁多用诗体，所以在我国最初被译作“史诗”，一直沿用至今。但史诗一词在我们汉语的概念里总跟“庄严、宏伟、伟大”有关。而布莱希特创立 episdches Theater 本意恰恰要解构这些概念（整个现代主义美学都有这个倾向)。他要在戏剧中加入小说或叙事文学的成分,通过叙述一个故事来说明或暗示、譬喻一个道理或新的理念。因此我认为,把布莱希特的 episches Theater 译作“史诗剧”,会导致对布莱希特整个戏剧美学特征的误解。

过去有人提倡“信、达、雅”,认为这是翻译的追求目标。其实这三种境界是很难得兼的:如果原文不雅,你却非要译得很雅,岂不与“信”冲突了?因此现在有不少人认为,我国“二傅”(即傅雷和傅东华)的译文固然很美,但它们只有一种风格,即译者本人的风格,而不同的作者(比如巴尔扎克和罗曼·罗兰)的风格显然是不同的。这样,“雅”与“信”岂不是矛盾了?所以我认为,“信、达”是翻译家的职守,传神才是翻译工作的最高追求。不妨仍以布莱希特的翻译为例。布氏的早期戏剧代表作 Die Dreigroschenoper 是由三个德文字构成的:drei + Groschen + Oper,现行译本中有人译作《三分钱歌剧》、《三角钱歌剧》、《三毛钱歌剧》等。作者想通过整个剧名强调这样的意思:这个剧是写给穷人们看的,因此只需一点点钱就能买得起票。其中的 Groschen 是德、奥最小的硬币单位,它在德国已经过时,相当于我国昔日的铜板或铜钱。因此这个剧名如译作《三个铜子儿的歌剧》是最能传神的:一来“铜子儿”符合穷人的用词习惯和语气,二来都是两国最小的古币名。

19 世纪著名小说家台奥多尔·施托姆有一篇中篇小说名作,书名原文用了个拉丁字 Aquis Submersus,一直来被译作“淹死的人”。孤立地看是没有错的,是可“信”的!但细究一下,你就会发现并未“达”意:这个“淹死的人”是个才五岁的幼儿,他没有成为“人”就死了,这是夭折,而且他还是男女悲剧主人公的爱情产儿,这就更令人悲伤了!因此我把这篇小说译作《溺殇》;“殇”就是“未成年就死亡”的意思。我认为这样译才传神达意。

类似的例子还可以从英文翻译家朱生豪的译作中去引用。朱氏的莎译之所以至今仍为人称道,就因为他在这方面取得了许多成功的范例。比如,《温莎的风流娘儿们》,在他之前曾有人译作《温莎的浪漫妇女们》、《温莎的风流女子们》……味儿都没有出来,只有将“风流”与“娘儿们”拼接在一起,那“味儿”才出来,这味儿就是诙谐。

这样看来,“信”是翻译的起码要求,“达”即“传神”才是至高的境界。

对于一个熟练的译者来说，翻译在一般情况下是不难的，难就难在常会遇到少数“疙瘩”。你要解开它，并做到传神达意，往往让你扎实出一身汗，而且耗去你几倍的时间。因此总体上说，翻译也是一件艰辛的工作，而且某种意义上说，这种艰辛比起创作有过之而无不及，因为创作是主动的，而翻译则是被动的。这种甘苦只有译者自己才能体味。

1999 年 11 月 27 日

聆听马耶尔教授畅谈现代文学

最近汉斯·马耶尔教授来中国接受北京大学授予的名誉教授荣誉(相当于欧洲的名誉博士学位)。这对我国的德语文学工作者来说不啻是一大喜讯。

这位德国文论界泰斗,学识渊博,著作等身;他屡有创见,深孚众望。他长期执教,桃李满天下,即在我国,像我这一代中年人中,就有可观的一批曾经直接就读于他的门下。所以他对中国怀有深厚的感情。70 年代末,他曾风尘仆仆来中国访问;他在中国所作的一系列学术报告,给中国的日耳曼语学者们留下了深刻的印象。

1991 年,我重访图宾根。他虽已 84 岁高龄,仍常外出讲学;由于老人的热忱,紧锣密鼓,我一连见到他三次,其中有两次是在他家里。第一次是 5 月 8 日,我在青年学者刘慧儒博士的陪同下应约找到了他的家里。那是一幢漂亮的别墅,坐落在一条与内卡河平行的山坡上。坐定以后,老人侃侃而谈。他依然精神矍铄,声音洪亮。他关心的首先是世界大事,尤其是近年来发生的一些重大事件。尽管有些观点与我们的习惯看法不尽相同,但他依然宣称:“我仍然是马克思主义者。”在谈到毛泽东时,他认为:“毛是个伟大的思想家和社会主义政治家,他与斯大林不同,而与列宁相像。”……一个多小时过去了,老人谈兴正浓。我赶紧提出:“我很想向您请教一些文学上的问题。”他马上表示:“很好。但今天来不及了,再约个时间吧。”于是我们约在 5 月 10 日再去,并给他留下一份访谈提纲。

5 月 10 日去他家时,我开门见山地提出,首先请他谈谈 70 年代以来的德国文学。他说,回答这个问题,必须从事实出发;这个阶段的事实是,两个德国的存在,因此,要谈这个阶段的文学,必须从这一前提出发,而事实上,民主德国的文学比联邦德国的文学更重要、更具特色。他特别提到戏剧家海纳·缪勒和小说家克里斯塔·沃尔芙。前者每次西柏林戏剧节都上演他的作品;后者的作品在西方,在英、法、意、美等国均引起巨大反响。而联邦德国这时期却没有出现特别重要的作家。上一代如亨利希·伯尔已经过早去世了,格拉斯、瓦尔泽等这一拨作家似乎已“江郎才尽”,写不出更好的作品出来了。而新一代一些较有创作实力的作家,却首先写影视作品,他们追求新的形式,搞一些重视觉的东西,或一些混合品种。就是说戏剧上很弱。这方面值得一提的只有两个人:F. X. 克勒茨(但他的才能也已到头了)和非常有意思的并受过良好教养的坦克莱德·多尔斯特,我把他看作优秀的剧作家。但在笔者常识中,七八十年代联邦德国最走红的戏剧家似乎是博托·施特劳斯,于是我请马耶尔教授谈谈对这个人的看法。马耶尔教授回答说:博托·施特劳斯诚然是个有意思的作家,但他的才能有限,他的唯一主题是思维的破碎,语言的破碎和感觉的破碎。他写的都是些很快就被忘却的新的现象,他的人物在其人际关系中都是过客,他们就像日常生活中一样瞎侃。他追求的是不断变更的美学。这是很有趣的,但也许是缺乏持久吸引力的。在瑞士的当代德语文学中,除马克斯·弗里施和迪伦马特外,马耶尔最推崇的是阿道尔夫·穆施克,说他是一位文化政治的社会主义者。在提到这时期的奥地利文学的时候,不知为什么,马耶尔教授没有提到在西方名气不小的彼得·汉特克,但对那位其戏剧风格与博托·施特劳斯相近的剧作家、小说家托马斯·贝恩哈特,马耶尔却评价不低,认为他富有创作活力,起了很大作用。同时受到他好评的还有诗人恩斯特·尧德。

在70年代末访问北京时，汉斯·马耶尔教授在北大的演讲中给大家印象最深的是他对卡夫卡的评价。他认为在所有现代德语作家中，卡夫卡的地位在托马斯·曼和布莱希特之上而独占鳌头。因此我请马耶尔教授对这一结论作进一步的阐述。他说："我仍然认为卡夫卡可以说是20世纪德语文学中最伟大、最独特、最有成就的作家，是传统文学中没有过的。""卡夫卡的独特性首先在于：他完全改变了德语文学语言；他通过简单的、明了的、像是非文学的写作方式取得了一种崭新的写作风格。"接着，他将托马斯·曼的四部头的长篇小说《约瑟夫和他的弟兄们》的开头与卡夫卡的《诉讼》（一译《审判》）和《变形记》的开头作了比较，然后说："您看，卡夫卡感受和领悟现实的全部方式是多么独一无二，就像生活在今天一样。无怪乎，在1924年卡夫卡去世时还不知道他为何人的托马斯·曼，后来读了卡夫卡的作品后不禁惊呼：'天哪，这是一位怎样的作家啊！'"这时老人回顾了一下德国文学史，他说德国文学的伟大传统是由莱辛、歌德、席勒直到本世纪的霍普特曼、托马斯·曼等这样一些巨匠构成的。但此外"也一再冒出那么个别的人，他看起来好像与文学毫不相干。但是他在写。他写的事物实际上为读者打开了一个完全新的世界。这方面的先例我们已经有两个：一个是19世纪的盖奥尔格·毕希纳，如今他已成了伟大的古典作家，我那本关于毕希纳的书一版就远远超过10万册，因为所有的德语教师都要求他们的学生读这本书"。另一个就是本世纪的卡夫卡。马耶尔指出："西方文学中有一系列这样的作家改变了我们这个世纪的写作方法。其中之一是马赛尔·普鲁斯特，他让我们学会了从内部、从回忆中来看现实，从而让我们知道，一个被叙述的现实不再可能是实际的现实。这就是说，我们经历的事情，事后才搞明白我们经历了什么，然后再写下来，并让另一个读者去读，每次都会产生一些完全不同的感觉。那是一个念头，哲学家恩斯特·勃洛赫对它作过非常精确的分析，称之为'经历过的瞬间黑暗'。再一个是詹姆斯·乔埃斯。此外还有一个人，他也完全改变了我们对人的看法，他是乔埃斯早期的秘书——萨缪尔·贝凯特。我相信，像卡夫卡、普鲁斯特、乔埃斯以及较晚的贝凯特这些作家，对20世纪的文学起了决定性作用。如果把这样一些作家说成是西方颓废派作家，那是毫无根据的。"

我知道，马耶尔教授既是布莱希特的朋友，也是卢卡契的朋友，他作为一位阅历丰富的过来人，我也请他谈谈 30 年代发生在左翼文艺家内部围绕先锋派问题的那场大论战。马耶尔把头一仰，显出不屑一提的样子，说："那都是斯大林一手组织的，他想把先锋派置于死地。"他认为，卢卡契的错误是，"他把这场运动搞得太深入了，这样一来也大大损害了他自己的巨大可能性。我当时及时看出了这事不对头，于是也产生了我与卢卡契之间的冲突。您将来也许能读到盖奥尔格·卢卡契与汉斯·马耶尔之间的通信，那些信件有的是我反对卢卡契的，也有卢卡契反对我的。我对卢卡契本人十分尊敬，不对，对立是清楚的。"这时我插问："好像您还一直没有发表过这些信件？"他说："没有，没有，暂时不发表。它们也不在我这里，全都在科隆资料馆。肯定要把一切都加工出来，计划已经提出来了，这是将来的研究者应做的事情。"

汉斯·马耶尔教授对中国文化表现出浓厚的兴趣，认为中国有悠久的历史，她的文化是真正的文化，这种文化与俄国沙皇统治的文化有巨大的区别，所以布莱希特把希望寄托于中国，而不寄托于苏联。

老人谈兴很浓，限于篇幅，就不一一转述了。预祝 86 岁高龄的汉斯·马耶尔教授此次中国之行愉快、顺利！

原载《文艺报》1993 年 5 月 29 日

斯人已去，精神长存

——悼汉斯·马耶尔教授

汉斯·马耶尔的名字对我国读者，特别是文艺界的朋友来说是颇为熟悉的：他是国际著名的文学史家、文艺批评家、音乐理论家和日耳曼语言文学学者，在众多的奖项和荣誉称号中，他也是北京大学的名誉教授。目前活跃在我国文教和外交战线的中坚人物中，不少是他的学生。我虽不是他的学生，但自从认识了他的二十余年来，只要有机会去德国大学城图平根，都要去内卡河畔他的府上去看望他，亲聆他的教诲。一年半以前，当我第四次也是最后一次去看望他时，虽然见他走路有点吃力，但声音依然洪亮，思维照样敏捷，而且仍旧四处演讲，风尘仆仆。因此一点不怀疑：这位终身未婚的独身老人，阎王爷没有十年八年功夫是拖不走他的！

去年秋天，图平根的另一名大学者兼作家瓦尔特·延斯来信称：马耶尔教授说话成问题了！我不禁大吃一惊：离开他仅仅八九个月的时间，难道他竟会“老”得那么快吗?！我立即通过马耶尔在中国的昔日学生和好友严宝瑜教授把这消息告诉了马耶尔在魏玛的高足舒伯特教授，舒伯特立即专程去图平根看望马耶尔，回来报告说，没有那么严重，只是偶尔有点语塞现象。经过这场虚惊，我们又放心了。约两个月前，马耶尔在国内外的学生和朋友们又在奔走相告：马耶尔被他执教多年的莱比锡市授予"荣誉市民"称号。这地确是值得欢呼的大喜事。一个人能被这样一个享誉世界的大都市授予殊荣，说明他在这个城市历史上将是不朽的，至少将有一条重要街道以他的名字来命名。大家以为，这件事将会有力地激发马耶尔的生命活力，帮助他抵御自然规律的进逼。

然而，自然规律毕竟是无法抗拒的！前天晚上，一个意外的噩耗终于传来："马耶尔老人……"这是北京大学教授、我的昔日老师严宝瑜的声音，他哽咽着。我知道他下面要说什么，我也哽咽了……

如果说，当今人生七十不算稀，那么人生九十该是堪称"稀"的了，何况马耶尔享有 94 岁的高寿，应是自然"老"死的，当为他做"白喜事"才是。但我确实为他的死感到悲痛。我悲痛，倒不在于我跟他之间有多么深厚的友情(认真说，我们还谈不上有那么深的友情)，而在于我切切实实受过他的极为有益的教诲。最初接触是在 1979 年他第一次访问我国。他在北大的一次讲演，有听众问："在现代德语国家文学中，您认为谁是最重要的作家?"他毫不犹豫地回答："弗兰茨·卡夫卡！其次是托马斯·曼和布莱希特。"这使我既意外，又惊喜。因为当时我正开始研究卡夫卡，虽然认为卡夫卡很重要，但其地位绝不会在托马斯·曼之上。随着后来对西方现代文学的进一步了解，证明马耶尔的论断是站得住脚的。这一论断成了我们研究现代德语文学的纲领性指导思想，因为它牵涉到一批奥地利现代重要作家的总体评价。就在那次演讲中，马耶尔讲到一件有趣的事：1956 年平息匈牙利动乱时，时为文化部长的卢卡契被苏军押往苏联，途中临时关在罗马尼亚一座古堡里。一向对西方现代主义文学持批判态度的卢卡契，这时似有醒悟，说："卡夫卡到底是个现实主义作家！"后来我在卢卡契 1958 年写的一部著作中，果然看到卢卡契的这一观点。由马耶尔传出的马克思主义文艺理论权威卢卡契的这一观点在当时情势下无疑为卡夫卡这位西方"颓废派"作家的"入境"开了绿灯，从而为我的卡夫卡研究搬开了路障，增添了信心。

在我研究卡夫卡的过程中，一次最受启发的开导也是来自马耶尔。

那是 1991 年 5 月，我第一次去他图平根的家中看望他。当我向他请教有关卡夫卡的问题时，他说："在我研究德语文学史的过程中，发现有两位作家是从文学外走来的：一位是(19 世纪初的)毕希纳；一位就是卡夫卡。"马耶尔的这一见解不啻是真知灼见。它阐明，文学的概念不是永恒不变的。随着人们审美意识的变迁和时代内容的变化，它的概念和特征也发生变化，因此原来从正统眼光去看的"非文学"，这时成了正宗的文学。所以在马耶尔看来，卡夫卡的贡献在于"他改变了德意志语言"。这就是说，卡夫卡的作品改变了文学固有的话语方式和审美特征。这里马耶尔与卢卡契划清了界线。卢卡契把那些一度处于"文学外"、"艺术外"的文艺(即我们现在称之为"现代主义"的文艺)统统视为"非文学"、"非艺术"而加以拒绝。无怪乎马耶尔于 1946 年出版的成名作《毕希纳和他的时代》一书改变了德国文学史历来对毕氏这位夭年只有 24 岁的天才作家(1813—1837)的评价，指出了毕氏不仅是 19 世纪 30 年代的杰出革命家、思想家，而且他的那些"非文学"的作品，首先是戏剧经过一个世纪的跋涉，终于走到了"文学内"，被越来越多的人公认为表现主义戏剧的先驱。以致他那部作为表现主义戏剧始作俑者的《沃依采克》被奥地利作曲家 A. 贝尔格改编并谱写成歌剧后，成为现代主义音乐的代表作之一！这些不能不归功于马耶尔的与时俱进的艺术视野和美学慧眼。

提起他的美学慧眼，不禁又使我想起最后一次与他的会见。谈话是在宽大的方形厨房兼餐厅里进行的。有两面墙通体都是玻璃，使室外花园和内卡河畔的雪后景色尽收眼底。他一边请我吃点心，一边与我交谈。他问我目前在研究什么？我说在研究卡夫卡的美学思想。他情绪立刻活跃起来，说："这是个有意思的课题，可惜在德国反而不大有人研究。"我说这方面想请他指教。他想了想说："您看到了没有，卡夫卡的作品读起来让人觉得冷峻不过，但又富有幽默感。"我说："这就是人们常说的'黑色幽默'吧？"他说："对，对，对，一种悲喜剧的审美情趣。"接着我把构成悲喜剧的各种艺术手段和技巧提出来向他请教，他一一作了肯定和补充。最后我问："在悲喜剧这点上，德语文学中还有迪伦马特与卡夫卡有些相仿，对吗？""可以这样说，"他说，"但也有一点差别：在迪伦马特是内容首先服从审美的需要，而在卡夫卡则是审美首先服从内容的需要——对于卡夫卡来说，表达是第一位的。"关于迪伦马特的交谈，早在他第一次访华时就开始了。那时当他知道我对迪伦马特也感兴趣时，很是高兴，说："啊呀，早知道我应该把那本书带来送给您了。"他指的是刚出版不久的《论迪伦马特与弗里施》(1977)一书。后来我读了该书后，果然不愧是大手笔，有的高见后来被引用在我的文章里。

我悼念马耶尔教授还不只是因为在学识上深受过他的教诲。还因为他的学者人格备受我激赏。虽然每次去他府上见他孤身一人却始终未敢启问他为何终身不娶，但从他对学术的投入即可判断：他把整个一生都献给学术了！跟他接触获得的第一个印象是，他的时间观念极强，一切社交礼节、客套都服从治学的需要。见面后坐下来就直奔主题，交谈学术问题。第一次去他府上拜访时，他约我们(还有陪我去的刘慧儒博士)下周再去，他要请我们吃饭。第二次去后，他谈兴很浓，时间用多了，他立即宣布取消午宴，以一瓶葡萄酒相赠，权当"抵偿"。最后那一次见他时，他也与我约定下周六"皇冠饭店"(当地档次最高的饭店)请我吃饭，并请图平根大学负责接待我的米勒教授作陪。但三天后他又宣布取消了！理由是他的学术报告还没有准备好。同时嘱咐："你到了新的地方以后，马上告诉我地址，我可以争取到那里做演讲，然后宴请您……"感觉得出，他还是心怀歉意的。然而，学术重于礼仪，在他这是不可动摇的原则。当然，这样的"失礼"对我来说完全能够理解，因而并不会损害友谊，相反，对他更肃然起敬了。

马耶尔的学者人格给我的另一个深刻印象是他的学术尊严感。这主要是从一个教训中得来的。1994 年夏他来北京接受北京大学授予的荣誉教授称号。乘此机会我们邀请他来社科院作演讲，并安排一位相关的副院长在一家餐馆设午宴款待。

老人事先可能没有把翻译所占的时间估计在内，至 12 点半他的演讲还没有结束，而院长已按时去餐馆恭候他了。我们很焦急，不得不请陪同他的舒伯特教授悄悄提醒他一下，但他没有理会。快到下午一点时，我们焦急了，又不得不通过舒伯特教授请他赶紧结束演讲，他无奈地遵从了，但生了一肚子气，抗议说为什么不让他把报告作完?！……这使我们十分意外和尴尬，并且心里对老人这一态度颇不以为然：怎么不给东道主留点面子呢？后来我注意到德国人对待学术报告普遍的那种严肃认真，那种鸦雀无声，领悟到老人的态度是可以理解的了：如上所说，在他是学术比礼仪更尊严，而我们则把礼仪看得更重要。从根本上说，在我们的观念里还没有建立起学术的尊严！而马耶尔则不顾一切地在为捍卫这种尊严而抗争。

在这个精神地盘日益丧失的年代，学会汉斯·马耶尔这种抗争精神，是今天的知识者唯一能够赖以自卫的手段！

尊敬的马耶尔教授，您放心走吧，我们会守护好您这份难得的精神遗产。

原载《中华读书报》2001 年 8 月 8 日

学贯中西的一代宗师

——纪念冯至先生百年华诞

中国20世纪的各类风云人物大多在19世纪末、20世纪初纷纷诞生，故在这两个世纪之交频频让我们纪念。在这个风云榜中我们很容易找到诗人兼学者冯至的位置。作为诗人，他学生时代出版的抒情诗集《昨日之歌》与《北游及其他》就瞩目于诗坛，甚至被鲁迅誉为当代“中国最为杰出的抒情诗人”。尔后又以糅合中西某些诗歌风格的特点写成的《十四行集》、散文集《山水》以及解放后写的诗集《西郊集》、《十年诗抄》、《立斜阳集》、散文集《东欧杂记》等作品，屡屡博得文坛好评。晚年合乎逻辑地被选为中国作家协会副主席。作为学者，他曾先后出版专著《杜甫传》、《论歌德》、《德国文学史》和论文集《诗与遗产》等，并译有多量的歌德、席勒、海涅、里尔克、布莱希特等大诗人的作品，成为院系调整后的北京大学西方语言文学系的第一任系主任、中国科学院（1977年起分出中国社会科学院）第一批，也是唯一的一批学部委员之一和外国文学研究所的第一任所长。

冯至先生是“学贯中西”的一代宗师。他既有国学的扎实功底，又有西学的深厚造诣。他不但能用母语写出优美的诗歌、散文，而且具有古文的过硬基础，故他对中国古典文学也相当谙熟，尤对杜甫的研究卓有成就，以至拥有权威性的发言权。在德国留学的五年里，他不仅攻读了德国文学，而且也攻读了德国哲学。所以他关注的德国作家多是哲学味道较浓的诗人，除歌德、席勒、海涅外，他也关注带有“现代”特征的诗人：诺瓦利斯（这是他的博士论文的研究对象）、荷尔德林、里尔克等。他翻译的上述古典名家的诗歌、散文和美学论著在我国拥有众多的读者；他翻译的里尔克《给一位青年诗人的九封信》最早向中国读者介绍了这位世界级的现代诗人，对中国现代诗歌的发展产生深远影响。由于冯至先生在两个领域里的显著成就，他获得“双肩挑”的雅称。毫不意外，20 世纪 60 年代初，中宣部在组织大学文科教材编写的时候，冯至以《中国文学史》与《欧洲文学史》总负责人的资格参与并领导这两部跨学科著作的编写工作。

冯至先生给我们留下的宝贵遗产，除了他的作品与著述以外，还有他严谨的治学精神。凡是他自己确立的研究项目，他从来不从书本到书本，引经据典地生吞活剥，使之快速成文成书，而是依据自己丰富的创作实践和长期的生命体验，将自己的灵魂融入研究对象，作出令人感佩的解读和阐释。无论是他的中国文学研究的代表作《杜甫传》，抑或他的外国文学研究的代表作《论歌德》，论篇幅都不长，各约十五万字。但是它们的诞生过程都不短，尤其是《论歌德》，前后断续达四十年！这不禁令人想起歌德的《浮士德》，前后写了六十年！冯先生分明是用歌德写《浮士德》的精神来写《论歌德》了！无怪乎，当我收下他送来的这本书的时候，我一口气就把它读完了，觉得论者和作者字字句句都在进行着生动而深入的精神交流，读来令人刻骨铭心。难怪，有一次我表示希望他再写一部关于歌德的书，他断然说：“够了。写得多有什么好！”的确，这部书几乎凝聚了他一生的精血，再写下去，就是“制造”篇幅了！

冯至先生恪守的治学原则是：知之为知之，不知为不知。这是他经常告诫后学的箴言，也是他用以律己的一句座右铭。他对研究对象和有关资料总是以彻底弄明白为前提，决不生吞活剥、人云亦云。有一次我编一部书，组织多人撰写十几位有代表性的现代主义作家，其中的里尔克我约冯先生来担笔。他同意了。但到时候他未能交稿。我宽限一次后又宽限一次。最后一次去取稿时，他深表歉意地说："叶廷芳，我跟你说实话：里尔克的后期作品我并没有搞懂，所以不好写。"我听了深为感动，觉得先生在我国是以里尔克的最早介绍者闻名的，如今却这样直率地在学生面前承认自己的欠缺。然而，想到出版社的频频催稿，我又十分焦急，就说："哎呀，冯先生，您太认真了。关于里尔克的资料那么多，您参考一下别人的就是了。"他不无激动地反驳说："别人写的那是别人的看法，诗这东西主要靠理解。人云亦云，那是问心有愧的！"这一回答掷地有声，深深震动着我的灵魂，觉得老先生这里所坚持的，正是我辈或后辈所缺乏的。作为昔日老师，他继续在给我上课。在尔后的治学生涯中，冯先生的这种一丝不苟的治学精神，时时都在鞭策着我。

冯先生虽然掌握丰富的母语功力，但无论他的诗文或译作，从不生花妙笔，铺张辞藻，而是文如其人，朴实无华。他经常以这种精神教导我们后辈，尤其在撰写辞书的时候。他也把像他这样的同调者引为自己的精神知己。他曾赞扬布莱希特的文字"简练"得"几乎不能增减一字"。20世纪50年代，有一次他在前民主德国文艺界的朋友陪同下去柏林的名人公墓扫墓。他带去一个花圈，原想献给著名诗人、原民主德国文化部长贝歇尔的，但他发现，附近布莱希特的墓碑，只是一块不足一米高的未经雕琢的三角形石头，上面只有贝托尔特·布莱希特的德文名字，连个生卒年都没有。他激动不已，临时决定将这个花圈敬献在布莱希特的墓前。是的，布莱希特的文风乃至他的日常生活，包括在墓旁的住宅，就是这样简朴得不能再简朴了。冯至先生献花圈时这一改变初衷的举动，分明是与布莱希特的人格精神共鸣了。

原载《人民日报》2005年9月27日

绿原终于拿下《浮士德》

——贺《绿原文集》问世

绿原先生作为诗人，他是我所景仰的作者；作为翻译家，他是我所钦佩的学长。今天看到他的六大卷文集的出版，格外高兴。因为这六大卷两百万字，对绿原来说得来非常之不易。如果没有那25年的无妄之灾，今天摆在我们面前的就不是六大卷，而是十六卷或十八卷！但是，如果是一个弱者，经过了这25年的雹打霜摧，早就在诗坛上消失了，我们能看到的也许只有两三卷。这里绿原先生首先值得我们赞赏和学习的是他坚韧的、目标明确的进取精神。正像他在一首诗里写的："尽管跌了跤，爬起来/仍然颤巍巍向前跑/你会走路了，就一定要/达到你预定的目标。"现在我们可以欣慰地说：绿原先生尽管经过严重的挫折，依然胜利地达到了他"预定的目标"！

绿原先生的预定目标是什么呢？这从他的生命轨迹中很容易看出来，就是做一个可圈可点的诗人，同时做一个可圈可点的翻译家。先生上大学前就开始写诗了，但他入大学后不是选择文学系，而是外文系，学的是英语。显然他要到更广阔的诗的世界中去徜徉，开阔他的创作视野，在吸取一切对自己创作有利的养料的同时，成为一名翻译家。如果说，一个青年学生对自己的前途做这样的打算并不罕见，那么他在他的生命征途上遭到命运的巨大狙击后，依然不放弃他的理想目标，在自由受到严重限制，灵魂忍受严重屈辱的境遇下，毅然继续学习外语，而且学的是一门新的外语——德语。这意味着，他在外国文学中已经圈定了某些目标，他们主要不在英语世界，而在德语范围。从他后来的实践看，他心目中的是歌德、海涅和里尔克，而首选作品是《浮士德》。这是富有战略眼光的选择。德国文学富有哲理内涵，值得探掘的空间比较大，读起来也经得起咀嚼。而且这三位文豪代表了古典、浪漫、现代三个不同时期的不同风格，跟这些作家打交道对自己的创作是十分有益的。绿原后期的创作证明了这一点。诗歌界很多朋友都看出，绿原 80 年代以来的诗的意境更恢弘，思想更开阔，而且融入了自己的生存体验，达到更高的哲理境界。实际上他把创作与翻译互通互融，合而为一了：通过名著翻译使他的创作如虎添翼；善于创作又使他的翻译倍加生辉。

这里我想着重提一下的是绿原先生对《浮士德》的翻译。这部作品翻译的选择和完成，使他在翻译追求上达到最终的目标，也是对他的翻译实力的考验。在他翻译之前，《浮士德》的英译本已经有二十来部，中译本也有五部。但绿原先生认为，文学翻译不同于技术翻译。再创造的空间是比较大的。绿原先生既是诗人，又掌握两门外语，这是他的优势。因此他的决心是下得正确的。事实上，他的这个译本采纳了众家之长，而又超越了众家，到目前为止是个比较理想的译本。绿原先生在诗歌翻译方面的这一成就和贡献，得到诗歌界和翻译界的普遍公认，故几年前的鲁迅文学奖的翻译奖授予了他；最近帕米尔国际诗歌奖的国内唯一翻译奖也授予了他，这是名至实归。

有一点想提一下的是，绿原先生选择《浮士德》作为他的翻译事业的压轴之作，可能还出于他的一个愿望，即希望更多的同胞有机会阅读并读懂《浮士德》。因为我们曾经一直被灌输这样一种信念，即只要大家共同努力奋斗，我们将会到达一个至善至美的境界。而歌德思考了一辈子，通过他的《浮士德》却告诉我们：人类的追求和奋斗是永恒的，它永远是一个过程，而到达不了一个至善至美的境界。如果人类有一天以为到达了这个境界了，那就意味着他的生命已经完结了，或者说，他的灵魂没有了。这是一个非常深刻、非常重要的思想。

绿原先生在青年时期就广采博纳，创作起点较高，当时就有“政治诗人”之称。有人认为，中国现代的自由诗在20世纪40年代末即已达到成熟，而这个成熟是以绿原的创作为标志的。经过四分之一个世纪的停顿以后，步入老年之时，创作锐气不仅没有减弱，反而在创作和翻译两个方面都步入一个更高的境界，这是难能可贵的，是值得称颂的。

祝愿绿原先生健康长寿，继续写出或译出好诗来！

2007年8月29日在《绿原文集》首发式上的发言

钱春绮：德国诗坛的终生翻译家

钱春绮先生长期住在上海，已经多年未能谋面。掐指一算，他今年该有八十有六了，作为在翻译上一直受着他的恩泽的晚辈，应该打个电话问候一下。原以为，他八成耳背声颤，难辨是谁。但完全出乎我的意料，他依然耳聪音清，仍像二十多年前见面时一样，真是令人欣慰。

提起钱先生，我们这一代学德文的人，尤其是诗歌爱好者无不尊敬他，感激他，因为他是我们无冠的老师。自我上大学那年（即 1956 年）起，最初接触的德国诗歌翻译是两个人的译本，一是冯至的《海涅诗选》；另一个就是钱春绮译的海涅的《诗歌集》、《新诗集》、《罗曼采罗》。没过多久，《德国诗选》、《德意志民主共和国诗选》、德国中世纪英雄史诗《尼伯龙根之歌》一一出版，一看又是他的译作！可谓又多又快。核对一下原文，还真有功底，不禁肃然起敬。一打听，更让我们出乎意料：他不是德语科班出身。他原本是学医的，由于医学与德文的关系较密切，就利用德语课首先学会了德语。1946年毕业于上海东南医学院，先后在三家医院从医，且颇有造诣，已有四本医学专著问世。但当他“跌入”德国诗海后，他很快就被诗歌翻译“俘虏”了！译了几本书，便一发不可收。于是他对医学的爱很快被诗歌翻译夺走了！加上有关医院不尊重他对皮肤科专业的追求，他不得不忍痛与医学分手，告别医院，从此与工资脱钩，毅然走上德语翻译的职业道路。那是1961年的事。

想不到天不从人愿！没过几年，“文革”从天而降！凡外国文学，不论古今，更不分小说诗歌，统统被扫入“封资修”、“大洋古”的“垃圾桶”。同行们谈起来无不为钱先生担忧：没有工资，又不能出书，生活怎么过？

不管怎么过，他毕竟过来了！而且，一个更为引人注目的现象出现了：随着改革开放，我国出版工作很快得到恢复和发展，他的诗歌译作马上就接二连三地一本一本推出！显然，“文革”中他虽被抄家，但他并没有绝望。他没有完全闲着，却一如既往地继续在从事他的诗歌翻译，而且都是大家急欲读到的名作：《歌德诗集》(上、下)、《浮士德》、《歌德叙事诗集》、《歌德戏剧集》、《席勒诗选》、《德国浪漫主义诗人诗选》、《施托姆抒情诗选》、《法国名诗人抒情诗选》、《黑塞抒情诗选》、《尼采诗选》、《恶之花·巴黎的忧郁》以及为数不少的散文、小说和戏剧名作，如《里尔克散文选》、《青年维特之烦恼·赫尔曼与多罗泰娅》、《海涅散文选》、《尼采散文选》、《茨威格散文选》、《瓦莱里散文选》等。

作为翻译家，钱春绮先生的最可贵之处是他的战略眼光，他懂得首先把一些最值得译，也最急需译的对象统统笼在胸中，然后心无旁骛，脚踏实地地、一步一步去实施，为此不惜放弃他原来热爱的职业。他的坚忍不拔精神，实在难能可贵。

钱先生从小就读于由一位秀才执教的私塾，熟读了许多经典古书，打下了良好的古文功底，使他“对于以后的学习工作来说受益匪浅”。故他的译文笔法练达，欧化味道很少，词汇也相当丰富，颇有诗味。

钱先生成为翻译名家的另一个重要条件是他对外语情有独钟，而且富有天赋。除德文外，他还通晓英、法、日、俄等语言，甚至还学过西班牙语、拉丁语和古希腊语。这为他的翻译提供多种参照，使他的译文能准确地表达原意。

常听人说：翻译诗歌的必须自己能写诗，如卞之琳、冯至、绿原等诗译家无不得益于他们的诗人本色。这一提示为我们找到探悉钱氏诗歌翻译奥秘的钥匙：他从小就喜爱诗歌，而且十六岁即出版诗集，在尔后的职业翻译生涯中，有时也还“放歌”，难怪他自己也说，他“骨子里是个诗人”，他的译作讲究节奏、韵味，能保持原诗更多的内蕴和诗的神韵。

钱老的译作成为三代后辈德语诗歌翻译界学习诗歌翻译的范本之一，影响深远。

由于钱春绮先生的上述成就和优点，他曾获得鲁迅文学奖的翻译奖，也曾被评为上海市十大最优秀的翻译家之一。钱春绮先生无论从翻译成果，还是从翻译水平以及翻译态度方面看，都堪称目前我国德语文学翻译界最优秀的翻译家之一，在整个外国文学翻译界也屈指可数。若从德语诗歌翻译方面看，更是堪称翘楚！这样看来，我们当庆幸钱先生的及时改行了：他的改行，无关医学界的宏旨，却给我们德语翻译界带来福祉。

2007 年 6 月 12 日

拳拳报国心

——严庆禧先生素描

作为一个学德语出身的人，严庆禧的名字早已熟悉：1956 年上海外国语学院开始创办时，他就被聘为该校德语系的骨干教师，成为该系的缔造者之一。后来，尤其是改革开放以来，经常看到他的著作发表或出版，特别是他的有关汉外比较语言学方面的著作使我获益匪浅，他参与编写或审校的《汉德词典》、《德语惯用语一千例》等工具书更是经常伴随在案头。这十余年来还常听到有关严老的另一番美谈：他为推动学校的教育事业，慨然献出他长年积蓄起来的几十万元巨款作为教学科研基金和奖励基金。此外，他作为中国德语文学研究会的名誉理事，虽年近九十，却仍然十分关心学会的工作。这使笔者感到，这是一位心志远大，且精神高尚的老前辈、老学长。作为学会会长，我应该去看望看望他。中国社会科学院外国文学研究所副所长兼中国外国文学学会副会长赵一凡教授也有同感。于是我们便一起专程赴沪去拜见这位老人。

见到这位老先生后，不免使我们惊喜：他已 88 岁的高龄，依然精神矍铄、耳聪目明，而且记忆力极好，凡是我们想了解的，他都一一作了详尽的回答和交谈。因而又增添了我们另一种惊喜：他具有这样丰富的人生阅历和健康、美满的家庭生活。

严先生正好出生在辛亥革命那一年，即 1911 年。其父严裕棠是一位实业家，先后创办上海大隆机器厂、苏州苏纶纺织厂和上海仁德纺织厂。庆禧先生于 1928 年赴德国留学，在席勒当过教授的耶那大学除进修文学外，攻读财政、经济和法律，最后获得经济学博士学位。1934 年回国前，曾作为中国资方代表的秘书和翻译参加在日内瓦召开的第 17 届国际劳工大会。不久又参加布拉格的国际棉业会议和斯德哥尔摩的世界动力会议。会后曾在柏林、巴黎、罗马参观访问，受到罗马教皇庇乌十一世在梵蒂冈的接见。同时结识了当时在罗马逗留的张学良将军及其部下马占山、苏炳文、李杜将军，与他们畅谈抗日救国的形势和主张。这一经历颇为重要，与他后来亲共厌蒋的政治态度不无关系。

严先生回国后，由于父亲极为强调实践，在他涉足自己的企业以前，先后让他在上海中国银行和中国保险公司工作了两年，使他积累了一定的金融工作的经验和现代化企业的管理技术，为日后逐步接替父业奠定了基础。

抗战爆发前后，严先生担任了上述父亲三家工厂的"监察"工作，对每个厂的生产、财务、供销等事项进行实际的监督。眼看各工厂全被日寇占领，他与父亲便在旧租界内创办起泰利机器制造有限公司，他任经理。从此以后，直到 1956 年，严先生几乎一直从事金融业的管理工作。其间大部分岁月是在战乱年代度过的，个中的艰辛和风险可想而知。特别是 1943 年遭遇的那场飞来横祸：3 月 21 日夜，他出任经理的江苏农民银行上海分行宿舍突然被汪伪特务包围，并对职工进行血腥洗劫，十人遇难。幸严先生福星高照，大难不死。但银行不得不倒闭，严先生也只得被《科隆日报》驻沪记者站雇了去，为其充当翻译达两年之久。

1956 年，国家对私营工商业实行公私合营的方针，严先生毫不犹豫地把工厂交给国家，自己则去上海外语学院执教。对他来说，这算是改行，但他干一行爱一行。凭着过硬的德语功底和严谨的治学态度，几十年如一日，他始终是这个学院德语教学的中坚，孜孜不倦地培养出一批又一批德语人才，如今已是桃李满天下，有的成了国家的栋梁之才。严先生也成了一名德高望重的德语教授(1980年起他还被聘为同济大学管理系教授)，中国德语文学研究会名誉理事，名载好几种人名词典。但他每天仍勤学不辍，认真做读书笔记，资料工作井井有条。

原以为，严先生既然积蓄了那么多财富，他的日常生活一定是很阔绰的吧。但想错了！严先生生活上恰恰是一个十分节俭的人，家里除了书籍和少量字画，几乎谈不上有什么高档家具。谈起这一点，严先生说："这得益于家教，父亲的信条是'不乱花一分钱'。他认为，办实业除了工作能力外，还必须有自律精神，否则很快就会变成败家子。所以，我没有正当理由，父亲从来不多给我钱。后来我对待自己的子女也是这个原则。"这时，严先生的终身伴侣、显然对这一话题格外感兴趣的薛淑俭女士插话了："在这一点上，我们双方长辈所立的家规是一样的，你看我祖父给我起的名字中都带一个'俭'字！"哦，这位师母虽年近八十却依然眉清目秀、神采奕奕，依然是一副大家闺秀的风范。"不过节俭并不是目的"，严先生接着说，"花钱才是目的，关键是要花得合理，花得有意义。"说得对啊，几句话使笔者一下子窥见了先生博大的内心世界，窥见了他几次慷慨义举的思想光区，这个光区便是这位耄耋之年的老教授区别于任何葛朗台式的守财奴的根本分野。

在严先生说话的时候，师母总是一再附和，连连点头，目光忽闪忽闪地发亮。后来我们见到她为父亲写的悼词，惊异她竟然有这样一手训练有素的好手笔，而且那字迹工整而隽永，一如她的人那样美丽而端庄。这又一次使我们对他俩提及的"家教"肃然起敬。原来她的祖父是一位清代举人，她的父亲薛笃弼(1890—1973)从20年代起即在南京政府中连任内政部、卫生部、水利部部长。由于他的识才，当年毅然把自己的掌上明珠许给了年龄大十岁的严先生。这门亲事显然影响了严先生的政治态度和后半生的道路。由于薛先生秉性正直、为政清廉，且富有政治识见，因而看透了国民党政府的腐败和不可救药，故解放前夕，当蒋介石命令他去台湾时，他坚决不从。而严先生在他父亲要他一起离开大陆时，也断然拒绝。(薛先生解放后当了全国政协委员，还受到过毛泽东主席的接见，并应邀共餐。交谈中毛主席对薛的许多高见表示赞赏，曰："野有遗贤啊。")新中国成立的近五十年来，这位经济学博士，无论经营企业，还是从事教学;无论身为富翁,还是沦为平民,他都不曾有过失落感,始终兢兢业业,恪尽职守。他说:“如果考虑的是国家的兴衰,而不是个人的得失,那就没有理由不把自己的知识和能力贡献出来。”寥寥数语,一颗拳拳报国之心跃然纸上。要说“家教”,这该是严家和薛家最大的家教了。无怪乎,这对伉俪几十年来恩恩爱爱,相濡以沫,在风风雨雨中度过了幸福的银婚,又度过了美满的金婚;平日里勤勤俭俭,需要时则慷慨解囊,盖因双双都有崇高的情怀,这是教育家宝贵的精神财富。眼看两者正向“钻石婚”迈进的时候,衷心祝愿这对老寿星白头偕老,寿比南山。

原载《光明日报》1998 年 10 月 2 日

后 记

叶廷芳

这本书里收集的，几乎都是报刊上发表过的东西。它们是我研究工作的副产品，也是自己兴趣驱动下的产物，姑且就称它们为散文随笔吧。

我的研究对象是德语国家的文学，即德国、奥地利和瑞士的文学。流经这些国家的主要大江大河是莱茵河与多瑙河，它们是这些国家文化的发祥地，一如中国以长江、黄河作为中华文化的象征一样。这两地的江河远隔万里，分别代表着不同地域、不同民族的文化，也可以谓之东西文化。两种文化形态不同，内涵迥异。初次接触异域文化，不免有些新鲜感，便有一种将它们记录下来的愿望，陆陆续续便有了这样一些篇什。

这仅仅是对中欧"两河流域"某些文化现象的随意摘取，并没有精心探究它们的底里，更谈不上系统。因为我的本行毕竟是文学，而不是文化。文化研究也不是我的专长。但试图通过文学笔法描述那些引起我兴趣的文化现象的特征，借以吸引国人的注意和思考，这确是我的本意。

中国和欧洲都是人类文明最古老的发祥地之一，我们称之为欧洲"古希腊"的那个时代，也差不多是我们的春秋战国年代。那时他们的哲人如群星灿烂，我们的诸子百家也毫不逊色；他们的建筑技术和艺术达到很高的水平，而我们的陶器、青铜器技术和艺术也遥遥领先……但从那时起，彼此在文化形态方面的差异也明显地表现了出来。如在思维方式上，他们重逻辑，我们重阐发；在建筑形式上，他们采用坚固、沉稳、永久性的石构建筑，我们则一直采用轻巧易朽的木构建筑；在艺术形式上，尤其在雕塑方面，他们重写实，我们则重表现；在文学上，他们的辉煌体现在叙事(即史诗)和戏剧，我们则是诗歌……至于政治，也表现出差别：虽然都是奴隶制，但他们当时就有了现代民主制的雏形，我们则没有，等等。从文明发展的进程来看，欧洲人抢先一步开启了工业时代，对世界表现出占有的兴趣，形成一种"外向型"的文化；我们则久久走不出农耕文明的阴影，形成一种封闭自足的"守成型"文化。这两种文化形态的差异，若用另一种词汇来表达，也可以叫做"阳刚文化"和"阴柔文化"。在"地球村"日益缩小的今天，这两种不同类型的文化，显然应该互融互补，刚柔相济，使双方都能焕发出新的、更有活力的生机。正是出于这样的心愿，笔者不忖浅陋，就经历所及，陆陆续续写了这类文字，想以它们为材料，在长江、黄河与莱茵河、多瑙河之间架起一座桥梁，即文化的桥梁，好让两国读者更便于往来，更乐于接近，更容易沟通，从而在两国人民乃至各国人民的友好往来中，起个"文化使者"的作用。

当然，这样的初衷，若靠笔者一个人的能力，是很难实现的。何况我们这一代人的绝大多数都有一个共同的短处：年轻时没有出过国。到我们有机会出国时，生命只剩下"半截子"了！这个年龄段的人吸收新事物的敏锐性已经不如年轻人了！加上我们这些以访问学者出国的人一般都不是"长年累月"，而是三个月、六个月，所见所闻，难免浮光掠影，很难谈得上深入观察。所获印象可能并不能反映本质。这方面还有赖于那些在国外待得久的同行们不吝指出、匡正。并希望他们能写出更多、更有分量的东西来，使我们搭起的这座"文化桥"更坚实、更宽广。